谨以此书献给武汉科技大学

办学 120 周年庆典

# 武漢科技大学

## 十年发展史（2008–2018）

《武汉科技大学十年发展史》编委会　编

北　京
冶　金　工　业　出　版　社
2018

**图书在版编目(CIP)数据**

武汉科技大学十年发展史：2008-2018 /《武汉科技大学十年发展史》编委会编．—北京：冶金工业出版社，2018.9

ISBN 978-7-5024-7906-0

Ⅰ.①武…　Ⅱ.①武…　Ⅲ.①武汉科技大学—校史—2008-2018　Ⅳ.①G649.286.31

中国版本图书馆 CIP 数据核字(2018)第 213085 号

出 版 人　谭学余
地　　址　北京市东城区嵩祝院北巷 39 号　邮编　100009　电话　(010)64027926
网　　址　www.cnmip.com.cn　电子信箱　yjcbs@cnmip.com.cn
责任编辑　曾　媛　美术编辑　彭子赫　版式设计　禹　蕊　孙跃红
责任校对　石　静　责任印制　牛晓波
ISBN 978-7-5024-7906-0
冶金工业出版社出版发行；各地新华书店经销；三河市双峰印刷装订有限公司印刷
2018 年 9 月第 1 版，2018 年 9 月第 1 次印刷
169mm×239mm；18.5 印张；358 千字；283 页
**88.00** 元

**冶金工业出版社　投稿电话　(010)64027932　投稿信箱　tougao@cnmip.com.cn**
**冶金工业出版社营销中心　电话　(010)64044283　传真　(010)64027893**
**冶金书店　地址　北京市东四西大街 46 号(100010)　电话　(010)65289081(兼传真)**
**冶金工业出版社天猫旗舰店　yjgycbs.tmall.com**

（本书如有印装质量问题，本社营销中心负责退换）

# 《武汉科技大学十年发展史》

## —— 编委会 ——

# 序　言

“盛世修史，明时修志。”《武汉科技大学十年发展史（2008—2018）》即将付梓出版了。本书如实记录了十年来武科大的每一点进步、每一次收获、每一份荣耀。翻开书稿，看到的是波澜壮阔、绚丽多彩的历史画卷，听到的是激越昂扬、铿锵有力的奋进歌声。

岁月流金，光阴溢彩。时间更替的每一刻、每一天、每一年，都演绎着不同的故事。从2008年至今，十年的时间，对于有着120年办学历史的武汉科技大学来说，只是一个章节、一个片段。然而，对于我们这一代武科大人来讲，将这十年绚烂地书写在武汉科技大学气势恢宏的历史长卷中，确是无比欣慰、无比自豪的事业。

十年延续着文脉。在创建国内高水平大学的进程中，我们深深地感受到，一流的大学需要有一流的大学文化，要有经过历史沉淀又独具特色的大学精神。120年来，一代又一代武科大人筚路蓝缕、自强不息，不断续写承前启后的新篇章，形成了“厚德博学，崇实去浮”的校训精神和“坚韧不拔，勇承重载，崇实求精，表里如一”的钢铁品质。这种精神和品质代代传承、历久弥新，已成为学校生生不息、永葆活力的源泉，成为广大师生和校友的共同印记，时刻展现着学校的独特魅力，时刻给予我们信心、鼓舞和力量。特别是党的十八大以来，学校党委牢固树立“四个意识”，带领全校师生紧密团结在以习近平同志为核心的党中央周围，坚持社会主义办学方向，坚持立德树人根本任务，不断提升党的建设和思想政治工作水平，为学校改革发展提供了坚强的政治保障和组织保障。

十年闪耀着光芒。十年来，我们始终牢记责任使命、不断强化责任担当、牢牢把握发展机遇、锐意改革进取，学校事业取得跨越式发展。学校进入“省部部”共建大学和国家“中西部高校基础能力建设工程”行列，被湖北省列为国内一流大学建设高校，办学层次实现新的突破；成功获批建设“耐火材料与冶金国家重点实验室”和“高温材料与炉衬技术国家地方联合工程研究中心”，获得国家科技成果奖18项，参与组建了“钢铁共性技术国家级协同创新中心”，材料科学、工程学学科位居ESI前1%，一大批高层次人才加速汇聚，本科教学工程建设成绩斐然，完成了红钢城、徐家棚校区土地处置工作，学校办学实力得到极大增强；积极推进以校院两级管理体制改革、人才培养模式改革、人事管理和职称评审制度改革、科研管理制度改革、资源分配制度改革为重点的综合改革，学校办学活力得以充分激发。

十年启迪着未来。对于每一个武科大人来说，学校包括近十年在内的120年的发展，不仅为昨天和今天的我们烙下了不可磨灭的印记，更将与明天的我们如影随形。面对新时代、新机遇、新挑战，我们将以习近平新时代中国特色社会主义思想为指引，紧紧抓住“双一流”建设机遇，积极推进“十三五”事业发展规划的实施，弘扬百年学府的信念和精神、文化与传承，凝聚起治校兴学、争先竞位、砥砺前行的强大力量，争取早日实现建成国内高水平大学的目标。

时间的流逝永不停歇，壮丽的事业催人奋进。欣逢武汉科技大学120周年华诞，本书是120周年的献礼之作。身逢盛世，置身于中国高等教育蓬勃发展的历史洪流中，如今的武科大人满怀憧憬、蓄力扬帆。让我们一道，不忘初心、继续前行，开创学校更加美好的未来！

党委书记　　　　校长

2018年6月

# 目　录

# 第一章　坚持科学谋划，办学顶层设计不断优化

## 第一节　研究制定学校“十三五”事业发展规划

为更好地推进学校在新起点上的新跨越，明确“十三五”学校事业发展目标和发展任务，学校于2015年开始启动“十三五”事业规划编制工作，并于2016年3月学校二届六次党代会、三届六次教代会（工代会）审议通过了规划。

### 一、规划研判了学校改革发展面临的形势

从2016年到2020年，是我国实现第一个百年目标的攻坚阶段，也是国家高等教育内涵式发展的关键时期。在新的历史条件下，学校要从世界的、国家的、区域的、行业的大背景、大格局中科学谋划学校发展。

面向科技革命迅猛发展的新趋势。全球信息、生物、新能源、新材料等科学技术交叉融合，正引发新一轮科技革命和产业变革，并与国家经济发展的新常态形成历史性交汇。作为地处中部的“省部部”共建地方高水平大学，我们应当发挥综合性学科优势，优化战略布局，推动学科交叉，加强与地方及行业的紧密合作，主动对接“中国制造2025”“一带一路”、长江经济带等国家重点战略，成为区域和行业有重大影响的科技创新中心。

面向高等教育内涵发展的新要求。随着国家产业转型升级进程的加快，人才市场的供需关系正由高校为主导的供给驱动变为行业企业为主导的需求驱动；随着创新驱动战略的实施，特别是全社会对先进科技和高素质人才需求的日益增加，高等教育的角色定位从过去的支持服务逐步转向服务和引领同步；随着教育改革进入深水区，越来越涉及复杂的内部关系和利益格局的重大调整，必须通过深化体制机制综合改革，理顺内部关系、释放发展活力、调动各方面积极性；随着国家和湖北省“双一流”建设战略的启动，我国高等教育将走向一个全新的多样化发展阶段，我们必须坚持特色发展、聚焦前沿、整体布局、追求卓越。

面向改进作风从严治党的新常态。坚持党要管党、从严治党，是我们党保持先进性和纯洁性的高度自觉。加强党对高校的领导，增强基层党组织的凝聚力和战斗力，是办好中国特色社会主义大学的根本保证。我们要牢固树立政治意识、大局意识、服务意识和忧患意识，持之以恒地加强党的思想、组织、作风、制度

和反腐倡廉建设。

## 二、规划明确了学校事业发展指导思想和发展目标

今后五年，学校工作的指导思想是：坚持社会主义办学方向，紧紧围绕立德树人根本任务，坚持稳定规模、优化结构、强化特色、注重创新、提升质量，全面深化综合改革，全面推进依法治校，全面提升办学水平和核心竞争力。

学校确立的发展目标是：到2020年，把学校建设成为办学特色鲜明、学科优势突出、人才培养质量和师资整体水平优良、在国际上有一定影响的国内高水平大学；继续保持和巩固在省属高校的龙头地位，在区域高等教育中充分发挥引领和示范作用；到2025年，学校综合实力力争进入全国高校百强行列。

## 三、规划明确了学校事业发展的主要任务

面向2020年的发展目标，学校要紧紧围绕内涵发展、质量提升的工作要求，实现学校事业的全面协调发展，全面提升学校核心竞争力。

一是以提升人才培养质量为核心，有效引导学生把能力提升和立德树人紧密结合起来、把全面发展和个性发展紧密结合起来，全面提升学生的综合素质、国际视野、科学精神和创业意识、创造能力，努力建设国内一流的本科教育和居省部共建高校领先水平的研究生教育。全日制在校学生规模稳定在30000人左右，其中本科生25000人左右、研究生6000人左右、留学生300人左右，本科专业70个左右；获得国家教学成果奖1项，新增国家级“本科教学工程”及相关项目10项；学校通过国家审核式评估，8个本科专业通过国家专业认证，44个学位点通过国家学位点评估；获国家级及以上课外科技比赛奖励300项以上；获批省级优秀博士论文5篇、优秀硕士论文60篇、优秀学士论文500篇；本科生就业率稳定在94%以上，研究生就业率稳定在97%以上。

二是以集成交叉为重点，坚持夯实基础、强化特色、优化布局、促进交叉、集群发展、重点突破，构建优势学科特色鲜明、基础学科与应用学科紧密结合、传统学科与新兴学科相互促进、多学科协调发展的学科格局。材料科学学科、工程学科进入ESI学科排名前1%，材料科学学科成为国际一流学科；在第五轮全国学科评估中，1个学科进入国内前5名，2个学科进入国内前10名，3个学科进入国内相对排名前30%，8个学科进入国内相对排名前50%；建成2个在国内处于先进水平的优势学科群。

三是以高层次人才队伍建设为引领，以青年教师队伍建设为基础，深入推进人才强校战略，努力打造一支活跃在学术前沿、服务国家和区域战略需要、与学校办学特色相适应的高水平师资队伍。专任教师规模达到1800人，具有博士学位人员达到50%以上；争取两院院士取得突破，新增“长江学者”奖励计划和

国家杰出青年基金2项，“千人计划”“万人计划”5项，国家教学名师1项；新增学科带头人55人左右，培养青年拔尖人才100人左右；新增省级以上教学科研团队15个，实现国家自然科学基金创新群体、教育部创新团队零的突破。

四是以提高创新能力为依托，进一步深化科研体制机制改革，加强重大项目的协调组织，加快推动协同创新和科技成果转化，形成一批有重大学术和社会影响力的科技成果，以高水平的科学研究与社会服务支撑人才培养。到2020年，力争年获批国家基金项目100项左右，力争实现国家重点研发计划项目和杰出青年、优秀青年基金项目零的突破；获得国家级科研奖励5项以上，省部、行业科研奖励100项以上，省社会科学优秀成果奖12项以上，力争在教育部社科成果奖上取得突破；被SCI、EI、SSCI、AHCI、CPCI-S等收录论文2000篇，A级论文达到900篇，ESI国际高被引学术论文15篇；获发明专利授权500项以上，国际专利授权5项；耐火材料与冶金国家重点实验室通过评估验收，新增国家级科技平台1～2个，新增省部级科技平台2个；新增中文核心期刊1个、英文版期刊1个；与10个地方政府建立稳定的合作关系，与5个世界500强企业建立稳定的合作关系，与企业共建技术中心5个。

五是以项目建设为抓手，大力推进全方位、多样化的国际交流与合作，建设高质量的国际化人才培养体系和高水平的科技合作平台，进一步提升学校的国际影响力和竞争力。新增实质性合作关系国（境）外高水平大学、科研机构5个；新增非语言类双语和全英语教学课程20门，新引进先进原版教材20套（本），开设网上国际共享课程2门；举办非独立设置中外合作机构1个，新增中外合作办学本科项目2个、研究生项目1个；举办高水平国际会议20次以上。

六是以改善办学条件为保障，优先解决和完善基本教学设施建设，逐步完善各类教学及生活配套设施，优化资源配置、提升支撑能力、提高管理效益，构建与国内高水平大学建设相适应的服务保障体系。争取“十三五”期间获得中央财政支持地方高校发展专项资金总额达到1.2亿元、财政拨款21亿元、教育发展基金会募集资金0.8亿元、学费收入13亿元；新建学生宿舍4.7万平方米、教学实验用房5.6万平方米、学生文体中心2万平方米、学生体育场0.9万平方米，服务配套设施0.8万平方米；职工收入水平稳步提升，新建公租房16000平方米；引进社会资金3000万元，启动数字化校园二期建设；校园网络带宽扩容至5G，师生人均带宽达到20兆；生均纸质图书达到80册。

七是以深化改革为动力，不断完善符合学校实际和高等教育管理规律的运行机制和制度体系。深化校院两级管理体制改革，进一步理顺学校与二级学院的责权利关系，优化目标管理考核体系，充分激发学院的创造性、增强学院的执行力。深化人事制度改革，正确处理队伍建设与学科建设的关系、人才引进与现有队伍培养的关系、常规制度与特殊机制的关系，积极稳妥地推进人员分类管理制度，进一步完善教师评价体系。深化后勤改革，进一步完善管理运行模式，提高管理效益。遵循严格、透明、公平、效益、服务的工作方针，完善财力集中、财权下放的财务管理体制，严格成本核算，拓宽筹资渠道，提高经费使用效益。

八是以提高党建科学化水平为目标，以改革创新精神全面推进党的思想、组织、制度、作风和反腐倡廉建设，为学校事业发展提供强大的组织保证和精神动力。争取获“湖北省基层党建工作先进单位”称号，取得一批省级及以上党建研究成果；争创省级“最佳文明单位称号”，每年获得“湖北省社会管理综合治理优胜单位”称号；重点培养选拔20名45岁左右的正处级干部、30名35岁以下的优秀处级干部；党外人士在学校处级干部中的比例不低于10%；完成80条中央媒体对学校的专题报道（消息、通讯），每年进入中国大学媒体影响力排行榜百强；争取获湖北省“大学生思想政治工作先进集体”；培养在全国具有一定影响力的优秀辅导员典型2～3名。

（撰稿：黎宇宁）

## 第二节　制定国内一流大学建设方案

### 一、开展“双一流”建设的背景及意义

党的十九大报告指出：要全面贯彻党的教育方针，落实立德树人根本任务，发展素质教育，推进教育公平，培养德智体美全面发展的社会主义建设者和接班人。建设教育强国是中华民族伟大复兴的基础工程，必须把教育事业放在优先位置，加快教育现代化，办好人民满意的教育。因此，必须全面提升我国高等教育的整体实力。

（一）“双一流”是建设高等教育强国、实现中华民族伟大复兴的重要举措

科技是第一生产力、人才是第一资源、创新是第一动力，社会的发展进步关键在人才，高校是高素质人才培养的摇篮。在高等教育领域国家先后实施“211”工程、“985工程”“2011计划”等重点建设项目，带动了我国高等教育的整体发展，拉近了我国与高等教育强国之间的距离。2015年10月24日国务院出台《统筹推进世界一流大学和一流学科建设总体方案》(国发〔2015〕64号）之后陆续公布了实施办法及国家“双一流”建设高校和建设学科名单，国家“双一流”建设开启了我国高等教育的新征程，必将发挥重要的示范引领作用。

（二）“双一流”建设是湖北省转型发展、科教强省的现实途径

湖北省全面推进社会主义现代化强省建设，坚定实施科教兴省战略、人才强

省战略、创新驱动发展等战略，鼓励并支持不同类型的高水平大学和学科差别化发展，争创不同层面的“一流”。2016 年 12 月 28 日发布《省人民政府关于推进一流大学和一流学科建设的实施意见》（鄂政发〔2016〕75 号）之后陆续公布了省级层面实施办法及建设高校和建设学科名单，抢抓历史机遇，奋力推动湖北省高校“双一流”建设，由在校学生大省向人才向往大省转变，由教育大省向教育强省迈进。

（三）“双一流”建设是学校实现跨越式发展的历史机遇

学校办学走过了 120 周年的辉煌历程，由最初的湖北工艺学堂到 1958 年开办本科教育的武汉钢铁学院，再由部属院校变为今天省部部共建的地方高水平大学，由于学校行业特色突出，受行业影响较大，在行业繁荣时学校发展迅猛，当行业转型时学校亟需改革突破。在历史条件下，传统行业兄弟高校或坚持特色发展，或迅速转型，取得了显著成效，发展态势迅猛。在新时代下，校园内外竞争异常激烈，不进则退，慢进也是退。湖北省“双一流”建设规划到 2020 年 10 所高校进入全国百强，学校入选湖北省国内一流大学建设高校，2018 年 5 月 26 日教育部与湖北省共同签署了《部省重点共建湖北“双一流”建设高校协议》将继续共建武汉科技大学。回顾历史，立足当前，展望未来，学校迎来了难得的跨越式发展机遇，实施“双一流”建设是学校改革创新推进内涵式发展的战略选择。

## 二、建设方案的形成及主要内容

学校建设方案的形成以习近平新时代中国特色社会主义思想为指导，全面落实党的教育方针，坚持社会主义办学方向，尊重高等教育办学规律和人才培养规律，按照“五位一体”总体布局和“四个全面”战略布局，牢记“四个服务”使命，以“中国特色、国内一流”为目标，落实立德树人根本任务。

（一）建设方案形成过程

学校在多次调研，广泛征求意见的基础上，认真编制“武汉科技大学国内一流大学建设高校建设方案”，并经学校“双一流”建设工作领导小组办公室会议、学校相关职能部门负责人会议专题讨论，校外专家论证，后经学校学术委员会、“双一流”建设工作领导小组和校长办公会审议，最终通过学校党委常委会审定。

（二）“双一流”建设目标

当前学校正在努力建设国内一流大学和一流学科，不仅要办学方向明确，坚决贯彻党和国家教育方针和人才培养要求，还要拥有国内一流的师资队伍、能培养国内一流的高素质人才、具有国内一流的教学科研团队和平台、产出国内一流的科研成果、国内一流的管理水平和多个国内一流的学科作为支撑。

1. 国内一流大学的目标

到2020年，将学校建设成为在国际上有一定影响的高水平教学研究型大学，综合实力进入全国高校百强。到2030年，学校全国高校百强地位稳固。到本世纪中叶，国内一流大学地位得到巩固，学校国际影响力和知名度进一步提升。

2. 国内一流学科的目标

国家“双一流”建设的总体方案明确提出要以学科为基础。国内一流大学建设，离不开国内一流学科的支撑。国内一流学科建设还可以促进资源的共建、共享和共用，带动其他相关学科的发展，提高学校的综合办学实力。到2020年，学科整体实力大幅提升，2个学科稳居全球ESI排名前1%，化学学科进入全球ESI排名前1%，若干学科方向具有较大国际影响；2个一级学科进入全国前5名，1个一级学科进入全国排名前20%，6个一级学科进入全国排名前30%。到2030年，8个学科进入全球ESI排名前1%，其中材料科学进入全球ESI排名前1‰；8个一级学科进入全国排名前20%，3个一级学科进入全国排名前30%，一批学科方向具有重要的国际影响。本世纪中叶，11个学科进入全球ESI排名前1%。10个一级学科进入国内一流学科行列，更多学科方向具有重要的国际影响。

（三）“双一流”建设思路

为实现“双一流”建设目标，学校以学科（群）和创新团队为基本单元，采用项目管理的形式，分别实施师资队伍建设、拔尖创新人才培养、科学研究、社会服务、国际交流合作、文化传承创新、学科建设等项目。

学校负责对“双一流”建设经费进行统筹安排，突出人才强校工程，其中人才建设经费不低于省级“双一流”建设经费专项资金和综合奖补资金的50%；突出重点建设学科，入选湖北省国内一流学科建设学科每年投入人才和平台建设经费不低于1000万元。

建设项目以5年为一个周期，对实施项目进行绩效考核，动态管理。按照“谁申请资金，谁设定目标”“谁分配资金，谁考核目标”的原则，根据目标任务完成情况和资源分配的执行情况对项目建设情况进行评议。

（四）建设方案的核心内容

建设方案围绕现有建设基础提出了国内一流大学建设目标、改革任务、保障措施和具体建设成效，并同时制定了材料科学与工程、冶金与矿业工程、机械工程等国内一流学科的建设方案。建设方案的核心内容可以概括为：五项建设任务和六项改革任务。五项建设任务围绕师资队伍、人才培养、科学研究、社会服务和文化传承展开。六项改革任务主要包括加强和改进党对学校的领导、完善内部治理结构、实现关键环节突破、构建社会参与机制、推进国际交流合作和创新学科建设模式。

1. 五大建设任务

（1）实施人才强校工程，打造一流师资队伍。

进一步强化人才强校。习总书记在 5 月 2 日北京大学师生座谈会上指出："人才培养关键在教师。教师队伍素质直接决定着大学办学能力和水平""建设政治素质过硬，业务能力精湛、育人水平高超的高素质队伍是大学建设的基础性工作"。在两院院士大会上还强调："硬实力、软实力，归根到底要靠人才实力"，可见人才的重要性，教师是立校之本，高层次人才是学校发展的关键。学校将实施"2225"人才工程，到 2022 年，争取全职院士达到 2 人；引进和培育"长江学者""杰青""优青""千人计划""万人计划"人才 20 人左右；培育有竞争力的青年学术骨干 200 人左右；引进海内外优秀博士 500 人左右，专任教师队伍中具有博士学位人员达到 65% 以上。同时，切实贯彻教师评价师德一票否决制。

（2）加强教学内涵建设，培养高素质人才。

进一步巩固教学立校。人才培养是核心，处于大学职能的首位，坚持立德树人，遵循教育规律，弘扬优良传统，扎根中国大地办大学，加强教学内涵建设，培养高素质人才。学校将通过加强科教协同、产教协同育人；实施"本科教学工程"建设计划，加强"新工科"建设和"卓越计划 2.0"专业建设；实施"在线课程建设计划"和"大学生创新创业训练计划"等打造高水平人才培养体系，培养一流的高素质人才。

（3）促进学科交叉创新，提升科学研究水平。

进一步推动学术兴校。正如习总书记在考察烽火科技集团时所说："核心技术、关键技术、国之重器必须立足于自身"，可见科学研究对于国家高质量发展的重要性。科学研究为新时代创新人才的培养，提供了载体。学校将通过实施"科研创新团队建设工程""重点平台建设计划""人文社科高水平项目培育计划"和启动"校级人文社科基地的升级换代工程"等项目，来提高学校承接重点重大项目和产出更多高水平引领性原创性成果的能力。

（4）助推成果转化应用，提高社会服务能力。

进一步突出服务助校。发挥学校的人才和科技优势，直接服务于社会需求，让科技成果转化为生产力。学校将进一步加强与地市州政府的战略合作，推行"一院、一市、一基地"建设，与重点企业建立稳定的合作关系，实施"科技成果转化工程""新型智库培育计划"等，助推成果转化应用，提高社会服务能力。

（5）加强精神文明建设，传承优秀文化。

进一步注重文化荣校。文化是大学之魂，高校担负着传承创新文化的使命。学校将以习近平新时代中国特色社会主义思想为引领，聚焦发力"五个思政"；建设好以"青马工程"英才领航班为代表的系列思政课程；开展以"钢铁品质"为主题的系列教育活动，挖掘一批沁湖文化项目，文化表达符号，微型红色经典文化教育基地。

2. 六大改革任务

（1）加强和改进党对学校的领导。

坚持社会主义办学方向，培养合格的建设者和可靠的接班人，必须加强党对学校的全面领导。学校坚持和完善党委领导下的校长负责制；实施基层党建责任制清单制度，加强党支部建设；实施廉政风险点梳理防控工程；落实党员领导干部“一岗双责”；加强党建工作创新；完善党员干部培养教育体系，推进培训常态化、项目化；配齐配强思想政治工作队伍；完善选人用人科学机制。

（2）完善内部治理结构。

以大学章程为统领，推进学校治理体系和治理能力现代化；完善学术组织治学机制，推行教授治学制度；健全校务公开制度，完善教职工民主参与、民主监督和民主管理机制；深入推进校院两级管理体制改革，构建“以院为主体”的校院两级治理结构；优化机关部门职能，建立一流的管理服务运行机制。

（3）实现关键环节突破。

改革人才培养模式，深入推进卓越、英才、产业、香涛等人才培养计划，实行本硕连读制和硕博连读制，推行“一制三化”模式，完善完全学分制改革；改革人事制度，全面实行教师准聘和长聘制度，推行教师分类管理，分类考核，改革职称制度，建立相对灵活的岗位聘任制度，鼓励建立一支高水平专职科研人员队伍；改革科研制度，规范平台管理，建立评估机制，完善科技创新工作的激励机制；改革和完善评价与考核机制，建立更加科学并充满活力的评价激励机制。

（4）构建社会参与机制。

建立理事会制度，建立健全社会支持和监督学校发展的长效机制，积极探索成立武汉科技大学理事会；丰富社会参与办学形式，完善校友会等校友组织的建设运行机制，拓展校友关注、支持学校建设发展的有效渠道；构建第三方参与机制，引入第三方专家团队和利用教育部学位中心开发的学科自检平台，实行常态化科学评估。

（5）推进国际交流合作。

积极加入世界性、区域性大学联盟，与国外知名高校和研究机构结成合作伙伴，推进全方位、多层次的实质性合作；引进一批国际一流的师资，引进一批具有海外教育经历的优秀博士后，鼓励和支持中青年骨干人才出国，逐步提高国际教师比例；与国外知名高校联合培养和联合授予学位，培养学生的国际意识和跨文化交流能力，多措并举吸引国际优质生源，课程设置按国际标准进行建设；与国外合作伙伴院校、研究机构及知名企业开展实质性的合作研究，支持一批学者当选国外院士或在国际组织、学术机构和学术期刊任职。

（6）创新学科建设模式。

推行网格化管理。对现有学科分层分类建设，针对工科、理科、生医、人文社科、交叉学科等不同学科类型和发展阶段，有选择地分别采取特区建设、立项建设和规划建设等三种模式对现有学科进行管理；以优势特色学科、博士点学科或社会发展亟需的学科为主干学科，相关学科为支撑学科，带动学科实力的整体提升；通过扶优扶需扶特扶新，形成工科增强优势、理科加强基础、生命医学学科争创一流、人文社科加快超越、新兴交叉学科实现突破的学科战略体系，实现学科高峰的凸显和高原的崛起。

（撰稿：刘军伟）

## 第三节 学校进入省部部共建地方高水平大学行列

2004 年，教育部为了促进高等教育的合理布局和协调发展，缩小地区间的发展差异，提高我国高等教育整体水平，决定与中西部无教育部直属高校的省（自治区、兵团）共建部分地方所属大学。省部共建是我国高等教育领域继“985 工程”“211 工程”之后又一项战略举措。2012 年，教育部在第 7 次部长专题会议纪要中提出“积极推进共建、适度扩大范围”，明确了“省部部共建具有行业背景划转的地方高校”的思路，“此类共建以巩固和深化高等教育管理体制改革成果，促进行业部门和地方政府支持学校发展建设为主要目的。”2013 年初，教育部、国家发改委、财政部联合制定的《中西部高等教育振兴计划（2012—2020 年）》第十七条提出：“扩大省部共建范围，鼓励有关部门、行业与地方共建行业划转院校。统筹政策、资金等多方资源，推动共建高校深化体制机制改革，提升办学水平，增强为区域和行业产业发展服务的能力。”

经过多方努力与协同，2013 年 12 月 28 日，湖北省人民政府、国家教育部、宝钢集团有限公司、鞍钢集团公司、武汉钢铁（集团）公司、首钢总公司、中国冶金科工集团有限公司、中国中钢集团公司就共建武汉科技大学正式达成协议，标志着学校正式加入国家实施的省部部共建地方高水平大学计划行列。共建旨在进一步发挥学校办学特色和行业优势，突出应用服务，支持产业急需，强化特色发展，全面提升学校人才培养质量、科研水平和整体办学实力，强化学校在区域高等教育发展中的引领示范作用，提升为钢铁产业调整改造、转型升级的支撑功能，增强服务国家中部崛起战略的能力。

根据共建协议，湖北省人民政府将武汉科技大学作为湖北省高等教育建设重点，并纳入全省国民经济和社会发展规划，在政策和资金等方面给予大力倾斜；把武汉科技大学作为湖北省高等教育综合改革的重点试点单位，支持武汉科技大学在人才培养体制、办学体制、保障机制、科研管理机制、内部管理体制等方面全方位深化改革，在改革试点、发展项目等方面给予优先安排和大力支持；支持武汉科技大学进一步整合资源，创新体制机制，加强“省部共建国家重点实验室”和“协同创新中心”建设，在项目安排、经费投入上加大支持力度。重点培育和引进高层次领军人才，在人才培养和教学改革、博士点申报、重点学科建设、重大科技项目立项建设、科技成果转化等方面提供更多的支持；在武汉科技大学的机构设置、人员编制、岗位设置及专业技术职务评审等方面给予相应的优惠政策；对武汉科技大学的校舍建设、校园周边环境治理、基础配套设施建设等方面给予优惠政策和大力支持，发挥武汉科技大学服务国家中部崛起战略和钢铁产业调整改造、转型升级中的作用，大力提升学校服务国家重大战略和科技创新能力，促进武汉科技大学更好更快发展。

教育部将武汉科技大学纳入教育部相关整体规划，指导和帮助武汉科技大学制定战略发展规划、学科建设规划和师资队伍建设规划；指导和支持武汉科技大学在人才培养体制、办学体制、保障机制、科研管理机制、内部管理体制等方面全方位深化改革，促进武汉科技大学办出特色、提高质量；在本科教学工程、协同创新中心、人才培养基地、重点学科及重点科研平台等有关布点和建设中参照直属高校有关政策积极给予支持；积极支持武汉科技大学申报教育部的各类人才计划，参照直属高校有关政策给予支持；吸收武汉科技大学参加教育部召开的直属高校重要会议，进一步推动武汉科技大学与教育部直属高校相互学习和信息交流。

六家企业全力支持学校人才培养和科学研究。充分发挥钢铁企业资源、资金、市场、实业生产、全球运营网络等方面优势，及时向学校通报有关产业信息，支持学校面向钢铁产业开展人才培养和科学研究；积极支持学校学科专业建设和学生实习实践工作。支持学校学科专业建设和实习实训基地建设，支持教师和学生到钢铁企业进行教学科研实践，鼓励、吸引武汉科技大学优秀毕业生到钢铁企业工作；积极支持学校科研立项和平台建设等。

实施省部部共建以来，教育部和湖北省人民政府从宏观指导、政策、资金等方面给予了学校全方位支持，学校与六家企业开展深度产学研合作，有力推动了学校事业发展。

（撰稿：黎宇宁）

## 第四节　深入推进校院两级管理体制改革

高校实行校院两级管理是建立现代大学制度、完善大学内部治理结构的核心任务之一。《国家教育事业发展“十三五”规划》将“推动高等学校进一步向院系放权”作为落实学校办学自主权，激发学校办学活力的重要举措。我校深入推进了校院两级管理体制改革，并配套修订学院（部）目标管理责任制、机关部门、直属单位目标管理责任制。

## 一、改革动因：建立以学院为中心的管理体制

高等学校推行校院管理体制改革的动因是以激发院系办学积极性为目的，通过优化资源配置和强化环境互动，激发学校基层学术组织的创新活力，最终提高学校整体的办学效益和办学水平。

在计划教育体制时代，我国高等学校实行校级高度集权的管理体制，院系的权力十分有限。伴随着我国高等教育的蓬勃发展，大学的功能日益得到拓展，特别是当前推进高校内涵式发展，推动一流学科建设已成为大学争创一流的必然之路，承担着学科和专业建设的院系在大学治理与发展中的作用日益凸显，高校校级高度集权办学的传统体制亟待改革。

武汉科技大学已是一所涉及 9 个学科、19 个举办本科教育学院、30000 名在校学生、2600 名教职员工的大学，要想管好、实现好学校发展目标，必须充分调动二级学院的办学积极性，在学校、学院两个层面重新整合和优化配置教育资源，建立以学院为中心的管理体制；同时，转变学校职能部门的管理职能，强化服务，管理重心下移，明确校院职责和权限。

因此，我校实施校院两级管理体制改革，是学校管理体制的一次重大调整，是学校向现代大学管理制度迈进的重要一步；并且，校院两级管理也是实现目标管理有效性的重要基础。

## 二、制度设计：以目标为导向的校院协同治理

校院两级管理体制改革的关键是制度设计，其核心是学校向二级学院“放权”，即在学校和学院之间进行责权划分。校院之间的责权划分不是简单的权力分配，而应该是充分协商的授权。

制度设计总体思路为：学校利用资源和政策杠杆，以人事管理和财务管理为校院两级管理体制改革的核心内容，根据目标任务明确责任，根据任务性质授予相应的管理权力，根据任务需要配置合适的资源，根据任务完成情况进行绩效分配，并以此形成契约管理，确立校院双方的目标任务、政策资源和绩效管理方式。

同时，在制度设计时学校重视人性化原则，分析学院的个性化诉求，构建信任机制，促进学院发展，帮助院系落实办学自主权；学院也要加强内部管理制度建设，将内部管理制度的完备性和学院对管理制度的执行程度作为学院能够获得授权的重要依据。

据此，学校确定校院两级管理体制改革方案，包括1个总实施办法和人事管理、财务管理两个实施细则。2017年6月，学校颁布《武汉科技大学校院两级管理体制实施办法（试行）》(武科大党〔2017〕39号)，正式实行校院两级管理。

方案围绕责权划分这一核心内容，对机构设置、发展规划、本科教学工作、学科建设与研究生教育、科研工作、学生工作、党建和干部工作、人事与人才工作、国际交流与合作、财务工作、公共资源管理工作等11项管理事项，分别明确学校和学院的管理权限和职责。在学校层面更多体现规划、审批、监督、评估等权责，而把更多执行的权力下放到学院。

方案中对学院的治理模式也提出了规范和要求，学院需要建立工作会议制度，包括党政联席会议制度、党的委员会会议制度、学术委员会制度和教职工代表大会制度等四项内容。学校对学院有考核与监督的权力，同时要求学院建立健全本院的管理考核机制，根据学院目标任务进行考核。建立和健全校院两级管理体制下的监督体系，学院必须推行院务公开制度，充分发挥教职工监督和学生评议监督的作用，以保证学校各项政策的落实和学院权力的正确行使。

人事管理和财务管理两个实施细则，对学校、学院之间人权、财权做了详细规定，使两级管理体制下的人事管理、财务管理更加科学化、规范化和可操作化，确立“统一领导、分级管理、集中核算”财务管理制度，实行“包干使用、超支不补”的预算管理办法。

校院两级管理改革方案为学院的学术自治和教学科研管理自主、师资队伍约束和激励提供了制度保障，为目标管理责任制的有效性提供了条件。

## 三、改革推行：目标管理紧抓学校发展核心指标

学校前期已经实施目标管理责任制多年，期间经过不断地完善、补充，较好地起到了目标管理导向性和约束性的作用，推动了学校发展战略实施和目标任务的落实，调动了各级各类组织（全校各单位）和人员的积极性和主动性，在操作上也形成了系统而有效的考核办法。但是，在学校大力推进“十三五”发展规划目标落实的背景下，目标管理确定的考核指标与影响学校发展的因素是否高度一致成为需要进一步探讨的问题，随着学校全面推行校院两级管理，发挥校院两个方面的积极性，推动目标任务的实现与完成，快速提升学校核心竞争力，已成为学校当务之急。

因此，学校在全面实行校院两级管理的同时，按照突出重点、分类考核、绩效管理、简便易行的原则，修订完善目标管理责任制实施办法。

2017年6月，学校颁布新的学院目标管理责任制实施办法（武科大党〔2017〕40号），确定2017年度学院按照新的目标管理责任制进行考核。2018年

4月，学校颁布新修订的武汉科技大学机关部门、直属单位目标管理责任制实施办法（武科大〔2018〕7号），对学校管理部门实行新的目标管理责任制。按照新的目标管理责任制实施办法，学校与19个学院（部）、34个职能部门、直属单位签订任务书，明确各单位的目标任务。

学院目标管理责任制把学校的发展目标落实到了每个学院，突出"十三五"事业发展规划核心指标，学校明确总目标及其分解任务的投入与考核方式，将其定义为发展指标，分为6项一级指标、20项二级指标和76项考核内容。在与学院充分协商前提下，按照学院学科发展水平、学生数量、人员编制等确定学院各年度目标任务，同时考虑学院之间的差异以及自身特色，赋予学院特色指标申请权。各项发展指标和特色发展指标对应一定经费和奖励赋值，完成即给予绩效奖励；并且，对部分重大成果实施个人或团队奖励，如国家教学成果奖、国家科学技术奖励、教育部人文社科奖、决策咨询、国际国家标准等。

机关部门、直属单位目标管理责任制调整考核指标体系，分基础指标、服务指标和主要指标三大类，更加强调机关部门、直属单位的服务功能，凸显"十三五"发展规划目标和年度党政工作要点。并且，根据工作职责的不同，对机关单位、直属单位进行分类考核。考核方式采取日常考评和年终考评相结合的办法，考核更注重过程评价，服务质量指标考核开展网络评测和涉及服务质量的信访投诉调查。

## 四、改革成效：制度创新促进目标达成

校院两级管理、新的目标管理责任制的推行实施，取得了很好的效果，在制度创新上的主要体现为：

### （一）校院协同治理模式，增强了学院活力

校院两级管理体制与运行机制的实质特征是改变以职能管理部门为主的管理模式为以学院为主体的管理模式，使学院在学校总的规划目标和原则指导下，拥有与其目标责任相一致的绩效和资源，并赋予学院在学科建设、教学科研、师资配置、学生管理等方面较大程度的自主和决策权，使学院真正成为充满活力、相对独立的教学科研主体。

### （二）凸显核心规划目标，有利于学院重点发展建设

目标管理考核体系将重大的、核心的目标任务设定为发展指标，并对每项指标分别赋值，提高发展指标的显示度；目标管理责任制考核对发展指标完成情况逐项考查，每个学院的核心指标完成多少一目了然，学院可以做横向、纵向对比，查找不足，补强短板，推动学院围绕核心目标重点发展。

### （三）发展指标分解落实，保证学校目标任务的实现

以实现"十三五"事业规划的总目标为出发点，按时间维度分解到各年度，

按类别维度分解到相应的职能部门，并进一步分解落实到各学院，使各单位年度目标任务更清晰，责任更明确；量化的指标考核更加精细，各主要牵头单位严格按照年度目标任务和考核程序及指标值进行考核，对任务落实后的执行考核易于保证精细和客观性；考核目标和考核结果对照、各分指标与年度、十三五事业发展的总目标对照，利于适时控制，保证总体目标实现。

校院两级管理及目标管理责任制实施一年，学校各项主要目标均取得较好的成绩。新的目标管理责任制考核指标中，发展指标主要由“十三五”发展规划核心指标构成，在考核时具有较高的评价系数和显示度。2017 年，学校的目标任务全部达成，各项核心指标完成度为 100%。学院发展指标考核内容分六大类，共分解下达学院目标任务数 374 项，完成（含超额完成、超项完成）237 项。学院申请的特色指标目标总体完成良好。

学校的一些重点发展指标任务完成情况都有较大幅度提升，主要包括：

（1）20 个学科参加全国第四轮学科水平评估，其中 5 个一级学科位于 B 档、1 个一级学科位于 B－档；相较第三轮学科评估结果，全国前 30% 学科实现从 0 到 5 的突破，在省属高校中遥遥领先。学校发展规划要求 4 个学科进入国内相对排前 30%，最终有 5 个学科进入，要求 6 个学科进入国内相对排前 50%，最终 9 个学科进入。

（2）ESI 学科排名，材料科学稳居全球前 1% 并有大幅提升，工程学 ESI 全球前 1% 接近度达 95.06%。ESI 论文新增数由 2016 年的 416 篇上升到 621 篇，他引频次由 2016 年的 3464 次上升到 5500 次，高被引论文较 2016 年增加 9 篇。

（3）湖北省教学成果奖评选，我校获奖 22 项，其中一等奖 9 项，排名省属高校第一，一等奖和总数创历史新高；获奖总数和一等奖数量大幅增长。获奖成果受到评委专家和教育厅领导高度评价，并且，获奖成果学科专业更加平衡，相对弱势的学院、学科专业取得了重大进步，文法与经济学院、艺术与设计学院以及资源与环境工程学院都取得省级一等奖的历史性突破。

（4）以“互联网＋”“挑战杯”“创青春”等赛事为重点的创新创业竞赛，我校共获国家级银奖 1 项、铜奖 4 项，省级金奖 5 项、银奖 3 项、铜奖 14 项，获奖总数在湖北省高校中排名第四，在省属高校排名第一。

（5）2017 年学校科研到账总经费 9008 万元，比 2016 年增长 17.6%，其中纵向科研经费到账 4386.3 万元，横向科研经费到账 4621.8 万元。获批国家自然科学基金项目 64 项，国家社会科学基金项目 7 项，比 2016 年增加 7 项；获批国家重点研发计划项目（课题）子课题 15 项，比去年增加 14 项，立项经费 1108.5 万元；获批中央军委装备发展部“十三五”装备预研领域基金重点项目 1 项，是我校作为牵头单位承担军工重点项目零的突破；获批科技厅技术创新专项重大项目 5 项，比 2016 年增加 2 项；获批湖北省自然科学基金项目 28 项（其中创新群体 1 项），比 2016 年增加 9 项。

（6）2017 年我校被三大索引 SCI、EI、CPCI-S 收录的论文共有 929 篇，比 2016 年增加 248 篇，高质量论文数量明显提高。按照学校期刊分级统计，2017 年 以学校为第一单位发表 A 级论文 236 篇（其中 A1 论文 14 篇，A2 论文 99 篇，A3 论文 123 篇），超 2017 年目标值 62 篇，比 2016 年增加 81 篇。

（7）2017 年科技成果转化成效突出，专利技术转让合同 11 项，合同总金额 601 万元；专利作价入股取得零的突破，签订专利作价入股合同 2 项，专利评估价 1121.25 万元。两项合计 1722.25 万元，远超 220 万元的目标值。

（8）高层次人才工作取得较好成绩，2017 年申报成功第十三批国家“千人计划”外专千人 1 人：Serhii Yershov 已全职到岗开展工作；信息科学与工程学院柴利教授团队荣获全国高校黄大年式教师团队；向晓东获得 2017 年度宝钢教育奖优秀教师奖。

校院两级管理，总体上是要形成一种学校宏观决策、学院实体化运行的管理模式，在推进深化校院两级管理体制改革过程中，要进一步破解发展中存在的学院自主意识不强、职能部门协同不足、学院内部制度建设不健全等难题，促使各项改革措施落实到位，全面提升学校综合实力。

（撰稿：王婧）

## 第五节　制定与实施《武汉科技大学大学章程》

章程被称作学校的根本大法，是学校面向社会自主办学的根本遵循，是学校制度体系的总纲。章程建设是《国家中长期教育改革和发展规划纲要（2010—2020 年）》和《高等学校章程制定暂行办法》（教育部 31 号令）的明文要求，也是高校作为学术组织和独立事业法人，进一步完善治理结构、推进现代大学制度改革、促进自身内涵式发展的有力载体。武汉科技大学始终将章程建设作为学校坚持依法治校、规范办学行为、构建现代大学制度体系的重要抓手，作为全面回顾学校治理结构和理念、规范内部管理制度、定位学校新一轮大发展的重要契机，高度重视、精心组织、扎实推进。

### 一、《武汉科技大学大学章程》的制定过程

自教育部颁布《高等学校章程制定暂行办法》后，学校便开始酝酿章程制定工作。2014 年 6 月，学校被省教育厅列为湖北省第一批章程制定试点高校。学校高度重视，第一时间成立了由党委书记刘华才和校长孔建益担任组长的武汉科技大学章程制定工作领导小组，由校长孔建益担任组长、正校级干部顾杰担任副

组长的章程起草工作小组，全面启动学校章程制定工作。

2014 年 8 月，经过深入调查研究、广泛汇聚各方智慧，反复修改、数易其稿，《武汉科技大学章程》(以下简称《章程》) 初稿终于形成。2014 年 8 月 27 ~ 28 日，学校召开专题研讨会，就《章程》初稿进行细致研究和认真讨论。9 月 1 ~20 日，在学校官网主页和校友会官网发布《关于征求 <武汉科技大学章程（草案） >意见的公告》，并组织学生代表、教师代表、干部代表和离退休代表，召开多场专门座谈会，就学校《章程》起草工作征求全校各单位和广大师生员工的意见建议。

在《章程》制定过程中，学校特别重视与政府、社会有关方面的沟通交流，采取多种方式，征求意见、充分论证。2017 年 9 月，学校将《章程》(草案) 呈送湖北省人民政府办公厅和湖北省教育厅，与学校举办者和教育行政部门充分沟通协商；专门向宝钢、鞍钢、武钢、首钢、中冶集团、中钢集团等 6 家共建单位发去《章程》(草案) 征求意见函，听取与学校关系密切的行业企业的意见建议；向恒大集团董事局主席许家印等杰出校友和中冶南方、中建二局等单位校友代表，发去征求意见函，请他们就《章程》起草工作提出意见建议。2014 年 9 月，学校通过各种渠道和方式，共收到来自校内外关于《章程》起草工作的意见建议 270 余条。《章程》起草工作专班在认真整理研究的基础上，积极吸收有益意见建议，对《章程》(草案) 进行不断修改完善。

2014 年 9 月 19 日，学校召开教职工代表大会常务委员会会议，专门就《章程（草案)》进行审议，与会代表充分发表意见建议，一致原则上同意《章程（草案)》，建议提交校长办公会审核。9 月 22 日，学校召开校长办公会，审核通过《章程（草案)》。9 月 29 日，学校召开党委常委会，审定《章程（草案)》，并决定将其以“核准稿”的形式报湖北省教育厅核准。10 月 10 日，学校正式将《武汉科技大学章程》提交省教育厅核准。

2014 年 10 月 28 日下午，省教育厅召开湖北省高等学校章程核准委员会第一次会议，对包括我校在内的第一批共 7 所试点高校报送的《章程》进行审核，校长孔建益代表学校做汇报并接受质询，会议原则审议通过 7 所高校章程。12 月 8 日，《武汉科技大学章程》获湖北省教育厅厅长办公会议审议通过。2015 年 3 月 2 日，省教育厅发布了第 2 号高等学校章程核准书，《武汉科技大学章程》通过核准并正式发布。

学校《章程》制定工作始终遵循科学化、民主化、法治化的要求，坚持做到“三个结合”：

一是坚持机构和机制相结合，确保章程推进有序。学校成立了章程制定工作领导小组，并由校长牵头成立章程起草工作小组，起草组成员吸纳学校党委、行政、学术、工会等各方组织负责人以及教师代表、学生代表和相关专家学者参加。同时，制定了《武汉科技大学章程制定工作实施方案》，设立了专项工作经费，定期召开推进会和研讨会，认真执行既定时间表和路线图，确保各项工作有序推进。

二是坚持宣传和引导相结合，确保章程推进有力。学校将章程建设列为重点宣传内容，主要领导多次在全校性大会和中层干部工作研讨会上进行动员、部署、推进，争取全校师生员工的参与支持，多途径广泛征集师生和校友的建言献策，积极与学校举办者、教育主管部门沟通协商，主动听取行业企业的意见建议，力争将章程制定过程变为凝聚共识、群策群力的过程。对于实施中需要有政策突破，或者发现了新的问题，都坚持集体研究，充分论证，及时处理，始终确保工作有力推进。

三是坚持工作和学习相结合，确保章程推进有效。学校将章程制定列入校院两级党委中心组学习计划，邀请教育部政策法规司有关领导来校为全体中层及以上干部做专题辅导报告。2012 年 5 月学校作为非 211 高校受邀参加了在南昌大学举行的“211 工程”高校现代大学制度暨章程建设工作推进会，借此会议与兄弟院校及知名专家进行深入沟通交流，进一步拓展工作思路。

## 二、《武汉科技大学大学章程》的主要内容

《章程》主要内容包括序言和正文两个部分。正文共有 8 章，85 条；全文 10645 字。包括：“总则”“学校功能与教育形式”“管理体制与组织机构”“教职员工、学生、校友”“学校与社会”“经费、财务、资产与后勤”“学校标识”“附则”。《章程》主要着力于规范学校内部治理结构和权力运行规则，明确对涉及教职工切身利益的重大事项决策程序，突出对教师学生主体地位的确认与保护，内容基本涵盖《中华人民共和国高等教育法》(以下简称《高等教育法》）和《高等学校章程制定暂行办法》中规定的高校章程应该包括的内容。具体有：

一是进一步明确学校法定办学自主权。学校严格按照《高等教育法》的规定，将学校依法享有的人才培养、科学研究、国际交流与合作、机构设置、人员配备、资产管理等方面的自主权细化到《章程》的相应条款之中。

二是坚持和完善党委领导下的校长负责制。党委领导下的校长负责制是学校最根本的领导体制。《章程》第 9 条规定，学校实行中国共产党武汉科技大学委员会领导下的校长负责制。校长是学校的法定代表人。第 22 条根据《高等教育法》《中国共产党章程》和《中国共产党普通高等学校基层组织工作条例》，具体规定了学校党委的主要职责。《章程》第 24 条严格按照《高等教育法》对校长的职权做了具体规定。此外，对党委常委会、校长办公会等议事范围和程序进一步细化，进一步从制度上理顺党委与行政的工作关系。这充分体现出，学校既坚持党委统一领导，又支持和保障校长依法行使职权。

三是管理重心下移，推进校、院两级管理体制。学校遵循高等教育发展规律，逐步扩大学院的办学自主权，充分发挥学院在高校办学中的主体作用。《章程》第41条明确规定，学校实行校院两级管理体制，学校对学院实行目标责任管理，根据学院的办学目标、办学成本和办学绩效配置资源。第42条至第47条，具体规定了学院的治理形式、学院和学院党委的职权职责、院长的职权以及学院议事决策的主要形式等。这些都体现出学校管理重新下移的特点。

四是积极推进依法治校和民主管理。《章程》总则第1条即明确了学校制定章程的目的是“建立现代大学制度，促进依法治校、规范管理、科学发展”，第9条强调了学校“积极推进依法治校、民主管理和教授治学。”这是学校建设国内高水平大学应当遵循的基本原则，也是《章程》设计起草基本指导思想。依法治校主要体现在涉及诸如专业设置、调整学科专业、对教职员工和学生进行奖励处分、管理使用学校资产等事项上，《章程》明确规定必须依法行使相关权力、开展相应活动。民主管理主要体现在关于组织机构及其权责配置和师生员工权利的规定中。《章程》对教职工代表大会是教职工参与学校民主管理的组织形式做出了规定。《章程》关于学校实行校务公开和校长向教职工代表大会报告工作的规定，关于院长定期向学院全体教职员工或教职工代表大会报告工作的规定，突出反映了学校对教职工参与民主管理的重视和支持。

五是实行教授治学，切实保障学术自由。教授治学主要体现在行政权力与学术权力相对分离，教授对学术问题拥有决定权。《章程》用较大篇幅明确规定了学校学术委员会、学位评定委员会、教学指导委员会、专业技术职务评审委员会等学术组织的机构设置、人员组成和具体职权等。《章程》特别强调“校学术委员会是学校最高学术机构，统筹行使学术事务的决策、审议、评定和咨询等职权。”《章程》还明确规定了学校相关组织部门要强化服务意识，为学校教学科研提供更好的条件和服务。这些充分表明学术权力体系及其地位在《章程》中得到确立，有利于推进教授治学、维护学术权威、保障学术自由，促进学术机构作用的发挥。

六是进一步明确学校与社会的关系。《章程》专设第五章，明确学校与社会的关系。学校不仅要主动对接国家和地方经济社会发展需求，为社会发展提供服务，争取广泛的社会支持；学校要推进国际化战略，引进海外优质教育资源，参与国际科研合作与交流；同时还要主动接受社会监督和评价，主动实行信息公开制度，及时向社会发布有关办学信息。

七是设立理事会和成立教育发展基金会。实行理事会制度，成立教育发展基金会，有利于扩大社会参与高等学校管理，有利于高等学校更好地服务社会，增强高校的办学能力和活力。根据《国家中长期教育改革与发展规划纲要（2010—2020年）》和教育部《普通高等学校理事会规程（试行）》的相关规定，围绕现代大学制度建设的核心要求，考虑到前瞻性和未来需要，《章程》第36条规定了学校设立理事会的条款，第67条设计了学校依法成立教育发展基金会的相关条款。这充分体现出学校积极贯彻中央和教育部的文件精神，高度重视利益相关者的权利，进一步健全社会参与机制。

## 三、《武汉科技大学大学章程》的主要特色

围绕"建设中国特色现代大学制度"这一命题，学校在尊重办学历史和现状，继承和发扬优良办学传统的基础上，积极发挥主动性和能动性，力图使章程凸显以下特色：

一是突出治理结构，进一步明确学校办学自主权。治理结构是大学章程的核心要素，要旨是处理好学校与政府、社会的外部关系，以及学校内设组织之间的内部关系。在外部关系上，《章程》总则第四条明确了学校举办者的权利和义务，单设第五章"学校与社会"，使得学校与政府、学校与行业企业、学校与利益相关者之间的交流合作具有更加明确的制度依据。在内部关系上，单设第三章"管理体制和组织机构"，集中阐述党委领导下校长负责制所涵盖的"党委领导、校长负责、教授治学、民主管理"四种权力层次定位以及依法治校、集体决策、校院两级管理、信息公开等重大运行机制。通过内外结合的制度安排，形成自主自律的治理结构。

二是突出办学风格，着力凝练和反映学校办学特色。《章程》是办学理念和目标的有力载体，也是凸显学校特色的名片。为此，《章程》除了阐述办学历史，明确办学层次、办学规模、学科门类、教育形式以及校徽、校旗、校歌等形象标识外，还旗帜鲜明地阐述了我校"建设特色鲜明、国际知名的国内高水平教学研究型大学"的办学目标，"育人为本、质量立校"的办学理念，"质量求生存、学术上水平、特色显优势、创新求发展"的办学思路，以及"厚德博学　崇实去浮"的大学精神。《章程》还在人才培养、专业设置、学科建设、校园文化以及服务社会等方面规定了学校坚持依托行业发展，坚持钢铁冶金特色的定位。通过这些个性鲜明的制度和规定使得学校办学特色得以彰显。

三是突出教授治学，切实保障学术权威和学术自由。教授治学主要体现在行政权力与学术权力相对分离，教授对学术问题拥有决定权。《章程》用较大篇幅明确规定了学校学术委员会、学位评定委员会、教学指导委员会、专业技术职务评审委员会等学术组织的机构设置、人员组成和具体职权等。《章程》特别强调"校学术委员会是学校最高学术机构，统筹行使学术事务的决策、审议、评定和咨询等职权。"这些规定使学术权力体系及其地位在《章程》中得到确立，有利于维护学术权威、保障学术自由，促进学术机构作用的发挥。

四是突出学院主体，充分发挥学院的积极性主动性。随着办学规模的扩大和

办学质量提升的内在要求，发挥学院作为办学主体的作用越来越成为高水平大学建设的必要选择。《章程》明确规定，学校实行校院两级管理体制，学校对学院实行目标责任管理，根据学院的办学目标、办学成本和办学绩效配置资源；学院享有学校授权范围内的办学权、人事权和资源配置权等权力。这充分体现学校坚持管理重新下移，保障学院等教学科研机构拥有更大自主权。

五是突出权利保障，贯彻落实“以人为本”的理念。《章程》最大限度地回应了调研中所采集的学生、校友以及教职员工的合法合理权益诉求，明确了师生的发展权、民主权、知情权、批评建议权等实体性权利，同时也明确了申辩、申诉权以及权利救济权等程序性权利，实现了组织法和权利法的合一。

六是突出适当前瞻，保证章程稳定性和可拓展性。良好的章程应当具有相对的战略性、稳定性、权威性和可拓展性，不能想改就改。围绕现代大学制度建设的核心要求，考虑到未来发展需求，根据教育部《普通高等学校理事会规程(试行)》的规定，《章程》设计了学校设立理事会和依法成立教育发展基金会的相关条款，凸显出学校将逐步健全社会参与机制。此外，《章程》没有对党委的职权、部门、议事规则等做出详细规定。考虑到党的规章和学校行政制度是两个相互独立的制度体系，因此《章程》中有关党委和党委会的相关表述都是概括性的，努力做到必要且精简。在《章程》文本制定技术方面，坚持繁简结合、宁精毋细。部分内容采用原则性表述，并根据教育改革和学校发展趋势进行前瞻性考虑，进行必要的取舍，避免因政策变动而反复修改《章程》，给学校科学发展和可持续发展留下空间。

七是突出政策依据，努力确保文本严肃性规范性。章程是学校的“宪法”，上承国家法律法规，下接内部规章制度，要经得起国家政策和法律的检验。《章程》严格遵循《中华人民共和国宪法》《中华人民共和国教育法》《中华人民共和国高等教育法》等法律法规要求，力求每一条每一款都有法定依据。比如，学校党委和校长的职责，来自于2010年修订的《高校基层组织条例》和中共中央办公厅2014年下发的《关于坚持和完善普通高等学校党委领导下的校长负责制的实施意见》。教代会的职责来自于教育部2011年底出台的《学校教职工代表大会规定》和湖北省教育厅2013年出台的《湖北省学校教职工代表大会工作规程》。同时，《章程》的制定步骤、体例设计和条款安排都严格执行教育部31号令和《湖北省高等学校章程核准工作规程》的规定与要求。

## 四、《武汉科技大学大学章程》的实施

章程的生命力在于实施，章程的尊严也在于实施。《章程》核准通过以后，学校扎实开展《章程》实施工作。

一是深入开展《章程》的学习宣传。学校充分发挥校属媒体作用，在学校

官网发布《章程》，将《章程》及相关学习资料发至各二级单位，面向全校处级干部印发《章程》单行本，供学习交流使用，提升《章程》影响力，努力做到人人知晓章程、尊重章程、运用章程。

二是以《章程》为依据开展规章制度“废改立”。2015年底，学校开始启动规章制度“废改立”工作。对与《章程》相冲突，不适应学校发展，已经没有存在必要的规章制度，或同一项制度已有新版本施行但旧版本尚未废止的，坚决予以废止；对于原有制度整体上适用，但部分或个别条款不适用的，进行修改完善；对现行制度整体上不适用，或由于出现了新情况新问题，为适应学校发展，需要填补制度空白的，在广泛调研基础上，研究制定了新的制度。2015～2017年，学校在全面系统梳理的基础上，制定修订各项规章制度157项，逐步形成了健全、规范、统一的制度体系，提高了规章制度设计的科学性、内容的合法性以及制度之间的统一性。

三是进一步健全学校内部治理结构。学校按照建设有中国特色现代大学制度的总体愿景，实现“党委领导、校长负责、教授治学、民主管理”，制定了《中共武汉科技大学委员会坚持和完善党委领导下的校长负责制实施细则》和《武汉科技大学校院两级管理体制实施办法（试行）》，努力探索有本校特色的学校治理结构及其运行机制。学校结合《章程》建设，建立和完善了一系列学校党委和行政层面重要的议事规则，如修订完善了《中共武汉科技大学委员会常务委员会会议制度及议事规则》《武汉科技大学校长办公会议制度及议事规则》《武汉科技大学关于落实“三重一大”决策制度的实施办法》等；制定完善了《武汉科技大学学术委员会章程》，着力实现教授治学的原则要求；健全了《武汉科技大学校友会章程》等，以充分发挥校内外各方面力量在学校发展及决策过程中的咨询作用；修订了《武汉科技大学教职工代表大会实施细则》《武汉科技大学妇女委员会工作章程》，依法保障教职工参与学校民主管理和监督等。

学校章程建设是一项开创性的工作，也是一项系统工程。抓章程实施，非一日之功，贵在持之以恒。能否抓好这项工作，抓出成效，是衡量学校领导力和执行力的重要指标，也是衡量学校治理水平和办学水平的重要指标。学校将坚持以习近平新时代中国特色社会主义思想和党的十九大精神为指导，全面推进章程实施工作，为早日建设成为国际知名的国内高水平教学研究性大学而努力奋斗。

（撰稿：蔡路）

# 第二章　坚持立德树人，人才培养质量稳步提升

## 第一节　本科教学水平和质量稳步提升

2008 年，学校顺利通过了教育部本科教学工作水平评估，并获得优秀。学校紧紧围绕立德树人的根本任务，将深化教育教学改革作为提升人才培养质量的中心环节，更新教育思想观念，以学生成长成才为目标，以深入推进学分制改革为主线，以创新人才培养模式为核心任务，以课程体系改革为重点，因材施教，突显学生个性化发展，提升学生创新创业能力，完善人才培养质量保障机制，推进人才培养的国际化，培养德智体美全面发展、基础理论厚实、知识结构合理、富有创新精神和实践能力的高素质人才。2008 年以来，“本科教学工程”建设、教学成果等方面实现了重大突破，学校获批国家级“深化创新创业教育改革示范高校”，获批国家级“本科教学工程”项目 50 项，获国家级教学成果奖 4 项，实现了湖北省属高校国家教学成果一等奖零的突破，学校人才培养水平和人才培养质量迈上了新台阶。

### 一、突显质量意识，教学中心地位进一步巩固

2008 年以来，特别是党的十八大以来，学校深入学习党的十八大和十九大精神，认真贯彻《国家中长期教育改革和发展规划纲要》(2010—2020 年)、《教育部关于全面提高高等教育质量的若干意见》及湖北省一系列深化教育教学改革的文件，主动转变教育思想观念，出台了《关于进一步突出教学工作中心地位　提高本科教学质量的意见》《关于进一步提升人才培养质量　推进一流本科建设的意见》，进一步突出教学工作中心地位，落实立德树人根本任务，把教学质量作为学校的生命线，把本科教学作为学校的安身立命之本。弘扬“厚德博学，崇实去浮”的校训精神，引导师生全身心投入教学，强化教学主业意识，落实教授副教授为本科生授课制度。强化教学工作责任制，学校党政一把手是学校教学质量的第一责任人，各院部党政主要负责人是本单位教学工作第一责任人，全校上下紧紧围绕教学工作这个中心，不断强化责任担当、改进工作作风、提升服务水平。明确教学与科研同等地位，教学工作和科研工作同等对待，教学研究项目和科学研究项目同等对待，教学成果与科研成果同等对待，激发教师投入教

学的积极性。加大教学投入，学校投入进一步向教学倾斜，为人才培养质量的提高奠定坚实的条件保障。

坚持人才培养的正确政治方向，把思想政治工作贯穿教育教学全过程。学校深入贯彻落实习近平新时代中国特色社会主义思想以及全国高校思想政治工作会议讲话精神，出台和修订了《武汉科技大学课堂教学领域意识形态建设长效机制实施方案》《中共武汉科技大学委员会关于进一步推进思想政治理论课改革和建设的意见》《武汉科技大学教师本科教学工作规范》等文件，明确职责岗位，强化思想政治工作学院主体责任，任课教师对课堂思想政治工作负直接责任，激发广大教师树立崇高的职业理想，严守教育教学纪律，牢牢掌握课堂教学主阵地，杜绝一切有损国家利益和不利于学生健康成长的意识形态，培养为人民服务，为中国共产党治国理政服务，为巩固和发展中国特色社会主义制度服务，为改革开放和社会主义现代化建设服务的合格建设者和可靠接班人。

## 二、优化专业结构，本科人才培养规模更趋合理

按照“适应需求，优化结构，注重内涵，突出特色”的专业建设思路，围绕国家经济社会发展和产业转型升级需求，对接国家“一带一路”倡议、中国制造2025、长江经济带发展规划，结合学校的发展规划和实际，在保持传统专业优势与特色的同时，进一步优化专业结构与布局；对接行业产业发展，与企业合作共建“机器人工程”等新兴专业、交叉专业；加强专业建设，设置专业责任教授团队，负责本专业的建设、发展与评估。学校已经建设形成一批特色优势专业，包括7个国家级特色专业、1个国家级专业综合改革项目、11个省级品牌专业，7个省级专业综合改革项目。

学校出台了《武汉科技大学关于专业结构优化与动态调整的实施办法》，实施专业动态调整，建立专业预警与退出机制，对第一志愿报考率、就业率低的专业进行预警、隔年招生直至撤销。2008年以来，新增本科专业23个，注销本科专业4个，现有本科专业72个，涵盖8个学科门类，2015年高职专业全部停招。本科招生规模稳定，生源质量显著提高，截止到2017年，在校本科生人数稳定在24000人左右，当前在校本科生24340人。

**表2-1　武汉科技大学本科特色优势专业一览表**

| 序号 | 专业名称 | 建设类别及名称 |
|---|---|---|
| 1 | 机械工程及自动化 | 国家级特色专业 |
| 2 | 无机非金属材料工程 | 国家级特色专业 |
| 3 | 冶金工程 | 国家级特色专业 |
| 4 | 自动化 | 国家级特色专业 |
| 5 | 化学工程与工艺 | 国家级特色专业 |

续表 2-1

| 序号 | 专 业 名 称 | 建设类别及名称 |
|---|---|---|
| 6 | 矿物加工工程 | 国家级特色专业 |
| 7 | 计算机科学与技术 | 国家级特色专业 |
| 8 | 机械工程 | 国家级专业综合改革项目 |
| 9 | 无机非金属材料工程 | 国家级卓越工程师教育培养计划 |
| 10 | 机械工程 | 国家级卓越工程师教育培养计划 |
| 11 | 自动化 | 国家级卓越工程师教育培养计划 |
| 12 | 化学工程与工艺 | 国家级卓越工程师教育培养计划 |
| 13 | 计算机科学与技术 | 国家级卓越工程师教育培养计划 |
| 14 | 矿物加工工程 | 国家级卓越工程师教育培养计划 |
| 15 | 机械工程及自动化 | 省级品牌专业 |
| 16 | 无机非金属材料工程 | 省级品牌专业 |
| 17 | 冶金工程 | 省级品牌专业 |
| 18 | 自动化 | 省级品牌专业 |
| 19 | 化学工程与工艺 | 省级品牌专业 |
| 20 | 材料成型及控制工程 | 省级品牌专业 |
| 21 | 工商管理 | 省级品牌专业 |
| 22 | 矿物加工工程 | 省级品牌专业 |
| 23 | 计算机科学与技术 | 省级品牌专业 |
| 24 | 建筑环境与设备工程 | 省级品牌专业 |
| 25 | 电子信息工程 | 省级品牌专业 |
| 26 | 工学 | 冶金类拔尖创新人才培育试验计划 |
| 27 | 化学工程与工艺 | 省级专业综合改革项目 |
| 28 | 计算机科学与技术 | 省级专业综合改革项目 |
| 29 | 矿物加工工程 | 省级专业综合改革项目 |
| 30 | 机械电子工程 | 省级专业综合改革项目 |
| 31 | 冶金工程 | 省级专业综合改革项目 |
| 32 | 机械工程 | 省级专业综合改革项目 |
| 33 | 自动化 | 省级专业综合改革项目 |
| 34 | 电子信息工程 | 省级战略性新兴（支柱）产业人才培养计划 |
| 35 | 车辆工程 | 省级战略性新兴（支柱）产业人才培养计划 |
| 36 | 机械电子工程 | 省级战略性新兴（支柱）产业人才培养计划 |
| 37 | 材料成型及控制工程 | 省级战略性新兴（支柱）产业人才培养计划 |
| 38 | 软件工程 | 省级战略性新兴（支柱）产业人才培养计划 |

续表 2-1

| 序号 | 专业名称 | 建设类别及名称 |
|---|---|---|
| 39 | 生物工程 | 省级战略性新兴（支柱）产业人才培养计划 |
| 40 | 药学 | 省级战略性新兴（支柱）产业人才培养计划 |
| 41 | 工业设计 | 省级战略性新兴（支柱）产业人才培养计划 |
| 42 | 给排水科学与工程 | 省级战略性新兴（支柱）产业人才培养计划 |
| 43 | 材料物理 | 省级战略性新兴（支柱）产业人才培养计划 |
| 44 | 临床医学 | 省级“荆楚卓越人才”协同育人计划 |
| 45 | 化学工程与工艺 | 省级“荆楚卓越人才”协同育人计划 |
| 46 | 电子信息工程 | 省级“荆楚卓越人才”协同育人计划 |
| 47 | 工商管理 | 省级“荆楚卓越人才”协同育人计划 |
| 48 | 软件工程 | 省级“荆楚卓越人才”协同育人计划 |
| 49 | 理工类 | 校级“香涛计划” |
| 50 | 文科类 | 校级“香涛计划” |
| 51 | 工业工程 | 校级精益班试点计划 |
| 52 | 工商管理 | 校级国际班试点计划 |

## 三、实施学分制改革，促进学生个性化培养

2012 年，经湖北省教育厅批准，武汉科技大学开始实施本科学分制改革，实行学分制管理，是湖北省省属高校首个实行学分制改革的高校。

根据我校本科教学两地办学实际，吸取先进高校的有益经验，经过实践探索，形成了“一轮预选、二轮正选、三轮退改选”三轮选课制度，建立了有利于学生个性化发展的教学管理体系，学生可自主选择专业、自主选择课程与教学方式、自主选择教师与上课时间，自主选择学业进程的学业选择机制。创新学籍管理制度，构建了“本科多通道学业路径”。学校修订了学生学籍管理、学分认定等文件，引导和鼓励学生自主规划学习进程，通过多种路径完成学业：（1）按入校录取专业学习毕业；（2）建立有利于学生个性化发展的转专业机制，学生可按转入专业学习毕业；（3）允许学生在全校课程库中选择课程修读，按自主修读课程申请按某一专业毕业；（4）鼓励学生在学有余力情况下，自由选择修读辅修专业，且辅修专业达 26 学分者授予辅修专业证书；完成全部辅修专业课程，且跨学科门类的，可授予双学位；（5）建立宽松的休、复学制度，鼓励学生休学创业，因创业休学的时间不计入学习年限。学分制改革打破了长期以来专业学习千人一面的僵化局面，提高了学生的学习积极性、主动性，促进了本科生自主学习能力、终身学习能力的培养。

我校的本科教学学分制管理改革成果“突出个性化发展的地方高校本科教学管理模式改革与实践”获得第八届湖北省高等学校教学成果奖二等奖。

## 四、围绕学生中心，实施多样化人才培养模式改革

实施了充分发挥学生兴趣与特长、强化教师引导的多样化人才培养模式改革，激发学生的学习热情，促进学生个性化发展。探索并实施了机械类大类招生与培养、以“大工科”和“大文管”大类招生及培养的“香涛计划”、以冶金类招生与培养的“英才计划”和“3+1+2”本硕贯通式培养以及国家级卓越工程师教育培养计划、湖北省普通高等学校战略新兴（支柱）产业人才培养计划、湖北省普通本科高校“荆楚卓越人才”协同育人计划等人才培养模式改革。我校现有国家级卓越计划专业6个，省级英才计划项目1个，省级产业计划专业10个，省级荆楚卓越计划专业5个。全面推行“导师制”教学管理，由导师引导学生根据个人的兴趣爱好和特长，去选择专业、选择课程、开展创新创业训练、规划学习进程等，改变了专业培养千人一面的格局，变“一专业一方案”为“一学生一方案”，变“一班级一课表”为“一学生一课表”，推进个性化培养。

学校人才培养模式改革经过多年的实践，做出了令人瞩目的探索，取得了卓有成效的成果，我校的多样化人才培养模式改革成果“凸显冶金特色的工科应用型人才培养模式的改革与实践”获得第七届湖北省高等学校教学成果奖一等奖。

## 五、深化课程建设，积极推进课堂教学模式改革

我校课程建设以“精品课程”“精品视频公开课”“精品资源共享课”“精品在线开放课程”等各类课程的建设和培育为主线，学校出台了《武汉科技大学网络在线课程建设与管理办法（试行）》《武汉科技大学网络在线课程建设实施细则（试行）》，推动网络信息技术与教学方法和手段改革的深度融合，建成了学校在线课程中心，实现了全校课程信息上网。实施“校级在线课程建设计划”，建设一批校级在线课程，每年引进50多门名校的MOOC课程供学生选读。推进我校教育国际化，制定了《武汉科技大学双语教学课程建设与认定办法（试行）》，开展双语教学改革，规范双语教学管理。我校共有6门课程被认定为“国家级精品资源共享课”，有6门在线课程在全国性平台上线，认定的双语课程达38门。

积极推进公共基础课教学改革，我校在湖北省高校中率先开展了“自我规划、自主学习、自由双考、自主选择”的大学英语修读模式改革，以分级分类为前提，对接学生高中时期的英语水平，结合学生类别，开展了“自我规划、自主学习、自由双考、自主选择”的大学英语教学改革。鼓励学生利用寒暑假免听自修大学英语；新生进校就举行大学英语（一）水平考试，每学期期初、期末都举行分级分类大学英语4个级别水平考试，学生自主参加；每次考试成绩是否认

定，由学生自主决定，成绩合格并经学生认定后，可修读高一级别大学英语课程。4 个学期的大学英语课程最短 2 个学期可以完成，极大地激发了学生的学习兴趣和动力。

**表 2-2 武汉科技大学国家级精品资源共享课的课程名单**

| 序号 | 课程名称 | 课程负责人 | 认定年份 | 上线平台 |
|---|---|---|---|---|
| 1 | 世界政治经济与国际关系 | 邓泽宏 | 2016 | 爱课程网 |
| 2 | 过程控制与集散系统 | 潘炼 | 2016 | 爱课程网 |
| 3 | 机械原理 | 孔建益 | 2016 | 爱课程网 |
| 4 | 耐火材料工艺学 | 顾华志 | 2016 | 爱课程网 |
| 5 | 自动控制原理 | 吴怀宇 | 2016 | 爱课程网 |
| 6 | 液压传动 | 陈奎生 | 2016 | 爱课程网 |

**表 2-3 武汉科技大学在全国性课程平台上线课程名单**

| 序号 | 课程名称 | 课程负责人 | 认定年份 | 上线平台 |
|---|---|---|---|---|
| 1 | 线性代数 | 李德宜 | 2016 | 优课联盟 |
| 2 | 证券投资学 | 余学斌 | 2016 | 优课联盟 |
| 3 | 灾害应急与救援 | 张玲 | 2016 | 优课联盟 |
| 4 | 管理信息系统 | 张志清 | 2017 | 优课联盟 |
| 5 | 嵌入式结构 | 胡威 | 2017 | 优课联盟 |
| 6 | 伦理与礼仪 | 孙君恒 | 2017 | 智慧树 |

**表 2-4 武汉科技大学主要优秀教材一览表**

| 类 型 | 教材名称 | 主 编 | 认定年份 | 级别 |
|---|---|---|---|---|
| “十二五”规划教材 | 机械原理 | 廖汉元，孔建益 | 2012 | 国家级 |
| “十二五”规划教材 | 自动控制原理 | 吴怀宇 | 2012 | 国家级 |
| “十二五”规划教材 | 运筹学简明教程 | 秦裕瑗，邓旭东 | 2012 | 国家级 |
| “十二五”规划教材 | 冶金传输原理 | 沈巧珍，杜建明 | 2012 | 国家级 |
| “十二五”规划教材 | 耐火材料学 | 李楠，顾华志，赵惠忠 | 2014 | 国家级 |
| “十二五”规划教材 | 自动控制原理与 CAI 教程 | 李玉云，李绍勇，王秋庭 | 2014 | 国家级 |
| “十二五”规划教材 | 创业学概论 | 贺尊 | 2014 | 国家级 |
| “十二五”规划教材 | 设计艺术心理学 | 梁家年 | 2014 | 国家级 |

## 六、强化实践教学，学生创新创业能力不断提高

学校高度重视实践教学在人才培养中的突出地位和作用，出台了《关于进一

步加强实践教学工作 提高实践教学质量的意见》，把创新创业教育融入人才培养的全过程，不断完善“三层次、五模块”的实践教学体系，推进实践教学内容和方法的改革，近年来每年投入2000多万元用于本科实验教学条件建设，不断加强实践教学基地建设，探索多元化校企合作模式。获批国家级虚拟仿真实验教学中心1个，国家级实验教学示范中心2个，国家级工程实践教育中心2个，国家级大学生校外实践教育基地2个，省级实践教学平台12个。

修订《武汉科技大学“创新创业学分”认定办法》，完善学生学籍管理制度，鼓励学生创新创业，建立了“一院一赛，一院一基地”运行模式，扩大学科竞赛与科技创新活动覆盖面，学校获批国家级大学生创新创业训练项目191项、省级168项；2008～2016年共获评湖北省优秀学士学位论文1238篇；“十二五”以来，获得省部级及以上大学生课外科技奖励1770项，其中国家级、国际级奖励721项；在“互联网＋”“挑战杯”“创青春”等重大赛事中，获得国家奖励62项。2017年，学校获批国家级、省级“深化创新创业教育改革示范高校”，被湖北省人民政府认定为首批“省级双创示范基地”。学校获批为湖北省大学生创业示范基地，涌现出了解砾、付文杰（在校）、曹宗、佘福源、罗源、李恒、刘恒（在校）等一大批创业典型。

我校的创新创业教育改革成果“地方工科院校本科生创新创业能力培养改革与实践”获得第八届湖北省高等学校教学成果奖三等奖。

**表2-5 武汉科技大学大学生创新创业竞赛获奖情况一览表**

| 年份 | 奖项类型 | 奖项级别 |
|---|---|---|
| 2016 | 全国“互联网＋”大学生创新创业大赛 | 国家级金奖3项，国家级铜奖9项 |
| 2017 | 全国“互联网＋”大学生创新创业大赛 | 国家级金奖2项，国家级银奖3项，国家级铜奖5项，集体贡献奖、优秀组织奖 |
| 2015 | “挑战杯”全国大学生课外学术科技作品竞赛 | 国家级二等奖2项，国家级三等奖5项 |
| 2015 | 全国大学生智能汽车竞赛 | 国家级二等奖2项 |
| 2016 | 全国大学生智能汽车竞赛 | 国家级二等奖2项 |
| 2015 | 全国大学生电子设计竞赛 | 国家级一等奖1项 |
| 2016 | “创青春”全国大学生创业大赛 | 国家级银奖2项，国家级铜奖1项，国家级优秀奖1项 |
| 2016 | 全国大学生机械创新设计大赛 | 国家级一等奖1项，国家级二等奖2项 |

**表2-6 武汉科技大学国家级实践教学基地一览表**

| 类型 | 名称 | 获批时间 | 级别 |
|---|---|---|---|
| 实验教学示范中心 | 机械实验教学中心 | 2007 | 国家级 |
| 实验教学示范中心 | 计算机实验教学中心 | 2015 | 国家级 |

续表 2-6

| 类　型 | 名　称 | 获批时间 | 级别 |
|---|---|---|---|
| 大学生校外实践教育基地 | 武汉钢铁（集团）公司工程实践教育中心 | 2013 | 国家级 |
| 大学生校外实践教育基地 | 中冶南方（武汉）自动化公司工程实践教育中心 | 2013 | 国家级 |
| 虚拟仿真实验教学中心 | 冶金工业过程虚拟仿真实验中心 | 2014 | 国家级 |
| 工程实践教育中心 | 武汉钢铁（集团）公司 | 2012 | 国家级 |
| 工程实践教育中心 | 武汉平媒武钢联合焦化有限责任公司 | 2012 | 国家级 |

## 七、注重内涵发展，教学建设与改革成效显著

学校高度重视教学改革与研究，修订《武汉科技大学本科教学改革研究项目管理办法》，提高项目资助标准，激励教师积极投身教学研究，通过设立教学研究专项引导教师开展人才培养模式、课程体系、教学内容、方法、手段等方面的改革与研究，2008 年以来，获批国家级教研课题 11 项，省级教研课题 145 项。坚持以高水平教学研究成果促进人才培养质量的提高，重视教学成果总结，积极推进各级教学成果奖申报评审，2008 年以来，获省级及以上教学成果奖 55 项，排名省属高校前茅，获得国家级教学成果奖一等奖 1 项，二等奖 3 项，实现了湖北省属高校国家教学成果一等奖零的突破。学校按照“突出重点、整体推进、重在建设、务求实效”的建设思路积极推进“本科教学工程”建设，获批国家级“本科教学工程”项目 50 项，省级“本科教学工程”项目 115 项。其中，国家级专业改革类项目 8 个，国家级人才培养模式改革项目 7 个，国家级创新创业教育改革类项目 1 个，国家级课程类改革项目 14 个，国家级实践教学平台 8 个，国家级教学团队 3 个，国家级教学名师 1 名，国家级“十二五”规划教材 8 部。

**表 2-7　近三届武汉科技大学教学成果奖获奖一览表**

| 年度 | 成 果 名 称 | 负责人 | 级别 | 等次 |
|---|---|---|---|---|
| 2009 | 面向行业，培养应用型人才实践能力的改革与实践 | 陈奎生 | 国家级 | 一等奖 |
| 2009 | 全解析法机械原理矩阵型教学模式的研究与实践 | 孔建益 | 国家级 | 二等奖 |
| 2009 | 电气控制类专业主干课程体系与教学模式的改革与实践 | 吴怀宇 | 国家级 | 二等奖 |
| 2009 | 大学成功素质教育理论与实践 | 赵作斌 | 国家级 | 二等奖 |
| 2009 | 全解析法机械原理矩阵型教学模式的研究与实践 | 孔建益 | 省级 | 一等奖 |
| 2009 | 面向行业，培养应用型人才实践能力的改革与实践 | 陈奎生 | 省级 | 一等奖 |
| 2009 | 电气控制类专业主干课程体系与教学模式的改革与实践 | 吴怀宇 | 省级 | 一等奖 |
| 2009 | 以预警为先导的教学质量监控体系的建设与实践 | 陈　涛 | 省级 | 一等奖 |
| 2009 | 工科院校文科生应用能力培养的教学模式研究 | 邓泽宏 | 省级 | 二等奖 |
| 2009 | 物理实验教学体系改革与实践 | 熊祖钊 | 省级 | 二等奖 |

续表 2-7

| 年度 | 成果名称 | 负责人 | 级别 | 等次 |
|---|---|---|---|---|
| 2009 | 面向地方与行业的机电类人才培养研究与实践 | 曾良才 | 省级 | 二等奖 |
| 2009 | 计算机专业开放式实验改革与创新的研究与实践 | 陈建勋 | 省级 | 二等奖 |
| 2009 | 预防医学专业课程体系改革与实践 | 程光文 | 省级 | 二等奖 |
| 2009 | 基于“以人为本”的大学生思想政治教育组织体系的研究 | 杨　震 | 省级 | 二等奖 |
| 2009 | 物流管理专业课程体系及培养方案研究 | 潘开灵 | 省级 | 三等奖 |
| 2009 | 工科院校开展数学实验教学的研究 | 余　东 | 省级 | 三等奖 |
| 2009 | 工科院校资源环境与城乡规划管理专业课程体系与教学内容改革研究 | 叶义成 | 省级 | 三等奖 |
| 2009 | 基于网络的远程过程控制实验教学改革与实践 | 方康玲 | 省级 | 三等奖 |
| 2009 | 安全工程与环境工程跨专业建设及其本科生创新与应用能力培养研究 | 向晓东 | 省级 | 三等奖 |
| 2009 | 普通高校公共体育教学课型设置的理论探讨及实践研究 | 盛克庆 | 省级 | 三等奖 |
| 2013 | 面向行业重大需求的校企协同人才培养平台建设与实践 | 陈　涛 | 省级 | 一等奖 |
| 2013 | 冶金类专业工程能力培养的实践与创新 | 倪红卫 | 省级 | 一等奖 |
| 2013 | 计算机类本科生实践创新能力培养模式研究与应用 | 张晓龙 | 省级 | 一等奖 |
| 2013 | 大学生思想政治教育人文关怀叠加效应的研究与实践 | 刘华才 | 省级 | 一等奖 |
| 2013 | 凸显冶金特色的工科应用型人才培养模式的改革与实践 | 吴怀宇 | 省级 | 一等奖 |
| 2013 | 地方工科院校文科专业改造路径探索 | 邓泽宏 | 省级 | 二等奖 |
| 2013 | 管理类大学生创新创业能力国内外双通道培养改革与实践 | 邓旭东 | 省级 | 二等奖 |
| 2013 | 基于学校的行业优势，信息与计算科学专业的特色定位与建设 | 李德宜 | 省级 | 二等奖 |
| 2013 | 工业工程专业多元一体化教学体系和培养模式研究与实践 | 蒋国璋 | 省级 | 二等奖 |
| 2013 | 大化工背景下彰显煤化工特色培养体系的研究与实践 | 何选明 | 省级 | 二等奖 |
| 2013 | 电气信息类未来工程师人才培养研究与实践 | 吴　谨 | 省级 | 二等奖 |
| 2013 | 基础-临床互动，提升基础医学教学质量的探索与实践 | 袁修学 | 省级 | 三等奖 |
| 2013 | 工科院校艺术设计类专业实践教学体系研究与实践 | 涂　伟 | 省级 | 三等奖 |
| 2013 | 以人才培养需求为导向的高校教学管理的创新与实践 | 黎　伟 | 省级 | 三等奖 |
| 2013 | 基于情境浸入的信息管理专业学生实践能力培养体系 | 张志清 | 省级 | 三等奖 |
| 2013 | 汽车类专业多重交叉教学体系的改革与实践 | 张光德 | 省级 | 三等奖 |
| 2013 | 建筑环境与设备工程专业人才培养与课程体系改革的研究与实践 | 符永正 | 省级 | 三等奖 |
| 2018 | 机械类专业“三阶三型”人才培养模式的研究与实践 | 曾良才 | 省级 | 一等奖 |
| 2018 | 中美比英国际联合实习机制推进“双轴向”创新创业人才培养的改革与实践 | 邓旭东 | 省级 | 一等奖 |
| 2018 | 地方高校公共管理类人才社会适应能力提升的教学改革与实践 | 丁　宇 | 省级 | 一等奖 |

续表 2-7

| 年度 | 成果名称 | 负责人 | 级别 | 等次 |
|---|---|---|---|---|
| 2018 | “三双-三融”专业学位研究生培养模式探索与实践 | 刘　静 | 省级 | 一等奖 |
| 2018 | “知识融合能力递进”的矿业类创新人才培养模式研究与实践 | 盛建龙 | 省级 | 一等奖 |
| 2018 | 大冶金领域工程人才培养的实践与探索 | 王　炜 | 省级 | 一等奖 |
| 2018 | 创新创业导向的多元深度融合信息类专业综合改革与实践 | 吴　谨 | 省级 | 一等奖 |
| 2018 | 医教协同、德技共育教学研究型大学临床医学教育综合改革与实践 | 吴清明 | 省级 | 一等奖 |
| 2018 | 基于社会服务导向的地方高校环境设计专业教学体系建构研究 | 叶　云 | 省级 | 一等奖 |
| 2018 | 虚拟仿真教学平台构建与计算机类创新人才培养 | 陈东方 | 省级 | 二等奖 |
| 2018 | 突出个性化发展的地方高校本科教学管理模式改革与实践 | 程光文 | 省级 | 二等奖 |
| 2018 | 大学数学在线教育及课程创新的研究与实践 | 李寿贵 | 省级 | 二等奖 |
| 2018 | 基于提升第一任职能力需要的国防生培养体系构建与实施 | 刘华才 | 省级 | 二等奖 |
| 2018 | 大学生工程创新能力个性化训练模式探究与实践 | 夏绪辉 | 省级 | 二等奖 |
| 2018 | 工科大学生“双创人才”培养长效机制的构建与实践 | 向晓东 | 省级 | 二等奖 |
| 2018 | 面向绿色制造的机械工程专业研究生多元化交叉融合培养模式研究与实践 | 江志刚 | 省级 | 三等奖 |
| 2018 | 聚焦立德树人全面推进思想政治理论课教学改革 | 李　敏 | 省级 | 三等奖 |
| 2018 | 以职业胜任力为导向的公共卫生人才培养模式的构建与实践 | 李文芳 | 省级 | 三等奖 |
| 2018 | 地方工科院校本科生创新创业能力培养改革与实践 | 颜家保 | 省级 | 三等奖 |
| 2018 | 基于四层情境的管理工程类学生工程实践创新体系 | 张瑞军 | 省级 | 三等奖 |
| 2018 | “知识融合能力拓展”的土木建筑类人才协同培养机制研究与实践 | 赵　峰 | 省级 | 三等奖 |
| 2018 | “双螺旋递进式”工商管理类专业应用创新型人才培养模式研究与实践 | 周　勇 | 省级 | 三等奖 |

**表 2-8　武汉科技大学国家级名师团队一览表**

| 类　型 | 名　　称 | 负责人 | 获批时间 | 级别 |
|---|---|---|---|---|
| 教学名师 | 国家教学名师 | 孔建益 | 2009 | 国家级 |
| 教学团队 | 机械工程及自动化专业基础课程教学团队 | 孔建益 | 2008 | 国家级 |
| 教学团队 | 控制理论与应用核心课程教学团队 | 吴怀宇 | 2009 | 国家级 |
| 教学团队 | 无机非金属材料工程专业核心课程跨学科教学团队 | 李亚伟 | 2010 | 国家级 |

（撰稿：袁龙）

## 第二节　不断加强和改进大学生思想政治工作

我校大学生思想政治工作在学校党政的正确领导下，以学生党建为龙头，学风建设为核心，严格管理为手段，队伍建设为保障，推行务实创新的工作作风，促进学生工作又好又快发展。十年来，大学生思想政治教育和管理工作形成了“一个理念，两个转移，三个结合”的基本思路，即牢固树立“以人为本，务实创新”的学生工作理念；进一步实现学生工作重心向学院转移，向服务学生转移；形成教育、管理、服务相结合的育人机制，促进学生全面成长成才，不断提高人才培养质量。

十年来，标志性成果不断产生。2009 年，党委学生工作部获评“湖北高校大学生思想政治教育工作先进基层单位”；2011 年，党委学生工作部再次获评“湖北高校大学生思想政治教育工作先进基层单位”；2013 年，学校获评“2011—2012 年度湖北省思想政治教育先进高校”，学工处团委联合党支部获评“2011—2012 年度湖北省高校大学生思想政治教育先进基层单位”。

十年来，先进典型人物不断涌现。2008 年，林莉同志被评为 2008 年度“湖北省高校家庭经济困难学生资助工作先进个人”；2009 年，学校荣获“全国高校毕业生就业工作先进集体”和“湖北省高校家庭经济困难学生资助工作先进单位”荣誉称号，杨长发同志被评为 2009 年度“湖北省高校家庭经济困难学生资助工作先进个人”；2010 年，学校被湖北省招生办公室授予“湖北省 2007—2009 年度普通高校招生工作先进集体”荣誉称号；2012 年，学校荣获“湖北省普通高校招生工作先进集体”和“2012 年度就业湖北先进高校”荣誉称号，肖军同志被中华人民共和国国务院授予“全国就业先进工作者”荣誉称号；2013 年，学校被认定为“高校毕业生就业统计规范管理先进单位”和“省级创业示范基地”；2014 年，学校再次被评为“高校毕业生就业统计规范管理先进单位”；2015 年，学校被认定为武汉市“大学生创业特区”、洪山区“科技企业孵化器”，朱斌同志被评为“征兵工作先进个人”；2016 年，学校再次被认定为“湖北省大学生创业示范基地”，薛春艳同志被评为湖北省心理健康教育与咨询研究会 2011—2015 年度工作先进个人，授予“高校心理健康教育优秀工作者”；2017 年，学校获评“武汉大学生创业学院”“首批省级双创示范基地”和“湖北省学生资助工作典型学校”荣誉称号。同时，2013 ~ 2017 年，学校应征入伍工作连续 5 年受到省征兵办、省教育厅的肯定和表扬，连续 5 年被授予“大学生征兵工作先进单位”荣誉称号。

十年来，社会影响力不断扩大。2009 年，《光明日报》报道“武汉科技大学：三年平均就业率缘何高达 92%”。2011 年，《中国青年报》报道“武汉科大：教授的一半是‘家长’”。2012 年，《光明日报》报道“武汉科技大学探索思想政治教育人文关怀新模式”，《中国青年报》报道“武汉科技大学震撼思想课延续三十年”，《中国青年报》报道“奔波千里只为献一袋救人的血”。2013 年，新华网报道“求职路上有个西服哥　武汉科技大学管理学院毕业生就业辅导员卢绍伟的故事”，新华网报道“武汉科技大学 90 后大学生付文杰的创业之路”，《光明日报》报道“武汉科大：大学生们的创业沃土”。2014 年，《中国教育报》报道“90 后大学生付文杰创业启示录”。2015 年，光明网报道“武汉科大：90 后女大学生用科研项目玩创业”，《中国青年报》报道“大学保卫处副处长带出最牛考研班”。2016 年，《中国青年报》报道“毁容女孩残指叩开硕博连读大门”，《中国教育报》报道“武汉科技大学：让学生成为‘双创’时代的幸运儿”，《中国青年报》报道“让国防生在‘实战’中成长”。2017 年，新华网报道“武汉科技大学多向联动助推学子‘好就业、就业好’”，人民网报道“武科大校长与学生‘面对面’热议十九大报告”。

## 一、理想信念教育进一步加强

我校大学生思想政治教育始终秉承“育人为本、德育为先”的理念，始终抓住立德树人这一根本任务，积极营造全员育人、全过程育人、全方位育人的良好氛围。每年，学校都会开展形式多样、内容丰富的理论学习和主题教育活动。每年 5 月，组织入党积极分子 200 余人赴红安革命圣地接受红色革命教育。自 1983 年以来，该项活动从未间断过，35 年来，学校接受红安精神教育的学生已经超过 5000 人；每年 9 月 18 日，组织 6000 余名新生开展“九・一八”升国旗暨入学宣誓仪式；每年 10 月，面向全校选拔优秀学生代表，组建优秀学生先进事迹报告团，举办优秀学生先进事迹报告会；每年 12 月 9 日，开展“铭记‘一二・九’立报国之志”为主题的签名和长跑活动。同时，学校每年均以毕业生离校、新生开学等重要时间节点为契机，开展毕业生为母校捐书、捐树、文明离校教育、入学教育、国防教育报告会等主题活动。2008 ~ 2017 年间，学校累计开展了 400 余场高质量的大学生素质教育报告会。通过一系列的理论和实践相结合的教育活动，切实加强了文明校园建设，丰富了校园文化生活，发挥校园文化育人功能，提高广大学生的思想品德和理论素养。

2011 年，我校材料与冶金学院金属材料工程专业 2008 级本科生付文杰，入围“全国大学生年度人物”200 强；2014 年，该同学荣获首届“长江学子”称号。

2015 年，为加强和改进我校学生工作的理论和实践研究，进一步整合资源、突出重点，打造一批具有良好教育效果的学生工作品牌项目，学校开展了学生工作“一院一特色”创建活动，培育和创建了一批学生思想政治教育工作特色与品牌。

2016 年 11 月 17 日，一场别开生面的茶话会在崇实会堂临湖二楼平台举行。这是我校“沁湖时光　校长有约”首场活动，校长倪红卫与 18 名学生代表围绕“如何成为一流创新型人才”面对面交流，气氛轻松愉快。至今，举办“沁湖时光　校长有约”活动七期，倾听学生声音，满足学生成长成才需求，共谋学校发展。活动自举办以来，在学生中引起了热烈反响，并产生了积极的社会影响。

2017 年 11 月 10 日下午，党委书记孔建益在崇实会堂做了以“不忘初心　牢记校史　在实现中国梦的生动实践中放飞青春梦想”为主题的党的十九大精神辅导报告。报告会的内容分为党的十九大精神解读、武汉科技大学的历史、武汉科技大学的现在、武汉科技大学的未来、对同学们的期许等五个部分。

## 二、学风建设进一步深入

经过多年的探索和总结，学校建立了以优良学风学院、优良学风单项奖、优良学风班级为主要评价目标的学风建设指标体系。优良学风学院的评选指标包含六个方面，即优良学风班级比例、研究生录取率、就业率、预警学生转化率、第二课堂得分（包括组织建设、社会实践、科技活动、人文讲座、宣传报道等方面）、学生预警率（指必修课程不及格超过 12 个学分的学生数量占学生总数的比率）。在评选过程中，按照各学院指标得分高低进行全校排序，其中优良学风班级比例、研究生录取率、就业率、预警学生转化率、第二课堂为正向指标，学生预警率为反向指标，把各学院每项指标的排序得分进行相加，得分越低排名越靠前，这样使得优良学风学院的评价更加精细化和公平化。十年中，学校每年评选出 5～6 个优良学风学院，累计评选出优良学风班 911 个，优秀学生标兵 3844 人次、优秀学生 19606 人次、优秀学生干部 10143 人次，考研录取率逐年提升，最高达 25.31%。自 2012 年起，学校设立“校长奖章”荣誉称号，每年评选并表彰 10 名为学校赢得较高荣誉或产生重大社会影响的学生。

**表 2-9　2012～2017 年“校长奖章”获奖情况统计表**

| 年份 | 获奖名单 |
|---|---|
| 2012 | 高标（材料与冶金学院）、尹小龙（管理学院）、张娇（化学工程与技术学院）、周庭哲（计算机科学与技术学院）、许艳平（信息科学与工程学院）、樊智勇（理学院）、贺晶晶（汽车与交通工程学院）、杜娟（外国语学院）、刘婷婷（医学院）、邱佳（资源与环境工程学院） |
| 2013 | 罗明（材料与冶金学院）、刘磊磊（管理学院）、丁武龙（资源与环境工程学院）、吕一珂（计算机科学与技术学院）、何格（理学院）、彭世通（机械自动化学院）、易园园（外国语学院）、周植宇（信息科学与工程学院）、王路路（管理学院）、邱红阳（城市建设学院） |
| 2014 | 刘洋（资源与环境工程学院）、李瑞（管理学院）、许彩霞（化学工程与技术学院）、卞超（信息科学与工程学院）、李博（计算机科学与技术学院）、钱文杰（文法与经济学院）、孙伟（机械自动化学院）、李博星（汽车与交通工程学院）、严保康（信息科学与工程学院）、彭祥（材料与冶金学院） |
| 2015 | 李柏依（计算机科学与技术学院）、胡联亭（机械自动化学院）、孙亚英（医学院）、黄顺（城市建设学院）、刘友才（信息科学与工程学院）、何临砚（管理学院）、马孟庭（文法与经济学院）、龚娜（材料与冶金学院）、陈辉（材料与冶金学院）、布昶昶（理学院） |
| 2016 | 王珊（材料与冶金学院）、徐佳慧（化学工程与技术学院）、高旭峰（机械自动化学院）、周龙（计算机科学与技术学院）、李俊祥（理学院）、尹春丽（文法与经济学院）、皮春春（信息科学与工程学院）、秦溯（资源与环境工程学院）、王立（信息科学与工程学院）、吴朝阳（材料与冶金学院） |

续表 2-9

| 年份 | 获奖名单 |
| --- | --- |
| 2017 | 黄明柱（材料与冶金学院）、张珺琢（城市建设学院）、刘世恩（管理学院）、丁周阳（机械自动化学院）、耿洪娜（计算机科学与技术学院）、余艾伦（汽车与交通工程学院）、华彤（信息科学与工程学院）、田青（医学院）、刁嘉晨（资源与环境工程学院）、胡海江（材料与冶金学院） |

2011 年 11 月 3 日，武汉科技大学 2010 ~ 2011 学年度学风建设表彰大会在黄家湖校区崇实会堂隆重举行，党委书记刘华才、校长孔建益、党委副书记孙国胜、校长助理吴怀宇出席了大会。

2016 年 11 月 10 日，2016 年首场“优秀学生先进事迹报告会”在崇实会堂成功举办。5 位来自不同学院的优秀学子在报告会上与各学院 16 级学生骨干分享了自己的大学奋斗历程，并为同学们指点迷津。

2017 年 12 月 14 日，为表彰先进典型，推动学风建设再上新台阶，我校于黄家湖校区崇实会堂举办学风建设表彰大会。校长倪红卫、校党委副书记孙国胜、副校长冯征以及各学院党委副书记出席本次大会。

## 三、队伍建设进一步强化

2010 年，为加强辅导员队伍建设，打造一支理论视野开阔、专业素质过硬、工作作风扎实的辅导员队伍，学校出台了《关于加强辅导员队伍建设的方案》，并举办了第一期学生工作创新论坛。至今，学校每学期举办一期学生工作创新论坛。截至 2017 年，我校学生工作创新论坛已举办十六期。

2013 年，为提升我校辅导员职业能力和专业素养，学校举行了首届辅导员职业能力大赛。截至 2017 年，我校辅导员职业能力大赛已举办五届。2015 年，我校辅导员王媛媛获全国辅导员职业能力大赛三等奖。

**表 2-10　2014 ~ 2017 年辅导员职业能力大赛省级以上获奖情况统计表**

| 年　份 | 姓　名 | 所获奖项 |
| --- | --- | --- |
| 2014 | 潘　婧 | 第三届湖北省辅导员职业能力大赛二等奖<br>第三届全国高校辅导员职业能力大赛华中赛区三等奖 |
| | 刘昱佳 | 第三届湖北省辅导员职业能力大赛三等奖 |
| | 秦茂林 | 第三届湖北省辅导员职业能力大赛三等奖 |
| 2015 | 王媛媛 | 第四届全国高校辅导员职业能力大赛三等奖<br>第四届全国高校辅导员职业能力大赛华中赛区一等奖<br>第四届湖北省高校辅导员职业能力大赛二等奖 |
| | 李　胤 | 第四届湖北省高校辅导员职业能力大赛三等奖 |
| | 卢绍伟 | 第四届湖北省高校辅导员职业能力大赛优秀奖 |

续表 2-10

| 年　份 | 姓　名 | 所获奖项 |
|---|---|---|
| 2016 | 张　瑞 | 第五届湖北省高校辅导员职业能力大赛三等奖 |
| | 张彦良 | 第五届湖北省高校辅导员职业能力大赛优秀奖 |
| | 林　森 | 第五届湖北省高校辅导员职业能力大赛优秀奖 |
| 2017 | 张　瑞 | 第六届湖北省高校辅导员职业能力大赛三等奖 |
| | 张彭朋 | 第六届湖北省高校辅导员职业能力大赛优秀奖 |

2015 年，为进一步加强大学生网络思想政治教育，提高辅导员利用网络开展思想政治教育工作的能力和水平，增强思想政治教育的针对性和时效性，学校举办了首届辅导员博文大赛，每年将优秀作品集结成册，汇编成“辅导员心语”。截至 2017 年，我校辅导员博文大赛已成功举办三届。

通过推进辅导员队伍建设“六项工程”和“三赛一论坛”，搭建了辅导员素质提升平台、技能展示平台、理论研究平台和工作交流平台，提升了学生工作队伍专业化履职水平。近年来，我校先后有 30 余名辅导员和班主任荣获“湖北省高校思想政治教育先进工作者”荣誉称号；选送 177 人次优秀辅导员参加全国和湖北省组织的学生事务、心理健康教育业务技能培训；4 名辅导员先后 5 次入围全国辅导员年度人物 200 强。3 名辅导员荣获湖北省高校“十佳辅导员”荣誉称号、2 名班主任荣获湖北省高校“十佳班主任”荣誉称号、1 名教师荣获湖北省高校“十佳思想政治理论课教师”荣誉称号；朱明、李胤获得武汉科技大学第十届青年教师讲课比赛三等奖。通过全方位、多层次的队伍建设，我校学生工作队伍的凝聚力、向心力不断增强，打造出了一支“政治强、业务精、纪律严、作风正”，充满青春活力的学生工作队伍，形成独具特色的武科大学工文化。

**表 2-11　近年来全国辅导员年度人物入围情况统计表**

| 年　份 | 姓　名 | 入围情况 |
|---|---|---|
| 2010 | 潘丽莎 | 2009 年度全国高校辅导员年度人物 200 强 |
| 2011 | 潘丽莎 | 2010 年度全国高校辅导员年度人物 200 强 |
| 2012 | 刘晓云 | 2011 年度全国高校辅导员年度人物 200 强 |
| 2015 | 卢绍伟 | 2014 年度全国高校辅导员年度人物 200 强 |
| 2016 | 王媛媛 | 2015 年度全国高校辅导员年度人物 200 强 |

**表 2-12　近年来十佳辅导员、十佳班主任、十佳思想政治理论课教师获奖情况统计表**

| 年份 | 姓　名 | 所获奖项 |
|---|---|---|
| 2011 | 潘丽莎 | 2009—2010 年度湖北省高校十佳辅导员、湖北省五一劳动奖章 |
| 2011 | 戴中祥 | 2009—2010 年度湖北省高校十佳班主任、湖北省五一劳动奖章 |

续表 2-12

| 年份 | 姓　名 | 所 获 奖 项 |
|---|---|---|
| 2013 | 张继才 | 2011—2012 年度湖北省高校十佳思想政治理论课教师、湖北省五一劳动奖章 |
| 2013 | 刘晓云 | 2011—2012 年度湖北省高校十佳辅导员、湖北省五一劳动奖章 |
| 2015 | 潘　婧 | 2013—2014 年度湖北省高校十佳辅导员 |
| 2015 | 汪亚玲 | 2013—2014 年度湖北省高校十佳班主任 |

**表 2-13　近年来我校湖北省高校思想政治教育工作先进个人名单**

| 年　份 | 姓　　名 |
|---|---|
| 2009 | 郑雁铭、刘运显、姜曙嫚、王育斌、陈维、杨宏、鞠磊、孟芳、王军、施卫荣、曹静、郑有旺、许立桥 |
| 2011 | 李晓敏、许辉、张连华、白冰、刘波、薛春艳 |
| 2013 | 程常桂、杨君、陈彦珺、胡丹蕾、卢绍伟、毛宝胜、赵凯 |

**表 2-14　我校湖北省高校实践育人特色项目立项计划一览表**

| 年份 | 项 目 名 称 | 主题类别 | 项目主持人 | 资助类别 |
|---|---|---|---|---|
| 2016 | 精准扶贫的战略规划、实现挑战和对策研究——基于秦巴山区湖北省竹溪县的调查 | 社会发展调研实践 | 张　廷 | 重点资助 |
|  | “追寻延安革命精神　打造红色网络平台”——纪念建党 95 周年、红军长征胜利 80 周年，湖北高校思政网编辑团队赴延安主题教育实践项目 | 主题教育考察实践 | 肖　军 | 重点资助 |
|  | “朝霞伴夕阳” 孤寡老人帮扶行动计划 | 社会服务公益实践 | 仵　霜 | 一般资助 |
| 2017 | 传承红色基因　创新工作格局——湖北高校思政网编辑团队赴革命圣地实践项目 | 社会发展调研实践 | 赵　凯 | 重点资助 |
|  | 家校联动育人　合力助飞成长——基于“互联网 +”的互动家访新模式 | 关爱育人家访实践 | 孙莉娟 | 重点资助 |
|  | 冶金类院校研究生钢铁精神主题教育与德育实践创新 | 主题教育考察实践 | 何　明 | 一般资助 |
|  | “启明星”——大学生校外科技辅导员时间项目 | 社会服务公益实践 | 郑　娟 | 一般资助 |
|  | “创-先锋” 实践育人模式构建与探索 | 创新创业走访时间 | 杨　彦 | 一般资助 |

表 2-15　我校湖北省高校学生工作精品项目立项计划一览表

| 年份 | 项 目 名 称 | 主题类别 | 项目主持人 | 资助类别 |
|---|---|---|---|---|
| 2016 | "青春百炼"辅导员工作室 | 辅导员工作精品 | 王媛媛 | 一般资助 |
| | 网虫成长工作坊 | 心理健康教育工作精品 | 薛春艳 | 重点资助 |
| 2017 | C++辅导员工作环 | 辅导员工作精品 | 杨　恕 | 一般资助 |
| | 母体行业发展视阈下矿业工程研究生创新能力拓展与分流机制的构建与实践 | 班主任工作精品 | 施耀斌 | 一般资助 |
| | 石榴工程——新疆籍少数民族学生教育管理服务体系构建 | 学工管理工作精品 | 刘晓云 | 一般资助 |

## 四、网络思想政治教育进一步推进

学校顺应时代发展需要，积极开辟大学生思想政治教育网络平台，把网络作为大学生思想引导新的突破口，及时了解学生思想动态，把握学生思想脉搏，有针对性地做好大学生思想政治教育，服务学生健康成长成才。学校承担了湖北高校思政网的建设、运营、管理和维护工作，致力于将其打造成为湖北高校思政工作者和学生的资讯网站、资源网站、工具网站、分享网站、互动社区网站、工作网站。学校依托湖北高校思政网架构多样化的网络思想政治教育协同平台、建立合理化的运营团队、制定完善规范的制度体系、研究总结网络思政教育工作规律、系统开展网络思想政治教育工作。

2015 年 9 月，湖北高校思政网正式上线运营，自上线以来得到了上级主管部门和各兄弟高校的一致好评。

2016 年，思政网建设被列入湖北教育厅工作重点，学校党委书记孔建益、校长倪红卫、党委副书记孙国胜、副校长沈季伟多次到现场指导、视察思政网基地建设工作；起草制定了《湖北高校思政网管理办法》《湖北高校思政网日常运营管理办法》等十余项制度规范，确保网站正常运营和网络思想政治教育工作有序开展。思政网的快速建设和我校网络思想政治教育的突出亮点，得到湖北省人民政府原副省长郭生练等领导的充分肯定。

2017 年，学校举办主题为"以'文'化人，青春无'线'"的首届大学生网络思想政治教育文化节，构建学网、懂网、用网和网络安全防护的良好工作格局，引导广大青年学生积极参与网络文化建设，唱响网络主旋律，传递网络正能量，提升网络文明素养。

2017 年 12 月，我校牵头组织了"学习宣传贯彻党的十九大精神——"湖北省高校优秀辅导员'校园巡讲'和'网络巡礼'活动"，得到了湖北省教育厅和宣讲团成员的高度好评和一致认可。我校刘晓云、王媛媛、张瑞 3 名辅导员入选"湖北省优秀高校辅导员双巡活动"宣讲团成员，是入选人数最多的高校之一。

## 五、心理健康教育进一步规范

我校向来重视心理健康教育工作。1984 年 9 月，党委学生工作部德育教研室开始开展大学生心理健康教育工作；1987 年 3 月，学校心理咨询室挂牌成立；1989 年 5 月，学校编印《心理卫生与健康》作为学生选修课教材；自 2003 年起，学校启动心理健康教育月活动和心理普查工作；2005 年 9 月，学校正式成立心理健康教育中心，挂靠学生工作部（处），机构级别为副处级，面向全体本、专科生、研究生开展心理健康教育工作；2005 年 11 月，学校成立心理健康教育工作领导小组。学校心理健康教育中心在学校心理健康教育工作领导小组和学生工作部（处）的领导和指导下，相对独立地开展工作。自此，学校开始规范化开展心理健康教育工作。

2013 年开始，学校将心理健康教育工作经费列入学校一级经费预算。每年工作经费 28 万元，生均经费达到 10 元的标准，划拨到学校心理健康教育中心，专款专用，用于开展心理健康教育专兼职教师培训、心理健康教育活动、心理健康教育课程建设、心理健康教育中心设备配置以及日常经费开支等。心理健康教育中心面积 261 平方米，房间数 15 间，其中青山校区 3 间，中心功能齐全，设施完备，布局合理，能够充分满足日常咨询和教育引导的需要。目前，心理健康教育中心在青山校区和黄家湖校区的新场地均在建设中，其中在黄家湖校区的场地将超过 1000 平方米，届时将会有功能更加全面的心理健康教育中心更好地为学生服务。

2013 年 9 月，学校将《大学生心理健康教育》课程设置为通识教育必修课，纳入学校人才培养方案，课程共 16 个学时，1 个学分，面向全体新生。同时，学校开设了《人际关系心理学》《心理咨询与治疗》《普通心理学》和《音乐心理治疗》等心理健康教育选修课程，每门课程共 20 个学时，1 个学分，面向全校大二年级以上的学生，每年普及学生 1200 人左右。学生在毕业前可以获得 2 个心理健康教育课学分。

2017 年，学校出台了《武汉科技大学心理危机干预实施办法》（武科大党学〔2017〕2 号），建立了每年开展新生心理普查和面谈筛查，建立学生心理档案，做好重点对象的访谈和跟踪记录。建立心理危机一级和二级预警学生逐月跟踪排查制度和定期心理疏导联系制，每学期组织一次心理预警学生联系辅导员老师案例分析、督导工作会议，组织对学院心理部骨干、班级心理委员、寝室长等进行心理健康教育培训。探索并逐渐形成和完善了学校心理健康教育中心、保卫处、校医院和学院的协调、联动制度，建立了通畅的心理危机干预与自杀预防快速反应机制。与我校附属天佑医院、武汉市精神卫生中心心理医院签订协议，建立了高效的转介、联动机制。

## 六、资助工作进一步完善

2006年9月，学校正式成立大学生资助中心。在湖北省学生资助管理中心的指导下，我校认真学习国家以及湖北省相关文件精神，严格贯彻执行各项资助政策，不断完善资助工作体系，积极帮扶家庭经济困难学生，大力推进资助育人工程。经过多年坚持不懈的努力，我校已构建由奖学金、助学金、生源地助学贷款、困难补助、学费减免、勤工助学、绿色通道组成的“七位一体”多元资助服务体系。此外，根据上级主管部门的要求，学校每年按照事业性收入5%提取学生资助配套资金，用于校内学生各类资助。十年来，为推进我校资助工作制度化、规范化、科学化建设，学校先后出台了《武汉科技大学贫困生认定及管理办法（试行）》武科大学〔2008〕6号、《武汉科技大学学生奖学金评定管理办法》武科大学〔2008〕9号、《武汉科技大学国家奖学金管理暂行办法》武科大学〔2008〕27号、《武汉科技大学国家励志奖学金管理暂行办法》武科大学〔2008〕28号、《武汉科技大学国家助学金管理暂行办法》武科大学〔2008〕29号、《武汉科技大学省政府奖学金管理实施暂行办法》武科大学〔2008〕30号、《武汉科技大学学生勤工助学管理办法》及各类企业奖学金的评选和实施办法等。2017年9月，为适应新形势新情况，学校修订并出台了《武汉科技大学学生奖学金评定管理暂行办法》武科大学〔2017〕14号。

学校高度重视各项奖助学金的评审、发放工作，每年都召开专题资助工作会议，全面部署此项工作。为确保学生能够及时了解国家资助政策和学校资助措施，学校不断加强宣传力度，积极利用校报、广播、网络、宣传栏、班会等渠道对每项资助政策进行大力宣传。在每年评审工作之初，学校通过各类载体在学生中公示省资助管理中心、学校以及学院的投诉办法，将评审工作最大程度地公开，接受每位师生的监督。同时，学校大学生资助中心成立专班，深入各学院、班级，参与并监督奖助学金评审工作。坚决杜绝本校教职员工通过“找关系、打招呼”或以收取学生财物为条件等未经评审直接确定受助学生的违规违纪行为。2008~2017年间，学校每年落实国家奖学金、国家励志奖学金、国家助学金，服义务兵役学费资助、各类社会奖助学金、临时困难补助、勤工俭学，学费减免等项目资金超过3000万元，未出现一起暗箱操作、错发、误发等恶劣违规发放行为。在历次上级主管部门的专项审计或综合检查工作中，均受到较好的评价。

学校积极开拓社会渠道，充分挖掘校友资源，积极争取企业来校设立奖助学金。我校学科专业具有鲜明的特色，大量毕业生在钢铁冶金行业工作。许多钢铁冶金企业在我校设立了奖助学金，反哺教育、助学育才。十年来，学校先后设立了许家印奖学金、首安创新奖、宝钢奖学金、涟钢定向奖学金、济宁碳素爱心奖学金、濮耐奖学金、攀钢励志助学金、莱钢奖学金、如星奖学金、大西洋连铸奖学金、新联奖学金、奇胜奖学金、冶机 77 奖学金、路特奖学金、量子复兴奖学金、创科奖学金、网络安全奖学金、王志明励志助学金、深圳建业助学金、“桥梁工程”助学金、中国扶贫基金会·新长城助学金、武汉上饶商会大学生助学金等。十年间，各类社会奖助学金发放金额累计超过 1500 万元。

2015 年，大学生资助中心报送的材料与冶金学院毁容学生王珊，在校获得国家助学金，国家奖学金等资助，曾被遴选为优秀学生先进事迹报告会代表，2015 年当选为“中国大学生自强之星”，2016 年被保送浙江大学硕博连读，她自强不息的励志事迹被中国青年报、人民网、凤凰网、新浪网、搜狐网等多家媒体广泛报道，在社会上引起了广泛而积极的反响。

2016 年，大学生资助中心报送的 2015 年国家奖学金获得者高稚鸿同学事迹材料，经教育部本专科国家奖学金获奖学生风采录编委会评审，被确定为湖北省属高校唯一选入《国家奖学金获奖学生风采录》的在校本科生，2017 年该学生又成为省属高校唯一入选国家奖学金获奖学生代表名录。

2017 年，大学生资助中心报送的计算机科学与技术学院袁鑫入围“第十三届中国大学生年度人物评选活动入围候选人”。大学期间，他用努力见证了“单手也能创造奇迹”，在广阔的知识天地里刻苦学习，取得优异的学习成绩。他多次参与国家级、校级科研项目，曾荣获 2016 年度中国大学生自强之星提名奖、2016 年和 2017 年中国大学生服务外包创新创业设计大赛二等奖、“挑战杯”大学生课外学术科技作品竞赛”湖北省一等奖、国家三等奖等，获评武汉科技大学第十届“十大魅力学子”最佳人气奖、多次被评为优秀共产党员、优秀学生干部、优秀共青团员、优秀学生，获国家专利授权 3 项，发表 EI 国际会议论文 1 篇。在鲜花和成绩的背后，是袁鑫身残志坚、自强不息的拼搏历程，他的优秀事迹先后被新华网、楚天金报、武汉晚报、荆楚网等媒体宣传报道。

（撰稿：常哲，曹源，崔佳，李鲤）

## 第三节　本科招生就业工作取得醒目成绩

十年来，随着学校办学实力和社会影响力的不断增强，学生家长和用人单位对学校的认同感不断提升。学校乘势而上、主动有为，全面加强招生宣传、深入拓展就业市场、积极帮扶学生创业，开创了本科生招生和就业工作新局面。

## 一、生源质量不断提升

近年来，学校招生规模不断扩大，本科招生人数从2008年的约5000人，不断提升，现已稳定保持在6100人左右。学校着眼于人才培养质量的提升，每年根据各省（自治区、直辖市）考生数量和生源质量、毕业生就业质量和去向、考生对我校各专业的认可度等因素综合考虑，科学、合理地编制招生计划。学校生源分布广泛，招生类型较多。我校面向全国30个省（区、市）分别招收普通文理科、艺术类、中外合作办学、国家专项计划、高水平运动队以及内地新疆高中班、对口援疆计划（博州）、新疆双语班（预科）等类别考生。近年来，我校普通文理科非第一批本科录取的省份不断减少，从2008年起共计减少5个，目前我校在除北京以外的其他29个省（区、市）已全部进入第一批本科招生。在进行招生计划编制时，学校坚持“面向全国，合理布局、优化结构”的原则，结合产业布局、社会发展水平和就业需求状况，努力使计划编制达到“精细和优化”的要求，使工、理、管、医、文、经、法、哲、艺等学科协调发展。

2008年12月19日，“武汉科技大学优质生源基地”授牌仪式暨武汉科技大学与湖北省天门中学“共建优质生源基地”协议签署仪式在天门中学隆重举行，这是我校在全国设立的首个“优质生源基地”，历经十年，截至2017年12月，我校建立的优质生源基地高中已达72所。学校积极做好生源基地维护工作，加强日常沟通交流，开展广泛深度合作，增进与中学师生的情感联系。在高考招生咨询、志愿填报等方面给予生源地中学学生积极的指导和帮助；组建教授专家报告团，不定期选派专家、教授到优质生源基地中学开展心理辅导、生涯规划指导、学科培训等方面的讲座。

**表2-16　2008～2017年优质生源基地建立情况**

| 序号 | 学校名称 | 授牌时间 | 学校地址 |
|---|---|---|---|
| 1 | 天门中学 | 2008. 12. 19 | 湖北省天门市南环路钟惺大道73号 |
| 2 | 天门实验高中 | 2008. 12. 19 | 湖北省天门市竟陵镇陆羽大道1号 |
| 3 | 黄冈中学 | 2008. 12. 22 | 湖北黄冈开发区明珠大道 |
| 4 | 团风中学 | 2008. 12. 22 | 湖北省团风县团风镇普济路72号 |
| 5 | 浠水第一中学 | 2008. 12. 23 | 湖北省浠水县清泉镇南城开发区 |
| 6 | 罗田第一中学 | 2008. 12. 23 | 湖北省罗田县凤山镇胜利街82号 |
| 7 | 黄梅县第一中学 | 2008. 12. 24 | 湖北省黄梅县黄梅大道198号 |
| 8 | 仙桃一中 | 2008. 12. 23 | 湖北省仙桃市黄金大道88号 |
| 9 | 仙桃中学 | 2008. 12. 24 | 湖北省仙桃市桃源大道88号 |
| 10 | 仙桃沔州中学 | 2008. 12. 24 | 湖北省仙桃市解放大道285号 |

续表 2-16

| 序号 | 学校名称 | 授牌时间 | 学校地址 |
|---|---|---|---|
| 11 | 孝感高级中学 | 2009.04.01 | 湖北省孝感市交通大道特1号 |
| 12 | 孝感市第一中学 | 2009.04.01 | 湖北省孝感市槐荫大道8号 |
| 13 | 云梦县第一中学 | 2009.04.02 | 湖北省云梦县城关镇梦泽大道201号 |
| 14 | 安陆市第一中学 | 2009.04.02 | 湖北省安陆市太白大道南端 |
| 15 | 龙泉中学 | 2009.04.15 | 湖北省荆门市海慧路38号 |
| 16 | 京山第一中学 | 2009.04.16 | 湖北省京山县轻机大道 |
| 17 | 钟祥第一中学 | 2009.04.16 | 湖北省荆门市钟祥市七里街11号 |
| 18 | 襄阳市第五中学 | 2009.04.17 | 湖北省襄阳市高新区邓城大道66号 |
| 19 | 襄阳市第一中学 | 2009.04.17 | 湖北省襄阳市樊城解放西路9号 |
| 20 | 襄阳市第三中学 | 2009.04.17 | 湖北省襄阳市樊城区大庆东路 |
| 21 | 襄阳市第四中学 | 2009.04.18 | 湖北省襄阳市市辖区东街26号 |
| 22 | 襄州区第一中学 | 2009.04.18 | 湖北省襄阳市襄州区航空路38号 |
| 23 | 荆州中学 | 2009.12.03 | 湖北省荆州市人民路 |
| 24 | 松滋第一中学 | 2009.12.03 | 湖北省松滋市新江口镇民主大道196号 |
| 25 | 公安一中 | 2009.12.04 | 湖北省公安县斗湖堤镇青年路1号 |
| 26 | 石首第一中学 | 2009.12.04 | 湖北省石首市东岳山街180号 |
| 27 | 老河口第一中学 | 2009.12.31 | 湖北省老河口市学府路1号 |
| 28 | 荆州江陵中学 | 2009.12.31 | 湖北省荆州市荆州区荆北路57号 |
| 29 | 宜昌夷陵中学 | 2010.04.15 | 湖北省宜昌市城东大道51号 |
| 30 | 三峡高中 | 2010.04.15 | 湖北省宜昌市夷陵区希望街 |
| 31 | 枝江一中 | 2010.04.16 | 湖北省枝江市江汉大道 |
| 32 | 宜都一中 | 2010.04.16 | 湖北省宜都市陆城镇园林大道46号 |
| 33 | 鄂南高中 | 2010.05.25 | 湖北省咸宁市温泉咸宁大道特1号 |
| 34 | 通山一中 | 2010.05.25 | 湖北省通山县通羊镇洋都大道 |
| 35 | 崇阳一中 | 2010.05.26 | 湖北省崇阳县电力大道 |
| 36 | 黄石二中 | 2010.11.25 | 湖北省黄石市团城街肖湖路 |
| 37 | 大冶一中 | 2010.11.25 | 湖北省大冶市金湖大道18号 |
| 38 | 阳新一中 | 2010.11.25 | 湖北省黄石市阳新县兴国镇阳新大道 |
| 39 | 鄂州高中 | 2010.11.26 | 湖北省鄂州市滨湖南路特1号 |
| 40 | 随州一中 | 2011.02.25 | 湖北省随州市擂鼓墩大道 |
| 41 | 随州二中 | 2011.02.25 | 湖北省随州市舜井大道97号 |
| 42 | 广水一中 | 2011.02.25 | 湖北省广水市应十大道清水桥 |
| 43 | 十堰市郧阳中学 | 2011.11.14 | 湖北省十堰市北京北路60号 |

续表 2-16

| 序号 | 学校名称 | 授牌时间 | 学校地址 |
|---|---|---|---|
| 44 | 十堰市第一中学 | 2011. 11. 14 | 湖北省十堰市五堰北街 17 号 |
| 45 | 十堰市东风中学 | 2011. 11. 14 | 湖北省十堰市张湾区田沟巷 |
| 46 | 郧县第一中学 | 2011. 11. 15 | 湖北省郧县解放路 21 号 |
| 47 | 湖北省潜江中学 | 2011. 11. 16 | 湖北省潜江市章华南路 3 号 |
| 48 | 潜江市园林中学 | 2011. 11. 16 | 湖北省潜江市园林城南南路 44 号 |
| 49 | 潜江市南浦中学 | 2011. 11. 16 | 湖北省潜江市章华路 |
| 50 | 湖北省武穴中学 | 2012. 5. 10 | 湖北省武穴市江堤路西 2 号 |
| 51 | 蕲春县第一中学 | 2012. 5. 10 | 湖北省黄冈市蕲春县漕河镇豁口路 126 号 |
| 52 | 麻城市第一中学 | 2012. 5. 11 | 湖北省麻城市建设西路 31 号 |
| 53 | 红安县第一中学 | 2012. 5. 11 | 湖北省红安县城关镇边街 3 号 |
| 54 | 武汉市黄陂区第一中学 | 2012. 12. 6 | 武汉市黄陂区前川街木兰大街 580 号 |
| 55 | 武汉市新洲区第一中学 | 2012. 12. 7 | 武汉市新洲区邾城街文昌路 188 号 |
| 56 | 武汉市新洲区第二中学 | 2012. 12. 7 | 武汉市新洲区仓埠街文化路 |
| 57 | 武汉市新洲区第三中学 | 2012. 12. 7 | 武汉市新洲区阳逻兴盛街 1 号 |
| 58 | 武汉市新洲区第四中学 | 2012. 12. 7 | 武汉市新洲区第四中学 |
| 59 | 嘉鱼县第一中学 | 2013. 11. 27 | 湖北省嘉鱼县人民大道 46 号 |
| 60 | 通城县第一中学 | 2013. 11. 27 | 湖北省通城县旭红社区 |
| 61 | 赤壁市第一中学 | 2013. 11. 28 | 湖北省赤壁市赤壁大道 363 号 |
| 62 | 武汉市蔡甸区汉阳一中 | 2013. 12. 11 | 武汉市蔡甸区巴梅巷 20 号 |
| 63 | 武汉市江夏区第一中学 | 2013. 12. 11 | 武汉市江夏区纸坊街江夏大道江夏一中 |
| 64 | 恩施自治州高级中学 | 2014. 11. 21 | 湖北省恩施市龙凤镇三河村方家垭口 |
| 65 | 恩施市第一中学 | 2014. 11. 21 | 湖北省恩施市舞阳大道 167 号 |
| 66 | 利川市第一中学 | 2014. 11. 21 | 湖北省利川市胜利大道 328 号 |
| 67 | 大悟县第一中学 | 2015. 10. 29 | 湖北省孝感市大悟县城关镇环河东路 238 号 |
| 68 | 孝昌县第一高级中学 | 2015. 10. 30 | 湖北省孝感市孝昌县罗马街 |
| 69 | 汉川市第一高级中学 | 2015. 10. 30 | 湖北省孝感市汉川市霍城大道 25 号 |
| 70 | 枣阳市第一中学 | 2016. 11. 24 | 湖北省襄阳市枣阳市顺城路 82 号 |
| 71 | 宜城市第一中学 | 2016. 11. 25 | 湖北省宜城市中华路 388 号 |
| 72 | 宣恩县第一中学 | 2017. 12. 28 | 湖北省宣恩县教育中学 |

学校高度重视招生宣传工作，以服务考生为宗旨、以扩大学校知名度和美誉度为目标，坚持传统媒体与新媒体、现场咨询与媒体互动相结合，以多种形式开展招生宣传。学校推行招生宣传“大区负责制”，每年组织召开招生宣传大区负

责人会议，总结年度招生宣传工作、研讨下一年度招生宣传工作；高考志愿填报期间，从全校教职员工中组织动员100余人赴优质生源基地和其他“生源大户”中学与考生“零距离接触、面对面咨询”。每年学校认真编写和整理招生章程、答考生问、焦点关注、招生计划、录取批次、专业介绍、历年录取分数等宣传材料，积极宣传学校优势和特色，提升学校影响力，主动回应考生关切，广泛吸引考生报考。近年来，学校不断加强学校招生网站建设，发挥招生宣传主渠道作用，及时发布招生政策、招生计划和历年分数等信息，提供在线咨询服务；建设“网上校园开放日”专题网站展现办学实力和成果，发布招生政策信息，方便考生及家长全面、深入了解学校。2016年，我校启用网上迎新系统，所有新生在网上完成全部报到手续。网上迎新受到了广大新生及家长的普遍欢迎和广泛赞誉，提升了学校的美誉度，延伸了我校招生宣传的触角。

近十年来，我校本科生质量在巩固中又有不断的提高，录取分数线逐年提升。

2017年，在安排有普通理工类计划的28个省份中，我校录取线高出当地批次线较2016年有增长的省份达27个。高出当地批次线60分的省份有10个，2016年为3个。其中在黑龙江省的录取线高出批次线83分，在河北省高出批次线73分。在安排有普通文史类计划的19个省份中，我校录取线高出当地批次线较2016年有增长的省份达18个。高出当地批次线30分的省份有6个，2016年为4个。其中在河北省的录取线高出批次线53分。在国家考试招生制度改革试点的浙江省和上海市，招生录取不分文、理科，我校生源质量也提升明显。在浙江省，按“专业（类）+学校”投档录取，我校在一段线577分以上完成全部招生计划，录取的最低分考生为581分；在上海市，按“院校专业组”投档录取，我校录取线460分，高出批次线58分，2016年高出32分。在湖北省，我校2017年投放的普通文理类第一批本科招生计划数居全国所有高校第二位，录取线再创新高，普通理工类录取线537分，高出一本线53分。普通文史类录取线563分，高出一本线35分。

**表2-17　2008～2017年普通本科湖北省第一批本科录取分数情况**

| 年份 | 理工类 | | | 文史类 | | |
|---|---|---|---|---|---|---|
| | 批次控制线 | 录取最低分 | 高出一本线分数 | 批次控制线 | 录取最低分 | 高出一本线分数 |
| 2008 | 548 | 552 | 4 | 532 | 533 | 1 |
| 2009 | 540 | 546 | 6 | 518 | 521 | 3 |
| 2010 | 557 | 563 | 6 | 530 | 534 | 4 |
| 2011 | 571 | 578 | 7 | 547 | 552 | 5 |
| 2012 | 551 | 563 | 12 | 561 | 567 | 6 |

续表 2-17

| 年份 | 理工类 | | | 文史类 | | |
|---|---|---|---|---|---|---|
| | 批次控制线 | 录取最低分 | 高出一本线分数 | 批次控制线 | 录取最低分 | 高出一本线分数 |
| 2013 | 527 | 541 | 14 | 531 | 538 | 7 |
| 2014 | 533 | 557 | 24 | 535 | 546 | 11 |
| 2015 | 510 | 551 | 41 | 521 | 542 | 21 |
| 2016 | 512 | 564 | 52 | 520 | 550 | 30 |
| 2017 | 484 | 537 | 53 | 528 | 563 | 35 |

## 二、学生就业质量逐年提升

学校高度重视毕业生就业创业工作，努力构建“领导挂帅，点面结合，全面统筹，重点督办”的就业工作组织领导机构和长效管理机制，长期树立“以培育综合素质为核心，以落实全面就业为保障，以提升就业质量为引领”的学生就业工作思路。学校于2009年制定发布《武汉科技大学关于进一步加强毕业生就业工作的意见》(武科大〔2009〕1号)，文件出台了十条行之有效的措施，用以指导全校的就业工作。同时，学校还出台了一揽子就业工作考核激励措施，实行协议就业率和年度就业率双考制度，并纳入各二级学院目标管理责任制考核指标体系，未完成考核指标任务的，年终考核按一票否决处理。

学校不断探索建立职业生涯规划指导、择业指导、职前指导、创业指导和暑期就业见习指导“五位一体”的就业指导模式。面向低年级学生开设《大学生职业生涯规划与素质发展》选修课，以提高大学生综合素质、培育职业生涯规划意识为落脚点；面向大三学生开设《职业生涯规划与就业指导》，课程设置列入培养方案，作为全校学生的通识教育内容，重点提高毕业生求职就业能力；面向大四学生开展职前指导，采取专题讲座、就业沙龙（论坛）、人物访谈和编辑《职前指南》辅助读本的方式进行；创业指导主要以创业教育和创业活动为主，贯穿在大学教育过程始终。

学校在保持和发扬优秀毕业生品牌优势的同时，充分利用学校优势学科专业和广大校友在各行各业多年深耕的优质资源，努力保持学校在制造行业就业的优势，并不断扩展在新兴产业就业的覆盖面。当前，选聘我校毕业生的单位行业面已从传统的钢铁冶金行业拓展到建筑、汽车、贸易、电力、通讯、计算机、互联网等，需求基本涵盖我校所有专业。近年来，学校平均每年举办1场大型供需见面会、8场组团招聘会、712场专场招聘会，每年平均有935家用人单位来校选聘毕业生，有1255家单位通过我校就业信息服务网发布招聘需求信息。数据显示，近五年来，来校招聘的单位以高层次用人单位为主，世界500强和中国500

强企业、国有企业和事业单位、三资企业、上市和行业龙头民营企业占来校招聘单位总数的61.22%；其中，世界500强、中国500强，民营企业500强，占来校招聘单位的36.42%；大、中型企业来校招聘比例为93.23%。

学校高度重视困难毕业生的就业帮扶工作，建立困难毕业生“一对一”帮扶机制。学校要求学院为困难毕业生建立帮扶台账，指定专人对困难毕业生在心理、就业、学业等方面进行指导，实施“一对一”帮扶。2013年至2018年，学校共为1469名毕业生办理了求职补贴，共计人民币1175200元。学校还特别重视残疾毕业生的就业工作，要求让所有残疾毕业生都能落实工作单位。在全校的共同努力下，近五届所有残疾毕业生均在当年9月1日前全部落实就业。

近年来，学校不断加强基层就业意识的宣传和引导，鼓励学生到基层去、到生产第一线去磨砺品质、积累经验、建功立业。学校每年专门印发《关于引导和鼓励高校毕业生面向基层就业教育活动方案》，组织农村教师资助行动计划巡回报告会、基层意识教育主题班会，召开支教生、西部计划、预征入伍、赴边远地区工作毕业生座谈会。2013～2018年，我校毕业生选择在湖北基层就业（含参加湖北省农村教师资助行动计划、湖北省高校毕业生“三支一扶”计划毕业生、西部计划等基层项目）的比例均在45%以上，2017届毕业生中，2907名毕业生在基层就业，基层就业率达到48.22%，比上一年增加65人。学校高度重视应征入伍工作，不断加大宣传动员力度，组织力量制作宣传材料，开展立体式宣传活动。每年组织多次应征入伍动员报告会，切实加强国防意识教育，2009年到2017年，学校有2000多名学生报名参加了入伍预征，有406名大学生走入军营服义务兵役，我校应征入伍工作也连续5年受到省征兵办、省教育厅的肯定和表扬，连续五次被授予“大学生征兵工作先进单位”荣誉称号。

**表2-18　近年来我校征兵工作所获荣誉统计表**

| 单位/个人名称 | 获奖年份 | 所获荣誉 | 颁奖单位 |
|---|---|---|---|
| 武汉科技大学 | 2013 | 征集大学生入伍工作先进单位 | 湖北省教育厅<br>湖北省征兵办公室 |
| 武汉科技大学 | 2014 | 征兵工作先进单位 | 湖北省教育厅<br>湖北省征兵办公室 |
| 武汉科技大学 | 2015 | 征兵工作先进单位 | 湖北省教育厅<br>湖北省征兵办公室 |
| 朱　斌 | 2015 | 征兵工作先进个人 | 湖北省教育厅<br>湖北省征兵办公室 |
| 武汉科技大学 | 2016 | 征兵工作先进单位 | 湖北省教育厅<br>湖北省征兵办公室 |
| 武汉科技大学 | 2017 | 征兵工作突出高校 | 湖北省教育厅<br>湖北省征兵办公室 |

续表 2-18

| 单位/个人名称 | 获奖年份 | 所获荣誉 | 颁奖单位 |
|---|---|---|---|
| 武汉科技大学武装部 | 2015 | 征兵工作先进单位 | 青山区武装部 |
| 朱　斌 | 2015 | 征兵工作先进个人 | 青山区武装部 |
| 武汉科技大学武装部 | 2016 | 征兵工作先进单位 | 青山区武装部 |
| 朱　斌 | 2016 | 征兵工作先进个人 | 青山区武装部 |
| 武汉科技大学武装部 | 2017 | 征兵工作先进单位 | 青山区武装部 |
| 朱　斌 | 2017 | 征兵工作先进个人 | 青山区武装部 |

学校高度重视就业工作信息化建设，不断加大投入，创新工作方法，注重维护和建设就业信息服务网，管理好就业信息管理系统，及时更新招聘和就业指导信息，为毕业生提供及时、有效的就业指导服务资讯，持续提升就业指导服务水平。学校于2006年开始自主研发“武汉科技大学就业管理信息化系统”并投入使用，2008年学校被湖北省教育厅确定为湖北省首批高校毕业生就业信息建设试点单位。该系统包括自主研发的“武汉科技大学就业信息服务网”和“武汉科技大学学生就业信息系统”，开设有信息平台、政策平台、指导平台、服务平台、互动平台、宣传平台、管理平台、手机平台八大平台和就业信息分类系统、网络职业测评系统、毕业生信息管理系统、远程面试系统、办公消息系统、用人单位库六个子系统。自2009年4月6日起至2018年1月，就业信息服务网的总页面浏览量达17842886次。为顺应新媒体的发展，2016年开通“武科大就业与创业”微信公众号，开设了“直通招聘、求职路上、服务指南”三个板块，每天推送实时招聘信息，普及职业生涯规划与求职应聘知识，为毕业生提供贴身服务。

**表 2-19　近年来本科毕业生就业率统计表**

| 毕业年级 | 总人数 | 总就业率 | 其中 | | | | | |
|---|---|---|---|---|---|---|---|---|
| | | | 协议就业 | 灵活就业 | 升学 | 自主创业 | 出国、出境 | 自由职业 |
| 2013 届 | 5322 | 94.08% | 64.73% | 7.12% | 21.20% | 0.02% | 1.01% | 0.00% |
| 2014 届 | 5857 | 94.19% | 64.96% | 5.74% | 21.94% | 0.15% | 1.40% | 0.00% |
| 2015 届 | 5964 | 94.32% | 63.10% | 5.11% | 23.68% | 0.27% | 2.16% | 0.02% |
| 2016 届 | 5729 | 94.50% | 62.17% | 5.80% | 24.58% | 0.16% | 1.80% | 0.00% |
| 2017 届 | 5965 | 94.62% | 61.51% | 4.95% | 25.57% | 0.15% | 2.45% | 0.00% |

**表 2-20　近年来本科毕业生到 500 强就业人数**

| 毕业年级 | 世界 500 强企业 | 中国 500 强企业 | 民营 500 强企业 |
|---|---|---|---|
| 2014 届 | 950 | 243 | 66 |
| 2015 届 | 895 | 232 | 52 |

续表 2-20

| 毕业年级 | 世界500强企业 | 中国500强企业 | 民营500强企业 |
|---|---|---|---|
| 2016届 | 785 | 224 | 125 |
| 2017届 | 768 | 182 | 241 |

**表 2-21 近年来用人单位对本科毕业生的满意度评价**

| 毕业年级 | 很满意 | 满意 | 不满意 |
|---|---|---|---|
| 2015届 | 32.00% | 66.00% | 2.00% |
| 2016届 | 37.73% | 60.74.% | 1.53% |
| 2017届 | 38.13% | 60.86% | 1.01% |

## 三、创业工作不断深化

根据大学生创业教育和大学生创业基地相关工作的实际要求，学校先后出台了《武汉科技大学大学生创业基地管理办法（试行）》《武汉科技大学大学生创业基地入驻项目评审暂行办法》《武汉科技大学大学生创业基地入驻评审细则》《武汉科技大学大学生创业基地入驻团队运营管理规定》《武汉科技大学大学生创业基地入驻团队场地管理规定》《武汉科技大学大学生创业基地入驻团队安全管理规定》等相关制度文件，为大学生创业基地的正常运转奠定了坚实的制度保障。学校不断拓展创业理论教育渠道，确立了布局合理的创新创业教育课程体系。从2008年开始，面向全校学生开设了包括《创业学》在内的14门创新创业素质类公共选修课，每年有近6000人次学生选修学习，其中《创业学》课程，每年有近600人选修。为提高创业项目质量，促进创业团队发展，学校十分注重创业指导与服务。举办经常性的大学生创业沙龙活动及创业主题报告或讲座。近年来，学校共举办创业主题活动46场，参与学生人数超过15000人次。学校先后承办、湖北省教育厅主办“互联网——大学生创业的沃土”大学生创业主题沙龙活动，“青山·青桐汇”大型路演活动。组织制作《武科大创业工作掠影》宣传册，宣传推荐我校创业工作、创业典型及创业团队，举办创业基地开园仪式暨洪山区大学生创业先锋颁奖典礼。学校定期在学生中选拔创业意愿强烈、创业素质优异的创业精英，邀请校内外知名创业导师，开展创业实训班。实训班重点围绕创业机会识别、创业生涯规划、商业计划书的撰写、创业项目选择、创业模式与技能等方面内容，以讲座、实训、咨询、项目指导等多种形式的公益服务，为大学生创业创新导航。至今，已举办四期创业实训班，报名参训学员678人，658人获得结业证书，在学生群体中形成了较大的影响。近三年，我校共有创业项目297项，创业团队200支，在校生参与创业人数1200余人，科技类、产品类、发明创造类项目占创业总项目数的54.09%，创业项目质量高。近年来，学校共有

41支创业团队获得省、市级大学生创业扶持资金，注册公司45家，经费投入252.76万元。

**表2-22　近几年大学生创业典型（10名）**

| 姓名 | 公司名称 | 学院 | 年级(毕业届)专业 | 所获荣誉 |
| --- | --- | --- | --- | --- |
| 解　砾 | 武汉红桃开电子商务有限公司<br>纯派生活武汉科技有限公司 | 文法与经济学院 | 2011届<br>行政管理 | 1. 2010年获中国大学生年度人物；<br>2. 2013年获“3551光谷人才计划”高端金融管理类人才；<br>3. 2014年入选武汉城市精神建设者候选人 |
| 刘　恒 | 武汉市恒创时代文化传媒有限公司<br>武汉银杏时代科技有限公司<br>武汉研途有家科技有限公司 | 恒大管理学院 | 2015级<br>工商管理 | 1. 2015年获洪山区“创业先锋”；<br>2. 2017年获全国“创业英雄十强”；<br>3. “湖北省向上向善好青年”，获“全国微创业大学生创业导师” |
| 余福元 | 武汉可遇科技有限公司 | 恒大管理学院 | 2015届<br>工商管理 | 1. 2014年获“光谷青桐十杰”；<br>2. 2015年获“3551光谷人才计划”创新人才；<br>3. 2017年获全国“创业英雄百强”“感动洪山”十大人物 |
| 付文杰 | 时代俊杰股份有限公司 | 恒大管理学院 | 2014级<br>管理科学与工程 | 1. 2011年获中国大学生年度人物；<br>2. 2012年获湖北省首届大学生创业十佳之星 |
| 谢权兵 | 武汉爱搜时尚科技有限公司 | 材料与冶金学院 | 2012届<br>冶金工程 | 2015年获“武汉市大学生创业先锋” |
| 李　恒 | 武汉毳雨环保科技有限公司 | 机械自动化学院 | 2013届<br>机械工程及自动化 | 2013年获“武汉市大学生创业先锋” |
| 刘有才 | 武汉时光鸟科技有限责任公司 | 信息科学与工程学院 | 2015级<br>控制科学与工程 | 1. 2015年获洪山区“创业先锋”；<br>2. 2016年获“湖北省优秀共青团员” |
| 孙佳新 | 武汉晨蚁文化有限公司 | 材料与冶金学院 | 2016届<br>能源与动力工程 | 2016年获评洪山区“创业先锋” |
| 罗　源 | 网罗天下（武汉）科技有限公司 | 材料与冶金学院 | 2011届<br>金属材料工程 | 2016年获评洪山区“创业先锋” |
| 程胜然 | 武汉银杏时代科技有限公司 | 汽车与交通工程学院 | 2014级<br>物流工程 | 2017年获评洪山区“创业先锋” |

2011年，学校克服场地限制、资金不足等多方面困难，在黄家湖校区开始建设大学生创业实践平台——武汉科技大学大学生创业基地。面积约500平方米的校级大学生创业基地，为二十多个创业团队免费提供办公场地、网络等办公条件，组织实施多方位的创业指导、教育与服务。

2011年3月，学校召开新闻发布会，向全国媒体推介创业典型——文法与经济学院研究生解砾。近几年，学校先后涌现了10多名大学生创业典型，2名学生进入全国创业英雄百强行列，其中1名进入10强；2名被评为省级大学生创业十佳之星，2名被评为武汉市大学生创业先锋，5名被评为洪山区大学生创业先锋。这些创业典型中目前公司年营业额达到千万以上的有6名，年营业额在500万以上的有7名，多支创业团队获得百万以上风投，其中一家公司于2015年获得小米科技创始人雷军1000万投资。

2013年，我校大学生创业基地被湖北省教育厅认定为省级创业示范基地。

2014年，为满足学生不断提升的创新创业需求，学校划拨3000平方米场地建设新的创业基地。2014年6月，我校与青山区人民政府签订了共建大学生创业苗圃的合作协议，依托武汉市青山区青山国家高科技创业中心，合作共建面积约1000平方米的校外创业基地，为已在校内创业实践基地孵化成熟的高科技创业项目提供市场化运作平台。

2015年，新建的大学生创业基地正式建成并投入使用。新基地集创业团队办公、培训、服务、辅导、模拟演练、会议、商务洽谈、创业文化交流于一体，功能更加完善。基地的发展空间更大，辐射范围更广，涉及层面更深。被武汉市认定为“大学生创业特区”、洪山区“科技企业孵化器”。

2016年再次被省教育厅认定为“湖北省大学生创业示范基地”。

2017年，面向全校大一学生开设《职业生涯规划与就业创业指导》必修课，做到了创业启蒙教育全覆盖，对创业意识的唤醒，创业精神的培养起到了举足轻重的作用，在学生中引起了强烈反响。

（撰稿：周益宏，蔡鉴，孔令浩，周轶琼）

## 第四节　全面加强教学质量监控与评估

学校领导高度重视本科教学质量管理，2004年成立本科教学评建工作办公室，2012年9月成立评估与质量管理办公室。2013年12月，为进一步加强教学过程的质量监控与管理，深入推进学校教学评估工作和高等教育办学规律研究，经学校党委常委会研究，将评估与质量管理办公室更名为教学质量监控与评估处，与高等教育研究所合署办公。2015年8月，为加强教师队伍建设和大力提升人才培养水平的需要，学校成立“教师教学发展中心”，教学质量监控与评估处（以下简称评估处）与教师教学发展中心合署办公。目前评估处有5名工作人员：处长1名，副处长1名，工作人员3名。另外，教师教学发展中心有3名工作人员，主任（兼任）1人，副主任1人，工作人员1人。

评估处认真落实主体责任，以学校事业发展规划为指引，以教育部本科教学工作审核评估为契机，牢固树立“四个意识”，坚持问题导向，构建了以质量持续改进为导向，以教学质量标准为依据，以管理制度为规范，全员参与、全过程评价的教学质量保障体系，深入推进教学质量监控、专业认证和审核评估工作，着力提升人才培养质量。

## 一、全方位、全过程教学质量监控层层深入

评估处建立了以教学质量监控与评估为主线、以学校为主导，学院为基础的校院两级教学质量保障运行机制，通过教学检查、领导听课、督导评教、同行听课、学生评教等对本科教学质量进行检查和评估，针对反馈意见提出整改措施并落实。

校领导通过巡视、听课、走访、校领导接待日、座谈会等形式掌握本科教学现状，倾听广大师生的意见和建议。开学第一周，到课堂进行巡视；学期中间，深入课堂听课；学期末，到考场巡视，及时掌握考场状况。学校领导班子通过深入课堂，有效地加强了教风和学风建设。学校党委书记孔建益、校长倪红卫坚持参加每学期的巡视、听课和期中教学检查反馈会。

学校于2002年成立了教学督导组。目前，建立了校院两级教学督导员制度，形成了有计划的固定检查和专项检查相结合的教学质量监督机制。其中，上半年期中教学检查主要包括试卷、院系领导听课、毕业实习、毕业论文（设计）选题等项目，下半年期中教学检查包括院系领导听课，教授上课、实验教学、毕业设计（论文）质量及其管理情况等项目。评估处每学期举行期中教学检查反馈会，校党委书记孔建益、校长倪红卫，副校长吴怀宇，各学院（部）教学副院长（副主任）、全体教学督导和相关职能部门负责人均参加会议。在期中教学检查中，教学督导在总结报告中分门别类地整理出来，并在反馈会上详细阐述。会后，评估处进一步梳理报告中的问题，反馈给学院和相关部门。

学生评教是学校本科教学质量保障的重要环节。学生评教现在主要采用网上评教方式进行。为增强评教的时效性和公正性，2014-2015-1学期（2014年11月）起，评估处将每学期一次评教改成每学期两次评教，即期中评教评前10周之前结束的课程，期末评教评第10周之后结束的课程。评估处对学生评教情况进行统计、分析和排名，每学期编印《课堂教学调查评估》，公布学生评教结果。任课教师也可在规定时间内，进入系统查看个人得分。从2011年起，学

校将学生评教作为教师职称晋升的一个条件，对学生评教成绩优异者进行奖励，对排名落后者限期整改，在职称评定、课酬计算等方面制定了相应的奖惩办法，有力促进了教学质量的提高。

教学信息员的信息反馈，是学校了解教师教与学生学的一个重要窗口和手段。信息员通过定期填写《教学信息员反馈表》和召开信息员访谈会，收集了大量教学相关信息，评估处按部门进行分类整理，每年形成6期《信息员简报》，并按照部门下发。对确属本部门职责范围内的问题，能够立即解决的马上解决；一时无法解决的，明确解决时限，做出解决承诺；对不属本部门职责范围或确实无法解决的，实事求是做出解释，为教学的正常运行提供了有效的保障。

以2017年为例，全校副处级以上领导听课556人次；组织督导听课1158节，涵盖教师897名；有针对性对近两年学生评教后10%的94名教师进行了重点听课和帮扶。完成本年度2次期中教学检查，对全校所有本科教学单位开展了两次共计10天的期中教学检查，检查74门课程的试卷命题与阅卷质量、58份毕业论文（设计）、召开了涵盖168名教师和452学生的19场座谈会，将学生和教师反映集中的问题下发相关单位整改并反馈给学院。组织实施4次学生评教工作，学生参评率较往年有所提高，达到94.22%，学校平均分达到91.42。通过召开学生信息员座谈会等方式，搜集到与教学相关的信息近千条，编写6期《教学信息员工作简报》，将问题反馈到相关职能部门和学院进行改进。

## 二、撰写并发布学校本科教学质量年度报告

本科教学质量报告是学校开展自我评估、建立健全高等教育质量保障体系、完善高等学校信息公开制度的一项重要工作。

根据教育部、湖北省教育厅要求，评估处自2012年起每年编撰《武汉科技大学本科教学质量报告》，并在教学质量监控与评估处网站“教学质量报告”专栏中向社会公布。报告从本科教育基本情况、师资与教学条件、教学建设与改革等多方面客观、全面地阐述了学校本科人才培养状况和教学质量学校本科教学工作基本状态。每年质量报告撰写完成后，提交校长办公会讨论，并针对25项核心数据进行分析，从中发现学校本科教学工作中的薄弱环节和主要问题，提出整改措施。准确把握存在的问题。

## 三、填报本科教学基本状态数据，全面监测教学质量

本科教学基本状态数据库是建立本科教学质量常态监测机制的重要基础，数据填报涉及学校的基本信息、学校基本条件、教职工信息、学科专业、人才培养、学生信息、教学管理与质量监控等7个方面共计81张表格。评估处从2015年开始填报本科教学基本状态数据库，截至2018年1月，已完成2015年、

2016 年、2017 年三年填报。

评估处对数据表格的分类和内涵分析研读，对数据填报涉及的部门进行任务分解，下发，确保数据真实、准确。对涉及办学指标的核心数据，分管校领导亲自把关，重要数据在上报前，均经过校长办公会讨论通过。

状态数据库上报教育部后，学校根据生成的数据库分析报告，对全校本科教学状态有一个非常全面、清楚的分析。学校、院系按照分析报告，对比同类学校，院系，找差距，知不足，促改进。

## 四、全校性本科教学审核评估学院（部）校内自评工作顺利完成

为深入贯彻教育规划纲要，进一步加强人才培养中心地位，健全质量保障体系，推进内涵式建设，评估处历时三年，聘请校内外专家，对全校 16 个学院（部）本科教学工作状态进行了校内自评。

2015 年 12 月，教学质量监控与评估处组织校内八位专家，首次在外国语学院和计算机科学院展开校内审核评估试点工作。

2016 年 12 月，来自武汉大学、华中科技大学、华中农业大学和武汉理工大学四所高校组成的校内本科教学审核评估专家组一行八人，在材料与冶金学院、化学工程与技术学院、机械自动化学院、理学院、文法与经济学院、信息科学与工程学院、医学院和资源与环境工程学院开展了本科教学审核评估校内自评。

2017 年 12 月 4 ~9 日，来自武汉大学、华中科技大学、华中农业大学和武汉理工大学，连同校内两位专家，组成的校内本科教学审核评估专家组一行八人，对我校城市建设学院、管理学院、汽车与交通工程学院、艺术与设计学院、马克思主义学院和体育课部六个学院（部）进行了校内本科教学审核评估自评考察工作。

专家组在审阅了学院提交的《本科教学工作审核评估自评报告》基础上，对学院进行了实地考察。专家组考察了实验室，深度访谈了学院领导、专业负责人、教师和学生、查阅了试卷、毕业设计（论文）以及看、听课等，对学院本科教学工作进行了深入的剖析和诊断，并以问题为导向提出了中肯的意见和建议。

学校校长倪红卫、党委副书记孙国胜、副校长吴怀宇、副校长冯征、副校长刘静、校长助理郑鹏飞以及教务处、评估处领导参加了学院的本科教学审核评估自评情况汇报会和反馈会。

参评学院积极开展院内自评，完善教学档案，搜集整理教学基本状态数据、认真撰写自评报告，查找问题，在校内自评专家组进校考察期间认真迎检。学院将结合此次审核评估专家提出的问题和建议，进行逐项建设和整改，使学院本科教学工作符合各项要求，不断提升本科教学水平和人才培养质量。

学校依据专家评估结果与年终目标责任制挂钩，对学院进行年终业绩奖励，旨在引导学院在整体发展的基础上，发挥和突出自己的优势。

## 五、专业认证工作不断深入推进

专业认证是新时期国家教育教学评估体系的重要组成部分。评估处全面启动，积极推进专业认证工作，目前，我校共有临床医学（2015 年 11 月）、建筑环境与能源应用工程（2016 年 5 月）、矿物加工工程（2017 年 10 月）等 3 个专业接受并通过认证与评估。

### （一）临床医学专业通过教育部临床医学专业认证

2014 年 4 月 30 日，经学校医学教育专业认证工作领导小组认真讨论并报学校党政联席会同意，医学院向教育部临床医学专业认证工作委员会秘书处提交了临床医学专业认证申请。2015 年 11 月 8 日至 11 月 12 日，教育部临床医学专业认证专家组七位医学教育专家对我校进行了实地考察，对我校临床医学专业的办学理念、办学条件等多方面给予了积极评价和肯定。

在准备认证两年多的时间里，学校领导高度重视，全校相关部门全力支持，评估处积极做好临床医学专业认证的组织、协调和沟通工作，医学院、临床学院以及各附属（教学）医院的师生员工团结协作，为临床医学专业认证的圆满成功打下坚实基础。

2015 年 11 月，从教育部临床医学专业认证工作委员会获悉，我校临床医学专业通过了教育部临床医学专业认证，有效期 5 年，每两年提交一次进展报告。这是我校第一个申请并接受教育部认证的专业。

此次专业认证为学院和学校专业建设的发展奠定了良好的开端。按照学校工作部署，将进一步深入推进专业认证工作，扩大专业认证的覆盖面，不断提升专业建设水平和人才培养质量。

### （二）建筑环境与能源应用工程专业通过高等教育专业评估

为进一步推进专业认证工作，提升学校本科教学质量，经学校研究，城市建设学院建筑环境与能源应用工程专业于 2015 年 9 月向高等教育建设环境与能源应用工程专业评估委员会提交了专业教育评估的申请报告。

学校领导十分重视建筑环境与能源应用工程专业教育评估工作。2015 年 9 月 28 日，学校成立了建筑环境与能源应用工程专业教育评估工作领导小组，吴怀宇副校长担任领导小组组长。评估处制定了《建筑环境与能源应用工程专业评估迎评工作方案》，召开专题研究会，协商解决工作中遇到的问题。

2016 年 5 月 17 日至 19 日，住房城乡建设部高等教育建筑环境与能源应用工程专业评估委员会评估视察组莅临我校，对城市建设学院建筑环境与能源应用工程专业进行实地考察。

学校办公室、黄家湖校区综合办、教务处、学工处、团委、科学技术发展院、研究生院、人事处、财务处、实验室与设备管理处、现代信息中心、基建与后勤管理处、后勤集团、保卫处和体育课部等15个相关部门大力支持，积极做好各项基础工作；图书馆、档案馆、工程训练中心、计算机科学与技术学院、理学院、信息学院、外国语学院等7个涉及公共教学资源的单位密切配合，圆满完成专家组视察准备工作。

2016年6月，经住房城乡建设部高等教育建筑环境与能源应用工程专业评估委员会全体会议讨论并投票表决准予通过。此次我校建筑环境与能源应用工程专业获得了评估合格有效期5年，是学校和城市建设学院在专业建设方面取得的又一项新成果。

（三）矿物加工工程专业接受国家工程教育专业认证

学校继续加大专业认证工作力度。2016年，我校矿物加工工程专业认证申请得到批复。2017年3月22日，学校成立了矿物加工工程专业认证工作领导小组。评估处组织召开专题研究会，制定了《矿物加工工程专业认证工作方案》，与教务处、人事处、学工处、基建处等15个职能部门及材料与冶金学院等9个学院进行沟通、协调，集中解决了课程档案、课程评价、实验教学基本设施等专业认证亟需解决的问题。

经过上半年的准备，10月份在学校有关部门和学院的配合下，组织协调资环学院完成专业认证自评报告，并做好迎接相关专业委员会安排的校内考察工作。

2017年10月16日至18日，国家工程教育专业认证视察组莅临学校，对矿物加工工程专业进行实地考察。专家组对矿物加工工程专业在培养目标、毕业要求、持续改进、课程体系、师资队伍、支持条件等方面给予了充分的肯定，并就进一步加强专业建设提出了意见和建议。

通过全校上下的齐心协力和精心准备，矿物加工工程专业顺利通过工程教育认证专业委员会组织的专业认证实地考察工作。

2017年，顺利完成我校首个接受国家工程教育认证专业（矿物加工工程专业）的认证工作。冶金工程、自动化和给排水科学与工程专业认证申请获得批复。全校性本科教学审核评估学院（部）校内自评工作顺利完成。

（四）协同推进校内5个学院的专业认证申请

2017年9月，在学校讨论通过的基础上，给排水科学与工程、土木工程、机械工程、自动化、计算机科学与技术、冶金工程、材料成型及控制工程等7个专业提交专业认证申请报告。给排水、自动化和冶金工程等3专业获批进入专业认证第二阶段——上报自评报告。这是迄今为止，我校专业认证申请获得的最好成绩。

## 六、审核评估迎评工作有序推进

2017年5月，学校向湖北省教育评估院提交了《关于接受本科教学审核评估实地考察时间的请示》，拟申请将我校接受本科教学工作审核评估实地考察时间定为2018年10月8日至13日。湖北省教育评估院同意并确定了考察时间。

2017年9月，学校主要领导牵头，成立了武汉科技大学本科教学评估工作领导小组，并成立工作组。

2017年10月，与教务处一起，完成本科教学工作会议暨审核评估工作动员大会的召开，制定了《武汉科技大学本科教学工作审核评估工作方案》，启动并积极推进本科教学审核评估工作的开展。

2017年11月，制定并下发了《武汉科技大学关于开展本科教学审核评估自评报告撰写和支撑材料收集工作的通知》等文件，初步完成了审核评估自评报告的撰写和支撑材料的收集整理工作。

2017年11月，组织召开首次本科教学审核评估领导小组会议。

2018年3月，编印了《武汉科技大学审核评估宣传手册（一）》，发到全校副处以上领导和学院、系、教研室负责人手中，电子版通过学院网络平台发送至每一位教师。

2017年11月~2018年4月，先后召开了各项审核评估工作专题推进会，就学校办学定位、办学特色、支撑材料问题、自评报告专家进校考察事宜和校园环境整治等问题进行研讨。

（撰稿：曾琦，邹刚强）

# 第五节　十年风雨兼程　续写体育华章

十年来，我校体育工作在学校党委和行政的领导下，在上级部门的指导下，在兄弟院校的支持下，在全校师生的共同努力下，坚持“立德树人、健康第一”的指导思想，把增强学生体质和完善人格作为体育教育教学的目标，作为全面提升人才培养质量的重要内容，在体育学科建设、体育教学与研究、学生群体竞赛、高水平运动队建设以及体育社会服务等方面，取得了骄人的成绩。

## 一、基本情况

学校成立由分管校领导任主任的体育工作委员会，全面负责校内学生、教职工的群体竞赛、全民健身活动以及学校高水平运动队竞赛管理等工作。

体育课部负责在校学生的体育教育教学、研究生培养等工作，是湖北省大学生体协副主席和湖北省体育理论学会常务理事学校，下设党总支办公室、行政办公室、教学办公室、工会办公室、体育教学三个教研室及体质健康监测研究室。现有教职工63人，其中专任教师59人，专任教师中教授2人，副教授37人，讲师18人，助教2人，其中2人为硕士研究生导师。教师具有硕士研究生学历或学位38人，博士学历4人，在读博士2人，获得国家表彰的优秀教师1人，国际级裁判教师3人，国家级裁判教师3人，国家级运动健将教师1人，获校“教学模范”“教学新秀”“十佳青年教师”“师德标兵”“教书育人先进个人”称号14人。

学校建有体育馆3座，400米标准田径场3个，室内外篮球场56个，排球场8个，羽毛球场33个，室内外网球场7片，室内外乒乓球台78张，室内健身房2个等，保证了体育教学、课外体育和课余训练等人才培养及专项体育训练的需要。

## 二、坚持党建引领，推动学校体育工作再发展

党的十九大报告明确提出加快推进体育强国建设。这对体育人来说，责任重大，使命光荣。多年来，体育课部党总支坚持党建引领，推动学校体育工作建设发展。按照上级党组织的部署和安排，课部党总支扎扎实实开展了深入学习实践科学发展观、创先争优、党的群众路线教育、“三严三实”专题教育、“两学一做”学习教育、学习贯彻党的十八大精神、十九大精神、习近平新时代中国特色社会主义思想等活动。

通过组织学习教育活动、强化基层党建等工作，课部领导班子及全体党员教师更加坚定了维护以习近平同志为核心的党中央权威和集中统一领导，更加坚定了“四个自信”，更加牢固地树立了“四个意识”，更加深刻地理解了“为民族谋复兴，为人民谋幸福”这个中国共产党人的初心和使命！在工作中，全体党员教师身先士卒，率先垂范，充分发挥模范带头作用，全体教师立足岗位，敬业奉献，为学校体育工作的全面发展贡献自己的智慧与力量。

## 三、科研教学相得益彰，促进学校体育工作再上台阶

十年来，体育课部坚持全面贯彻党的教育方针，认真贯彻执行《学校体育工作条例》《高等学校体育工作基本标准》《全国普通高等学校体育课程教学指导纲要》等文件精神，坚持“立德树人、健康第一”的指导思想，坚持素质教育、健康教育、终身体育与个性发展有机结合，注重教学研究与改革，形成了我校特色体育教育体系。

学校在一年级学生中开设体育基础课，在二年级学生中开设足球、篮球、排球、乒乓球、网球、形体、瑜伽、体育舞蹈、啦啦操、武术、跆拳道等19门体育

选修课，在三、四年级学生中开设桥牌、体育健康、拉丁舞（高级）、羽毛球（高级）和体质健康管理5门体育选修课，使学生能够结合自身身体素质，兴趣爱好来选择体育项目学习技能，从而促进学生体质全面发展，培养学生的终身体育意识。

近十年，体育课部注重加强教学研究和体育科学研究，提高了教师的教学水平，保证了体育教学质量，促进了体育工作再上新水平、再上新台阶。据不完全统计，自2008年以来，体育课部参与国家社科基金3项，获批省部级人文社科课题及省级教研项目8项，参加国际性学术会议4人次，参加全国体育科学大会专题交流4人次，公开发表学术论文60多篇（其中核心期刊30多篇）；出版教材、专著10余部，2009年获湖北省高等教育研究一等奖1项、湖北省普通高等学校教学成果三等奖1项、校级教学成果奖一等奖1项，2012年，获批校级精品视频公开课1项，2016年，获批网络在线课程微课1项、校级教学成果奖二等奖1项，2017年获湖北省学校体育科研论文报告会一等奖2项。

## 四、群众体育活动蓬勃发展，校园体育文化活动再创精品

多年来，学校坚持“立德树人，健康第一”的指导思想，倡导师生员工“每天锻炼一小时，健康工作五十年”，大力开展群众性体育活动，建立了学校、学院、协会、班级、个人五级健身网络体系，形成了以师生为主体，以课外体育文化活动为主要内容的校园体育文化活动品牌，极大地丰富了师生们的业余文化生活。

体育课部根据《国家学生体质健康标准》的相关要求，每年组织在校本科生26000余人进行每人四项身体素质达标测试。根据测试数据反馈指导学生有目的地进行身体素质锻炼。每年还要组织运动会、院系杯赛事、协会单项竞赛等30余项赛事，经过多年的建设与发展，形成了校级综合性运动会、轻体运动会、趣味运动会、“学院杯”篮球、足球、排球、网球、体育舞蹈、乒乓球、“兴校杯”教工乒乓球、“人和杯”教工篮球等十多项精品赛事，近30000人次参与。这些群体活动有效地培养了师生自我健身的良好习惯和进取精神，塑造了师生们的意志品质和健全人格。

为了更好地科学有序地开展校园群体活动，学校先后组建了足球、柔力球、乒乓球、武术、定向越野等11个学生体育社团，聘请了25名体育老师下学院、下社团指导开展群体工作，有力地保障了师生群体活动的顺利开展，提升了群体工作的水平和成效。每年从普通学生中选拔出运动员，组成项目代表队，参加全国和省级各项群体比赛，共获金牌、银牌、铜牌近100枚。如学校啦啦队自2010年组队以来在各类国家级、省级啦啦操赛事中已经获得了11个冠军奖杯，较好地对外展现了我校学生良好的精神风貌与青春风采，极大地提升了学校的美誉度。

### 五、加强高水平运动队建设，学校体育事业全面发展再踏新征程

学校竞技体育在一定程度上反映了学校体育运动水平，对校园体育教学和群体工作起到了良好的示范效应和带动作用，推动了学校体育工作的全面发展。1975 年我校开始试办高水平运动队，篮球项目是 CUBA 发源与全国大学生篮球组织创办的主要高校之一。1987 年，经原国家教委批准，我校成为首批试办高水平运动队的高校。2005 年和 2010 年，经过教育部的两次评估，我校的篮球和田径两个项目均获优秀等次。

多年来，学校始终坚持“育人为本，德育为先”的建设理念，大力支持鼓励运动队参加国内外重要赛事，取得了很多骄人的成绩，培养了一批杰出的高水平体育人才，促进了学校体育工作的全面发展。女子篮球先后获得全国大学生赛事冠军 16 个，其中全国大运会冠军 4 次，全国“大超”冠军 1 次，首届 CUBA 全国冠军 1 次，是最早获得大学生女子篮球“三大赛事”的大满贯学校，培养出了女篮国家队原队长苗立杰、纪妍妍、刘佳岑、高颂等 10 名国手，其中纪妍妍、刘佳岑现在读硕士研究生。学校两次获得由教育部、体育总局、共青团中央授予的“校长杯”，及教育部授予的“贯彻《高校体育工作条例》优秀高等学校”的荣誉称号。

近十年，女子篮球在国家级及省级比赛中依然表现不俗，取得了全国“大超”冠军 1 次，湖北省高校联赛四连冠等。田径队在全国大运会上多次获得金、银、铜奖，在全国田径锦标赛、全国大学生马拉松邀请赛等全国单项比赛和行业比赛中成绩优异，队员华绍青代表中国队参加了 2016 年里约奥运会女子马拉松比赛，受到媒体的广泛关注，极大地鼓舞了全校师生。

2018 年，我校足球项目又成功获得教育部批准建设与招生。

近年来，我校体育工作不仅继承和发扬了学校的优良体育传统，而且紧跟时代步伐，以锐意改革、求是创新的精神，推动学校体育事业的全面发展，为学校的双一流建设发挥应有的作用。

（撰稿：盛克庆，冒颖）

## 第六节　注重推进学生工程实践能力培养

武汉科技大学的办学历史可溯源于 1898 年清朝湖广总督张之洞在武昌创办的湖北工艺学堂，在“读书期于明理，明理归于致用”的引领下，倡导“沉静好学、崇实去浮”的优良学风。1910 年著名科学家李四光曾在湖北工艺学堂实习工场担任场长，推崇实业与实用人才的培养，确立了实践训练为人才培养中不

可或缺的部分，逐渐形成了“面向实业需求、培养实用人才、倡导崇实学风、强化实训动手”的“四实”办学理念。此后几十年，学校几经更名、几度搬迁，但实习工厂（原实习工场）一直得以保留并不断发展，“四实”理念一以贯之。经过百余年的发展，武汉科技大学形成了注重实践教学的优良传统。

## 一、工程训练中心组建与职能定位

1958 年，武汉钢铁学院（武汉科技大学前身）组建，开始举办本科教育，金工实习作为实践教学环节的重要组成部分得到进一步加强。2008 年，学校为迎接教育部本科教学水平评估，改革实践教学体系，加强实训教学环节，投入 2000 余万元建成工程训练中心大楼，在原有“机械厂金工实习教学基地”的基础上，整合“电工电子实训”和“IT 技术实训”的教学资源，组建成立了武汉科技大学工程训练中心，2008 年 12 月被评为省级实验教学示范中心。

工程训练中心是学校直属教学单位，由基础加工训练部、先进制造训练部、电工电子训练部、IT 技术训练部、创新制作训练部和综合办公室组成；中心现有工程训练场地 10700 平方米，仪器设备 1525 台件，设备价值 2098. 8 万余元；中心开展工程认知、机械基础、先进制造和电工电子与 IT 技术等方面的工程训练，为培养大学生的工程知识、实践动手能力和创新精神与创新能力提供开放性平台，现已成为面向全校各个学院，机、电、控多学科交叉融合的基础工程训练基地。

## 二、确立实训教学理念和教学定位，形成基于学分制下的“三层次、三模块、四能力”个性化培养的实训教学体系和能力提升培育模型

十余年来，中心始终将鲜明的实训教学理念贯穿在教学之中，明确以“面向实业需求、培养实用人才、倡导崇实学风、强化实训动手”四实精神为导向，以学生为主体，知识传授、能力培养、素质提高、协调发展为核心，注重培养学生的工程知识、实践能力和创新思维，全面提升学生的综合素养。

根据我校冶金行业特色和专业特点，教学定位为以机械工程、材料、冶金、信息科学与工程、计算机科学与技术等学科为依托，以培养学生动手能力、实践能力、创新精神为重点，以培养具有“厚基础、强能力、宽适应、重创新”为特征的创新型人才为目标，不断完善教学方法和教学手段，丰富教学内容，通过对学生的机械基础加工训练、先进制造技术训练、电工电子训练、IT 技术训练、综合创新训练，提高学生实践动手能力和创新能力，为培养运用现代技术解决实际工程问题和能力的具有较强创新意识的专门人才服务。

中心从创新型高级工程人才培养体系整体出发，经过多年实践，在对工程认

知、实践能力、综合分析能力、创新能力等方面整体优化与提高的基础上，以工程实训为载体，以实践教学改革为抓手，以全面提升学生的工程素养为目标，通过工程训练课程体系、教学内容和教学方法与手段的改革，以培养学生知识、能力、素养为主线，根据学生的学习认知过程，利用平台建设，建立起“三层次（工程认知与基础实训、学科基础技能实训和多学科知识融合实践、综合创新实践训练）、三模块（机械基础、先进制造、电工电子与IT技术）、四能力（基本实践能力、专业实践能力、实践迁移能力、实践创新能力）”、开放型、综合性、个性化培养的相互衔接的网络结构渐进式教学体系和以能力培养为导向的大学生工程实践能力提升培育模型，该体系和模型贯穿教学全过程、体现实践能力培养的渐进性和以学生为主体的工程实践以及科技创新活动的实践教学支撑平台，提高了实训教学的柔性和可适应性，在有限的实训教学平台资源基础上创新多样化实践手段，以满足更多不同层次学生的需求。

### 三、改革传统的实训教学手段和方法，充分利用信息化技术辅助实训教学

中心根据实训课程和实训项目的内容与特点，采用了多媒体技术、网络技术、工艺仿真技术等多种形式的实训技术，建立起了信息化实训教学平台，一方面，提高了学生的学习兴趣，促进学生自主学习，使学生通过实训，更好地掌握专业知识和锻炼专业技能；另一方面，还可了解先进的科学技术及其应用，起到了一举多得的教学效果。

（1）多媒体技术：采用的多媒体技术有教学课件、电子讲解（常用认知实训、机械创新设计原理认知实训等）、视频录像（减速器装拆实训）等。

（2）网络技术：将实训项目、实训指导书、实训课件、实训设备等资源上传在中心网站上，使得学生可以提前对实训进行预习和思考，提高了现场实训的效率和效果。

（3）工艺仿真技术：工艺仿真实训教学具有交互性、多样性、个别性、灵活性、重复性等特点，加大了知识的传授量，有利于学生创新思维和创新技能的培养，提高学生在实训中的动手能力，同时还可以解决高端仪器设备缺乏，实训室管理困难等问题。

同时，中心利用信息技术着力推进机电一体化教学和实训教学在线课程（SPOC）—金工实习（工程基础与训练A）的课程录制、剪辑、编排、上传等内容建设，让学生课前预习、课上释疑、课后复习，构建了虚实结合的教学环境，实现了网上资源共享和辅助教学，取得良好效果，为学生能力培养与素质提升提供了有力支撑。

## 四、坚持多措并举，着力加强实训教学质量内涵提升建设

中心实施教学督导轮值制、实训学生座谈会制度、挂牌工作制度、中心主任抽查批改实训报告制度等多项措施，积极开展“本科教学质量提高工程”；每年完成教务处下达的年度38个专业（其中16模块的9个、12模块的23个、8模块的6个）、80多个班级、2800多人、15万左右人时数的实训教学任务和学校根据需要安排的其他教学任务；2008年编写了《武汉科技大学工程训练中心管理制度汇编》，2017年进行了增补修订完善；中心每年针对不同的问题导向开展实训教学创新改革立项工作，力求通过教研解决问题；2013年9月改革传统的实习模式，按机类16个模块（1个模块4学时）、近机类12个模块、非机类8个模块实行学分制下的模块化教学改革；2014年重新修订了部分实训项目的教学大纲和考核评分标准，要求教师针对课程项目的特点和学生的类别情况，采用理论与实践相结合等多元化的考核形式，从操作技能、理论知识、实训报告等三方面对学生进行教学质量考核，完善了实训项目的质量监控体系；2016年出版实训教材《工程基础与训练》及配套实训报告册1套，有力地保证了实训教学质量稳步提高。十年来，中心教职工发表教研论文30余篇，取得校级以上教研项目5项，2012年中心获得第六届武汉科技大学教学成果一等奖1项，2016年获得第七届武汉科技大学教学成果特等奖1项，2017年获得第八届湖北省高等学校教学成果二等奖1项等。

## 五、强化安全目标管理，为实训教学正常有序开展提供有力的安全保障

十年来，中心以“安全操作”为抓手，实行中心、训练部、班组三级安全责任管理，并与各实训班组签订了“年度实训教学安全目标管理责任书”以及与当期每个实训的学生班级签订了“实训须知与安全责任承诺书”；积极开展“实训安全操作与安全检查月和消防安全宣传教育月”等活动，使每位指导老师和学生规范操作各种设备，消除安全隐患，同时定期对所有设备的性能、管线的安装以及接地情况进行安全大检查，发现问题及时排查整改或维修，确保了人身和设备的安全，做到了为实训教学正常有序开展保驾护航，实现了十年实训教学安全责任零事故。

## 六、以创新基地为平台，以技能竞赛为牵引，培养学生实践动手能力、创新潜能和工匠精神

学生课外科技创新基地是以各种技能培养、科技创新活动为载体，充分挖掘学生创新思维与创造潜力，达到知识迁移。中心每年不仅完成课内实训教学内

容，还组织举办贯穿全年实训教学过程的大学生工程训练基本技能竞赛，目前已举办7届，每届参与学生近400人；竞赛以“无碳小车”为命题，主题紧扣“低碳生活”，低成本、环境友好型动力机械的设计与制造，分为命题A（重力势能无碳直行小车设计与制作）、命题B（重力势能无碳程序控制S行小车设计与制作）；命题B是“小车程序控制技术”综合性命题，更加看重参赛选手基于工程训练能力解决实际问题的综合能力与创新思维。竞赛不仅涵盖了车削加工、数控加工、钳工装配等3个现场加工、组装调试、质量检验的过程，也考查了方案论证、结构设计、工艺设计、成本分析等环节，综合考察了学生理论、实验、设计、工艺、成本、管理、检测、操作和表达等多方面的分析解决实际问题的能力和“大工程”理念下的综合素质，锻炼了学生的设计创新能力和实践动手能力，培养了学生的“工匠精神”，做到了工学并举。同时，通过竞赛选拔表现优秀的学生代表我校参加每2年一届的全国大学生工程训练综合能力竞赛湖北赛区预赛，近三届获得国家和省级以上一、二等奖28项和优秀组织奖等多个奖项。

十年栉风沐雨，十年春华秋实；十年春秋的更替，十载辛勤的努力，铸就中心实现了跨越式发展，形成了“冶金工程背景环境、分层次模块化教学模式、网络化设计/制造平台和学生课外科技创新基地”等鲜明特色。我们将秉承“四实”精神，结合学校“十三五”发展规划，进一步肩负起武汉科技大学学生工程素质、实践能力、创新潜质培养的奠基性和系统性教育责任，把武汉科技大学工程训练中心建成在湖北乃至全国特色鲜明、设施先进、门类齐全、具有辐射和示范作用的大学生实践基地。

（撰稿：明俊）

# 第三章　坚持龙头地位，学科布局结构全面优化

## 第一节　学科建设总体水平全面提升

过去十年，学校始终坚持以学科建设为龙头，着力优化学科布局结构，在巩固传统优势学科的同时，大力推进基础、交叉、新兴学科发展，学科内涵质量快速提升，进一步巩固了学校省属高校的龙头地位。

### 一、学科布局进一步优化

2009 年获批 1 个专业学位类别；2010 年获批 3 个专业学位类别和 6 个工程硕士领域；2011 年获批 7 个一级学科博士点，11 个一级学科硕士点；2014 年获批 3 个专业学位类别；2016 年通过省级统筹增列 1 个工程硕士领域；2017 年通过学位授权点审核，获批 1 个一级学科博士点，8 个一级学科硕士点，4 个专业学位类别。2011～2013 年，我校自主设置二级学科博士点 12 个；2011～2015 年，我校自主设置二级学科硕士点 23 个，其中交叉学科 2 个。

学校根据社会需求和经济社会发展需要，成立专班优化学科布局，通过专家论证，学位评定委员会、校长办公会、党委常委会审议后上报学位授权点增列申报材料，积极争取对学科布局进行调整，培养更多社会亟需的高层次人才。

目前，构建了以工为主、理工结合，工、理、管、医、文、经、法、哲、艺等学科协调发展的综合性大学学科体系，拥有 8 个一级学科博士学位授权点和 38 个二级学科博士学位授权点、29 个一级学科硕士学位授权点和 152 个二级学科硕士学位授权点、12 个硕士专业学位类别。

**表 3-1　截至 2018 年博士学位授权点统计表**

| 序号 | 获授权博士一级学科名称 | 获授权博士二级学科名称 |
|---|---|---|
| 1 | 机械工程 0802（2011） | 080201 机械制造及其自动化 |
| 2 | | 080202 机械电子工程（2006） |
| 3 | | 080203 机械设计及理论（2003） |
| 4 | | 080204 车辆工程 |
| 5 | | 0802Z1 工业工程（2011） |
| 6 | | 0802Z2 工程测控技术及仪器（2012） |

续表 3-1

| 序号 | 获授权博士一级学科名称 | 获授权博士二级学科名称 |
|---|---|---|
| 7 | 材料科学与工程 0805（2011） | 080501 材料物理与化学 |
| 8 | | 080502 材料学（1998） |
| 9 | | 080503 材料加工工程 |
| 10 | | 0805Z1 磁性物理与材料（2013） |
| 11 | 冶金工程 0806（2011） | 080601 冶金物理化学 |
| 12 | | 080602 钢铁冶金（2003） |
| 13 | | 080603 有色金属冶金 |
| 14 | | 0806Z1 冶金热能工程（2011） |
| 15 | 控制科学与工程 0811（2011） | 081101 控制理论与控制工程（2006） |
| 16 | | 081102 检测技术与自动化装置 |
| 17 | | 081103 系统工程 |
| 18 | | 081104 模式识别与智能系统 |
| 19 | | 081105 导航、制导与控制 |
| 20 | | 0811Z1 信息处理与控制（2011） |
| 21 | | 0811Z2 系统演化与复杂性（2012） |
| 22 | 化学工程与技术 0817（2011） | 081701 化学工程 |
| 23 | | 081702 化学工艺（2006） |
| 24 | | 081703 生物化工 |
| 25 | | 081704 应用化学 |
| 26 | | 081705 工业催化 |
| 27 | | 0817Z1 生物医药工程（2011） |
| 28 | 矿业工程 0819（2011） | 081901 采矿工程 |
| 29 | | 081902 矿物加工工程 |
| 30 | | 081903 安全技术及工程 |
| 31 | | 0819Z1 矿冶环境工程（2011） |
| 32 | | 0819Z2 岩土与地下工程（2011） |
| 33 | | 0819Z3 爆炸动力学及其应用（2012） |
| 34 | 安全科学与工程 0837（2011） | 0837 安全科学与工程 |
| 35 | | 0837Z1 公共安全工程与管理（2012） |
| 36 | | 0837Z2 企业安全科学与管理（2013） |
| 37 | 系统科学 0711（2018） | 071101 系统理论 |
| 38 | | 071102 系统分析与集成 |
| 合计 | 8 | 38 |

**表 3-2 截至 2018 年学术型硕士学位授权点统计表**

| 序号 | 获授权硕士一级学科名称 | 获授权硕士二级学科名称 |
|---|---|---|
| 1 | 0101 哲学（2018） | 010101 马克思主义哲学 |
| 2 | | 010102 中国哲学 |
| 3 | | 010103 外国哲学 |
| 4 | | 010104 逻辑学 |
| 5 | | 010105 伦理学 |
| 6 | | 010106 美学 |
| 7 | | 010107 宗教学 |
| 8 | | 010108 科学技术哲学 |
| 9 | — | 020101 政治经济学（2006） |
| 10 | 0305 马克思主义理论（2011） | 030501 马克思主义基本原理（2006） |
| 11 | | 030502 马克思主义发展史 |
| 12 | | 030503 马克思主义中国化研究（2006） |
| 13 | | 030504 国外马克思主义研究 |
| 14 | | 030505 思想政治教育（2003） |
| 15 | | 0305Z1 马克思主义法学（2012） |
| 16 | 0502 外国语言文学（2011） | 050201 英语语言文学 |
| 17 | | 050202 俄语语言文学 |
| 18 | | 050203 法语语言文学 |
| 19 | | 050204 德语语言文学 |
| 20 | | 050205 日语语言文学 |
| 21 | | 050206 印度语言文学 |
| 22 | | 050207 西班牙语语言文学 |
| 23 | | 050208 阿拉伯语语言文学 |
| 24 | | 050209 欧洲语言文学 |
| 25 | | 050210 亚非语言文学 |
| 26 | | 050211 外国语言学及应用语言学（2006） |
| 27 | | 0502Z1 国际商务英语（2012） |
| 28 | 0701 数学（2011） | 070101 基础数学 |
| 29 | | 070102 计算数学 |
| 30 | | 070103 概率论与数理统计（2006） |
| 31 | | 070104 应用数学（2000） |
| 32 | | 070105 运筹学与控制论 |

续表 3-2

| 序号 | 获授权硕士一级学科名称 | 获授权硕士二级学科名称 |
|---|---|---|
| 33 | 0702 物理学（2011） | 070201 理论物理 |
| 34 | | 070202 粒子物理与原子核物理 |
| 35 | | 070203 原子与分子物理 |
| 36 | | 070204 等离子体物理（2003） |
| 37 | | 070205 凝聚态物理 |
| 38 | | 070206 声学 |
| 39 | | 070207 光学 |
| 40 | | 070208 无线电物理 |
| 41 | | 99J1 材料化学与物理（2015） |
| 42 | 0703 化学（2018） | 070301 无机化学 |
| 43 | | 070302 分析化学 |
| 44 | | 070303 有机化学 |
| 45 | | 070304 物理化学 |
| 46 | | 070305 高分子化学与物理 |
| 47 | 0710 生物学（2011） | 071001 植物学 |
| 48 | | 071002 动物学 |
| 49 | | 071003 生理学（2003） |
| 50 | | 071004 水生生物学 |
| 51 | | 071005 微生物学 |
| 52 | | 071006 神经生物学 |
| 53 | | 071007 遗传学 |
| 54 | | 071008 发育生物学 |
| 55 | | 071009 细胞生物学 |
| 56 | | 071010 生物化学与分子生物学 |
| 57 | | 071011 生物物理学 |
| 58 | | 071012 生态学 |
| 59 | | 071021 人类生物学 |
| 60 | 0711 系统科学（2018） | 071101 系统理论 |
| 61 | | 071102 系统分析与集成 |
| 62 | 0714 统计学（2011） | 0714 统计学 |
| 63 | | 0714Z1 经济统计学（2013） |
| 64 | 0801 力学（2018） | 080101 一般力学与力学基础 |
| 65 | | 080102 固体力学 |

续表 3-2

| 序号 | 获授权硕士一级学科名称 | 获授权硕士二级学科名称 |
|---|---|---|
| 66 | 0801 力学（2018） | 080103 流体力学 |
| 67 | | 080104 工程力学（2006） |
| 68 | 0802 机械工程（2006） | 080201 机械制造及其自动化（2003） |
| 69 | | 080202 机械电子工程（2000） |
| 70 | | 080203 机械设计及理论（1981） |
| 71 | | 080204 车辆工程 |
| 72 | | 0802Z1 工业工程（2011） |
| 73 | | 0802Z2 工程测控技术及仪器（2012） |
| 74 | | 0802Z3 物流技术与装备（2012） |
| 75 | 0804 仪器科学与技术（2018） | 080401 精密仪器及机械 |
| 76 | | 080402 测试计量技术及仪器 |
| 77 | 0805 材料科学与工程（2006） | 080501 材料物理与化学 |
| 78 | | 080502 材料学（1986） |
| 79 | | 080503 材料加工工程（1989） |
| 80 | 0806 冶金工程（2006） | 080601 冶金物理化学 |
| 81 | | 080602 钢铁冶金（1986） |
| 82 | | 080603 有色金属冶金 |
| 83 | | 0806Z1 冶金热能工程（2011） |
| 84 | — | 080704 流体机械及工程（2006） |
| 85 | | 080902 电路与系统（2006） |
| 86 | 0810 信息与通信工程（2018） | 081001 通信与信息系统 |
| 87 | | 081002 信号与信息处理 |
| 88 | 0811 控制科学与工程（2006） | 081101 控制理论与控制工程（1981） |
| 89 | | 081102 检测技术与自动化装置 |
| 90 | | 081103 系统工程 |
| 91 | | 081104 模式识别与智能系统 2003 |
| 92 | | 081105 导航、制导与控制 |
| 93 | | 0811Z1 信息处理与控制（2011） |
| 94 | | 0811Z3 交通信息与安全工程（2012） |
| 95 | | 0811Z4 新能源电力与控制（2013） |
| 96 | 0812 计算机科学与技术（2006） | 081201 计算机系统结构 |
| 97 | | 081202 计算机软件与理论 |
| 98 | | 081203 计算机应用技术（1995） |

续表 3-2

| 序号 | 获授权硕士一级学科名称 | 获授权硕士二级学科名称 |
|---|---|---|
| 99 | 0812 计算机科学与技术（2006） | 99J2 网络信息安全（2015） |
| 100 | 0814 土木工程（2011） | 081401 岩土工程（2003） |
| 101 | | 081402 结构工程（2006） |
| 102 | | 081403 市政工程（2000） |
| 103 | | 081404 供热、供燃气、通风及空调工程 |
| 104 | | 081405 防灾减灾工程及防护工程 |
| 105 | | 081406 桥梁与隧道工程 |
| 106 | 0817 化学工程与技术（2006） | 081701 化学工程（2000） |
| 107 | | 081702 化学工艺（1998） |
| 108 | | 081703 生物化工 |
| 109 | | 081704 应用化学 |
| 110 | | 081705 工业催化 |
| 111 | | 0817Z1 生物医药工程（2011） |
| 112 | 0819 矿业工程（2006） | 081901 采矿工程（1984） |
| 113 | | 081902 矿物加工工程（1984） |
| 114 | | 081903 安全技术及工程 |
| 115 | 0830 环境科学与工程（2018） | 083001 环境科学 |
| 116 | | 083002 环境工程（2003） |
| 117 | 0835 软件工程（2011） | 0835 软件工程 |
| 118 | 0837 安全科学与工程（2011） | 0837 安全科学与工程 |
| 119 | | 0837Z1 公共安全工程与管理（2012） |
| 120 | | 0837Z2 企业安全科学与管理（2013） |
| 121 | 1001 基础医学（2018） | 100101 人体解剖与组织胚胎学 |
| 122 | | 100102 免疫学 |
| 123 | | 100103 病原生物学 |
| 124 | | 100104 病理学与病理生理学 |
| 125 | | 100105 法医学 |
| 126 | | 100106 放射医学 |
| 127 | | 100107 航空、航天与航海医学 |
| 128 | 1004 公共卫生与预防医学（2011） | 100401 流行病与卫生统计学（2006） |
| 129 | | 100402 劳动卫生与环境卫生学（2000） |

续表 3-2

| 序号 | 获授权硕士一级学科名称 | 获授权硕士二级学科名称 |
|---|---|---|
| 130 | 1004 公共卫生与预防医学（2011） | 100403 营养与食品卫生学 |
| 131 | | 100404 儿少卫生与妇幼保健学 |
| 132 | | 100405 卫生毒理学 |
| 133 | | 100406 军事预防医学 |
| 134 | | 1004Z1 卫生检验与检疫（2011） |
| 135 | | 1004Z2 食品药品安全风险评价（2013） |
| 136 | | 1004Z3 循证医学（2013） |
| 137 | 1201 管理科学与工程（1998） | 120100 管理科学与工程（1989） |
| 138 | 1202 工商管理（2006） | 120201 会计学 |
| 139 | | 120202 企业管理（2000） |
| 140 | | 120203 旅游管理 |
| 141 | | 120204 技术经济及管理 |
| 142 | | 1202Z1 财务管理（2011） |
| 143 | | 1202Z2 服务管理（2012） |
| 144 | | 1202Z3 人力资源管理（2013） |
| 145 | 1204 公共管理（2011） | 120401 行政管理（2006） |
| 146 | | 120402 社会医学与卫生事业管理 |
| 147 | | 120403 教育经济与管理 |
| 148 | | 120404 社会保障（2003） |
| 149 | | 120405 土地资源管理 |
| 150 | | 1204Z1 艺术管理（2011） |
| 151 | | 1204Z2 社会体育教育与管理（2011） |
| 152 | 1305 设计学（2018） | 1305 设计学 |
| 合计 | 29 | 152 |

**表 3-3　截至 2018 年硕士专业学位授权点统计表**

| 序号 | 专业学位点 | 获权年份 | 类别（领域）代码 | 领域名称 |
|---|---|---|---|---|
| 1 | 工程硕士 | 1998 | 085204 | 材料工程 |
| 2 | 工程硕士 | 1998 | 085205 | 冶金工程 |
| 3 | 工程硕士 | 1999 | 085210 | 控制工程 |
| 4 | 工程硕士 | 1999 | 085218 | 矿业工程 |

续表 3-3

| 序号 | 专业学位点 | 获权年份 | 类别（领域）代码 | 领域名称 |
|---|---|---|---|---|
| 5 | 工程硕士 | 2001 | 085201 | 机械工程 |
| 6 | 工程硕士 | 2001 | 085211 | 计算机技术 |
| 7 | 工程硕士 | 2001 | 085216 | 化学工程 |
| 8 | 工程硕士 | 2002 | 085236 | 工业工程 |
| 9 | 工程硕士 | 2003 | 085229 | 环境工程 |
| 10 | 工程硕士 | 2004 | 085239 | 项目管理 |
| 11 | 工程硕士 | 2006 | 085213 | 建筑与土木工程 |
| 12 | 工程硕士 | 2010 | 085208 | 电子与通信工程 |
| 13 | 工程硕士 | 2010 | 085212 | 软件工程 |
| 14 | 工程硕士 | 2010 | 085224 | 安全工程 |
| 15 | 工程硕士 | 2010 | 085234 | 车辆工程 |
| 16 | 工程硕士 | 2010 | 085238 | 生物工程 |
| 17 | 工程硕士 | 2010 | 085240 | 物流工程 |
| 18 | 工程硕士 | 2016 | 085222 | 交通运输工程 |
| 19 | 工程管理硕士 | 2010 | 1256 | — |
| 20 | 公共管理硕士（MPA） | 2010 | 1252 | — |
| 21 | 工商管理硕士（MBA） | 2009 | 125101 | 工商管理硕士 |
| 22 | 社会工作硕士（MSW） | 2010 | 0352 | — |
| 23 | 临床医学硕士 | 2014 | 105101 | 内科学 |
| 24 | 临床医学硕士 | 2014 | 105109 | 外科学 |
| 25 | 艺术硕士 | 2014 | 135108 | 艺术设计 |
| 26 | 翻译硕士 | 2014 | 055101 | 英语笔译 |
| 27 | 国际商务 | 2018 | 0254 | — |
| 28 | 护理 | 2018 | 1054 | — |
| 29 | 药学 | 2018 | 1055 | — |
| 30 | 会计 | 2018 | 1253 | — |

## 二、学科实力进一步提升

十年来，学校坚持“统筹资源，分层建设，集中力量，突出重点”，实施国家重点学科培育学科、省级重点学科、校级重点学科的遴选与培育工作，构建了国家重点（培育）学科—省级重点学科—校级重点学科建设三级学科体系。目前，建有1个国家重点（培育）学科、10个省级重点学科，5个省级重点（培育）学科，2 个省级优势特色学科群。在全国第四轮学科评估中，11 个学科位居湖北省属高校第一；材料科学与工程、冶金与矿业工程、机械工程等 3 个学科被湖北省列为国内一流建设学科；材料科学、工程学学科进入 ESI 全球排名前 1%。

### （一）重点学科建设

2012 年学校获批“十二五”湖北省重点学科 10 个，“十二五”湖北省重点培育学科 5 个。“十三五”获批省属高校优势特色学科群 2 个：现代冶金及先进材料、绿色钢铁智能装备与系统；构建校级学科群 3 个：产业转型与区域创新发展、生物技术和转化医学、安全科学与应急管理。

“十二五”期间湖北省每年拨款 1000 万，其中材料科学与工程 500 万，机械工程 100 万，控制科学与工程 100 万，化学工程与技术 100 万，矿业工程 100 万，安全科学与工程 100 万，支持我校重点学科建设，学校每年按照不低于 1：1 配套，推动学校重点学科优质资源建设、师资队伍建设、科研能力建设和人才培养工作上新的台阶。

现代冶金及先进材料优势特色学科群主干学科为冶金工程，支撑学科由材料科学与工程、化学工程与技术、矿业工程等组成；绿色钢铁智能装备与系统学科群以机械工程学科作为主干学科，融合控制科学与工程、计算机科学与技术、管理科学与工程等支撑学科。“十三五”省属高校优势特色学科群湖北省每年拨款 1100 万，支持我校学科群建设，学校每年按不低于 1：1 配套，发挥学科集群的创新活力。

**表 3-4　省优势学科情况表**

| 序　号 | 学科代码 | 学科名称 |
|---|---|---|
| 1 | 0806 | 冶金工程 |
| 2 | 0805 | 材料科学与工程 |

**表 3-5　省特色学科情况表**

| 序　号 | 学科代码 | 学科名称 |
|---|---|---|
| 1 | 0802 | 机械工程 |
| 2 | 0811 | 控制科学与工程 |
| 3 | 0817 | 化学工程与技术 |
| 4 | 0819 | 矿业工程 |
| 5 | 0837 | 安全科学与工程 |
| 6 | 1201 | 管理科学与工程 |
| 7 | 1204 | 公共管理 |
| 8 | 0812 | 计算机科学与技术 |

**表 3-6　省重点（培育）学科情况表**

| 序　号 | 学科代码 | 学科名称 |
|---|---|---|
| 1 | 0305 | 马克思主义理论 |
| 2 | 0701 | 数学 |
| 3 | 0710 | 生物学 |
| 4 | 0502 | 外国语言文学 |
| 5 | 1004 | 公共卫生与预防医学 |

**表 3-7　省属高校优势特色学科群**

| 序　号 | 学科群名称 |
|---|---|
| 1 | 现代冶金及先进材料 |
| 2 | 绿色钢铁智能装备与系统 |

### （二）学科评估

我校 17 个一级学科参加第三轮学科评估，冶金工程和矿业工程 2 个学科进入全国前 10 名，分别位居全国第 6、第 7。相较第二轮学科评估，材料科学与工程上升 23. 27%；机械工程上升 19. 48%；控制科学与工程上升 29. 32%；化学工程与技术上升 27. 61%，公共管理上升 44. 85%；数学上升 29. 6%；计算机科学与技术上升 14. 05%；管理科学与工程上升 12. 87%；公共卫生与预防医学上升 6. 52%，安全科学与工程、马克思主义理论、物理学、统计学、软件工程等五个学科首次参评，都取得了较好成绩。

**表 3-8　第三轮学科评估结果一览表**

| 序号 | 学科代码 | 学 科 名 称 | 分数 | 参评高校数 | 排名 | 相对排名 |
|---|---|---|---|---|---|---|
| 1 | 0305 | 马克思主义理论 | 69 | 121 | 69 | 57. 02% |
| 2 | 0701 | 数学 | 66 | 102 | 57 | 55. 88% |
| 3 | 0702 | 物理学 | 65 | 87 | 60 | 68. 97% |
| 4 | 0714 | 统计学 | 66 | 87 | 62 | 71. 26% |
| 5 | 0801 | 力学 | 62 | 39 | 37 | 94. 87% |
| 6 | 0802 | 机械工程 | 71 | 102 | 43 | 42. 16% |
| 7 | 0805 | 材料科学与工程 | 72 | 98 | 33 | 33. 67% |
| 8 | 0806 | 冶金工程 | 72 | 12 | 6 | 50. 00% |
| 9 | 0811 | 控制科学与工程 | 71 | 83 | 31 | 37. 35% |
| 10 | 0812 | 计算机科学与技术 | 65 | 120 | 64 | 53. 33% |
| 11 | 0817 | 化学工程与技术 | 69 | 68 | 26 | 38. 24% |
| 12 | 0819 | 矿业工程 | 72 | 16 | 7 | 43. 75% |

续表 3-8

| 序号 | 学科代码 | 学 科 名 称 | 分数 | 参评高校数 | 排名 | 相对排名 |
|---|---|---|---|---|---|---|
| 13 | 0835 | 软件工程 | 65 | 106 | 59 | 55.66% |
| 14 | 0837 | 安全科学与工程 | 69 | 21 | 15 | 71.43% |
| 15 | 1004 | 公共卫生与预防医学 | 65 | 33 | 26 | 78.79% |
| 16 | 1201 | 管理科学与工程 | 67 | 102 | 60 | 58.82% |
| 17 | 1204 | 公共管理 | 68 | 60 | 29 | 48.33% |

在全国第四轮学科水平评估中，我校共20个一级学科参评，其中机械工程、材料科学与工程、冶金工程、控制科学与工程、化学工程与技术等5个一级学科位居前30%（B档），1个学科位居前40%（B－档）、3个学科位居前50%（C＋档）、4个学科位居前60%（C档）、2个学科位居前70%（C－档）。第四轮学科水平评估分9档发布，A＋（前2%，或前2名）、A（2%～5%）、A－（5%～10%）、B＋（10%～20%）、B（20%～30%）、B－（30%～40%）、C＋（40%～50%）、C（50%～60%）、C－（60%～70%），将第三轮的结果（17个参评学科）按第四轮分档规则进行映射，第四轮学科水平评估整体排名稳中有升，其中8个学科有所提升，6个学科持平。结合第四轮学科评估，编制了《武汉科技大学学科发展状态分析报告》，对学校学科现状、核心竞争力和发展路径与措施进行了详细分析，为学校的建设发展科学谋划。

**表 3-9 第四轮学科评估结果一览表**

| 序号 | 学科名称 | 代码 | 第四轮 | 第三轮 | 变化情况 |
|---|---|---|---|---|---|
| 1 | 马克思主义理论 | 0305 | C | C | 持平 |
| 2 | 机械工程 | 0802 | B | C＋ | 升 |
| 3 | 材料科学与工程 | 0805 | B | B－ | 升 |
| 4 | 冶金工程 | 0806 | B | C＋ | 升 |
| 5 | 控制科学与工程 | 0811 | B | B－ | 升 |
| 6 | 计算机科学与技术 | 0812 | C＋ | C | 升 |
| 7 | 土木工程 | 0814 | C－ | — | — |
| 8 | 化学工程与技术 | 0817 | B | B－ | 升 |
| 9 | 矿业工程 | 0819 | C＋ | C＋ | 持平 |
| 10 | 软件工程 | 0835 | C | C | 持平 |
| 11 | 安全科学与工程 | 0837 | B－ | 70%后 | 升 |
| 12 | 公共卫生与预防医学 | 1004 | C－ | 70%后 | 升 |
| 13 | 管理科学与工程 | 1201 | C | C | 持平 |
| 14 | 工商管理 | 1202 | C | — | — |

续表 3-9

| 序号 | 学科名称 | 代码 | 第四轮 | 第三轮 | 变化情况 |
|---|---|---|---|---|---|
| 15 | 公共管理 | 1204 | C+ | C+ | 持平 |
| 16 | 外国语言文学 | 0502 | 70%后 | — | — |
| 17 | 数学 | 0701 | 70%后 | C | 降 |
| 18 | 物理 | 0702 | 70%后 | C- | 降 |
| 19 | 生物学 | 0710 | 70%后 | — | — |
| 20 | 统计学 | 0714 | 70%后 | 70%后 | 持平 |

（三）国内一流学科建设

学校高度重视“双一流”建设，认真学习研究国家及湖北省“双一流”相关政策，2016 年 3 ~9 月，校领导带队先后到西安建筑科技大学、河北工业大学、北京科技大学、东北大学、哈尔滨工业大学、武汉理工大学等院校，就“双一流”建设工作进行充分调研。2017 年 1 月，出台了《武汉科技大学推进一流大学和一流学科建设方案》(武科大〔2017〕1 号)，成立了以主要负责人为组长的“双一流”建设工作领导小组，负责“双一流”建设项目的顶层设计、统筹协调，并对建设过程中的重大问题进行决策。

根据 2018 年 1 月省教育厅、省财政厅、省发展改革委联合发布的《关于公布湖北省一流大学和一流学科建设高校和学科名单的通知》(鄂教研〔2018〕1 号)，学校进入湖北省国内一流大学建设行列，材料科学与工程、冶金与矿业工程、机械工程等 3 个学科进入国内一流学科建设学科。

（四）学科国际影响力

以进入 ESI 前 1% 学科为目标，提升学校国际声誉，通过一系列举措，如：研究生院联合图书馆定期发布 ESI 学科分析报告，定期更新 ESI 期刊目录，并组织到学院和两个校区对老师和学生进行 ESI 宣讲，提高师生的关注度，充分发挥好现有数据库资源与师生的教学和科研做好服务，以利于高水平论文的产出。2016 年 7 月材料科学进入 ESI 前 1%，2018 年 1 月工程学进入 ESI 前 1%，截至 2018 年 5 月化学学科的 ESI 接近程度达到 52.66%。

（撰稿：刘军伟）

## 第二节　研究生教育质量稳步提升

### 一、研究生规模不断扩大

十年来，学校积极争取招生政策支持，大力拓展校企、校地合作渠道，不断加大招生宣传力度，积极向上级主管部门争取推免计划、统考计划、专项计划等各类研究生招生计划，学校研究生招生规模大幅增加。积极开展研究生招生宣传，多渠道组织各类研究生生源，研究生报考人数逐年提升，研究生招生规模逐年扩大。

2008 年各类研究生招生人数 968 人，其中硕士研究生 690 人、在职工程硕士 244 人、博士研究生 34 人，2017 年各类研究生招生人数 1765，增幅达 82.3%，其中硕士研究生 1574 人、同等学力硕士 106 人、博士研究生 85 人。

在稳步扩大招生规模的同时，通过优化复试录取过程管理办法、加大复试考核力度，提高奖助学金额度和比例、开展学术夏令营、建立优质生源基地、设置优质生源计划、开展拔尖人才培育计划、硕博连读和申请—考核制等若干措施改善生源结构，着力提升研究生生源质量。

**表 3-10　2008～2017 年研究生招生人数**

| 年份 | 硕士人数 | 在职工程硕士 | 同等学力硕士 | 博士招生人数 |
|---|---|---|---|---|
| 2008 | 690 | 244 | 3 | 34 |
| 2009 | 841 | 93 | 4 | 38 |
| 2010 | 884 | 185 | 0 | 41 |
| 2011 | 942 | 360 | 2 | 43 |
| 2012 | 991 | 376 | 0 | 49 |
| 2013 | 1033 | 649 | 1 | 53 |
| 2014 | 1061 | 403 | 84 | 57 |
| 2015 | 1114 | 403 | 87 | 60 |
| 2016 | 1158 |  | 115 | 71 |
| 2017 | 1574 |  | 106 | 85 |
| 合计 | 10918 | 2896 | 393 | 563 |

2008 年各类研究生在校生人数 2867 人（不含超学制但在学习年限内未毕业者），其中硕士研究生 1915 人、在职工程硕士 857 人、博士研究生 95 人，2018 年各类研究生在校生人数 6032 人，增幅达 110%，其中硕士研究生 5303 人、同等学力硕士 397 人、博士研究生 332 人。

**表 3-11　2008～2017 年研究生在校生人数**

| 年份 | 硕士研究生 | 在职工程硕士 | 同等学力硕士 | 博士研究生 |
|---|---|---|---|---|
| 2008 | 1915 | 857 |  | 95 |
| 2009 | 2170 | 1008 |  | 120 |
| 2010 | 2602 | 538 |  | 148 |
| 2011 | 2599 | 474 |  | 122 |

续表 3-11

| 年份 | 硕士研究生 | 在职工程硕士 | 同等学力硕士 | 博士研究生 |
|---|---|---|---|---|
| 2012 | 2750 | 1050 | | 155 |
| 2013 | 2971 | 1327 | | 184 |
| 2014 | 2901 | 1494 | 85 | 210 |
| 2015 | 3218 | 1225 | 171 | 242 |
| 2016 | 3396 | 1853 | 288 | 286 |
| 2017 | 3842 | 1461 | 397 | 332 |

注：除同等学力硕士数据来自招生数据外，其他数据均采自当年高基表数据。

## 二、构建了省校院三级研究生实习实践基地

截至2017年12月，学校共建有专业学位研究生实习实践基地53个，其中省级研究生创新基地1个、研究生政产学联合基地2个、省级研究生工作站10个、校级研究生实习实践基地40个。

**表 3-12　武汉科技大学研究生实习实践基地清单**

| 序号 | 实习实践基地名称 | 学　院 | 级别 | 建立年份 |
|---|---|---|---|---|
| 1 | 湖北省钢铁冶金高层次创新人才培养基地 | 研究生院 | 省级 | 2011 |
| 2 | 宜昌市科力生实业有限公司 | 研究生院 | 省级 | 2013 |
| 3 | 广东韶关液压元件厂有限公司 | 机械学院 | 省级 | 2013 |
| 4 | 大力电工襄阳股份有限公司 | 信息学院 | 省级 | 2014 |
| 5 | 襄阳博亚精工装备股份有限公司 | 机械学院 | 省级 | 2014 |
| 6 | 湖北瀛通电子有限公司 | 信息学院 | 省级 | 2015 |
| 7 | 武汉市燃气热力规划设计院有限公司 | 化学工程与技术学院 | 省级 | 2015 |
| 8 | 湖北建筑科学研究设计院 | 城建学院 | 省级 | 2015 |
| 9 | 湖北省疾病预防控制中心 | 医学院 | 省级 | 2015 |
| 10 | 湖北公众信息产业有限责任公司 | 计算机学院 | 省级 | 2016 |
| 11 | 语联网（武汉）信息技术有限公司 | 外国语学院 | 省级 | 2016 |
| 12 | 中建三局装饰有限公司 | 艺术学院 | 校级 | 2010 |
| 13 | 武昌区残疾人联合会 | 文法学院 | 校级 | 2013 |
| 14 | 武汉钢铁公司国际贸易经济总公司国际市场部翻译部 | 外国语学院 | 校级 | 2013 |
| 15 | 湖北楚凯冶金有限公司 | 化学工程与技术学院 | 校级 | 2014 |
| 16 | 贵州新联爆破工程集团有限公司 | 理学院 | 校级 | 2014 |

续表 3-12

| 序号 | 实习实践基地名称 | 学　院 | 级别 | 建立年份 |
|---|---|---|---|---|
| 17 | 湖北省交通规划设计院 | 汽车学院 | 校级 | 2014 |
| 18 | 江西省永新县埠前镇人民政府 | 文法学院 | 校级 | 2014 |
| 19 | 武汉三源特种建材有限责任公司 | 管理学院 | 校级 | 2014 |
| 20 | 湖北孝感市研究生教育创新创业人才实习基地 | 研究生院 | 校级 | 2014 |
| 21 | 广东省佛山市顺德区研究生教育发展中心研究生“政产学”联合基地 | 研究生院 | 校级 | 2014 |
| 22 | 湖北省宜昌市工商业联合会研究生“政产学”联合基地 | 研究生院 | 校级 | 2014 |
| 23 | 河南兴亚能源材料有限公司 | 材冶学院 | 校级 | 2014 |
| 24 | 上海宝钢工业技术服务有限公司 | 材冶学院 | 校级 | 2015 |
| 25 | 武汉钢铁重工集团有限公司 | 材冶学院 | 校级 | 2015 |
| 26 | 恒大地产集团有限公司 | 管理学院 | 校级 | 2015 |
| 27 | 湖北正量行房地产估计咨询有限公司暨湖北正量行资产评估有限公司 | 管理学院 | 校级 | 2015 |
| 28 | 武钢研究院高新技术研究所 | 材冶学院 | 校级 | 2015 |
| 29 | 湖北省城市规划设计研究院 | 城建学院 | 校级 | 2015 |
| 30 | 武汉爆破有限公司 | 理学院 | 校级 | 2016 |
| 31 | 深圳柳丁科技研发中心（武汉） | 信息学院 | 校级 | 2016 |
| 32 | 武汉启讯信息技术有限公司 | 信息学院 | 校级 | 2016 |
| 33 | 武汉锅炉集团阀门有限责任公司 | 机械学院 | 校级 | 2016 |
| 34 | 中钢集团武汉安全环保研究院有限公司华安分公司 | 资环学院 | 校级 | 2016 |
| 35 | 香河东方电子有限公司 | 材冶学院 | 校级 | 2016 |
| 36 | 江苏永钢集团有限公司 | 材冶学院 | 校级 | 2016 |
| 37 | 孝感市中心医院/武汉科技大学附属孝感医院 | 医学院 | 校级 | 2016 |
| 38 | 湖北欧凯莱装饰工程设计有限公司 | 艺术学院 | 校级 | 2016 |
| 39 | 黑蜻蜓工业设计有限责任公司 | 艺术学院 | 校级 | 2016 |
| 40 | 武钢集团鄂城钢铁有限责任公司 | 材冶学院 | 校级 | 2016 |
| 41 | 武汉光谷信息技术股份有限公司 | 计算机学院 | 校级 | 2017 |
| 42 | 北京数通国软信息技术有限公司 | 计算机学院 | 校级 | 2017 |
| 43 | 武汉光庭信息技术股份有限公司 | 计算机学院 | 校级 | 2017 |
| 44 | 湖北景深安全技术有限公司 | 资环学院 | 校级 | 2017 |
| 45 | 深圳市金鼎安全技术有限公司 | 资环学院 | 校级 | 2017 |
| 46 | 湖北省地质勘查装备中心 | 资环学院 | 校级 | 2017 |
| 47 | 灵宝金源朝辉铜业有限公司 | 材冶学院 | 校级 | 2017 |

续表 3-12

| 序号 | 实习实践基地名称 | 学 院 | 级别 | 建立年份 |
|---|---|---|---|---|
| 48 | 唐山国亮特殊耐火材料有限公司 | 材冶学院 | 校级 | 2017 |
| 49 | 千里马工程机械再制造有限公司 | 机械学院 | 校级 | 2017 |
| 50 | 广东新会中集特种运输设备有限公司 | 机械学院 | 校级 | 2017 |
| 51 | 湖北省工业建筑集团有限公司 | 城建学院 | 校级 | 2017 |
| 52 | 东莞市人民政府 | 研究生院 | 校级 | 2017 |
| 53 | 上海文策翻译有限公司 | 外国语学院 | 校级 | 2017 |

## 三、培养质量显著提升

学校通过高质量学科建设的引领、教学方法和手段的改革以及管理制度的创新，不断提高研究生教育质量。

2008 年各类研究生学位授予人数 637 人，其中硕士研究生 628 人、博士研究生 9 人；2017 年各类研究生学位授予人数 1246 人，其中硕士研究生 1198 人、博士研究生 48 人。与 2008 年相比，总授位人数增幅达 95. 6% 。

为进一步提高研究生学术水平，促进研究生培养教育工作，2008 年至 2017 年共三次修订了《武汉科技大学博士、硕士研究生申请学位取得学术成果的规定》，逐步提高对研究生申请博硕士学位成果的要求；并通过毕业论文全盲审、严格答辩要求及论文查重等方式，加强培养过程管理，严把出口关，研究生毕业论文质量逐年提高。2012 ~2017 年毕业的博士研究生共发表 SCI、EI、CPCI-S 等收录论文 585 篇，毕业的学术型硕士研究生共发表核心期刊及以上论文 3338 篇。

**表 3-13　2008 ~2017 年研究生学位授予人数**

| 年份 | 博士 | 学术型硕士 | 全日制专业硕士 | 非全日制专业硕士 | 高校教师 | 同等学力 |
|---|---|---|---|---|---|---|
| 2017 | 48 | 543 | 411 | 240 | — | 4 |
| 2016 | 26 | 534 | 273 | 193 | — | — |
| 2015 | 23 | 557 | 224 | 161 | 1 | — |
| 2014 | 32 | 616 | 400 | 153 | 1 | — |
| 2013 | 23 | 609 | 258 | 89 | 2 | — |
| 2012 | 26 | 745 | 80 | 90 | 3 | — |
| 2011 | 8 | 615 | 40 | 246 | 4 | 2 |
| 2010 | 14 | 632 | 0 | 209 | 1 | — |
| 2009 | 13 | 538 | 0 | 114 | 2 | 4 |
| 2008 | 9 | 508 | 0 | 117 | 0 | 3 |
| 合计 | 222 | 5897 | 1686 | 1612 | 14 | 13 |

**表 3-14　2012～2017 年研究生发表学术论文情况（核心以上）**

| 年份 | 博士（SCI、EI、CPCI-S 等） | 学术型硕士 | 专业学位硕士 |
| --- | --- | --- | --- |
| 2017 | 173 | 723 | 276 |
| 2016 | 91 | 660 | 179 |
| 2015 | 50 | 521 | |
| 2014 | 116 | 477 | |
| 2013 | 82 | 470 | |
| 2012 | 73 | 487 | |
| 合计 | 585 | 3338 | 455 |

十年来，我校研究生平均就业率达 96% 以上，位居全省前列，就业质量也在稳步提高。学校涌现出了解砾等一批研究生创业典型，得到湖北省委、省政府的高度赞扬与肯定。

2008～2017 年间在校研究生创业团队 59 个，均成立了公司，其中有 23 个团队获得了湖北省大学生创业项目资金扶持，1 个团队获得了武汉市大学生创业项目资金扶持，累计金额 79 万；2017 年，研究生积极参加国家相关创业大赛，荣获“互联网 +”全国大学生创业大赛省赛银奖 1 项、“创青春”全国大学生创业大赛银奖 1 项的好成绩。2017 年，学校位列中国高校创新人才培养暨学科竞赛评估排行榜第 77 位。

**表 3-15　2008～2017 年研究生创业情况一览表**

| 序号 | 年级 | 姓名 | 专　业 | 层次 | 公司名称 | 备　注 |
| --- | --- | --- | --- | --- | --- | --- |
| 1 | 2005 | 何立辉 | 社会保障 | 硕士 | 武汉百帝花贸易有限公司 | |
| 2 | 2007 | 杨　雨 | 企业管理 | 硕士 | 黄石市书香品学教育 | 经理 |
| 3 | 2007 | 熊智强 | 机械设计及理论 | 博士 | 武汉北湖永固表面技术有限公司 | 总经理 |
| 4 | 2008 | 解　砾 | 行政管理 | 硕士 | 武汉红桃 K 集团股份有限公司 | 常务副总裁；武汉市电子商务领军人物；湖北省创业导师，2014 年获湖北省创业扶持金 5 万元 |
| 5 | 2009 | 邢耀章 | 科学技术哲学 | 硕士 | 北京卡多利亚文化传播责任有限公司 | 经理 |
| 6 | 2009 | 汪益群 | 采矿工程 | 硕士 | 溢群包装材料有限公司 | 总经理 |
| 7 | 2010 | 崔正威 | 化学工艺 | 博士 | 襄阳格菲炭材料有限责任公司 | 2014 年获湖北省创业扶持金 8 万元 |
| 8 | 2010 | 李　伟 | 工商管理 | 硕士 | 北京登美特科技有限公司 | 经理 |

续表 3-15

| 序号 | 年级 | 姓名 | 专业 | 层次 | 公司名称 | 备注 |
|---|---|---|---|---|---|---|
| 9 | 2010 | 司剑峰 | 工程力学 | 硕士 | 武汉微诺网络科技有限公司 | 经理 |
| 10 | 2010 | 赵金龙 | 化学工艺 | 硕士 | 武汉煌海数业信息科技有限责任公司 | 经理 |
| 11 | 2010 | 朱　峰 | 机械工程 | 硕士 | 思源教育 | 经理 |
| 12 | 2011 | 潘瑾健 | 化学工艺 | 硕士 | 网贷天眼 | 副总裁 |
| 13 | 2011 | 鲁彦玉 | 控制理论与控制工程 | 硕士 | 武汉麦希力德科技有限公司 | 经理 |
| 14 | 2011 | 熊　潇 | 控制理论与控制工程 | 硕士 | 武汉车之宝汽车服务有限公司 | 经理 |
| 15 | 2011 | 彭桃桃 | 科学技术哲学 | 硕士 | 武汉薇薇安婚庆创意策划有限公司 | 经理 |
| 16 | 2012 | 陈道发 | 公共管理 | 硕士 | 武汉市沁水青山文法传播有限公司 | 经理 |
| 17 | 2012 | 罗李陈 | 市政工程 | 硕士 | 武汉启曜环境科技有限公司 | 2015 年获第二届“长江学子”创业奖 2014 年获湖北省创业扶持金 5 万元 |
| 18 | 2012 | 余福元 | 工商管理 | 硕士 | 武汉可遇投资管理有限公司 | 2015 年获小米风投 1000 万元，2016 年获第二届“互联网 +”全国大学生创业大赛总决赛银奖，2014 年获湖北省创业扶持金 5 万元 |
| 19 | 2012 | 张　楠 | 工商管理 | 硕士 | 深圳市星驰资产管理有限公司 | 经理 |
| 20 | 2012 | 邹代坤 | 软件工程 | 硕士 | 武汉秀务技术有限公司 | 2017 年获湖北省创业扶持金 2 万元 |
| 21 | 2012 | 胡清太 | 工商管理 | 硕士 | 济南挑山夫商贸有限公司 | 经理 |
| 22 | 2012 | 李灿华 | 安全科学与工程 | 博士 | 江苏德智重工有限公司 | 2017 年获第三届“长江学子”创业奖 |
| 23 | 2012 | 王　帅 | 岩土与地下工程 | 硕博连读 | 武汉香涛科技发展服务有限公司 | 2014 年获湖北省创业扶持金 2 万元 |
| 24 | 2013 | 吴泽虎 | 数学 | 硕士 | 武汉春秋世纪商贸有限公司 | 2016 年获湖北省创业扶持金 2 万元 |
| 25 | 2013 | 肖永茂 | 机械工程 | 博士 | 武汉天择无忧教育咨询有限公司 | 2014 年获湖北省创业扶持金 2 万元 |

续表 3-15

| 序号 | 年级 | 姓名 | 专　业 | 层次 | 公 司 名 称 | 备　注 |
|---|---|---|---|---|---|---|
| 26 | 2013 | 张　凯 | 工商管理 | 硕士 | 武汉澄梦文化传播有限责任公司 | 经理；2014 年获省级资助 5 万元 |
| 27 | 2013 | 丁　博 | 机械工程 | 硕士 | 武汉星博源教育咨询有限公司 | 2017 年获湖北省创业扶持金 2 万元 |
| 28 | 2013 | 董洋洋 | 材料工程 | 硕士 | 荆州仰望文化传播有限公司 | 经理 |
| 29 | 2013 | 郭大鹏 | 环境工程 | 硕士 | 武汉智宏思博化工科技有限公司 | 2016 年获湖北省、武汉市创业扶持金 20 万元 |
| 30 | 2013 | 闵　炤 | 工商管理 | 硕士 | 黄石市博睿文化传播有限公司 | 经理 |
| 31 | 2014 | 钱峥嵘 | 工商管理 | 硕士 | 武汉东西湖泛美家具制造厂 | 2015 年获湖北省创业扶持金 5 万元 |
| 32 | 2014 | 杨德林 | 工商管理 | 硕士 | 武汉北大营电子工程技术有限公司 | 经理 |
| 33 | 2014 | 詹子彦 | 公共管理 | 硕士 | 可汗网络科技（武汉）有限公司 | 2016 年获湖北省创业扶持金 2 万元 |
| 34 | 2014 | 孙　伟 | 机械工程 | 硕博连读 | 武汉武创科技有限公司 | 2016 年获湖北省创业扶持金 2 万元 |
| 35 | 2014 | 王　涛 | 工商管理 | 硕士 | 武汉小食当家商业管理有限公司 | 2015 年获湖北省创业扶持金 2 万元 |
| 36 | 2014 | 吴明辉 | 土木工程 | 硕士 | 武汉奥利英文化传播有限公司 | 经理 |
| 37 | 2014 | 吴　胜 | 软件工程 | 硕士 | 武汉金医卫科技有限公司 | 经理 |
| 38 | 2014 | 黄燕萍 | 建筑与土木工程 | 硕士 | 十堰市福生石业有限公司 | 经理 |
| 39 | 2014 | 李丹天 | 安全工程 | 硕士 | 武汉青桐咨询服务有限公司 | 2016 年获湖北省创业扶持金 2 万元 |
| 40 | 2014 | 李　曦 | 工商管理 | 硕士 | 上海亦瑾文化传播有限公司 | 经理 |
| 41 | 2014 | 李　怡 | 机械工程 | 硕士 | 武汉延锋时代检测技术股份有限公司 | 经理 |
| 42 | 2014 | 潘　凯 | 工商管理 | 硕士 | 湖北神州华大电力通讯设备有限公司 | 经理 |
| 43 | 2014 | 张俊峰 | 控制工程 | 硕士 | 武汉微土科技有限公司 | 经理 |
| 44 | 2014 | 张　嫚 | 数学 | 硕士 | 武汉市江岸区百灵艺术培训馆 | 经理 |
| 45 | 2014 | 付文杰 | 管理科学与工程 | 硕士 | 武汉尚山石经贸有限公司 | 2014 年获湖北省创业扶持金 2 万元，湖北省首届大学生创业十佳之星 |

续表3-15

| 序号 | 年级 | 姓名 | 专 业 | 层次 | 公 司 名 称 | 备 注 |
|---|---|---|---|---|---|---|
| 46 | 2014 | 张 创 | 材料科学与工程 | 硕博连读 | 襄阳手绘旅游地图工作室 | 经理 |
| 47 | 2015 | 聂永清 | 工商管理 | 硕士 | 武汉鑫睿佳绩教育科技投资有限公司 | 2016年获“创青春”全国大学生创业大赛银奖，2017年获湖北省创业扶持金2万元 |
| 48 | 2015 | 林 晗 | 工商管理 | 硕士 | 武汉大成房地产投资顾问有限公司 | 经理 |
| 49 | 2015 | 徐一刚 | 车辆工程 | 硕士 | 襄阳市立林教育咨询有限公司 | 2016年获湖北省创业扶持金2万元 |
| 50 | 2015 | 徐 志 | 化学工程与技术 | 博士 | 湖北德信辰科技有限公司 | 经理 |
| 51 | 2015 | 刘友才 | 控制科学与工程 | 硕士 | 武汉时光鸟科技有限责任公司 | 2015年获湖北省创业扶持金2万元 |
| 52 | 2015 | 刘 准 | 公共卫生与预防医学 | 硕士 | 武汉新娱五星体育发展有限公司洪山分公司 | 经理 |
| 53 | 2016 | 王雪健 | 管理科学与工程 | 硕士 | 武汉微加信息技术有限公司 | 经理 |
| 54 | 2016 | 毕 操 | 工程管理 | 硕士 | 武汉毕蒙联创建设工程技术咨询有限公司 | 2017年获湖北省创业扶持金2万元 |
| 55 | 2016 | 付 敏 | 车辆工程 | 硕士 | 宜城黑天鹅教育咨询有限公司 | 经理 |
| 56 | 2016 | 金 吉 | 控制科学与工程 | 博士 | 武汉斯坦德翻译服务有限公司 | 2017年获湖北省创业扶持金5万元 |
| 57 | 2016 | 李康文 | 材料科学与工程 | 硕士 | 武汉市黄陂区和然茶园 | 经理 |
| 58 | 2016 | 刘 轶 | 工商管理 | 硕士 | 武汉囧囧有神文化传播有限公司 | 2017年获湖北省创业扶持金2万元 |
| 59 | 2016 | 罗曼曼 | 管理科学与工程 | 硕士 | 武汉树叶人生态科技有限公司 | 2015年获湖北省创业扶持金2万元 |

（撰稿：刘军伟）

# 第四章　坚持人才强校，师资队伍水平提档升级

## 第一节　人才强校战略助推学校事业发展

近十年来，学校坚持把人才强校战略作为学校事业发展的核心战略，以加强高层次人才引进为抓手、以深化职称评审制度改革为导向、以博士后流动站建设为蓄水池、以公派留学为重要措施，以专业技术二级、三级岗位选聘为助推剂，全面加强人才队伍建设。

截至2017年底，学校在职职工总数为2639人，其中专任教师1679人，教辅人员238人，行政人员286人，工勤人员301人。专任教师队伍中具有博士学位的885人，占52.71%。

### 一、人才引进与推评工作

方位决定方策，在国家高等教育发展的新形势、新阶段，学校开放视野、转变观念，对人才工作进行新的谋划和顶层设计，实现人才强校战略的新定位、新格局、新突破，为建设高水平大学提供了有力的人才支撑，取得了一系列标志性的成果。

2009年，学校成功推荐张少伟教授入选湖北省首批引进海外高层次人才“百人计划”（2011年正式受聘）；2012年，学校聘任Christodoulos A. Floudas教授（美国国家工程院院士、普林斯顿大学教授，入选第七批“千人计划”）“千人计划”创新人才特聘专家，实现了学校“千人计划”零的突破；2013年，学校聘任英国剑桥Welcome Trust Sanger（桑格）研究院首席研究员William Carl Skarnes（威廉·卡尔·斯卡内斯）“长江学者”讲座教授，实现了学校“长江学者”零的突破；2015年，学校聘任刘思敏教授“千人计划”青年人才，实现了湖北省属高校“千人计划”青年人才零的突破；2016年，柴利教授成功获批国家杰出青年科学基金，实现了湖北省属高校“杰青”零的突破；2017年，吴开明受聘于俄罗斯工程院外籍院士，实现了学校教师受聘为外籍院士零的突破。

十年来，学校“楚天学者”计划入选者从首批1人，大幅增加至147人。学校把“楚天学者”计划作为聚集高层次人才的重要平台，引进、成长了一大批

高层次人才，如“楚天学者”计划入选者毛新平教授、吴开明教授、柴利教授、Christodoulos A. Floudas 教授等，推动、促进了学科建设和发展。

同时，依托国家“创新人才推进计划”“千人计划”，以及湖北省“百人计划”等项目，结合“双一流”建设和师资队伍建设的需求，全力拓宽引进渠道，采取超常规举措（2017 年 1 月修订、印发了《武汉科技大学高层次人才引进暂行办法》(武科大人〔2016〕42 号)），重点引进学科领军人才、青年拔尖人才和高水平创新团队，注重引进新兴学科、交叉学科及重点领域急需紧缺人才。

经过十年的努力，学校高层次人才队伍拥有双聘院士 5 人，俄罗斯工程院外籍院士 1 人、国家“千人计划”创新人才 9 人、“长江学者”1 人、“国家杰青”2 人，湖北省“百人计划”16 人，国家及湖北省新世纪百千万人才入选 29 人，全国教学名师 1 人，全国模范教师 1 人，全国优秀教师 5 人，“楚天学者计划”入选者 147 人，湖北省教学名师 7 人，湖北名师工作室 3 个、“全国高校黄大年式教师团队”1 个、国家级教学团队 3 个。

学校坚持以科学发展观统领人才工作，以改革创新的精神推动人才工作，构建了人才“进得来、留得住、用得好”的机制体制，打造了人才工作的新平台。对以往人才强校战略的实践进行新的梳理和总结，对人才工作的思路和目标加以调整和完善，以适应新形势的要求。为人才工作提供了有力的支撑和保障。具体表现在实现了“三个保障”：

第一，组织机构保障。学校党委坚持贯彻党管人才的原则，成立了人才工作领导小组，党委书记、校长任组长，分管人事、科研、财务的校领导任副组长，各相关主要职能部门领导为成员，宏观调控和指导人才工作；领导小组下设人才工作办公室，负责人才工作规划和政策的实施落实。学校形成了党委统一领导，人事组织部门牵头抓总，有关部门各司其职、密切配合，各种力量广泛参与的人才工作格局。学校坚持通过党委常委会、校长办公会、党政联席会和专题会议来研究、讨论和决策人才工作的重大事项和具体措施。坚持知人善任、唯才是举、广纳群贤，在政治上爱护、生活上关心、事业上帮助人才。

第二，工作职责的保障。学校坚持将推进管理重心下移与明确二级单位人才工作职责相结合，将人才工作成效纳入二级单位领导班子工作目标责任制考核体系，明确学院在人才队伍建设中的权责利，充分调动各二级单位在引进人才以及选人用人工作中的主动性和积极性，坚持人才工作的“问责制”，各二级单位人才工作在年终考核时实行一票否决制。

第三，管理机制的保障。在更新人才观念的同时，学校积极创新人才管理机制，为人才的引进和培养提供制度保障。一是坚持刚性与柔性相结合的引进机制，不求所有、但求所用，采取灵活多样的引人、用人方式，吸引校内外优秀人才加入学校重要岗位。二是坚持长期与短期相结合的用人机制，在建设一支相对稳定的人才队伍基础上，针对学科科研急需，短期聘请著名大学和科研机构专家学者来校短期讲学和学术交流，做到“因人而宜、因地而宜、因时而宜”，不搞一刀切，最大限度用好优秀人才资源。三是坚持使用与储备相结合的培养机制，实施中青年教师职业生涯发展支持计划，构建校院两级教师职业生涯支持体系，构建学位教育、技能培训、高层次研究等多元化的培训制度；大力实施“教师博士化工程”“骨干教师出国研修项目”和“青年教师深入企业行动计划”，建立新教师导师培养责任制，提高中青年教师的教学水平、科研创新和工程实践能力。四是坚持个人与团队相结合的评价机制，围绕“学科带头人＋团队”基层学术组织建构方式，培育和组建创新团队，实现新进教师进团队、学科带头人带团队、以团队建设考核学科带头人的机制。五是坚持激励与约束相结合的考核机制，完善各类人员岗位基本职责与聘期目标，推进绩效评价体系改革，保障各类人员各尽其能、各得其所；坚持处理好不同层次人才群体之间的关系，在报酬与贡献对等基础上，充分体现人才价值合理定位；建立向高层次人才和重点岗位倾斜的教学科研岗位聘任制和收入分配制度，切实体现高层次人才的价值；落实和完善教师的津补贴和医疗、养老等社会保障政策，切实提高福利待遇。

## 二、职称评审

近年来，学校职称工作按照国家、湖北省深化职称制度改革精神，从健全机制、完善标准、创新思路入手，着力破解和消除职称评审工作中的问题，坚持公开、公平、公正，科学规范申报评审工作。

2015 年学校取得了高校教师系列全学科教授任职资格评审权，2017 年湖北省向高校下放教师和实验系列评审权。学校现拥有教师系列、实验师系列高级评审权，卫生系列副高评审权，工程系列、图书系列中级评审权以及其他系列初级评审权。

学校本着“执行标准，保证质量，科学评价，统筹兼顾”的原则，对职称工作进行了一系列改革。2014 年和 2015 年两次修订了《武汉科技大学职称申报评审条件》；2015 年出台了《武汉科技大学专业技术职务任职资格评审委员会章程》；2017 年，首次由学校完全自主开展职称评审工作，学校确定了职称评审中外语、计算机的应用能力考试不做要求，出台了《关于开展高级专业技术职务任职资格校外同行专家鉴定工作的暂行规定》，在省属高校中率先建立以校外同行专家评审为基础的职称评价机制，对申报教授职称的“代表性成果”进行了校外同行专家鉴定，发挥了职称评审在师资队伍建设中的导向和推动作用。

2008 年 1 月，学校在岗具有正高职称人数 179 人；2017 年 12 月，学校在岗具有正高职称人数达到 357 人（其中教授 351 人，其他正高职 6 人），较好地满足了学校学科建设和教学科研的需求。

## 三、博士后流动站建设

2007年8月，学校首次获批设立博士后流动站——冶金工程和机械工程博士后流动站；2009年9月获批设立材料科学与工程、控制科学与工程、化学工程与技术博士后流动站；2014年9月获批设立矿业工程博士后流动站。共设立了六个博士后科研流动站，另与企业建立博士后科研创新实践基地18个，与10个博士后科研工作站签订了联合培养协议，建立科研创新岗位，与企业签订科研项目经费实际到账370万元，为学校与企业的产学研实质性合作推进了一步，是加强学校与企业联系，服务湖北经济建设主战场的重要途径，拓宽了学科建设的新平台，促进了产学研合作，服务了地方经济发展。

学校重视博士后流动站建设，成立了校博士后管理委员会，建立了与联合培养单位博士后管理人员和相关专家组成的博士后管理考核领导小组，制订了《武汉科技大学博士后管理工作暂行办法》《武汉科技大学教师博士后进站工作暂行规定》《武汉科技大学博士后研究人员在站期间待遇的暂行规定》《武汉科技大学博士后专项资助经费管理暂行办法》等相关管理文件。各学科组织遴选出博士后合作导师56人，其中有全国模范教师、全国教学名师、湖北省教学名师各1人，全国优秀教师4人，全国师德先进个人1人，国家和省级突出贡献中青年专家10人；享受国务院特殊津贴8人，宝钢教育奖优秀教师10人，凝聚了一大批有着丰富科研经验和渊博专业学识的专家教授。十年来，学校累积招收博士后153人（其中外籍博士后人员5名），其中企业博士后23人；目前在站博士后的87人，已出站66人。根据出站资料统计，66名博士后在站期间共承担科研项目65项，其中国家级科研项目30项，省部级科研项目17项。在站期间，他们还发表论文306篇，其中在国内外一级刊物上发表论文198篇，被SCI收录的论文69篇。

十年来，学校比对了同行业院校、综合院校的博士后流动站建设成功经验，并立足于实际，在制度建设、博士后培养模式、合作导师遴选、流动站运行管理等方面不断改进，确定了博士后流动站建设的模式——立足钢铁冶金学科彰显优势、面向企业需求谋求发展，创新了博士后研究人员的培养模式。

博士后流动站的建立，培养造就了一批高水平年轻科技人才，促进了学校的学术交流和人才流动，增强了科研队伍的活力，加强了学科建设；同时，博士后流动站的建立，对学校吸引国内外优秀人才，加强队伍建设起到了“蓄水池”的作用。

## 四、教师引进与公派留学

学校历来重视师资队伍建设，始终坚持把师资队伍建设作为保证师资培养质量和提高教学水平的根本大计，坚定不移地实施“人才强校”战略，以全面提高教师队伍整体素质为核心，以培养学科带头人和优秀中青年骨干教师为重点，以制度建设为保障，师资队伍建设取得了明显的成效。

整体结构状态与发展趋势。自2008年以来，教师队伍总量增长较快，2007年底全校教师1345人，2017年达到1679人，年均增长2.26%。截至2017年底，全校教授达到357人，占教师比例由2007年的12.94%增长到21.26%；副教授达到677人，占教师比例由2007年的27.81%增长到40.32%。

此外，公共基础课、新办专业、重点学科和实验教学的师资得到了进一步加强，师资队伍能够满足本科教学和人才培养的要求。

教师具有博士学位的比例大幅提升。十年来，学校大力实施人才引进计划，通过提供安家费、科研启动费、科研配套费、住房补贴等优惠政策，面向海内外引进了一批学科带头人和高学历人才；通过实施中青年教师事业发展计划，学位提升工程以及团队建设等一系列举措外引内培，2008年以来在职教师博士学位提升人数246人，新进博士348人，专任教师具有博士学位的比例不断提高，从2007年的21.64%增长到52.71%。

教授为本科生授课比例为100%。学校始终把教授为本科生上课作为一项基本制度：一是通过实施岗位责任制和目标责任制，保障教授为本科生上课；二是在职称评审、岗位聘任等工作中实行一票否决，引导教授为本科生上课；三是通过工作量计算、课酬标准等收入分配杠杆，激励教授为本科生上课；四是通过校领导、院领导、学科带头人为本科生授课产生的示范效应，促进教授为本科生上课。

十年来，人事处通过政策引导激励、制度规范保障，积极支持教务部门加强教学基本建设，规范教学秩序，通过岗前培训、导师制、助课制、试讲制及授课比赛、教学观摩、专业实践教育、新教师进实验室锻炼、外语培训、国内外访问研修、学位提升、团队建设、师德师风建设等一系列政策和举措，从过程中抓质量、从管理上促提高；通过引导教师开展学术科研工作，推进教学与科研相结合，有效服务和支撑了本科教学工作，促进了教师教学科研水平的提高。

**表 4-1 师资结构一览表**

| 师资结构 | | 2007年（不含辅导员） | | 2017年（含辅导员） | |
|---|---|---|---|---|---|
| 师资人数 | | 1345人 | | 1679人 | |
| 职称结构 | 教授 | 174 | 12.94% | 386 | 22.99% |
| | 副教授 | 374 | 27.81% | 677 | 40.32% |
| | 讲师 | 636 | 47.29% | 555 | 33.06% |
| | 助教及以下 | 161 | 11.97% | 61 | 3.63% |

续表 4-1

| 师资结构 | | 2007 年（不含辅导员） | | 2017 年（含辅导员） | |
|---|---|---|---|---|---|
| 学位结构 | 博士 | 291 | 21.64% | 885 | 52.71% |
| | 硕士 | 771 | 57.32% | 670 | 39.67% |
| | 本科及学士 | 283 | 21.04% | 134 | 7.98% |
| 学缘结构 | 外校毕业 | 1196 | 88.92% | 1382 | 82.31% |
| | 本校毕业 | 149 | 11.08% | 297 | 17.69% |

注：2007 年时辅导员未计入教师系列。

2008 年以来，学校实施了《武汉科技大学青年骨干教师资助计划》，教师出国研修取得新的进展。2008～2018 年，教师公派出国、出境 3 个月的人数有较大增长，累计达 150 人次，6 个月及以上的累计达 400 人次。

十年来公派出国呈现出 5 个主要特点：

一是国家公派项目录取教师人数显著增加。2018 年国家留学基金委全额资助项目学校共有 33 人申请，录取 19 名，约 61% 的录取率是近年来最高。另外，公派出国外语教师专项学校也有 1 名教师被录取。学校青年教师公派留学工作，得到湖北省教育厅的高度评价。

二是派出人员留学单位多为国外著名高校和科研机构，其中赴美国的近 80%，包括哈佛大学、哥伦比亚大学、加州大学伯克利分校等；欧洲著名大学包括英国牛津大学、英国伦敦大学等；日本高校包括东京工业大学等；澳洲高校包括悉尼大学、Monash 大学等。其他包括中国香港和新加坡一些有学科优势的学校。除此之外，还建立了一些院校交流项目，例如管理学院的美国桥港大学教学研修项目，机械自动化学院的澳洲迪肯大学研修项目。

三是长期公派出国青年教师均纳入骨干教师培养计划，青年教师在公派期间需认真填写《武汉科技大学公派出国考核表》，回国后将考核表上交院系等待院系安排学术报告，通过公开学术报告，院系填写评估意见，人事处根据考核要求的研修内容和院系评估意见给予补发薪酬。院系对青年教师长期公派工作较为重视。

四是教师主动参加外语培训的人数明显增加。据统计，近五年每年有 50 余人次参加留学基金委指定的出国集训部高级英语培训。这一方面由于国家留学基金委全额资助项目和学校资助青年骨干教师公派出国项目的派出都必须有认可的外语成绩；另一方面也反映出学校教师国际化交流意识的增强。

五是出国人员公派留学申请周期有缩短趋势。青年教师提前准备外语培训或考试，落实好留学单位，再申请国家留学项目，公派留学申请周期大大缩短。

## 五、专业技术二级、三级岗位人选评聘工作

2011 年，学校获批湖北省首批专业技术二级岗位人员 27 人、专业技术三级岗位人员 45 人。2012 ~ 2014 年，每年均进行了一次专业技术二级、三级岗位人员评选。学校现聘任专业技术二级岗位人员 32 人、专业技术三级岗位人员 81 人，均成为学校各个学科的学术骨干。他们在人才培养、科学研究、学科建设、服务地方经济发展等各项工作中发挥了承上启下的重要生力军作用，提升了学校的影响力和美誉度。

例如，李光强，学校于 2002 年从日本引进的“楚天学者”特聘教授。2003 年入选湖北省新世纪高层次人才工程第一层次人选；2005 年度被评为湖北省有突出贡献的中青年专家；2007 年获湖北省首届“楚天学者”成就奖及“湖北省优秀教师”称号；2007 年入选新世纪百千万人才工程国家级人选；2010 年获批享受国务院特殊津贴 2011 年被评聘为湖北省首批专业技术二级岗位人员。

柴利，2006 年从国外引进来校，受聘学校“香涛学者”特聘教授，已连续三次获得国家自然科学基金资助，2008 年入选教育部新世纪人才计划，2009 年被聘为湖北省“楚天学者”特聘教授，2012 年被评聘为湖北省专业技术二级岗位人员，2016 年获批国家杰出青年科学基金建议资助项目。

张海军，2011 年受聘学校“香涛学者”，并全职来校工作；2012 年被聘为湖北省“楚天学者”特聘教授；2012 年在《Nature Materials》上发表了高质量的研究论文（《Nature Materials》是《Nature》杂志出版集团旗下学术研究性期刊之一，影响因子达到 29.92）；2012 年被评聘为湖北省专业技术二级岗位人员。

专业技术二级、三级岗位人选的评选聘任，促进了学术骨干的成长，提升了人才队伍的水平，推进了人才建设的层次化和梯度化，对广大教师产生了强大激励作用。

**表 4-2　专业技术二级岗位人员一览表**

| 序号 | 所 在 单 位 | 姓　名 | 从事专业 | 专业技术岗位级别 |
| --- | --- | --- | --- | --- |
| 1 | 材料与冶金学院 | 向志东 | 材料科学与工程 | 二级 |
| 2 | 材料与冶金学院 | 李亚伟 | 材料科学与工程 | 二级 |
| 3 | 材料与冶金学院 | 李光强 | 冶金工程 | 二级 |
| 4 | 材料与冶金学院 | 薛正良 | 冶金工程 | 二级 |
| 5 | 材料与冶金学院 | 倪红卫 | 冶金工程 | 二级 |
| 6 | 材料与冶金学院 | 刘　静 | 材料科学与工程 | 二级 |
| 7 | 材料与冶金学院 | 徐　光 | 材料科学与工程 | 二级 |

续表 4-2

| 序号 | 所 在 单 位 | 姓 名 | 从事专业 | 专业技术岗位级别 |
|---|---|---|---|---|
| 8 | 省部共建耐火材料与冶金国家重点实验室 | 邓承继 | 材料科学与工程 | 二级 |
| 9 | 省部共建耐火材料与冶金国家重点实验室 | 顾华志 | 材料科学与工程 | 二级 |
| 10 | 省部共建耐火材料与冶金国家重点实验室 | 李轩科 | 化学工程与技术 | 二级 |
| 11 | 省部共建耐火材料与冶金国家重点实验室 | 张海军 | 材料科学与工程 | 二级 |
| 12 | 城市建设学院 | 许成祥 | 土木工程 | 二级 |
| 13 | 管理学院 | 陈 涛 | 工商管理 | 二级 |
| 14 | 机械自动化学院 | 罗会信 | 机械工程 | 二级 |
| 15 | 机械自动化学院 | 孔建益 | 机械工程 | 二级 |
| 16 | 机械自动化学院 | 陈奎生 | 控制科学与工程 | 二级 |
| 17 | 机械自动化学院 | 张 华 | 控制科学与工程 | 二级 |
| 18 | 机械自动化学院 | 高全杰 | 机械工程 | 二级 |
| 19 | 计算机科学与技术学院 | 张晓龙 | 软件工程 | 二级 |
| 20 | 理学院 | 吴开明 | 数学 | 二级 |
| 21 | 理学院 | 钟冬望 | 力学 | 二级 |
| 22 | 马克思主义学院 | 刘华才 | 马克思主义理论 | 二级 |
| 23 | 文法与经济学院 | 潘 峰 | 宏观经济学 | 二级 |
| 24 | 生命科学与健康学院 | 张同存 | 基础医学 | 二级 |
| 25 | 信息科学与工程学院 | 吴怀宇 | 控制科学与工程 | 二级 |
| 26 | 信息科学与工程学院 | 柴 利 | 信息与通信工程 | 二级 |
| 27 | 医学院 | 吴清明 | 临床医学 | 二级 |
| 28 | 艺术与设计学院 | 涂 伟 | 设计学 | 二级 |
| 29 | 资源与环境工程学院 | 张一敏 | 矿业工程 | 二级 |
| 30 | 资源与环境工程学院 | 叶义成 | 矿业工程 | 二级 |
| 31 | 资源与环境工程学院 | 许梦国 | 矿业工程 | 二级 |
| 32 | 资源与环境工程学院 | 盛建龙 | 矿业工程 | 二级 |

**表 4-3 专业技术三级岗位人员一览表** 20171231

| 序号 | 所 在 单 位 | 姓 名 | 从事专业 | 专业技术岗位级别 |
|---|---|---|---|---|
| 1 | 材料与冶金学院 | 李远兵 | 材料科学与工程 | 三级 |
| 2 | 材料与冶金学院 | 赵惠忠 | 材料科学与工程 | 三级 |
| 3 | 材料与冶金学院 | 赵 雷 | 材料科学与工程 | 三级 |

续表 4-3

| 序号 | 所在单位 | 姓　名 | 从事专业 | 专业技术岗位级别 |
|---|---|---|---|---|
| 4 | 材料与冶金学院 | 周建安 | 冶金工程 | 三级 |
| 5 | 材料与冶金学院 | 戴方钦 | 冶金工程 | 三级 |
| 6 | 材料与冶金学院 | 魏耀武 | 材料科学与工程 | 三级 |
| 7 | 材料与冶金学院 | 韩兵强 | 材料科学与工程 | 三级 |
| 8 | 材料与冶金学院 | 周盈科 | 材料科学与工程 | 三级 |
| 9 | 材料与冶金学院 | 王周福 | 材料科学与工程 | 三级 |
| 10 | 材料与冶金学院 | 李立新 | 材料科学与工程 | 三级 |
| 11 | 材料与冶金学院 | 马国军 | 冶金工程 | 三级 |
| 12 | 材料与冶金学院 | 郑　万 | 冶金工程 | 三级 |
| 13 | 材料与冶金学院 | 黄　峰 | 材料科学与工程 | 三级 |
| 14 | 材料与冶金学院 | 潘应君 | 材料科学与工程 | 三级 |
| 15 | 省部共建耐火材料与冶金国家重点实验室 | 徐建平 | 材料科学与工程 | 三级 |
| 16 | 管理学院 | 潘开灵 | 工商管理 | 三级 |
| 17 | 管理学院 | 李永周 | 公共管理 | 三级 |
| 18 | 管理学院 | 李云梅 | 工商管理 | 三级 |
| 19 | 管理学院 | 邓旭东 | 工商管理 | 三级 |
| 20 | 管理学院 | 王　婧 | 工商管理 | 三级 |
| 21 | 国际学院 | 舒阳春 | 工商管理 | 三级 |
| 22 | 化学与化工学院 | 王光辉 | 化学工程与技术 | 三级 |
| 23 | 化学与化工学院 | 颜家保 | 化学工程与技术 | 三级 |
| 24 | 化学与化工学院 | 伍　林 | 化学工程与技术 | 三级 |
| 25 | 化学与化工学院 | 吕早生 | 化学工程与技术 | 三级 |
| 26 | 化学与化工学院 | 欧阳曙光 | 化学工程与技术 | 三级 |
| 27 | 机械自动化学院 | 杨金堂 | 机械工程 | 三级 |
| 28 | 机械自动化学院 | 曾良才 | 控制科学与工程 | 三级 |
| 29 | 机械自动化学院 | 王志刚 | 机械工程 | 三级 |
| 30 | 机械自动化学院 | 熊禾根 | 机械工程 | 三级 |
| 31 | 机械自动化学院 | 陈新元 | 控制科学与工程 | 三级 |
| 32 | 机械自动化学院 | 傅连东 | 控制科学与工程 | 三级 |
| 33 | 机械自动化学院 | 蒋国璋 | 控制科学与工程 | 三级 |
| 34 | 机械自动化学院 | 吕　勇 | 机械工程 | 三级 |

续表 4-3

| 序号 | 所 在 单 位 | 姓 名 | 从事专业 | 专业技术岗位级别 |
|---|---|---|---|---|
| 35 | 机械自动化学院 | 金晓宏 | 控制科学与工程 | 三级 |
| 36 | 机械自动化学院 | 但斌斌 | 控制科学与工程 | 三级 |
| 37 | 机械自动化学院 | 周 敏 | 控制科学与工程 | 三级 |
| 38 | 机械自动化学院 | 夏绪辉 | 控制科学与工程 | 三级 |
| 39 | 机械自动化学院 | 唐秋华 | 控制科学与工程 | 三级 |
| 40 | 计算机科学与技术学院 | 陈东方 | 计算机科学与技术 | 三级 |
| 41 | 计算机科学与技术学院 | 顾进广 | 计算机科学与技术 | 三级 |
| 42 | 计算机科学与技术学院 | 刘 钊 | 软件工程 | 三级 |
| 43 | 理学院 | 熊祖钊 | 数学 | 三级 |
| 44 | 理学院 | 邵 亮 | 数学 | 三级 |
| 45 | 理学院 | 李德宜 | 数学 | 三级 |
| 46 | 理学院 | 彭顺金 | 数学 | 三级 |
| 47 | 理学院 | 马建军 | 力学 | 三级 |
| 48 | 马克思主义学院 | 郭继海 | 马克思主义理论 | 三级 |
| 49 | 马克思主义学院 | 张继才 | 马克思主义理论 | 三级 |
| 50 | 马克思主义学院 | 唐忠义 | 马克思主义理论 | 三级 |
| 51 | 马克思主义学院 | 孙君恒 | 马克思主义理论 | 三级 |
| 52 | 汽车与交通工程学院 | 应保胜 | 控制科学与工程 | 三级 |
| 53 | 汽车与交通工程学院 | 张光德 | 交通运输工程 | 三级 |
| 54 | 体育课部 | 盛克庆 | 体育学 | 三级 |
| 55 | 外国语学院 | 张四友 | 外国语言文学 | 三级 |
| 56 | 外国语学院 | 宋红波 | 外国语言文学 | 三级 |
| 57 | 文法与经济学院 | 董登新 | 金融 | 三级 |
| 58 | 文法与经济学院 | 黄 涛 | 马克思主义理论 | 三级 |
| 59 | 文法与经济学院 | 丁 宇 | 公共管理 | 三级 |
| 60 | 文法与经济学院 | 问清泓 | 劳动法 | 三级 |
| 61 | 文法与经济学院 | 彭惠青 | 公共管理 | 三级 |
| 62 | 信息科学与工程学院 | 赵明旺 | 控制科学与工程 | 三级 |
| 63 | 信息科学与工程学院 | 闵华松 | 计算机科学与技术 | 三级 |
| 64 | 信息科学与工程学院 | 刘惠康 | 控制科学与工程 | 三级 |
| 65 | 信息科学与工程学院 | 刘振兴 | 控制科学与工程 | 三级 |

续表 4-3

| 序号 | 所在单位 | 姓　名 | 从事专业 | 专业技术岗位级别 |
|---|---|---|---|---|
| 66 | 信息科学与工程学院 | 熊　凌 | 控制科学与工程 | 三级 |
| 67 | 信息科学与工程学院 | 吴　谨 | 信息与通信工程 | 三级 |
| 68 | 信息科学与工程学院 | 王　斌 | 控制科学与工程 | 三级 |
| 69 | 医学院 | 王晓南 | 临床医学 | 三级 |
| 70 | 医学院 | 宋世震 | 公共卫生与预防医学 | 三级 |
| 71 | 医学院 | 朱长才 | 公共卫生与预防医学 | 三级 |
| 72 | 医学院 | 程光文 | 公共卫生与预防医学 | 三级 |
| 73 | 校医院 | 谭　伟 | 临床医学 | 三级 |
| 74 | 艺术与设计学院 | 梁家年 | 设计学 | 三级 |
| 75 | 资源与环境工程学院 | 向晓东 | 安全科学与工程 | 三级 |
| 76 | 资源与环境工程学院 | 幸福堂 | 安全科学与工程 | 三级 |
| 77 | 资源与环境工程学院 | 王　黎 | 环境科学与工程 | 三级 |
| 78 | 资源与环境工程学院 | 陈铁军 | 矿业工程 | 三级 |
| 79 | 资源与环境工程学院 | 韩　军 | 化学工程与技术 | 三级 |
| 80 | 资源与环境工程学院 | 陈旺生 | 安全科学与工程 | 三级 |
| 81 | 资源与环境工程学院 | 刘　红 | 环境科学与工程 | 三级 |

## 六、岗位设置与绩效分配

2010 年 12 月，学校按照湖北省统一部署完成了事业单位首次岗位设置工作，将正式在册 2663 人定位到三大类中相应等级的岗位：管理岗位，一到十级；专业技术岗位，一到十三级；工勤技能岗位，分为技术工一到五级和普通工。其中，管理岗位 332 人，专业技术岗位 1843 人，工勤技能岗位 488 人。2012 年初，完成了首次岗位认定。

通过三年的实践与探索，2014 年制定了管理、专业技术、工勤技能岗位的各级基本职责和目标考核暂行规定。

2013 年，结合国家和湖北省出台事业单位绩效工资分配办法，按照省里统一要求，加强工作调研，编制了绩效工资学习手册，科学制定了学校绩效工资实施方案并获批，于 6 月份平稳顺利实施。同年 11 月，学校正式启动校院二级管理改革。

2014 年，根据湖北省工作部署调整在职人员绩效工资总量、离退休人员生活补贴标准和改革性补贴，制定了在职人员绩效工资调整方案、离退休人员提高生活补贴标准兑现方案和改革性补贴调整方案，完成了学校2014年调整绩效工资分配工作，加大绩效工资二次分配的力度，使绩效工资真正起到激励教职员工的作用；改善了广大教职工，特别是离退休人员生活待遇。

2015年，学校实施40%责任绩效分配权下放给各单位，由各单位自行制定分配方案并进行二次分配；机械自动化学院、材料与冶金学院试点全额责任绩效分配权下放到学院。

2017年，制定了《关于绩效工资二次分配的指导意见》。学校对各学院（部）实行绩效工资总额核拨，各学院（部）按照学校的指导性意见，根据本单位实际情况，制订本单位的绩效工资分配实施细则和个人绩效核定办法，更好地激励教职工的工作积极性。

（撰稿：罗飞）

## 第二节　积极提升教师教学能力

为贯彻落实《教育部　财政部关于"十二五"期间实施"高等学校本科教学质量与教学改革工程"的意见》(教高〔2011〕6号）文件精神，结合武汉科技大学教师队伍建设和大力提升人才培养水平的需要，武汉科技大学于2015年8月成立"教师教学发展中心"（以下简称"教发中心"）。教发中心是学校直属机构，与教学质量监控与评估处合署办公，是负责本校教师教学发展和教师培训的专门机构。目前教发中心有3名工作人员：主任由评估处处长兼任，常务副主任1名，工作人员1名。

### 一、加快教发中心建设

根据学校安排，中心整体搬迁至主楼8楼。经过前期的较广泛调查学习，并在与基建处、国资处等部门沟通的基础上，完成了我校教发中心建设的规划方案，邀请校内外专家对教发中心建设规划方案进行论证，综合各方的意见和建议，科学规划教发中心建设方案。完成了教发中心一期项目的设备招标、装修招标工作。同时，利用社会资源建设我校教发中心，与校友沟通，校友王政向教师发展中心捐赠15万元，用于建设微格教室1间（含教发设备、录播软件等)，并出资完成教室装修，用于我校教师的录课、微格演练及教发中心活动。

### 二、有序开展教师教学能力培训

为了精准把握教师培训需求，开展好教师培训工作，教发中心在全校范围内开展了教师培训需求的问卷调查。基于培训需求调查，年内（2017年）教发中心在黄家湖校区“崇实客栈”举办4期在线课程培训，共培训了41人，建成1门在线课程，即陈奎生教授团队的《液压传动》。邀请教育部教学指导委员会副主任陈大文教授指导我校马克思主义学院《思想道德修养与法律基础》课程的21名教师开展集体备课，并举办了教学能力提升的专题讲座，参加培训的老师35人。针对我校新入职的青年教师开展了《教学名师教书育人经验谈：课堂教学的艺术》的辅导报告和公开示范课，参与培训的教师有82人。教发中心开展了《信息化环境下研讨式教学》的专项教学培训，以切实提升我校教师信息化环境下的教学能力与教学水平，参与培训的教师有82人。教发中心与人事处一起开展了2017级新入职青年老师的教学工作交流会，参与培训的青年教师有67人。

## 三、健全中心运行管理机制

根据武科大党组〔2015〕1号文件的精神，教发中心与教务处、人事处、科学技术发展院、研究生院、实验室与设备管理处五个单位进行了沟通，确定了教发中心兼职副主任的人选，并报组织部。制定并出台了教发中心第一个工作文件《武汉科技大学新入职教师本科课堂教学准入制度实施办法（试行）》，完善了教发中心的工作机制。

作为学校教师教学发展的研究、规划、评价与保障机构，教发中心秉持从自我提升向组织规划转变，从教师培训向教师发展转变，从教师管理向教师服务转变，从促进教学向深化改革转变的“四项原则”，致力于将教师教学发展中心建设成为教师生涯的加油站、教学经验的聚宝盆、教学名师的孵化器、教学改革的制高地和学校战略的推进器。中心借鉴引进国际先进教育理念和教师发展中心建设经验，按照教育部相关政策精神，以“实在实效、服务至上”为宗旨，以“建成教师成长之家，促进教学提升发展，建设卓越大学教学文化”为目标，整合全校教师教学资源，形成合力，开展教师培训、教学研究、教学咨询、教学资源平台建设、教师教学质量评估以及辐射区域教师教学发展中心建设等六项工作，帮助与促进教师教学发展。

（撰稿：董毅，刘文波）

# 第五章　坚持学术为魂，科研创新能力大幅迈进

## 第一节　科学研究水平实现跨越式发展

2007年以来，在学校党委和行政的领导下，全校师生的共同努力下，学校的科技工作取得了突飞猛进的发展，多项指标取得历史性突破：国家科学技术奖从零的突破到几乎每年都有收获，近十年共获得18项（其中国家科技进步一等奖1项、国家技术发明二等奖5项、国家科技进步二等奖12项）；国家自然科学基金从13项逐年递增到64项，并在国家自然科学基金重点项目、杰出青年基金、重大研究计划等国家级重点项目中取得新突破；国家社科基金项目从1项逐年递增到最高8项，取得了巨大的进步；国家级科研平台实现零的突破，新增3个国家级科研平台，新增17个省部级科研平台；深入推进产学研科技合作，成果转化取得较好的效果；获得省部级科技奖163项，一等奖30项；授权专利数量从60多项逐年递增到1000多项，目前在省内高校排名第四；三大索引收录论文数每年从200篇增加到900多篇。

### 一、不断完善科技创新体制机制，调动教师从事科学研究的积极性

近十年来，学校不断完善科技创新体制机制，修订和出台了50多个科研管理文件，为科学化、制度化管理提供了依据。目前还在有效实施的有21个，如下：《武汉科技大学科技创新团队培育项目实施办法》《武汉科技大学青年科技骨干培育计划实施办法》和《武汉科技大学优秀科技人才培育计划实施办法》（武科大科〔2007〕6号）、《武汉科技大学学术期刊分级管理办法》（武科大科〔2014〕5号）、《武汉科技大学国防科研资质证书管理办法》（武科大科〔2015〕8号）、《武汉科技大学科研机构管理办法》（武科大科〔2016〕6号）、《武汉科技大学横向科研项目经费管理实施细则（成果转化类）》（武科大科〔2016〕10号）、《武汉科技大学横向科研项目经费管理实施细则（非成果转化）》（武科大科〔2016〕11号）、《武汉科技大学纵向科研经费管理办法》（武科大科〔2016〕12号）、《武汉科技大学学生专利创造活动促进办法（修订）》（武科大科〔2016〕13号）、《武汉科技大学国防预研基金管理办法（试行）》（武科大科〔2016〕15号）、《武汉科技大学学术交流活动及其经费管理办法》（武科大科

〔2017〕3号）、《武汉科技大学预防与处理学术不端行为实施细则（暂行）》（武科大科〔2017〕4号）、《武汉科技大学纵向科研项目管理办法》（武科大科〔2017〕5号）、《武汉科技大学纵向科研项目间接费用管理办法》（武科大科〔2017〕6号）、《武汉科技大学外派科技工作人员管理办法（试行）》（武科大科〔2017〕7号）、《武汉科技大学纵向科研项目结题结账及结余经费管理办法》（武科大科〔2017〕10号）、《武汉科技大学人文社会科学高水平项目培育计划》（武科大科〔2017〕14号）、《武汉科技大学科研基地绩效考核管理暂行办法》（武科大科〔2017〕18号）、《武汉科技大学科研工作量计算办法》（武科大科〔2017〕19号）、《武汉科技大学促进科技成果转化的若干意见》（武科大科〔2017〕20号）、《武汉科技大学科技成果转移转化管理实施细则（试行）》（武科大科〔2017〕21号）、《武汉科技大学专业技术人员在岗、离岗创新创业管理办法（试行）》（武科大人〔2017〕58号）等。

## 二、科研项目层次不断突破，国家级项目数历史新高，高度重视科研团队建设

2007年以来学校共获批国家自然科学基金、国家社科基金、国家科技支撑计划、863计划、973计划、国家重点研发计划、国家重大科学仪器设备开发专项、军委装备发展部预研基金等国家级科研项目564项，获批教育部新世纪人才、教育部留学回归基金、教育部科技计划、教育部人文社科项目、环保部科研计划项目、湖北省科技厅技术创新专项、湖北省自然科学基金、省社科基金等省部级科研项目631项，获批省教育厅科研项目、省教育厅社科项目、湖北省卫计委科研项目、武汉市科技计划项目等厅局级科研项目994项，立项总经费3.49亿元。

国家自然科学基金获批数进步明显，从2007年的12项增到2017年的64项，在国家自然科学基金联合基金重点项目、国家自然科学基金重大研究计划、国家自然科学基金杰出青年基金等取得零的突破，立项经费持续增长。学校承担科技部863计划、973计划、国家科技支撑计划项目、国家重大科学仪器开发专项、国家重点研发计划课题等国家重点研究计划56项；在国防军工领域取得突破，获批总装备部973专项、军委装备发展部“十三五”装备预研领域基金重点项目各1项，为我校国防科研开了个好头。

**表5-1　2007年以来国家自然科学基金资助获批情况**

| 年度 | 总项数 | 重点项目 | 面上项目 | 青年项目 | 专项基金 | 立项经费/万元 |
|---|---|---|---|---|---|---|
| 2007 | 13 | 1 | 6 | 6 |  | 456 |
| 2008 | 20 |  | 10 | 10 |  | 493 |

续表 5-1

| 年度 | 总项数 | 重点项目 | 面上项目 | 青年项目 | 专项基金 | 立项经费/万元 |
|---|---|---|---|---|---|---|
| 2009 | 20 | | 10 | 10 | | 519 |
| 2010 | 22 | 1 | 15 | 6 | | 934 |
| 2011 | 40 | | 17 | 22 | 1 | 1536 |
| 2012 | 41 | | 16 | 22 | 3 | 1786 |
| 2013 | 42 | | 19 | 20 | 3 | 2040 |
| 2014 | 51 | | 23 | 24 | 4 | 2508 |
| 2015 | 58 | 1 | 23 | 35 | | 2307 |
| 2016 | 60 | 2 | 17 | 41 | | 2261 |
| 2017 | 64 | | 25 | 38 | 1 | 2309 |

**表 5-2　2007 年以来我校主持国家级重点项目情况**

| 序号 | 年度 | 项目类别 | 项目名称 | 负责人 | 资助金额/万元 |
|---|---|---|---|---|---|
| 1 | 2007 | 国家自然科学基金联合基金重点项目 | 高线能量焊接高强度低合金钢的组织转变行为及控制 | 吴开明 | 170 |
| 2 | 2007 | 国家科技支撑计划 | 鄂西典型高磷磁铁矿开发综合利用与示范 | 张一敏 | 500 |
| 3 | 2007 | 863 计划 | 热连轧精轧机组终轧温度及厚度多变量预测控制 | 刘　斌 | 80 |
| 4 | 2007 | 国家科技支撑计划 | 鲕状高磷赤铁矿选矿关键技术与装备 | 李茂林 | 300 |
| 5 | 2007 | 国家科技支撑计划 | 鄂西沉积型高磷铁矿床盘区组合机械化开采技术 | 叶义成 | 120 |
| 6 | 2007 | 国家科技支撑计划 | 高磷赤铁矿精矿造块与高磷铁水高效及环境友好预处理技术 | 毕学工 | 70 |
| 7 | 2009 | 863 计划 | 抗高温蠕变和氧化铁素体耐热钢制造技术与评估 | 向志东 | 86 |
| 8 | 2009 | 973 计划专项 | 天然镁橄榄石制备高性能耐火材料基础研究 | 祝洪喜 | 75 |
| 9 | 2010 | 国家自然科学基金重大研究计划 | 超高温、高导热、非烧蚀炭/炭复合材料制备技术及防热和热响应机制研究 | 李轩科 | 300 |
| 10 | 2010 | 863 计划 | 低维隔热耐火材料 | 王玺堂 | 100 |
| 11 | 2011 | 国家科技支撑计划 | 天然镁橄榄石高效利用关键技术与应用示范 | 邓承继 | 430 |

续表 5-2

| 序号 | 年度 | 项 目 类 别 | 项 目 名 称 | 负责人 | 资助金额/万元 |
|---|---|---|---|---|---|
| 12 | 2011 | 国家科技支撑计划 | 含钒页岩提取大型化装备及工艺过程控制 | 孔建益 | 436 |
| 13 | 2011 | 国家科技支撑计划 | 多层含钒页岩复杂矿体安全开采关键技术 | 叶义成 | 323 |
| 14 | 2011 | 国家科技支撑计划 | 钒产品深加工技术及装备 | 薛正良<br>刘　静<br>柯昌明<br>强　敏 | 208 |
| 15 | 2012 | 973 计划专项 | 高性能耐火材料结构微细化设计研究 | 朱伯铨 | 127 |
| 16 | 2012 | 863 计划 | 钢铁烧结烟气多污染物协同控制技术研究及示范 | 向晓东 | 280（联合） |
| 17 | 2013 | 科技部国家重大科学仪器设备开发专项 | 铁矿石成分实时在线检测仪器的应用开发及项目实施 | 王　斌 | 339（联合） |
| 18 | 2013 | 973 计划专项 | 纳米碳-氧化物复合高温材料制备、结构与性能研究 | 张少伟 | 95 |
| 19 | 2015 | 国家自然科学基金联合基金重点项目 | 高温和强磁场协同作用下 Fe 基材料中合金碳化物析出的热力学机制 | 吴开明 | 248 |
| 20 | 2015 | 国家科技支撑计划 | 钒钛磁铁矿预处理、高效复合添加剂及氨氯废水处理研究 | 刘　涛 | 148 |
| 21 | 2015 | 总装备部 973 专项 | ×××材料的制备 | 魏耀武 | 186（联合） |
| 22 | 2016 | 国家自然科学基金杰出青年项目 | 滤波器组框架理论及应用 | 柴　利 | 350 |
| 23 | 2016 | 国家自然科学基金联合基金重点项目 | 大截面超洁净双性能汽轮机转子真空电渣重熔制备的科学基础 | 李光强 | 66（联合） |
| 24 | 2016 | 国家重点研发计划子课题 | 预制构件用高抗蚀硅酸盐水泥基材料关键技术 | 陈　平 | 45 |
| 25 | 2016 | 国家重点研发计划子课题 | 井工厂高效自动化钻机组研制 | 赵　慧 | 35.2 |
| 26 | 2017 | 军委装备发展部“十三五”装备预研领域基金重点项目 | 耐高温电磁辐射控制材料与结构机理研究 | 李享成 | 200 |
| 27 | 2017 | 国家重点研发计划子课题 | 高温熔融金属转运安全监控预警与防倾翻技术装备研发 | 刘惠康 | 203 |

续表 5-2

| 序号 | 年度 | 项目类别 | 项目名称 | 负责人 | 资助金额/万元 |
|---|---|---|---|---|---|
| 28 | 2017 | 国家重点研发计划子课题 | 多污染物末端深度净化与资源化利用技术 | 袁益忠 | 165 |
| 29 | 2017 | 国家重点研发计划子课题 | 膳食功能因子与营养健康食品的靶向健康干预作用分析与评价 | 杨　杨 | 140 |
| 30 | 2017 | 国家重点研发计划子课题 | 高强度桥梁钢组织调控原理及服役性能研究 | 刘　静 | 95 |
| 31 | 2017 | 国家重点研发计划子课题 | 长型材智能化制造过程基础研究 | 周建安 | 84. 5 |
| 32 | 2017 | 国家重点研发计划子课题 | 低导热、长寿命新型隔热耐火材料研发与应用示范 | 李远兵 | 58 |
| 33 | 2017 | 国家重点研发计划子课题 | 在役风机关键机械部件的原位检测监测技术研究及装置开发 | 丁　旭 | 50 |
| 34 | 2017 | 国家重点研发计划子课题 | 干燥煤绿色化高效炼焦技术及应用示范 | 王光辉 | 51. 7 |
| 35 | 2017 | 国家重点研发计划子课题 | 先进超超临界锅炉耐热材料基础研究 | 向志东 | 51 |

## 三、人文社科取得了较大进步，逐渐缩小与兄弟院校的差距

为提升人文社科科研水平，促进我校高水平成果产出，2017 年 8 月 12 日印发《武汉科技大学人文社会科学高水平项目培育计划》(武科大科〔2017〕14 号)，通过发掘和扶持具有理论与实践意义的研究项目，为申报人文社会科学高水平项目提供前期支撑，鼓励高水平科研成果的产出，以积极推动学校“双一流”建设。

2007 年以来，学校在人文社科方面发展较迅速，国家社科基金获批数从 1 项增加到 8 项，纵向项目立项经费从 2007 年的 30 多万元增加到 2017 年的 397 万元，取得了较大的进步。从获批的学科类别来看，2017 年连续第五年在社会学学科分类中获得立项，首次在中国历史学科、教育学单列学科中获得立项。但同时，前期曾经获得过立项的理论经济学、民族问题研究、图书情报与文献学、政治学、管理学、哲学连续两年或两年以上未获得立项。另外在马列·科社、体育学等学科门类中有待取得突破。

因获批国家项目总数有限，我校获批项目波动率较大。纵向比较，我校获得

国家社科基金数量总体呈上升趋势，自2012年学校成立科学技术发展院以来，获取的国家项目占2007年以来所有项目的近80%，人文社科学院的科研氛围逐渐形成；横向比较，我校五年来国家社科基金（非单列学科）项目获批数量省内排名情况分别为：2013年第14名，2014年第14名，2015年第11名，2016年第12名，2017年第12名，稳中有升，与具有传统优势的兄弟高校比较绝对差距在逐步缩小。

**表5-3　2007～2017年各学院获得国家社科基金项目数**

| 年份 | 文法学院 | 马克思主义学院 | 管理学院 | 外国语学院 | 医学院 | 艺术学院 | 年度总数 |
|---|---|---|---|---|---|---|---|
| 2017 | 3 | 1 | 1 | | 1 | 1 | 7 |
| 2016 | 3 | | 1 | | | | 4 |
| 2015 | 5 | | 1 | | 1 | 1 | 8 |
| 2014 | 1 | | 2 | | 1 | | 4 |
| 2013 | 2 | 1 | | 1 | | | 4 |
| 2012 | 2 | | 1 | | | | 3 |
| 2011 | 1 | | | | | | 1 |
| 2010 | 2 | | 1 | | | | 3 |
| 2009 | | | | | | | 0 |
| 2008 | 2 | | | | | | 2 |
| 2007 | 1 | | | | | | 1 |
| 合计 | 22 | 2 | 7 | 1 | 3 | 2 | 37 |

2017年，我校继续鼓励科研人文发挥智囊团作用，为政府部门、企事业单位建言献策。以第一完成单位被地市州以上单位采纳的决策咨询成果22篇，其中被省部级单位采纳的成果有8篇。

**表5-4　2017年度决策咨询类成果数量与级别汇总**

| 序号 | 学　院 | 获批示或采纳的决策咨询成果/篇 | 部委、省委政府/篇 | 地市州政府/篇 |
|---|---|---|---|---|
| 1 | 马克思主义学院 | 11 | 5 | 6 |
| 2 | 文法学院 | 5 | 1 | 4 |
| 3 | 管理学院 | 2 | 0 | 2 |
| 4 | 艺术学院 | 2 | 0 | 2 |
| 5 | 资环学院 | 2 | 2 | 0 |

文法学院潘峰教授的湖北省智力成果采购项目（重大招标课题）成果《关于加快我省信息化基础设施建设的建议》，载于湖北省人民政府咨询委员会《咨

询参考》2017 年 12 期，获得副省长周先旺批示："要以 5G 建设为契机，加强我省信息化基础设施建设，让'信息化'为现代化强省提供支持"。

马克思主义学院受委托承担了多项湖北省委宣传部委托课题，唐忠义院长组织学院多名教授，定期上报决策咨询报告，获得省级领导批示或采纳的 6 篇，其中被国家安全部采纳 1 篇；部分报告内容被《湖北意识形态安全风险研判报告（上半年）》采纳并上报中央。

资环学院张一敏教授结合自身工科专业背景，在充分调研的基础上，主笔撰写了《关于加快推进我省先进钒储能产业化发展的建议》《关于协调推进我省战略性矿产资源产业绿色发展的建议》。上报省政府后得到了省领导的重要批示，引起了相关部门的高度重视，也发挥了参政咨询的重要作用。

成果获奖方面，2007 年以来共获得 26 项省部级人文社科奖，其中二等奖 7 项（湖北省社科优秀成果二等奖 5 项、湖北省发展研究奖二等奖 2 项）、三等奖 19 项（湖北省社科优秀成果三等奖 15 项、国家民委社会科学研究成果奖三等奖 1 项、湖北省发展研究奖三等奖 2 项、湖北省优秀调研成果奖三等奖 1 项）。

**表 5-5　我校获得省部级社科奖一览表**

| 序号 | 年度 | 成果名称 | 获奖人 | 获奖级别 |
| --- | --- | --- | --- | --- |
| 1 | 2007 | 中小企业集群生态效应及发展对策研究 | 潘　峰 | 湖北省社科优秀成果二等奖 |
| 2 | 2007 | 基础投资论 | 杨　军 | 湖北省社科优秀成果三等奖 |
| 3 | 2007 | 我国经济增长就业弹性问题研究 | 李红松 | 湖北省社科优秀成果三等奖 |
| 4 | 2009 | 湖北省推进乡镇综合配套改革的调查报告 | 顾　杰，李又才，周　莉 | 湖北省发展研究奖三等奖 |
| 5 | 2009 | 湖北省"十一五"非公有制经济和中小企业发展研究 | 邓泽宏，潘　峰，陈全功 | 湖北省社科优秀成果三等奖 |
| 6 | 2009 | 农民工权益保障法律问题研究 | 问清泓，杨　芳 | 湖北省社科优秀成果三等奖 |
| 7 | 2009 | 中国企业营销渠道冲突与渠道关系管理研究 | 陈　涛，潘　吉，邓少军，孙　伟，赵　军 | 湖北省社科优秀成果三等奖 |
| 8 | 2009 | 高技术产业风险投资研究 | 李永周 | 湖北省社科优秀成果三等奖 |
| 9 | 2011 | 汉派新民居研究 | 叶　云，尹传垠，孙　辉，彭阳陵，侯　涛 | 湖北省社科优秀成果二等奖 |

续表 5-5

| 序号 | 年度 | 成果名称 | 获奖人 | 获奖级别 |
|---|---|---|---|---|
| 10 | 2011 | 中部地区与浙江农村城镇化动力机制比较 | 熊吉峰 | 湖北省社科优秀成果三等奖 |
| 11 | 2011 | 转型期我国农村和谐发展的基本路径研究 | 唐忠义 | 湖北省社科优秀成果三等奖 |
| 12 | 2011 | 《劳动合同法》有关问题研究 | 问清泓，杨　芳 | 湖北省社科优秀成果三等奖 |
| 13 | 2011 | 湖北农民增收问题研究 | 刘　君，刘吉荣 | 湖北省社科优秀成果三等奖 |
| 14 | 2011 | 关于我国当前地方政府决策机制创新调查研究 | 顾　杰 | 湖北省发展研究奖三等奖 |
| 15 | 2011 | 加快服务型政府建设：绕不开、躲不过、拖不得的重大问题——湖北省推进公共服务型政府建设研究 | 顾　杰 | 湖北省优秀调研成果三等奖 |
| 16 | 2013 | 高等院校试行党代会常任制的理论价值及其实现途径（系列论文） | 刘华才，傅江浩 | 湖北省社科优秀成果二等奖 |
| 17 | 2013 | 当代中国行政体制改革研究 | 顾　杰 | 湖北省社科优秀成果二等奖 |
| 18 | 2013 | 基于地域特色的鄂东南传统聚落景观改造与更新策略研究（系列论文） | 涂　伟，叶　云，袁心平 | 湖北省社科优秀成果二等奖 |
| 19 | 2013 | “劳动就业法律问题研究”（系列论文） | 问清泓，宋晓波 | 湖北省社科优秀成果三等奖 |
| 20 | 2013 | 基于创新型国家建设的科技体制改革反思与重构（系列论文） | 黄　涛 | 湖北省社科优秀成果三等奖 |
| 21 | 2013 | 城市社区居民参与研究——以武汉市社区考察为例 | 彭惠青 | 湖北省社科优秀成果三等奖 |
| 22 | 2013 | 财政分权视角下的上市公司恶意再融资研究（系列论文） | 黎精明，郜进兴 | 湖北省社科优秀成果三等奖 |
| 23 | 2014 | 武汉城市圈品牌形象设计研究 | 梁家年，等 | 湖北省发展研究奖二等奖 |
| 24 | 2014 | 规范发展湖北投融资平台研究 | 黎精明，等 | 湖北省发展研究奖二等奖 |
| 25 | 2014 | 城乡一体化进程中的社会管理创新研究 | 顾　杰 | 湖北省优秀调研成果奖三等奖 |

续表 5-5

| 序号 | 年度 | 成果名称 | 获奖人 | 获奖级别 |
|---|---|---|---|---|
| 26 | 2017 | 我国东南沿海城市穆斯林流动人口的社会融入趋势及政策建议——基于2016年抽样调查数据 | 袁年兴 | 国家民委社会科学研究成果奖三等奖 |

## 四、科研基地平台建设取得跨越式发展

学校高度重视科研平台申报工作，2007年以来，新增国家级科研平台3个："耐火材料与冶金省部共建国家重点实验室""高温材料与炉衬技术国家地方联合工程研究中心""钢铁共性技术协同创新中心"（参与），新增省部级科研平台17个："冶金装备及其控制省部共建教育部重点实验室""冶金矿产资源高效利用与造块湖北省重点实验室""冶金工业过程系统科学湖北省重点实验室""智能信息处理与实时软件系统湖北省重点实验室""职业危害识别与控制湖北省重点实验室""高温材料与炉衬技术湖北省工程研究中心""湖北省页岩钒资源高效清洁利用工程技术研究中心""湖北省冶金二次资源工程技术研究中心""湖北省工业安全工程技术研究中心""先进钢铁材料及其制造工艺国际科技合作基地""耐火材料与冶金国际科技合作基地""钒铁资源高效利用国际科技合作基地""高性能钢铁材料及其应用湖北省协同创新中心""钒资源高效利用湖北省协同创新中心""湖北非营利组织研究中心""湖北意识形态建设研究院""武汉市钢铁冶金工程技术研究中心"。

为了加强和规范我校科研机构的管理，提高我校整体科研水平和持续创新能力，培养高层次科技人才。2016年学校修订出台了《武汉科技大学科研机构管理办法》(武科大科〔2016〕6号)，不断规范基地日常管理，要求各重点基地按时召开学术委员会会议，定期发布学术交流信息和开放基金课题，切实保障实验室正常有序运行。

为完善科研基地绩效考核体系，学校对校级重点及以上科研平台负责人进行重新梳理和聘任，并签订了目标责任书。2017年制订出台了《武汉科技大学科研基地绩效考核管理暂行办法》(武科大科〔2017〕18号)，为科研基地绩效考核提供政策支持。

为了汇聚更多优秀人才，打造学术创新的示范型高地；集中力量，找准主攻方向，办出特色；加快建设步伐，做好基础理论研究，在新兴产业领域创造亮点。2016年，学校成立"十三五"首批多学科交叉重点科研平台："先进材料与纳米技术研究院""机器人与智能系统研究院""大数据科学与工程研究院""服务科学与工程研究中心""新农村建设研究中心""意识形态安全研究中心""深度信息融合研究院"等7个。

2017年启动了第二批校级重点科研平台建设工作，根据平台现有基础和运行情况，认定“国际钢铁研究院”和“绿色制造工程研究院”为校级重点科研平台；筹建“环境污染绿色控制与修复技术研究中心”“超快自旋电子学研究中心”“精密制造研究院”“绿色与智能煤化工工程技术研究中心”等4个校级重点平台。

截至目前，学校拥有省部共建国家重点实验室1个，国家地方联合工程研究中心1个，国家环境保护重点实验室1个，教育部重点实验室2个，教育部工程研究中心1个，省级重点实验室8个，省级人文社科重点科研基地3个，湖北省新型智库1个，省级工程研究中心1个，省级工程技术研究中心3个，省级国际科技合作基地3个，省级协同创新中心2个，武汉市工程技术中心2个，校级科研平台93个（其中校级重点科研平台9个，校级一般平台84个）。

**表5-6 目前我校省级以上科研平台（机构）一览表（牵头单位）**

| 序号 | 科研平台（机构）名称 | 类　别 | 批准单位 |
|---|---|---|---|
| 1 | 耐火材料与冶金省部共建国家重点实验室 | 国家重点实验室 | 科技部 |
| 2 | 高温材料与炉衬技术国家地方联合工程研究中心 | 国家地方联合工程研究中心 | 发展和改革委员会 |
| 3 | 钢铁共性技术协同创新中心（参与） | 国家级协同创新中心 | 教育部 |
| 4 | 国家环境保护矿冶资源利用与污染控制重点实验室 | 国家环境保护重点实验室 | 国家生态环境部 |
| 5 | 钢铁冶金与资源利用省部共建教育部重点实验室 | 教育部重点实验室 | 教育部 |
| 6 | 冶金装备及其控制省部共建教育部重点实验室 | 教育部重点实验室 | 教育部 |
| 7 | 冶金自动化与检测技术教育部工程研究中心 | 教育部工程研究中心 | 教育部 |
| 8 | 高温陶瓷与耐火材料湖北省重点实验室 | 湖北省重点实验室 | 教育厅、科技厅 |
| 9 | 机械传动与制造工程湖北省重点实验室 | 湖北省重点实验室 | 教育厅、科技厅 |
| 10 | 钢铁冶金新工艺湖北省重点实验室 | 湖北省重点实验室 | 教育厅、科技厅 |
| 11 | 煤转化与新型炭材料湖北省重点实验室 | 湖北省重点实验室 | 教育厅、科技厅 |
| 12 | 冶金矿产资源高效利用与造块湖北省重点实验室 | 湖北省重点实验室 | 教育厅、科技厅 |
| 13 | 冶金工业过程系统科学湖北省重点实验室 | 湖北省重点实验室 | 教育厅、科技厅 |
| 14 | 智能信息处理与实时软件系统湖北省重点实验室 | 湖北省重点实验室 | 教育厅、科技厅 |
| 15 | 湖北省中小企业研究中心 | 湖北省重点文科基地 | 教育厅 |

续表 5-6

| 序号 | 科研平台（机构）名称 | 类　别 | 批准单位 |
|---|---|---|---|
| 16 | 湖北产业政策与管理研究中心 | 湖北省重点文科基地 | 教育厅 |
| 17 | 湖北非盈利组织研究中心 | 湖北省重点文科基地 | 教育厅 |
| 18 | 湖北意识形态建设研究院 | 湖北省新型智库 | 湖北省委宣传部 |
| 19 | 高温材料与炉衬技术湖北省工程研究中心 | 湖北省工程研究中心 | 湖北省发展和改革委 |
| 20 | 湖北省页岩钒资源高效清洁利用工程技术研究中心 | 湖北省工程技术研究中心 | 科技厅 |
| 21 | 湖北省冶金二次资源工程技术研究中心 | 湖北省工程技术研究中心 | 科技厅 |
| 22 | 湖北省工业安全工程技术研究中心 | 湖北省工程技术研究中心 | 科技厅 |
| 23 | 先进钢铁材料及其制造工艺国际科技合作基地 | 湖北省国际合作基地 | 科技厅 |
| 24 | 耐火材料与冶金国际科技合作基地 | 湖北省国际合作基地 | 科技厅 |
| 25 | 钒铁资源高效利用国际科技合作基地 | 湖北省国际合作基地 | 科技厅 |
| 26 | 高性能钢铁材料及其应用湖北省协同创新中心 | 湖北省协同创新中心 | 教育厅 |
| 27 | 钒资源高效利用湖北省协同创新中心 | 湖北省协同创新中心 | 教育厅 |
| 28 | 武汉市耐火材料与高温陶瓷工程技术研究中心 | 武汉市工程技术研究中心 | 武汉市科技局 |
| 29 | 武汉市钢铁工程技术研究中心 | 武汉市工程技术研究中心 | 武汉市科技局 |

## 五、科研成果与科技获奖硕果累累

### （一）科技奖励硕果累累，创造了辉煌历史

2007 年以来，学校共获得国家科技奖 18 项：其中国家科技进步一等奖 1 项，国家科技进步二等奖 12 项，国家技术发明二等奖 5 项；获得省部级科技奖 163 项：其中一等奖 30 项（其中技术发明一等奖 4 项、科技进步一等奖 24 项、科技成果推广一等奖 2 项），二等奖 62 项，三等奖 71 项；获得武汉市科技奖 31 项：其中武汉市科技进步一等奖 7 项、二等奖 14 项、三等奖 10 项。

**表 5-7　2007～2017 年省部级以上科技奖励一览表**

| 年　度 | 国家级 | 省部级 | | | 合　计 |
|---|---|---|---|---|---|
| | | 一等奖 | 二等奖 | 三等奖 | |
| 2017 | 1 | 5 | 10 | 5 | 21 |
| 2016 | 1 | 4 | 8 | 4 | 17 |

续表 5-7

| 年　度 | 国家级 | 省部级 | | | 合　计 |
|---|---|---|---|---|---|
| | | 一等奖 | 二等奖 | 三等奖 | |
| 2015 | 0 | 3 | 6 | 7 | 16 |
| 2014 | 1 | 2 | 9 | 6 | 18 |
| 2013 | 1 | 1 | 4 | 6 | 12 |
| 2012 | 2 | 4 | 5 | 2 | 13 |
| 2011 | 3 | 0 | 9 | 10 | 22 |
| 2010 | 2 | 4 | 5 | 1 | 12 |
| 2009 | 4 | 2 | 1 | 11 | 18 |
| 2008 | 2 | 2 | 3 | 7 | 14 |
| 2007 | 1 | 3 | 3 | 11 | 18 |
| 合　计 | 18 | 30 | 63 | 70 | 181 |

**表 5-8　我校获得国家科技奖一览表**

| 序号 | 年度 | 成果名称 | 获奖人 | 获奖级别 |
|---|---|---|---|---|
| 1 | 2007 | 含铁渣尘高效利用关键技术开发与工业应用 | 张一敏，陈铁军，刘　涛，孔建益，陈奎生 | 国家科技进步二等奖 |
| 2 | 2008 | 武钢取向硅钢制造技术自主创新与产业化 | 武汉科技大学 | 国家科技进步一等奖 |
| 3 | 2008 | 钢铁冶金储运与精炼设备炉衬材料长寿高效技术 | 祝洪喜，孔建益，李　楠，邓承继，陈奎生，朱伯铨，李亚伟，白　晨，顾华志，李友荣，韩兵强 | 国家科技进步二等奖 |
| 4 | 2009 | 焦化过程主要污染物控制关键技术与应用 | 王光华，何选明，梁玉河，欧阳曙光，王光辉，陈奎生，程　明 | 国家科技进步二等奖 |
| 5 | 2009 | 本体元建模方法及其在软构件库互操作性管理与服务中的应用 | 陈建勋 | 国家科技进步二等奖 |
| 6 | 2009 | 武钢物流整体信息化技术自主集成与创新 | 武汉科技大学 | 国家科技进步二等奖 |
| 7 | 2009 | 大线能量焊接系列钢技术发明及应用 | 吴开明 | 国家技术发明二等奖 |
| 8 | 2010 | 含钒页岩高效提取在线循环资源化新技术及工业应用 | 张一敏，刘　涛，孔建益，陈铁军，陈奎生，黄　晶 | 国家科技进步二等奖 |
| 9 | 2010 | 大型高炉高效生产综合技术的开发与应用 | 毕学工 | 国家科技进步二等奖 |

续表 5-8

| 序号 | 年度 | 成果名称 | 获奖人 | 获奖级别 |
| --- | --- | --- | --- | --- |
| 10 | 2011 | 洁净钢冶炼连铸用功能化耐火材料关键技术与应用 | 李　楠，顾华志，柯昌明，王周福 | 国家科技进步二等奖 |
| 11 | 2011 | 降低薄带钢生产消耗的关键技术 | 李友荣，高全杰，王志刚，田中捷，汪朝晖，肖　涵 | 国家科技进步二等奖 |
| 12 | 2011 | 大跨度铁路桥梁钢成套制造与应用技术创新 | 武汉科技大学 | 国家科技进步二等奖 |
| 13 | 2012 | 高品质耐火材料制备过程微结构控制技术与工业应用 | 李　楠，李亚伟 | 国家技术发明二等奖 |
| 14 | 2012 | 建（构）筑物拆除定向爆破关键控制技术 | 钟东望 | 国家科技进步二等奖 |
| 15 | 2013 | 冶金高频液压控制伺服原件关键技术及应用 | 陈奎生，陈新元，傅连东，曾良才，湛从昌 | 国家技术发明二等奖 |
| 16 | 2014 | 先进短流程工艺低成本高性能钢制造关键技术及其产业化 | 毛新平，赵　刚 | 国家科技进步二等奖 |
| 17 | 2016 | 冶金功能耐火材料关键服役性能协同提升技术及在精炼连铸中的应用 | 李亚伟 | 国家技术发明二等奖 |
| 18 | 2017 | 基于页岩钒行业全过程污染防治的短流程清洁生产关键技术 | 张一敏，温　勇，刘　涛，郝文彬，艾　军，包申旭 | 国家技术发明二等奖 |

**表 5-9　我校获得省部级科技奖一等奖一览表**

| 序号 | 年度 | 成果名称 | 获奖人 | 获奖级别 |
| --- | --- | --- | --- | --- |
| 1 | 2007 | 高强度耐侵蚀 $Al_2O_3$-SiC 质复合耐火材料的研制及工业应用 | 祝洪喜，邓承继，白　晨，李　楠，葛　山，魏耀武 | 湖北省科技进步一等奖 |
| 2 | 2007 | 焦炉煤气冷却水系统新技术开发及优化 | 王光华，欧阳曙光，梁玉河，程　明，何选明，王真本，吴晓琴，李清田 | 湖北省科技进步一等奖 |
| 3 | 2007 | 原位析出纳米级第二相粒子强化结构钢的研究 | 刘　静，袁泽喜，沈冬冬，吴　润，吴开明 | 湖北省科技进步一等奖 |
| 4 | 2008 | 热轧带钢中间坯全反射保温罩研制 | 李友荣，刘安中，肖　涵，侯　澍，朱瑞荪，王志刚，吕　勇 | 湖北省科技进步一等奖 |
| 5 | 2008 | 炼钢电炉顶耐火材料长寿化技术 | 祝洪喜，孔建益，邓承继，白　晨，张少伟，李友荣，葛　山，蒋国璋，王志刚 | 湖北省科技进步一等奖 |

续表 5-9

| 序号 | 年度 | 成果名称 | 获奖人 | 获奖级别 |
|---|---|---|---|---|
| 6 | 2009 | 碳质页岩石煤双循环高效氧化清洁提钒新技术及工业应用 | 张一敏，刘　涛，黄　晶，陈铁军 | 湖北省科技进步一等奖 |
| 7 | 2009 | 低成本高性能非氧化物复合耐火材料制备与应用技术 | 李亚伟，李远兵，王玺堂，顾华志，葛　山，赵　雷 | 湖北省技术发明一等奖 |
| 8 | 2010 | 无机材料热物性参数测试方法研究及相关国家标准的制订 | 葛　山，尹玉成，赵惠忠，刘志强，祝洪喜，李亚伟，邓承继，梁永和，王周福，白　晨 | 湖北省科技进步一等奖 |
| 9 | 2010 | 超纯净钢中间包冶金耐火材料关键技术 | 顾华志，汪厚植，张美杰，薛正良，蒋国璋，王兴东，王玺堂 | 湖北省科技进步一等奖 |
| 10 | 2010 | 冶金设备系统级数字化设计研究与应用 | 罗会信，魏国前，范　勤，夏绪辉，饶　刚 | 湖北省科技进步一等奖 |
| 11 | 2010 | 高原环境下炼焦工艺适应性研究 | 王光华，刘继跃，史世庄，刘泽巨，何选明，夏振宇，梁玉河，吴铁红，李其祥，张　昊 | 青海省科技进步一等奖 |
| 12 | 2012 | 高性能液压伺服元件及其检测技术 | 陈奎生，陈新元，傅连东，曾良才，湛从昌，朱学彪 | 湖北省技术发明一等奖 |
| 13 | 2012 | 低碳钢冶炼用方镁石-碳化硅-碳耐火材料关键技术与工业应用 | 魏耀武，李　楠，柯昌明，李具中，王周福，梁新亮，韩兵强，鄢　文，李亚伟，吴健鹏，白　晨，陶晓林，顾华志，王玺堂，张继周 | 湖北省科技进步一等奖 |
| 14 | 2012 | 水下炸礁技术研究与应用 | 钟冬望 | 中国工程爆破协会科技进步一等奖 |
| 15 | 2012 | 高耸建（构）筑物爆破拆除与监测关键技术 | 钟冬望 | 中国工程爆破协会科技进步一等奖 |
| 16 | 2013 | 热连轧机组状态监测与故障诊断技术及应用 | 吕　勇，李友荣，肖　涵，王　涛，王志刚，刘昌明 | 湖北省科技进步一等奖 |
| 17 | 2014 | 特殊页岩钒资源高效清洁利用关键技术及工程化 | 张一敏，刘　涛，黄　晶 | 湖北省技术发明一等奖 |
| 18 | 2014 | 低硫洁净钢脱硫关键技术 | 但斌斌，容芷君 | 湖北省科技进步一等奖 |
| 19 | 2015 | 低导热高温炉衬材料一体化设计与制备及工业应用 | 李远兵，李亚伟，顾华志，李淑静，王周福，黄　奥，张美杰 | 湖北省科技进步一等奖 |

续表 5-9

| 序号 | 年度 | 成果名称 | 获奖人 | 获奖级别 |
|---|---|---|---|---|
| 20 | 2015 | 复杂服役条件下炉衬构件长寿化关键技术 | 孔建益，祝洪喜，邓承继，王兴东，刘　涛，姜繁智，幸福堂，侯　宇，张海军，邹光明，刘怀广 | 湖北省科技进步一等奖 |
| 21 | 2015 | 水泥绿色制成技术创新与系统集成应用 | 陈　平，李光强 | 湖北省科技成果推广一等奖 |
| 22 | 2016 | 基于全过程污染防治的页岩钒清洁生产关键技术及应用 | 张一敏，刘　涛 | 环保部科技奖技术发明一等奖 |
| 23 | 2016 | 有机生物质废弃物厌氧处理及生物质燃气利用关键技术与应用 | 王　黎，冯　涛 | 湖北省科技进步一等奖 |
| 24 | 2016 | 厚壁型钢连续冷弯成形及感应焊接关键技术与应用 | 李立新，胡盛德，刘　升 | 湖北省科技进步一等奖 |
| 25 | 2016 | 客运及客货混运铁路用系列重轨制造技术集成 | 宋新莉 | 湖北省科技进步一等奖 |
| 26 | 2017 | 炼焦化学产品绿色回收成套关键技术及应用 | 王光华，何选明，梁玉河，欧阳曙光，王世杰 | 湖北省科技进步一等奖 |
| 27 | 2017 | 高炉运行过程关键不定形耐火材料开发与工业应用 | 梁永和，聂建华，赵　雷，尹玉成，赵惠忠，白　晨，倪月娥 | 湖北省科技进步一等奖 |
| 28 | 2017 | 厚带钢厚镀层连续热镀锌工艺关键技术和设备集成创新及产业化 | 戴方钦，徐　光 | 湖北省科技进步一等奖 |
| 29 | 2017 | 极端条件下压缩机关键部件失效预防关键技术 | 孙　瑛 | 中国机械工业科学技术奖一等奖 |
| 30 | 2017 | 高耸建筑物爆破拆除与防护技术研究及推广 | 钟冬望 | 中国产学研合作创新成果奖一等奖 |

### （二）知识产权保护意识不断加强，授权专利数量快速增长

为了调动广大教职员工从事科学研究的积极性，提升科技工作对高水平大学建设的贡献度，促进高水平科研成果产出，提升学校核心竞争力，把最新科研成果申请知识产权保护，2015 年学校出台了《武汉科技大学科技奖励办法》(武科大科〔2015〕4 号)。为了鼓励学生积极参与科研创新活动，提高学生知识产权保护意识，促进大学生专利成果不断涌现，提高学校科技竞争力，2016 年修订出台了《武汉科技大学学生专利创造活动促进办法（修订)》(武科大科〔2016〕13 号)。

2007年以来，我校共申请专利4484件，其中发明专利2076件，实用新型1589件，外观设计118件，软件著作权701件。授权专利2263件，其中发明专利764件，实用新型840件，外观设计117件，软件著作权542件。

表5-10 2007年以来我校授权专利统计表

| 年 份 | 发明专利 | 软件著作权 | 实用新型 | 外观设计 | 总 计 |
|---|---|---|---|---|---|
| 2007 | 27 | 5 | 15 | 18 | 65 |
| 2008 | 37 | 3 | 11 | 38 | 89 |
| 2009 | 35 | 3 | 17 | 32 | 87 |
| 2010 | 36 | 4 | 21 | 4 | 65 |
| 2011 | 81 | 5 | 15 | 0 | 101 |
| 2012 | 81 | 19 | 28 | 11 | 139 |
| 2013 | 87 | 42 | 49 | 0 | 178 |
| 2014 | 91 | 110 | 106 | 8 | 315 |
| 2015 | 126 | 135 | 143 | 1 | 405 |
| 2016 | 163 | 216 | 435 | 5 | 819 |
| 2017 | 202 | 431 | 353 | 17 | 1003 |
| 总 计 | 764 | 542 | 840 | 117 | 2263 |

2017年，学校在知识产权方面硕果累累，在武书连2017年中国大学专利获奖和授权排行榜中，我校排名第54位。5月，由国家知识产权局知识产权发展研究中心发布的首届全国知识产权综合实力百强（系列）研究成果中，我校被评为“知识产权百强高校”。2017年7月，学校入选2017年湖北省高校、院所知识产权推进工程。截至2017年10月，学校在湖北省大专院校发明专利申请排名中继华中科技大学、武汉理工大学、武汉大学之后位列全省第四，排位前进1名。

（三）科研学术论文水平不断提高

为进一步提高全校专业技术人员发表高水平的论文，不断增强学术影响力，2014年学校对国内外期刊进行了分类，出台了《武汉科技大学学术期刊分级管理办法》(武科大科〔2014〕5号)，并根据相应级别给予绩效奖励，见《武汉科技大学科技奖励办法》(武科大科〔2015〕4号)。

2007年以来，我校发表的高水平论文逐年增加，被三大索引SCI、EI、CPCI-S收录的文章共有4887篇，其中SCI收录1604篇，EI收录1816篇，CPCI-S收录1467篇。SCI、EI论文增长较快，从最初的40多篇增加到340~380篇，但排名情况在全国高校排名情况依然维持在140多位，说明各个高校都在进步，要想早日实现全国百强的建设目标还需加快增长速度。具体变化趋势见以下表格：

表 5-11 2007～2017 年我校三大检索收录文献数量情况比较

| 年度 | 2007 | 2008 | 2009 | 2010 | 2011 | 2012 | 2013 | 2014 | 2015 | 2016 | 2017 |
|---|---|---|---|---|---|---|---|---|---|---|---|
| SCI | 54 | 46 | 86 | 58 | 90 | 127 | 107 | 205 | 219 | 269 | 343 |
| EI（核心） | 44 | 53 | 102 | 75 | 91 | 144 | 133 | 234 | 244 | 316 | 380 |
| CPCI-S | 55 | 75 | 115 | 102 | 184 | 184 | 146 | 143 | 161 | 96 | 206 |

表 5-12 2007～2017 年我校三大检索收录文献在全国高校排名情况

| 年度 | 2007 | 2008 | 2009 | 2010 | 2011 | 2012 | 2013 | 2014 | 2015 | 2016 | 2017 |
|---|---|---|---|---|---|---|---|---|---|---|---|
| SCI | 146 | 169 | 149 | 200 | 174 | 158 | 191 | 153 | 162 | 158 | 143 |
| EI（核心） | 144 | 145 | 108 | 153 | 147 | 122 | 138 | 115 | 123 | 115 | 107 |
| CPCI-S | 100 | 97 | 101 | 107 | 110 | 68 | 105 | 71 | 61 | 69 | 58 |

## 六、科协工作

为加快实施创新驱动定方向，激发科技创新活力议措施，构建尊重知识和人才的格局造氛围，2016 年 12 月 20 日，学校隆重召开科技创新大会暨科协第二届代表大会。全体校领导、各学院主要负责人、科研工作者代表、相关职能部门负责人、学生代表等 200 多人齐聚一堂，共商科技创新大计。大会由党委书记孔建益主持，校长倪红卫做主题报告，副校长刘静作科协工作报告，32 位专家学者展示科研成果、分享科研经验，学校科协举行换届选举。

校长倪红卫作《深化科研体制改革　激发科技创新活力》主题报告。就如何推动学校科技创新工作，倪红卫从四个方面展开：统一思想，充分认识科技创新在建设一流大学进程中的战略支撑作用；总结经验，准确把握学校科技创新工作存在的问题和今后的发展方向；明确重点，扎实推进学校科技创新工作实现更高水平的跨越发展；狠抓落实，切实确保学校科技创新工作各项措施落地生根。

副校长刘静作科协工作报告。刘静指出，“十三五”是我校创建国内高水平教学研究型大学、推进“双一流”建设的关键时期，学校科协将从以下几个方面做好工作：调动与凝聚全校智力资源，积极参加各级智库建设；推动学校各级各类学术交流与合作；培养优秀科技人才；加强科学道德和学风建设宣传教育；指导学生科技实践活动；开展科学技术普及活动。

刘静当选校科协主席，王黎、吕勇、李亚伟、张同存、梁峰当选副主席，许梦国当选秘书长，马国军等 29 人为委员。为打造交流平台、整合科技资源、提升科研能力，学校成立青年科技工作者协会，会上校长倪红卫代表全校师生员工对青年科协的成立表示祝贺，感谢为青年科协的成立做出贡献的各位老师，希望更多的青年科技工作者在此平台上受益。

2016 年 12 月 26 日，召开了武汉科技大学大学生科学技术协会成立大会。会上倪红卫对大学生科协的成立表示祝贺。他说，多年来，学校高度重视大学生科技创新工作，系统谋划、整体推进，从工作理念、组织体系、运作机制、保障措施、环境建设五个方面初步构建了较为完整的大学生科技创新工作体系。2016 年，全校大学生荣获省部级以上科技创新奖励达 440 余项，再创历史新高。

2017 年先后成立了武汉科技大学青年科协医学分会、管理学分会、城建学院分会、汽车学院分会，批准成立资源与环境工程学院分会。2017 年全校共举办 184 场学术会议及学术讲座，其中含有 2017 年湖北省生物化学与分子生物学学会常务理事会、“绿色工厂增材制造技术”专题研讨会、香涛论坛院士报告会（毛新平），校青年科协参与主办、承办的 30 多场学会会议、学术会议（含青年科协沙龙等活动），其他近 150 多场学术讲座。

“十二五”以来，学校科协积极举荐优秀科技人才，李楠教授、张一敏教授先后获得“全国优秀科技工作者”称号，吴开明教授当选俄罗斯工程院外籍院士，陈新元、刘秋新、韩军、袁观明等老师先后获得湖北省科协“科技创新源泉工程”创新创业人才奖和湖北省科协晨光计划资助，刘涛、张凯老师获“武汉市优秀科技工作者”称号，顾华志、吕勇、刘涛获评“2017 年中国钢铁工业优秀科技工作者”；管靖获评“2017 年中国钢铁工业优秀科技管理工作者”；但斌斌老师获评“2017 年武汉市优秀科技工作者”；黄涛、张智勇等老师获得“湖北省科协优秀决策咨询成果奖”，在全校上下营造了崇尚科学、尊重人才的良好氛围。

## 七、国防科研

学校积极响应军民融合发展国家战略，启动了军工三证体系建设，为了激励学校科研团队和老师积极参与国防科研，培育国防科研团队，提升学校承担国防科研项目的能力，学校先后制定出台了《武汉科技大学科学技术保密管理办法》（武科大密〔2013〕4 号）、《武汉科技大学国防军工科研项目管理办法》（武科大密〔2014〕13 号）、《武汉科技大学国防预研基金管理办法》（武科大科〔2016〕15 号）等系列文件，为承担军工项目打下基础，为我校科技工作提供新的增长点。

2015 年 4 月底，我校以高分成绩顺利通过省军工保密资格认证委的现场审查，2015 年 5 月我校成功取得军工二级保密资格，为学校开展军工科研创造了条件。

在取得军工保密资质后，根据学校领导指示，继续投入到“军工三证”的其余两证的建设工作。2015 年 7 月，组织学校相关学院管理人员及项目组科研人员开展质量管理体系培训；完成质量管理体系三层文件建设并对《武器装备科研生产许可现场审查评定标准与评分指南》中要求的 11 个检查项 192 个检查点进行工作分解；在智能设备研发项目组开展质量管理体系试运行并形成完整的项目运行记录。

2015 年 9 月，因国家军工科研生产许可目录大幅调整，我校现有军工项目组的相关专业（产品）的许可均已放开，积极鼓励和动员科研团队和老师参与军工科研，整合学校学科优势，组建了 8 个军工科研项目组，积极开展对外宣传和联系，努力拓展学校军工科研领域。2015 年 11 月，在省工办的帮助下，我校高温磁电材料项目组与武汉磁电所建立联系，洽谈科研合作，并已入驻国防研究中心开展相关研究工作，此项对接工作得到省工办有关领导的肯定和表扬，为我校军工科研工作打开了新的局面。

2016 年联合保密办、现代教育信息中心（信息安全监管部）组织开展国防科研项目管理培训，发放《国防科研项目工作指南》等材料，正式启动国防涉密项目运行。2016 年 9 月，我校以优异成绩顺利通过省工办军工系统安全保密交叉检查。注册全军武器装备采购信息网并成功通过实名认证，通过该网及时掌握并发布中央军委装备发展部，海军、空军、陆军、火箭军等发布的各类国防项目申报通知，组织动员学校老师申报军工项目。2016 年我校高温磁电功能材料项目组通过采购信息网申报中央军委装发部、火箭军“十三五”涉密预研项目各 1 项。2016 年 11 月，我校获批湖北省船舶与海洋工程装备院士工作中心“海洋金属材料”分站。

2017 年学校申报各类国防科研项目 13 项，包括装备发展部“十三五”装备预研共用技术和领域基金项目 5 项，海军 2017 年装备预研创新项目 1 项，国防科技重点实验室基金项目 3 项，2017 年装备预研船舶重工联合基金项目 1 项，国家保密局保密科研项目（内部）1 项，中央军委科技委基金项目 1 项，与武汉大学合作申报工信部某涉密项目 1 项。其中，材冶学院李享成教授申报的“十三五”装备预研领域基金项目某重点项目已获批，项目经费 200 万元，实现学校主持装备发展部国防科研重点项目零的突破。2017 年同时还启动了校内国防预研基金项目，组织专家对所有项目进行评审，遴选批准项目 12 项，共计 24 万元。

（撰稿：徐光均）

## 第二节 《武汉科技大学学报》(自然科学版)十年磨一剑入选中文核心期刊

《武汉科技大学学报》创刊于 1975 年，原名《武汉钢铁学院学报》，1996 年更名为《武汉冶金科技大学学报》，2000 年更名为《武汉科技大学学报》，现已出刊 41 卷 180 期。

2006 年，《武汉科技大学学报》经过多项学术指标综合评定及同行专家评议推荐，被评为“中国科技核心期刊”。在湖北省新闻出版局举办的第五届湖北省优秀期刊评选中，《武汉科技大学学报》被评为湖北省高校优秀学报。《武汉科技大学学报》总被引频次由 2005 年的 211 次增至 264 次，影响因子由 2005 年的 0.186 提高至 0.269，WEB 即年下载率由 2005 年的 15.9% 提高至 17.5%，基金课题论文所占比例由 2005 年的 25% 提高至 45%。

2007 年，《武汉科技大学学报》编辑部被湖北省科学技术期刊编辑学会评为“先进集体”。《武汉科技大学学报》总被引频次增至 371 次，影响因子增至 0.336，WEB 即年下载率增至 49.8%，基金课题论文所占比例达到 56%。

2008 年，《武汉科技大学学报》首次被评为湖北省优秀期刊。《武汉科技大学学报》再次被评为“中国科技核心期刊”。《武汉科技大学学报》总被引频次为 406 次，影响因子达到 0.322，5 年影响因子为 0.354，他引率为 0.91，WEB 即年下载率达到 33.7%，基金课题论文所占比例达到 67%。《武汉科技大学学报》在被美国《剑桥科学文摘》(CSA) 收录的基础上，又增添了美国《化学文摘》(CA)、波兰《哥白尼索引》(IC) 收录，并进入美国《乌利希期刊指南》。

2009 年，《武汉科技大学学报》总被引频次为 500，影响因子为 0.427，五年影响因子为 0.399，他引率为 0.84，基金论文比为 0.667。据《中国科技期刊影响因子年报（2009 版）》，《武汉科技大学学报》在 146 家综合性科学技术学科（技术研究类）期刊中排名第 31 位，在湖北省高校学报综合性科学技术学科（技术研究类）期刊中排名第 3 位。

2010 年，在湖北省新闻出版局、省期刊协会举办的第七届湖北省优秀期刊评选中，《武汉科技大学学报》再次被评为湖北省优秀期刊。《武汉科技大学学报》总被引频次为 624，影响因子为 0.425，五年影响因子为 0.371，他引率为 0.87，基金项目论文占 73%。《武汉科技大学学报》复合影响因子为 0.619，在全国 504 家综合性科学技术期刊中排名第 92 位，在全国 81 家冶金工程技术期刊中排名第 19 位，在湖北省高校学报综合性科学技术学科期刊中排名第 6 位。

2011 年，《武汉科技大学学报》对冶金材料学科优秀论文开辟“绿色通道”，采取创新措施争取优质稿源，冶金材料类论文达到 72%，逐步形成了学报的“冶金材料特色”。《武汉科技大学学报》总被引频次为 527，影响因子为 0.391，他引率为 0.92，基金论文比为 0.722。

2012 年，《武汉科技大学学报》再次被评为“中国科技核心期刊”。《武汉科技大学学报》总被引频次为 593，影响因子为 0.380，他引率为 0.97，基金论文比为 0.781。

2013 年，中国科学评价研究中心发布《中国学术期刊评价研究报告(2013—2014)——RCCSE 权威、核心期刊排行榜与指南》，《武汉科技大学学报》首次被评为A类核心期刊。《武汉科技大学学报》编辑部再次被省科学技术期刊编辑学会评为“先进集体”。《武汉科技大学学报》复合影响因子为0.554，在全国403家“自然科学与工程技术”类期刊中排第110名。

2014年，《武汉科技大学学报》经过多项学术指标综合评定及同行专家，再次被收录为“中国科技核心期刊”。《武汉科技大学学报》复合影响因子为0.491，在403家“自然科学与工程技术”类期刊中排第151名。

2015年，《武汉科技大学学报》实现重大突破，入选2014年版《中文核心期刊要目总览》(第七版) 综合性科学技术类核心期刊。《武汉科技大学学报》再次被评为湖北省优秀期刊。《武汉科技大学学报》再次被中国科学评价研究中心评为A类核心期刊。《武汉科技大学学报》编辑部被省科学技术期刊编辑学会评为2015年度“先进集体”。《武汉科技大学学报》复合影响因子为0.629，在全国422家“自然科学与工程技术”类期刊中排第85名，《武汉科技大学学报》基金项目论文比率为83%。

2016年，《武汉科技大学学报》入选《科学引文数据库（SCD)》来源期刊。《武汉科技大学学报》复合影响因子为0.546，在全国424家“自然科学与工程技术”类期刊中排第115名。《武汉科技大学学报》基金项目论文比率达到94%。

2017年，在湖北省新闻出版广电局、湖北省期刊协会举办的第十届湖北省优秀期刊评选中，《武汉科技大学学报》再次被评为湖北省优秀期刊。由中国科学评价研究中心主持的《中国学术期刊评价研究报告(2017～2018)——RCCSE权威、核心学术期刊排行榜与指南》中，《武汉科技大学学报》再次被评为A类核心期刊。《武汉科技大学学报》复合影响因子为0.569，在全国423家“自然科学与工程技术”类期刊中排第123名。《武汉科技大学学报》基金项目论文比率达到93%。

（撰稿：许斌）

## 第三节　学术精神回归：办好普通理工高校社科学报的有效路径

——《武汉科技大学学报（社会科学版)》出刊100期回顾

普通理工高校普遍面临着人文社科底蕴薄弱的困境，其社科学报须以追求学术精神为办刊旨趣，摒弃非学术性论文和提升学术品位是提高学报质量的不二法门，《武汉科技大学学报（社会科学版)》100期的办刊历程充分佐证了这一办刊理念。专家办刊、编辑学者化、慧眼选题、主动组稿和特色栏目建设是普通理工高校社科学报可持续发展的必由之路。

## 一、创刊初期学报学术思想的萌芽阶段

《武汉科技大学学报（社会科学版）》创刊于 1999 年 3 月，创刊年刊名为《武汉冶金科技大学学报（社会科学版）》，季刊。2000 年学报更名为《武汉科技大学学报（社会科学版）》，第 1 期推出了“墨学研究专栏”。

2001 年武汉科技大学承办了“新世纪全国科技伦理学学术研讨会”，学报于第 4 期推出了会议论文专辑，共刊发具有较高水平的学术论文 43 篇。

2002 年学报论文首次被人大《复印报刊资料》全文转载，转载篇数为 3 篇，在全国理工类大学学报社科版被转载篇目排序中位于第 48 名。

2003 年学报依托学校“湖北省中小企业研究中心”连续三期推出了“我国中小企业研究”栏目，共刊发相关论文 8 篇。2003 年学报影响因子为 0.0622，2004 年学报影响因子为 0.103。

2005 年学报有 2 篇论文被人大《复印报刊资料》转载，在全国理工类大学学报社科版被转载篇目排序中位于第 68 名，2005 年学报影响因子为 0.17。

创刊 7 年中，学报编辑部在提高学报质量方面做出了积极的努力，但囿于办刊者对学报功能定位认识的局限性和学校人文社科学术氛围欠缺，存在以下几方面的问题：

（1）学报学术性严重缺失，非学术性论文占比高达 35%，这些论文作者覆盖了全校所有机关单位和职能部门，论文毫无学术性可言，发表此类论文纯粹是为了职称晋升和成果评定等功利性目的。

（2）校内作者论文占比高达 56%，除了上述非学术性论文外，作者为硕士研究生论文占了相当比例。

（3）高质量学术论文数量少，第一作者为高级职称或博士生或具有博士学位的论文占比不到三成。

（4）学报影响力不高，论文仅被人大《复印报刊资料》转载 5 篇，年均转载量仅为 0.7 篇。学报影响因子长期在 0.06～0.17 之间徘徊。学报仅被评为“全国理工农医院校社会科学学报优秀期刊”，在湖北省高校社科学报界影响甚微。

## 二、学报追求学术精神办刊的转折阶段

针对创刊初期 7 年办刊的经验和问题，学报办刊者充分认识到在普通理工高校人文社科学术研究基础薄弱的实际情形下，办好学报社科版需要统一认识，树立以追求学术精神来达到学报学术质量提升的办刊理念，一方面要断腕求生，坚决摒弃非学术性论文的刊发，另一方面要借船出海，想方设法吸纳外校专家学者

高质量学术论文。

2006年学报由季刊扩为双月刊，学报全年共有5篇论文被人大《复印报刊资料》全文转载，全年转载篇目为创刊7年转载量之和，在全国理工类大学学报社科版被转载篇目排序上升至第38名。在湖北省新闻出版局组织的第五届优秀期刊评选中被评为“湖北省高校优秀学报”，是年5月首次被中国人文社会科学学报学会评为“全国优秀社科学报”。学报影响力明显提升，学报影响因子由2005年的0.17提高至0.264，5年影响因子为0.209，第一作者为高级职称或博士生或具有博士学位的论文比例增至40%。

2007年借全国科技伦理学学术研讨会在校召开之际，学报特辟了“科技伦理与和谐社会构建”专栏。学报全年共有8篇论文被人大《复印报刊资料》全文转载，在全国理工类大学学报社科版被转载篇目排序上升至第27名。学报影响力继续提升，学报影响因子由2006年的0.264提高至0.415，在全国91家大学学报（理工院校）社会科学类排名第15，5年影响因子为0.318，第一作者为高级职称或博士生或具有博士学位的论文比例增至65%，基金课题论文占比达到26%。

2008年学报共有4篇论文被人大《复印报刊资料》全文转载，学报论文首次被《高等学校文科学术文摘》摘编2篇。学报第一作者为高级职称或博士生或具有博士学位的论文比例增至81%，基金课题论文占比达到40%，学报影响因子为0.389，5年影响因子为0.423。

经过3年的不懈努力，学报顺利实现了向纯学术期刊的转型，基本上摒弃了功利性非学术性论文的刊发，学报第一作者为高级职称或博士生或具有博士学位的论文比例达到80%以上，基金课题论文占比达到40%。学报影响力不断提高，论文被人大《复印报刊资料》和《高等学校文科学术文摘》转载和摘编19篇，年均转载和摘编量达到6.3篇，学报影响因子提高至0.26~0.42。

## 三、学报追求学术精神办刊的发展阶段

学报经历办刊理念的革旧图新，以追求学术精神为办刊旨趣，积极采取各项措施谋划办刊之道，从而为学报后续发展打下了坚实的基础，学报从此走上了继续提高学术水平的良性循环之路。

2009年学报论文首次被《新华文摘》摘编，中共湖南省委党校毛明芳的《预防原则：生态文明视野下技术创新的价值原则》被《新华文摘》论点摘编，学报全年共有8篇论文被人大《复印报刊资料》全文转载，另有1篇论文被《高等学校文科学术文摘》摘编，学报在全国理工类大学学报社科版被转载篇目排序上升至第12名。学报第一作者为高级职称或博士生或具有博士学位的论文比例达到98%，基金课题论文占比达到47%，被权威文摘期刊转载率达到8%。由中

国科学评价研究中心主持的《中国学术期刊评价研究报告——RCCSE 权威期刊、核心期刊排行榜与指南》中，学报首次进入 A 类核心期刊，在全国 796 种“人文社会科学类学报”中，学报排名第 144 位，在全国理工农医院校社会科学类学报中，学报排名第 26 位。

2010 年学报论文首次被《新华文摘》全文转载，浙江大学张彦的《现代科技的风险类型及其博弈研究》被《新华文摘》全文转载，并作为“科学技术”栏目第一篇文章在封面要目中予以重点推荐，杭州市社会科学院徐祖荣的《中国志愿服务的制约因素及制度改进》被《新华文摘》全文转载，国家行政学院薄贵利的《论提高政府的公信力和执行力》被《新华文摘》论点摘编，学报论文连续被《新华文摘》转载和摘编，是我国权威文摘期刊对学报学术性的高度肯定，也充分显示了学报办刊水平的不断提升。学报全年共有 5 篇论文被人大《复印报刊资料》全文转载，有 2 篇论文被《中国经济伦理学年鉴（2010）》收录。学报首次荣获湖北省优秀期刊奖；在第四届全国高校社会科学期刊评优活动中，学报被全国高等学校文科学报研究会评为“全国高校优秀社科期刊”，“科技伦理与社会发展”栏目同时被评为特色栏目。

2011 年学报论文首次被《中国社会科学文摘》全文转载，浙江大学张彦的《论现代风险的治理困境及其超越》被《中国社会科学文摘》全文转载。学报全年共有 5 篇论文被人大《复印报刊资料》全文转载，另有 2 篇论文被《中国经济伦理学年鉴（2011）》转载。学报再次被中国科学评价研究中心评为“RCCSE 中国核心（扩展版）学术期刊”，在全国社会科学综合类 641 种期刊中排名第 132 位。学报复合影响因子达到 0.626，在 674 家“综合性人文、社会科学”类期刊中排第 109 名。在湖北省社会科学期刊研究会组织、省委宣传部审定的“湖北省社科期刊第十二届专题优秀作品评选”中，学报荣获二等奖 1 项、三等奖 3 项。

2012 年学报刊发的暨南大学陶季邑的《民主革命派客观上对早期马克思主义中国化起了积极作用》同时被《新华文摘》和《高等学校文科学术文摘》摘编。学报全年共有 7 篇论文被人大《复印报刊资料》全文转载，另有 1 篇论文被《中国经济伦理学年鉴（2012）》转载。学报入选 2012 年版人大《复印报刊资料》重要转载来源期刊。在湖北省委宣传部颁发的湖北省社科期刊优秀作品奖中，学报 7 篇论文获奖，其中一等奖 2 篇。学报发表美国、荷兰和加拿大学者论文 5 篇。学报正高职作者论文占 27%，博士生导师论文占 10%，具有博士学位作者论文占 41%，基金项目论文占 56%。

2013 年学报刊发的山东社会科学院郝立忠的《“马克思哲学本质之争”的产生、发展与化解》同时被《新华文摘》和《中国社会科学文摘》摘编，浙江大学张彦的《论当代中国的价值排序及核心价值观建设》被《中国社会科学文摘》

全文转载。学报全年共有8篇论文被人大《复印报刊资料》全文转载，另有1篇论文被《高等学校文科学术文摘》摘编。在中国科学评价研究中心发布的《中国学术期刊评价研究报告（2013—2014）——RCCSE权威、核心期刊排行榜与指南》中，学报被评为A类核心期刊，在全国647种“社会科学综合”类刊物中，学报名列第145位。学报正高职作者论文占28%，博士生导师论文占15%，具有博士学位作者论文占56%，基金项目论文占56%。

2014年学报刊发的武汉理工大学杨怀中的《科技文化研究的几个热点问题及走向》被《新华文摘》摘编，暨南大学陶季邑的《哈佛学者看中国梦》被《高等学校文科学术文摘》全文转载。在第五届全国高校社科期刊评优中，学报荣获全国高校优秀社科期刊；在湖北省社科期刊第十四届优秀文章奖评选中，学报3篇论文分别荣获一、二、三等奖。学报复合影响因子为0.517，在632家“综合性人文、社会科学”类期刊中排第161名。学报正高职作者论文占30%，博士生导师论文占19%，具有博士学位作者论文占41%，基金项目论文占63%。

2015年学报4篇论文被人大《复印报刊资料》全文转载。在中国科学评价研究中心发布的《中国学术期刊评价研究报告（2015—2016）——RCCSE权威、核心期刊排行榜与指南》中，学报再次被评为A类核心期刊，在全国686种“社会科学综合”类刊物中，学报名列第176位。在第九届湖北省优秀期刊评选中，学报再次被评为湖北省优秀期刊。学报复合影响因子为0.428，在623家“综合性人文、社会科学”类期刊中排第196名。学报正高职作者论文占28%，博士生导师论文占17%，具有博士学位作者论文占50%，基金项目论文占70%。

2016年学报刊发的武汉大学赵凯荣的《马克思现代性哲学与中国现代性问题》和台湾中山医学大学萧宏恩的《墨者的生死诠释》分别被《新华文摘》摘编，学报全年共有5篇论文被人大《复印报刊资料》全文转载。学报被中国社会科学院《〈中国人文社会科学期刊评价报告（AMI）〉引文数据库》收录为来源期刊。在湖北省社科期刊第十五届优秀文章奖评选中，学报8篇论文获奖，其中一等奖1篇、二等奖3篇、三等奖4篇。学报正高职作者论文占40%，博士生导师论文占17%，具有博士学位作者论文占57%，基金项目论文占77%。

2017年学报刊发的武汉理工大学杨怀中的《以新发展理念引领科技文化建设》和山东社会科学院郝立忠的《从“焚书坑儒”到“罢黜百家，独尊儒术”》分别被《新华文摘》论点摘编，华东政法大学宋远升的《法学教授的立法角色突破：历史、技术与制度》被《中国社会科学文摘》全文转载，另有5篇论文被人大《报刊复印资料》全文转载。2017年2月，在第十届湖北省优秀期刊评选中，学报再次荣膺湖北省优秀期刊。由中国科学评价研究中心公布的《中国学术期刊评价研究报告(2017—2018)——RCCSE权威、核心学术期刊排行榜与指南》中，学报蝉联A类核心期刊，在全国694种“社会科学综合”类刊物中名列第174位。

学报历经9年提升期刊学术水平的发展之路，学术质量逐年稳步上升。学报第一作者为高级职称或博士生或具有博士学位的论文比例达到98%以上，正高职作者论文占40%左右，博士生导师论文占20%左右，具有博士学位作者论文占60%左右，基金项目论文占75%左右。学报影响力明显提升，实现了四大权威文摘期刊《新华文摘》《中国社会科学文摘》《高等学校文科学术文摘》和人大《复印报刊资料》转载的全覆盖，被上述文摘期刊和年鉴共转载和摘编74篇，年均转载和摘编量达到8篇，在全国理工类大学学报社科版被转载篇目排序中位于前30名。学报连续被评为湖北省优秀期刊和全国高校优秀社科期刊，并入选2012年版人大《复印报刊资料》重要转载来源期刊，学报连续被中国科学评价研究中心评为A类核心期刊，在全国近700家“社会科学综合”类刊物中，学报名列第150位左右。学报复合影响因子为0.4～0.6，在近700家“综合性人文、社会科学”类期刊中排前200名，学报还被中国社会科学院《〈中国人文社会科学期刊评价报告（AMI）〉引文数据库》收录为来源期刊。

## 四、以追求学术精神推动学报可持续发展的思考

12年来，以追求学术精神作为提升理工类高校学报质量的办刊旨趣，学报取得了一系列可喜的成绩，所刊载论文学术水平大幅度提高，社会影响力逐年扩展，达到了学校扩大人文社科学科影响力和展示社会科学研究水平的学术窗口功能，但以更高的学术标准与全国理工类高校优秀社科学报进行横向比较，差距依然明显，尚存在一系列深层次的问题，以追求学术精神提升学报质量之路依旧任重而道远：

（1）觅前沿热点，推大家宏论。虽然学报第一作者为高级职称或博士生或具有博士学位的作者论文比例已达到98%以上，但博士生导师论文仅占20%左右，缺少知名专家学者的重磅之作，因此，需坚持问题导向和原创性原则，挖掘潜在热点，引领学术潮流，想方设法组织优质稿源，推出更多令人耳目一新且具有相当分量的长篇学术佳作。

（2）明确定位，努力扩大学报影响力。目前学报在全国近700家“综合性人文、社会科学”类期刊的影响力位居前200名，尚有较大的提升空间，需借他山之石，做好选题布局，提高论文的含金量，力争学报所发论文被权威文摘期刊年转载量达到20篇左右，使学报的学术水准提升到一个新的更高层次。

（3）扬长避短，构建特色栏目。囿于学校人文社会科学研究力量的相对贫乏，学报略显特色的“科技伦理与社会发展”栏目难以为继，需慧眼识珠，建设社会学研究领域的特色栏目，吸纳专业领域学者的特色作品，坚持数年，办成具有一定影响力的学术园地。

（4）去行政化，行专家学者办刊之道。行政化处级干部的安排是办好普通理工高校学报的深层桎梏，为了实现学报作为高校学术研究窗口的功能，必须依靠专家学者引领办刊方向、组织优质稿源和提高编辑加工质量，开放式办刊，让专业人做专业事，唯有如此，提升学报质量的各项措施才能落地生根。

（5）轻职业重志业，编辑学者化。当今社会人文社会科学知识日新月异，编辑不应只是文字规范化的简单编辑者，而应是终身探索学习的学者，编辑既要术业有专攻，又要具备把握广泛学科知识的博学素养，这是学报可持续发展的必要条件，也是新一代编辑未来的愿景。

（撰稿：许斌）

# 第六章　坚持开放办学，优质办学资源加速汇聚

## 第一节　国际交流与合作实现提档升级

十年来，武汉科技大学坚持服务国家总体外交和湖北省全面振兴发展，按照教育部、湖北省教育厅和学校对国际交流与合作工作的统一部署，积极适应高等教育国际化发展的趋势，紧紧围绕人才培养和科学研究的两个核心，在中外合作办学、对外交流、成建制来华留学生教育等方面取得了重大突破，学校国际合作与交流工作进入全方位、多层次、重实效的发展新阶段。

### 一、积极探索中外合作办学渠道，努力提升中外合作办学层次，引进国外先进办学资源，助力本土教师的国际化水平提升，连续三年获批中外合作办学本科项目 3 项

我校中外合作办学有着长期的发展历史，溯源于 20 世纪 90 年代初期成功举办中澳钢铁工业培训中心。学校 1999 年在湖北省高校中最早成立国际学院，1995～2010 年与澳大利亚皇家墨尔本理工学院成功举办中澳商务班，在省内外具有广泛的影响力。此外，2002～2005 年还与加拿大开瑞博大学学院合作举办专科层次计算机管理培训项目，2000 年至今，与德国德累斯顿工业大学合作德语培训本续硕项目。

近 10 年来，我校的中外合作办学进一步向深度发展。2008～2016 年，经湖北省教育厅批准、国家教育部复核，我校与新加坡义安理工学院合作举办了物流管理专业高等教育专科双文凭教育项目，培养中新两国社会发展急需的国际化、应用型物流管理人才为办学目标。项目引进了义安理工学院课程、师资、教材和管理手段等多方面优质教育资源，包括 70 余人次教师来我校讲授 18 门课程。我校也选派了 12 名教师赴义安理工学院进行研修。合作项目 8 年共招收六届 625 名学生，其中 292 名学生赴新加坡义安理工学院留学完成三年级学业。另外，我校还选派了 13 名学生赴义安理工学院进行暑期社会实践，以及 1 名博士研究生赴该校水源科技研发中心开展为期一年的水污染治理研究。同时，义安理工学院也先后派遣了 35 名物流专业学生前来我校在合作项目插班学习，以及其他专业 176 名学生来我校交流。中新物流管理项目毕业生大部分在中国和新加坡知名

物流企业就职，部分在国内以及新加坡、英国、美国、澳大利亚、爱尔兰等国攻读学士和硕士学位。鉴于在中外合作办学等方面所取得的突出成绩，我校于2010年、2013年两次被湖北省政府外事侨务办公室评为“全省外事侨务系统先进单位”。

为提升我校中外合作办学的层次，我校分别于2012年、2013年、2014年从教育部获批了与美国桥港大学合作举办电子信息工程专业本科教育项目，与澳大利亚迪肯大学合作举办机械工程专业本科教育项目，以及与英国伯明翰城市大学合作举办网络工程专业本科教育项目。三个合作项目致力于培养具有国际视野、通晓国际规则、能够参与国际事务和国际竞争的国际化工程师，都引进外方大学相关专业的1/3核心课程及师资，学生在后半阶段可赴外国合作大学学习，修完规定课程可同时获得双方大学学士学位。三个中外合作办学本科项目运行良好，其中中美电信、中澳机械两个项目分别于2016年、2017年一次性通过了教育部合格评估，中英网络项目2015年通过了英国第三方评估专家办学资质评估。5年来，三个本科合作项目取得的成效主要体现在：

（1）引入国际工程师人才培养模式和优质教育资源。每个专业引进外方课程16~18门、教材16~18套、授课约1000学时、在线教学系统或电子资源库各1套，近5年外方教师来校授课百余人次。

（2）培养了一批高素质国际化工程人才。截至2017年底，共招生837人，其中中美、中澳两个项目首届87名毕业生约三分之一考取了国内外名校研究生，其余圆满在制造和电子信息等战略新兴产业就业。

（3）带动了相关学科建设和专业发展与国际接轨。已建设数十门双语或全英文教学课程，推进了办学理念、人才培养模式的更新，优化本专业和相关专业的教学内容和教学方法，推进了教学手段、质量评价、考试制度的改革。

（4）推动高水平师资队伍建设。合作项目选派出国研修30余人，培养了一批具有国际视野的全英语或双语骨干教师。

（5）国际化人才培养经验在全校推广。三个项目约60名学生赴国外合作大学攻读学位，全校200余人暑期赴合作学校进行暑期交流。

为了推动我校中外合作办学向更广，更加深入的发展，我校近年还积极推动在医学学科与武汉亚洲心脏病医院和法国波尔多大学合作，由亚洲实业集团为学生提供奖学金、资助我校医学院教师赴法研修，中法两校联合培养临床医学专业国际化拔尖人才。为响应“一带一路”倡议，我校与哈萨克斯坦交通学院以及湖北科力生哈萨克斯坦有限公司，就在哈萨克斯坦“霍尔果斯—东大门”经济特区哈铁物流园内，联合建立铁路物流培训中心业已达成共识。

表 6-1 中外合作办学项目信息统计表（2008～2017 年）

| 项目名称 | 招生人数 | 学生留学人数 | 引进教材门数 | 教师出国培训人数 |
| --- | --- | --- | --- | --- |
| 新加坡义安理工学院物流专业 | 625 | 292 | 31 | 15 |
| 美国桥港大学电子信息工程专业 | 325 | 29 | 18 | 8 |
| 澳大利亚迪肯大学机械工程专业 | 322 | 21 | 13 | 9 |
| 英国伯明翰城市大学网络工程专业 | 190 | 2 | 12 | 8 |
| 合计 | 1462 | 344 | 74 | 40 |

## 二、启动成建制本科留学生和研究生留学生教育，设立研究生留学生奖学金制度，实现了我校国际教育的又一次重大突破

我校留学生的发展历程，经历了从接收外国学生来校交流学习、与合作高校开展联合实习，到成建制本科留学生规模发展、设立外国来华留学研究生奖学金招收优秀留学研究生攻读学位的有序发展过程。

2010 年，我校通过与德国弗莱贝格工业大学合作实施经济学双硕士联合培养项目，招收了来华留学生 4 名，实现了我校历史上招收学历留学生零的突破。2011～2015 年期间，德国弗莱贝格工业大学每年均选派学生来我校攻读经济学硕士学位，同时新加坡义安理工学院选派物流管理专业的学生来我校进行为期一学期的学习交流。自 2012 年起，美国华盛本大学商科学生与管理学院学生开展联合实习，丰富了短期留学生来校交流的方式，随着该项目规模进一步扩大，2017 年共有 38 名美国华盛本大学、比利时 PXL 应用科技大学以及英国伯明翰城市大学学生来我校与管理学院学生开展联合实习活动。2015 年，迪肯大学学生也以联合实习的方式与我校机械学院、城建学院学生开展了交流。

2016 年初，学校正式启动我校成建制本科留学生教育，根据国家和我校教育发展规划，制定了适合我校校情的留学生工作发展规划。2016 年首年招生共录取临床医学本科专业留学生 52 人，生源国包括赞比亚、坦桑尼亚、津巴布韦、巴基斯坦、埃塞俄比亚、乌干达等 6 个国家。同年，为了吸引优秀外国来华留学研究生来我校学习，促进学校人才培养、科学研究、社会服务以及文化交流工作，学校制定了《武汉科技大学外国来华留学研究生奖学金管理办法》，设立外国来华留学研究生奖学金，主要面向我校现有 7 个一级学科博士点以及 20 个一级学科硕士点使用英语授课的相关专业招收来华留学研究生。

2017 年，学校招收留学生的规模进一步扩大，新招收全英文临床医学、土木工程、国际经济与贸易本科专业共计 178 人，以及机械工程、信息工程、化学工程等专业硕士研究生 7 名、博士研究生 2 名。为提高留学生专业教师英语应用

能力和全英语教学水平，从美国聘请3名英语教学专家，利用暑期为全校各学科30余名青年骨干教师举办全英语教学培训，成效显著。留学生管理队伍有所增强，招生、培养、安全、宿舍、奖学金等各项管理规范逐步完善，留学生新公寓启用，招生录取严把标准，居留和签证管理到位，各项工作平稳有序开展。

## 三、加强对外交流与合作，与国（境）外知名高校签订合作协议，推进实质性多渠道的教师交流，扩大学生出国（境）交流的形式与规模，提升师生国际视野

十年来，学校先后同国境外三十余所高校、科研院所建立了稳固的合作关系，辐射到亚洲、欧洲、北美洲、大洋洲以及非洲。并先后建立了与剑桥大学、匹兹堡大学、阿姆斯特丹自由大学、汉阳大学等国际著名大学的科研合作，除引进各专业领域的著名学者和教授外，同时向这些学校派出教师和学生进行交流或研修。学校鼓励教师参与各类海外交流项目，国际处协助人事处遴选教师参加国家留学基金委高访（含博士后）项目、地方合作项目及省属高校青年教师项目。另外，每年有百余名教师出国（境）参加各类国际学术会议。

十年间我校学生出国（境）交流项目的形式已实现了从单一到多样的转变，目前参与交流学习的学生数量每年增加至百余名。目前学生交流形式主要有三大类：

（1）暑期短期交流项目：由国际交流合作处牵头，相关职能部门或有能力的学院负责执行，利用暑假组织学生赴国外高校短期的学习交流，将课程学习与文化游历有效地结合在一起，可以对海外的学习和生活状况形成相对比较全面和整体的印象。

（2）交换生交流项目：我校与合作高校通过正式签约，等量互派，学费互免等方式，提供学生一学期或一学年的交流学习机会。学生需在接收院校研读课程，获得正式成绩单之后，返回派出院校进行学分和成绩的认定与转换，真正实现海内外课程的对接。

（3）学历生交流项目：我校与合作高校以2+2等模式开办的学分互认双学位联合培养项目。该类项目通过联合培养渠道，探索多层次、多模式的学生、教师间交流，追求两校相似学科间深度合作，以此来深层次推进校际间实质性交流。

2008~2012年，我校开展学生交流的方式主要是交换生交流项目，选派优秀学生赴美国华盛本大学、日本茨城大学、北见工业大学以及福井大学进行为期一年的交换学习。2013年是我校学生交流飞速发展的一年，在推进学生交换项目纵深发展的基础上，建立了更宽更广的学生交流平台。2013年度，共选派96名学生赴境外进行长短期交换学习，比2012年的42人增长了128.6%，其中

选派 29 人分赴美国华盛本大学、日本早稻田大学、北见工业大学、福井大学和茨城大学、中国台湾辅英科技大学参加交换项目；选派 6 名学生赴韩国汉阳大学硕博连读；同时，努力推动学生短期交流项目，首次派出 3 名学生参加匹兹堡大学 INNOVATE 项目；首次选派 49 名学生赴桥港大学进行暑期交流；选派 12 名学生赴德国弗赖贝格工业大学进行科研交流；协同研究生院选派学生赴国外高校进行短期研修。

2014 年，我校共选派出国留学人员 183 名，其中 127 名学生赴境外进行长短期交换学习。2015 年，共选派 176 名学生赴日本、韩国、美国、英国、澳大利亚等国。2016 年，共组织 120 名学生赴国（境）外参加冬季及暑期游学活动，选派 43 名学生赴境外合作高校美国华盛本大学、美国桥港大学、澳大利亚迪肯大学、日本茨城大学、韩国汉阳大学、中国台湾辅英科技大学等友好学校交流研修。2018 年，国际交流合作处对已有的海外交流项目进行进一步的发展和完善，积极开拓渠道，加强与更多国际高水平大学的联系，争取更多、内容更丰富的符合学生意向的海外交流项目，拟选派各层次暑期学生交流团组共 10 个，满足学生不同的参与需求。

**表 6-2　各学院交换生统计总表**（2010 ~ 2018 年）

| 年度 | 材冶学院 | 城建学院 | 管理学院 | 化工学院 | 机械学院 | 计算机学院 | 理学院 | 汽车学院 | 外国语学院 | 文法学院 | 信息学院 | 医学院 | 艺术学院 | 资环学院 | 国际学院（双学位） | 合计 |
|---|---|---|---|---|---|---|---|---|---|---|---|---|---|---|---|---|
| 2010 | | | 4 | | | 1 | | | 1 | | | | | | | 6 |
| 2011 | 1 | 2 | 6 | | 1 | 1 | | 1 | 2 | | 4 | | 1 | | | 19 |
| 2012 | | 1 | 8 | 3 | | 2 | | 1 | 2 | 2 | 2 | | 1 | | | 22 |
| 2013 | 3 | 1 | 9 | | 1 | | | 1 | 1 | 1 | 1 | 3 | | | | 21 |
| 2014 | 2 | | 7 | 2 | | | | | | 1 | 7 | 7 | 6 | | | 32 |
| 2015 | 5 | 5 | 7 | 2 | 1 | | | 3 | | 1 | 8 | 7 | 6 | | 15 | 60 |
| 2016 | 1 | | 5 | 1 | 1 | 1 | | 1 | 1 | | 3 | 3 | 3 | | 26 | 46 |
| 2017 | | 1 | 7 | | 1 | | | | 2 | 1 | 1 | | 3 | 2 | 11 | 29 |
| 2018 | 2 | 1 | 4 | | | | | 3 | 1 | | 2 | | | | | 13 |
| 合计 | 14 | 11 | 57 | 8 | 5 | 5 | 0 | 10 | 10 | 6 | 28 | 20 | 20 | 2 | 52 | 248 |

## 四、加强引智工作，推动教学研究。每年聘请长、短期外教，满足全校教学需求；做好境外高层次人才引进工作；积极组织申报国际学术会议

根据学校的发展和人才培养的需要，学校长期聘请数名外籍语言教师保证全校公共英语教学的需求，每年还接受数十人次专业外籍教师来校授课，主要参与

中新、中澳、中美、中英合作办学项目的教学。近年来，国际钢铁研究院、材冶学院、机械学院、生物医药研究院等学院或部门还聘请博士后和高层次外国专家在学校参与学术研究。同时，学校还聘请大量短期外教和客座教授、特聘教授以及“长江学者”“千人计划”和“百人计划”等高端人才来校工作。十年来，我校先后聘请外国专家共198人次，其中高层次专家和博士后32人，专业外籍教师79人，以及语言类教师87人，分别来自美国、澳大利亚、新西兰、英国、波兰、德国、新加坡、加拿大等国。

为进一步扩大我校教育国际交流与合作，提高对外开放水平，为科研和教育的发展作出更大贡献，同时加深我校与世界各国同行的学术交流与合作，相互借鉴、相互启迪、相互学习，进一步推动彼此交流与合作，我校积极参与依托湖北省教育厅设立的“世界著名科学家来鄂讲学计划”，邀请外国某一领域顶尖级科学家和知名学者来我校讲学，以促进我校的人才培养，学科建设，教学等方面的发展。十年期间我校共邀请了22名世界著名专家来我校讲学，受益师生覆盖我校多个学科的师生。

我校重视国际学术交流，积极组织申报国际会议，通过国际会议的举办，增强我校的国际影响力，提升我校科研和学术水平，同时，通过这个平台协助我校引进各类各层次的人才。在2010年成功申报5项“世界著名科学家来鄂讲学”并获得教育厅经费资助25万元的基础上，2011年11月我处与我校国际钢铁研究院共同成功举办高规格的国际会议“世界著名科学家来鄂讲学——武汉论坛”，吸引了一大批在钢铁冶金与材料领域研究、开发、应用方面领先的国内外大专院校、科研单位和企业参会。来自英国、美国、日本、法国、比利时、乌克兰、澳大利亚、韩国和中国的110多名学术界专家，以“钢铁冶金与材料”为论坛主题，进行了61场学术报告。2011年“国际耐火材料论坛”首次在我校召开，也是该论坛第一次在中国举办，来自美国、法国、奥地利、德国、澳大利亚、巴西和中国的学术界和企业界代表做了48场学术前沿科技交流报告，研讨耐火材料未来科学发展，展望耐火材料科学前沿研究。2014年，协同校办、科发院、学校其他相关职能部门和学院，组织了“2014现代科学技术国际研讨会”，期间来自日本北见工业大学、日本电气通信大学、中国台湾勤益科技大学以及哈尔滨工程大学校外参会人员41人，校内参会人员230余人，共征集论文121篇，举办学术会议95次。同时，我校还积极组织师生参加合作学校承办的国际会议，2012年组织10人参加日本东京电气电信大学举办的“2012现代科学技术国际会议（IWMST 2012）”，组织2名教师参加德国弗莱贝格工业大学资源可持续发展会议。2016年组织80余名教授参加了在中国台湾勤益科技大学举办的“2016现代科学技术国际会议（IWMST 2016）”，并选派15人赴会交流。2017年，组织26人赴柬埔寨参加暹粒“第12届IEEE工业电子与应用会议（ICIEA 2018）”。

2018 年 5 月，我校承办"第 13 届 IEEE 工业电子与应用会议(ICIEA 2018)"，来自美国、加拿大、英国、德国、法国、日本、澳大利亚等数十个国家 80 多位外宾以及国内的专家学者，共计 350 人参加此次国际会议。同时为了庆祝我校建校 120 周年，我校会同日本北见工业大学、日本东京电气通信大学、哈尔滨工程大学、中国台湾勤益科技大学等高校，将于 2018 年 10 月在我校举办五校联盟"2018 现代科学技术国际会议（IWMST 2018)"。

表 6-3　武汉科技大学国际会议举办信息一览表

| 序号 | 会议名称 | 举办年份 | 举办地点 |
|---|---|---|---|
| 1 | 世界著名科学家来鄂讲学——武汉论坛 | 2011 | 武汉 |
| 2 | 国际耐火材料论坛 | 2011 | 武汉 |
| 3 | 2012 现代科学技术国际会议 | 2012 | 武汉 |
| 4 | 欧盟合格评定和市场监管能力建设论坛 | 2012 | 武汉 |
| 5 | 世界资源可持续发展会议 | 2012 | 德国弗莱贝格 |
| 6 | 2014 现代科学技术国际研讨会 | 2014 | 武汉 |
| 7 | 武汉海洋工程用钢论坛 | 2015 | 武汉 |
| 8 | 第五届国际功能涂层开发及应用高峰论坛 | 2015 | 武汉 |
| 9 | 2016 现代科学技术国际会议（IWMST 2016） | 2016 | 中国台湾 |
| 10 | 武汉科技大学-阿姆斯特丹自由大学大数据论坛 | 2016 | 武汉 |
| 11 | 第 12 届 IEEE 工业电子与应用会议（ICIEA 2018） | 2017 | 柬埔寨暹粒 |

表 6-4　世界著名科学家来鄂讲学专家人数统计表（2008～2017 年）

| 年　度 | 来鄂专家人数 | 年　度 | 来鄂专家人数 |
|---|---|---|---|
| 2008 | 1 | 2014 | 3 |
| 2009 | 2 | 2015 | 3 |
| 2010 | 2 | 2016 | 2 |
| 2011 | 5 | 2017 | 3 |
| 2012 | 3 | 合　计 | 26 |
| 2013 | 2 | | |

## 五、加强对外交流，寻求合作机会。通过"请进来，走出去"的方式，加强我校与国（境）外多层次的合作，组团出访国（境）外高校

为扩大和深化对外交流合作，搭建新的合作渠道，每年度按照国家因公出国要求和学校工作计划，组团出访国（境）外合作院校，分别访问了英国伯明翰

城市大学、剑桥大学、拉夫堡大学，荷兰阿姆斯特丹自由大学，德国弗莱贝格工业大学，澳大利亚昆士兰大学、昆士兰科技大学、迪肯大学，哈萨克斯坦国立技术大学、哈英技术大学、阿拉木图交通学院、阿拉木图管理大学、阿拉木图国际信息技术大学，美国桥港大学、华盛本大学、密歇根理工大学、蒙大拿大学理工分校、加州州立大学萨克拉门托分校、斯坦福大学、北卡罗来纳大学教堂山分校、旧金山 HBI Solutions 健康大数据智能解决方案公司、旧金山美国昭衍创新园、洛杉矶美国“希望之城”国家医疗中心等研究机构，加拿大多伦多大学，韩国汉阳大学，日本茨城大学、电气通信大学、北见工业大学、福井大学等多所高校及机构。通过访问拓宽合作渠道，搭建新的合作平台，签订合作协议100余份。

随着学校发展和开放办学程度的提高，我校师生出国交流与合作的形式从原来单一的学校组团访问合作院校建立校际关系，发展到了教师出国研修、师生参加国际会议，学生赴海外学习交流等多种形式，出国交流的规模也从十年前的每年30余人次发展到现在的每年200余人次。学校在规范出访审批管理的同时，也高度重视因公证照的收缴保管工作，不断加强因公证照的收缴管理工作机制，确保因公证照收缴率达到100%。

**表6-5　武汉科技大学因公出国（境）情况汇总（2010～2017年）**

| 年度 | 人　次 | 年度 | 人　次 |
|---|---|---|---|
| 2010 | 30 | 2014 | 100 |
| 2011 | 57 | 2015 | 112 |
| 2012 | 100 | 2016 | 109 |
| 2013 | 124 | 2017 | 188 |

（撰稿：罗园萍）

## 第二节　全面推进产学研科技合作

多年来，学校始终坚持“以贡献求支持，以特色争优势，以创新促发展”的理念，立足行业，服务地方，面向全国，加强与企业、地方合作，着力完善科技创新体系，努力探索产学研合作新模式，不断提高服务经济社会发展的能力和水平。

### 一、依托重点学科优势，服务冶金行业发展

作为一所以钢铁冶金为特色的高校，学校始终关注冶金学科研究前沿和冶金工业发展需要，瞄准区域经济社会发展中亟待解决的实际问题和地方行业企业需

求，依托钢铁冶金、材料、机械、化工、控制等学校优势特色学科，把县域经济作为主攻重点，建立一批转化中心、研究院等产学研基地，推行“一院、一市、一基地”建设，带动学校与县市、企业的双赢合作。

学校先后与湖北孝感、黄冈、仙桃、荆门、宜昌、老河口、十堰、襄阳、鄂州、黄石、恩施、荆门、随州，江苏宜兴、仪征，山东淄博，广东湛江，武汉市洪山区、青山区等20多个地方人民政府建立全面战略合作关系。与武钢、中钢集团、柳钢、中冶南方、中国一冶、广西铁合金、韶钢等30余家大型企业建立了全面合作关系，为推动行业经济转型和科技进步、服务地方经济建设做出了较大贡献。

武钢是我国中部最大的先进钢铁生产基地。多年来，我校十分注重与武钢的联系，将武钢生产过程中的重大技术问题作为我校科研的主攻方向，攻克了许多重大技术难题，取得了多项国际先进水平的技术成果。学校与武钢集团结成了战略合作伙伴关系，双方联合成立了“钢铁新技术研究院”，已形成了实验室研究、工业应用研究及产业化的新型产学研合作机制，实现了互利双赢、共同提高的效果。2007年以来，双方合作研发项目达到630多项，与武钢联合研究取得的成果获得13项国家级科技奖，获得省部级科技奖67项；双方还联合申报了国家级硅钢工程技术研究中心，取得了多项基础研究和应用成果，创造了显著的经济效益。

## 二、对接国家战略需求，助力两型社会建设

进入21世纪，国家倡导建设资源节约型、环境友好型社会，武汉城市圈被国务院列为“两型社会”国家级实验区。学校紧紧抓住这一难得机遇，充分利用特色学科优势，大力开展节能降耗、环保新技术的开发与利用研究，努力为构建“两型社会”做贡献。

冶金行业是我国开展节能减排工作的重点行业，节能减排工作事关冶金行业的发展前途。我校组织多学科协同，大力推进节能减排研究工作，取得了许多重大成果。含铁渣尘是对环境污染严重的冶金和化工废渣，学校教师创新性地开发出含铁渣尘高效利用关键技术并成功进行了工业应用，使渣尘中的有用成分得到高效利用，环境也得到了改善和保护。该技术已获国家发明专利6项，待授权的发明专利2项，成果广泛应用，建成硫酸渣综合利用厂21家，建成冶金粉尘循环利用厂12家，取得了很好的经济效益、社会效益和环境效益，获得了湖北省科技进步一等奖，2007年获得国家科技进步二等奖。

2005年之前，武钢焦化公司冷却煤气用水都是一次性使用后直接注入长江，既污染水源又浪费资源。与武钢一衣带水的武汉科技大学经过科技攻关开发了新设备、新技术，将“焦化直流水改循环水”，使95%的冷却煤气用水进入循环使

用，大大改善了资源利用情况，减少了污染物的排放，并回收大量的可利用物质，成功实现了节能减排的目标。该成果获得了湖北省科技进步一等奖，2009 年获得国家科技进步二等奖。

学校主持承担的国家 863 项目“制造企业生产过程绿色规划与优化运行技术”，针对机电产品制造企业的生产过程，开展企业生产过程绿色规划与优化运行技术研究与应用示范，为我国量大面广的机电产品制造企业的生产过程降低资源消耗、减少环境污染、实现清洁化生产等提供关键技术和解决方案，也为湖北地区的节能减排工作做出了较大的贡献。

## 三、坚持市场需求导向，促进科研成果转化

武汉科技大学围绕“地方政府最关心什么，企业最感兴趣的是什么，老百姓最需要什么”来确定科研重点，充分发挥学科优势，用高新技术改造传统产业，努力成为政府、企业的“技术大使”。

项目针对我国洁净钢冶炼中耐火材料广泛存在的主要问题，我校李楠教授及其团队深入研究了耐火材料与熔钢反应机制及其对钢质量的影响，形成了铁水预处理—转炉—钢包—中间包系列新型耐火材料制备与应用关键技术，实现产业化并大规模工业应用，妥善地解决了长寿和净化后钢水再污染等洁净钢冶炼用耐火材料关键问题。获得授权 11 项国家发明专利和 3 项实用新型专利。项目成果先后在武钢（集团）耐火材料有限责任公司、武汉瑞升特种耐火材料有限责任公司、武汉威林炉衬材料有限责任公司、浙江自立股份有限公司等 30 余家单位成功转化并产业化，产品在武钢、宝钢等国内 50 余家钢厂实施。仅这四家耐火材料企业三年累计新增产值约 4.8 亿元，新增利润 9038.28 万元，上缴税收 6911.35 万元。武钢自 2003 年开始应用本项目产品，仅以浙江上虞自立股份有限公司供应武钢钢包无碳预制块材料为例，按照洁净钢较普通钢平均销售价格高出 100 元/吨计算，2008 ~ 2010 年三年新增利税可达 24.4 亿元。该成果获得 2011 年国家科技进步二等奖。李楠教授团队完成的“高品质耐火材料制备与应用关键技术及产业化”系列成果获得 2012 年“湖北十大科技成果转化”称号。

我校张一敏教授及其团队，结合湖北通山腾达矿冶有限公司所属钒矿的含钒页岩特点，经过多年科技攻关，首创了双循环高效氧化提钒新工艺，创建了全新的在线循环新思路，通过多种强化机制，发明了自催化—高效解离—循环氧化提钒新方法，突破了含钒页岩低价钒难以氧化转价的技术难关和环境瓶颈，首次在我国建成标志性先进提钒工程，大幅度提高了钒回收率，实现了提钒生产节能减排、在线循环和降耗增效。该项目申请国家发明专利 18 项，目前已获授权国家发明专利 9 项，实用新型专利 8 项。该项目技术成果被列为 2008 年“国家重点环境保护实用技术示范工程”项目，受到中央电视台新闻联播等国内主流媒体的

关注，形成了我国独特钒资源先进提取成套集成技术。目前已在湖北腾达矿冶公司和浙江鑫旺矿业公司等国内10余家提钒企业应用，新开发的节能、环保配套技术还先后用于武钢、柳钢、广西明珠矿业等国内20余家单位，近三年共减排尾渣660万吨，节水9237万吨，减排污染物（$SO_2$、$NH_3$、HCl等）151.05万吨（污染当量15.55亿），近三年共新增产值35.99亿元，经济效益显著。该项目获得2010年国家科技进步二等奖。

针对薄带钢生产消耗问题，我校李友荣教授及团队与中冶南方、武钢等单位联合攻关"降低薄带钢生产消耗的关键技术"项目，研制出了无吹扫轧制残留物处理工艺、变增益双伺服轧制力控制技术、超细雾化高压静电喷涂技术、自均温式中间坯全反射保温工艺等一系列降低薄带钢生产消耗的核心技术，缓解了我国钢铁企业对先进生产技术的迫切需求。该成果已授权国家发明专利12项，并在武钢、宝钢、鞍钢、莱钢等企业应用。近3年创造直接经济效益11亿元，推广应用后，还将给我国钢铁行业带来更大利润空间。该项目获得2011年国家科技进步二等奖。

湖北西部储存有20亿吨的高磷磁铁矿，但因选矿技术不过关无法利用。武钢牵头，联合武汉科技大学等多家科研院校共同攻关的国家"十一五"科技支撑计划重点项目"鄂西典型高磷赤铁矿综合开发利用技术及示范"正是为了解决这个技术难题。我校张一敏教授担任总协调，针对困扰冶金行业近半个世纪的脱磷提铁难题开展技术攻关，在湖北省恩施州建始县官店镇建成50万吨/年高磷赤铁矿采选示范线及配套的45000吨/年高磷赤铁矿尾矿生产免烧砖工业性试验线，建立了铁水脱磷中试工厂中频炉，共申请发明专利30项，其中13项发明专利获得授权，于2011年通过了科技部组织的专家验收。该项目成果技术提高了我国紧缺铁矿石产品自给率和综合利用率，使该领域相关科学技术达到国际领先水平。

学校与武钢硅钢总厂和河南泰威高温陶瓷材料有限公司等多家单位共同完成的"武钢硅钢连续退火炉用C-Si-N质长寿命炉底辊套管的研究与制备技术"项目，2010年12月经武汉市科技局组织的专家组鉴定，专家组一致认为，该项目成果技术和应用达到国际领先水平，性能超过日本相关产品，使用寿命延长一倍以上，目前正在加快产业化进度，尽早完全替代进口产品。

学校与宜昌耐火材料有限公司联合申报获批了国家"十二五"科技支撑计划项目"天然镁橄榄石高效利用关键技术与应用示范"。国家拨款经费430万元。近年来，该项目研究团队已经申请及授权14项国家发明专利，发表研究论文20余篇，现已形成4种以天然镁橄榄石低碳排放制备高性能冶金用非金属矿产品的中试生产线。

我校樊希安教授团队与鄂州市昌达投资公司共同创立高新技术企业，完成了

“分散分布式低温余热温差发电技术产业化”项目技术成果转化。该项目3项专利技术经过评估后最终以1040万元作价入股（樊希安团队占专利作价入股的85%，学校占15%），组建新的初创公司，2017年9月新公司已经开始运营。

我校李亚伟教授团队的“一种含碳耐火材料用复合碳素原料及其制备方法”等专利经第三方评估机构评估，评估价格为241.25万元（李亚伟团队占专利作价入股的85%，学校占15%）。由湖南立达高新材料有限公司以货币资金出资，学校与研发团队以专利作价入股出资，新成立湖南武科立达格拉菲新材料有限公司。

## 四、聚合各方创新优势，强化科研平台建设

武汉科技大学在充分发挥冶金特色、服务于钢铁行业的同时，还积极拓展科研外延，主动融入区域创新体系建设。通过开展与地方政府建立合作关系，与企业合作建立研发平台等形式的产学研战略合作，全面推进学校科研成果的产业化转换。围绕“一带一路”“海洋强国战略”，瞄准国家钒资源战略、国家地方节能发展战略需求，依托学校“耐火材料与冶金国家重点实验室”“钢铁冶金及资源利用教育部重点实验室”“冶金矿产资源高效利用湖北省重点实验室”等平台优势，与企业共建国家地方联合工程研究中心、协同创新中心、产业技术联盟，推动湖北经济社会发展。

2010年，学校与武钢、猴王集团、澳大利亚迪肯大学等联合成立了“国际钢铁研究院”，与中港铁航工程局联合成立了“爆破技术研究中心”。

2011年，学校牵头与湖北平凡矿业、湖北新冶钢、通山腾达矿冶、宣恩泛得矿业等企业成立“湖北钒资源开发与利用产业技术创新战略联盟”，以产业链设置创新链，搭建钒资源高效提取技术、钒资源在线循环利用技术、钒产品深加工技术等技术平台。着力研究解决钒资源利用行业关键技术问题，进一步融合优势科技资源，推动我省钒资源利用产业由资源优势向经济优势发展。目前获授权美国等国际发明专利2项，专利技术在省内企业转让7项，总金额超过1000万元。“含钒页岩双循环高效氧化提钒技术”项目成果被国土资源部列入国家先进适用技术发布推广、“含钒资源一步法生产高纯五氧化二钒关键技术”项目成果被国家工信部列入《产业关键共性技术发展指南》。

2012年我校毛新平院士牵头与武钢、东风等企业成立“高性能钢铁材料及其应用湖北省协同创新中心”，主要围绕海洋工程用钢、钛合金、不锈钢、复合材料、特种材料及其相关技术开展研究，承担在研重大科研任务共计26项，其中国家科技重大专项项目（课题）4项，国家973计划、863计划、支撑计划及自然科学基金重点项目15项，地方和企业重大研发项目7项。易焊接海洋工程厚板与特厚板成功应用于南海981平台等国内重大工程，并出口到亚洲、欧洲和

美洲等国家。

2015 年，我校与俄罗斯巴尔金中央黑色冶金科学研究院签署合作协议，双方将共建海洋材料应用技术中俄联合研发中心。将针对我国海洋开发的需求，在舰船、海洋平台、油气管线、极地船舶等方面，与相关企业协同开发急需的高品质金属材料及应用技术，以推动我国在海洋工程用钢、复合金属材料、特种金属材料等相关领域的科技成果转化与工程化。

2016 年，我校作为联盟发起单位之一，在湖北武汉成立了“中国海洋材料产业技术创新联盟”，全国共 90 多家高校、科研院所和企业首批加入“联盟”，将为我国海洋材料的协同创新与发展搭建一个良好的信息、交流、服务和数据平台，对中国海洋材料的创新发展和海洋强国建设具有重大意义。

2016 年，由我校牵头联合中冶南方工程技术有限公司、中国一冶集团有限公司、武钢耐火材料有限责任公司三家单位，在“高温材料与炉衬技术湖北省工程研究中心”的基础上，成立了“高温材料与炉衬技术国家地方联合工程研究中心”，于 2016 年获得国家发改委批准建设而成，该中心是省部共建耐火材料与冶金国家重点实验室及工业炉窑相关学科的成果转化和产业化基地。中心瞄准国家对冶金、建材、化工、电力等高温工业节能降耗的迫切需求，以服务湖北省地方经济建设为核心，研究工业炉窑能源高效清洁利用的理论和方法，致力于开发和推广热工装备节能降耗关键共性技术和新材料，以及系统的集成中试、示范及工程化应用，制修订热工装备的检测规程以及工程设计规范，培养热工装备节能降耗新技术方面的高水平人才，提供相关的工程技术咨询服务。

2016 年学校与宜昌市人民政府成立“成果转化中心宜昌分中心”，与宜兴市政府成立“陶瓷与耐火材料研究院”，与淄博市政府成立“耐火材料工程研究院”。

2017 年与老河口市人民政府成立“武汉科技大学—老河口市科学技术研究院”，以“研究院”为载体，组织开展科技成果转化、联合科技攻关、高层次科技人才培养与交流等方面的合作，并作为学校服务县域经济的合作模式进行推广。

**表 6-6 近几年来外派科技人员名单**

| 序号 | 姓 名 | 学 院 | 服务地方（挂职单位） |
|---|---|---|---|
| 1 | 吴东平 | 城建学院 | 湖北鸿路钢结构有限公司（黄冈团风） |
| 2 | 朱红兵 | 城建学院 | 葛洲坝集团 |
| 3 | 赵 强 | 机械学院 | 郧县经济和信息化局 |
| 4 | 左振宇 | 化工学院 | 湖北省咸宁市通城县经信局<br>湖北省黄袍山绿色产品有限公司 |

续表 6-6

| 序号 | 姓　名 | 学　院 | 服务地方（挂职单位） |
|---|---|---|---|
| 5 | 熊九郎 | 材冶学院 | 黄冈团风质量与环境监测局 |
| 6 | 刘昌明 | 机械学院 | 通山县 |
| 7 | 汤　文 | 汽车学院 | 黄冈团风交通管理局 |
| 8 | 陈　洋 | 信息学院 | 咸宁市通城县湖北瀛通电子有限公司 |
| 9 | 张淑琴 | 资环学院 | 恩施州环境监测站 |
| 10 | 汪朝晖 | 机械学院 | 湖北兴成石化设备有限公司 |
| 11 | 蔡路军 | 理学院 | 孝昌县安监局副局长 |
| 12 | 李明术 | 艺术学院 | 通山县住建局副局长 |
| 13 | 张连生 | 医学院 | 红安县疾病预防控制中心 |
| 14 | 张利平 | 机械学院 | 湖北随州齐星股份有限公司 |
| 15 | 李文兵 | 化工学院 | 湖北祥云（集团）化工股份有限公司 |
| 16 | 刘文波 | 文法学院 | 红安干部学院 |
| 17 | 欧光军 | 管理学院 | 钟祥市经济开发区 |
| 18 | 聂建华 | 材冶学院 | 黄州区经济和信息化局副局长 |
| 19 | 易正明 | 材冶学院 | 黄州区经济和信息化局副局长 |
| 20 | 熊华平 | 管理学院 | 湖北襄阳襄州区 |
| 21 | 卢莉莉 | 医学院 | 湖北襄阳老河口市 |

## 五、横向科研经费受行业影响较大，多行业全面转型

2007 年以来，学校与企事业单位签订横向科研合同 3252 项（合同金额 72394 万元），其中技术开发合同 1564 项（40825 万元），技术服务合同 1389 项（26349 万元），技术转让合同 84 项（3835 万元），技术咨询合同 215 项(1385 万元)。

从近十年来的横向科研合同情况能看出，学校科研横向科研经费受钢铁行业大环境影响较大，2011 年为我校横向科研项目鼎盛时期，合同总金额 11159 万元，“十二五”期间逐渐下滑，到 2016 年情况最不乐观，合同总金额仅 2414 万元，在 2017 年有所好转，合同总金额回升至 6859 万元。具体情况见下表：

**表 6-7　2007～2017 年合同签订数统计表**

| 年　度 | 2007 | 2008 | 2009 | 2010 | 2011 | 2012 | 2013 | 2014 | 2015 | 2016 | 2017 |
|---|---|---|---|---|---|---|---|---|---|---|---|
| 技术服务 | 107 | 108 | 105 | 151 | 163 | 149 | 128 | 136 | 117 | 96 | 129 |
| 技术开发 | 138 | 216 | 133 | 142 | 182 | 172 | 164 | 128 | 111 | 72 | 106 |
| 技术转让 | 6 | 1 | 9 | 10 | 4 | 8 | 6 | 6 | 8 | 11 | 15 |

续表 6-7

| 年　度 | 2007 | 2008 | 2009 | 2010 | 2011 | 2012 | 2013 | 2014 | 2015 | 2016 | 2017 |
|---|---|---|---|---|---|---|---|---|---|---|---|
| 技术咨询 | 30 | 12 | 15 | 25 | 20 | 14 | 22 | 16 | 15 | 15 | 31 |
| 总　计 | 281 | 337 | 262 | 328 | 369 | 343 | 320 | 286 | 251 | 194 | 281 |

**表 6-8　2007～2017 年不同类别合同签订总金额统计表**　　（万元）

| 年　度 | 2007 | 2008 | 2009 | 2010 | 2011 | 2012 | 2013 | 2014 | 2015 | 2016 | 2017 |
|---|---|---|---|---|---|---|---|---|---|---|---|
| 技术服务 | 2814 | 790 | 3295 | 5005 | 3739 | 2826 | 2141 | 1323 | 1447 | 699 | 2270 |
| 技术开发 | 3424 | 7630 | 2466 | 3242 | 7246 | 3712 | 3586 | 3083 | 2403 | 1539 | 2494 |
| 技术转让 | 123 | 30 | 90 | 560 | 45 | 113 | 359 | 190 | 343 | 100 | 1882 |
| 技术咨询 | 151 | 103 | 69 | 120 | 129 | 106 | 188 | 126 | 104 | 76 | 213 |
| 总　计 | 6512 | 8553 | 5920 | 8927 | 11159 | 6757 | 6274 | 4722 | 4297 | 2414 | 6859 |

**表 6-9　2007 年以来 150 万元以上的横向科研项目一览表**

| 序号 | 年度 | 学院 | 负责人 | 项 目 名 称 | 拨 款 单 位 | 合同类别 | 合同金额/万元 |
|---|---|---|---|---|---|---|---|
| 1 | 2011 | 管理 | 程　明 | 武钢—武科大钢铁新技术研究院联合实验室的功能建设与开发 | 武汉钢铁（集团）公司 | 技术开发 | 3000 |
| 2 | 2009 | 化工 | 王光华 | 年产 200 万吨捣鼓焦化工程初步设计 | 安徽阜阳鑫瑞煤化工有限公司 | 技术服务 | 1390 |
| 3 | 2008 | 机械 | 李友荣 | 武汉钢铁（集团）公司轧板厂四辊轧机推床改造总承包工程 | 武汉钢铁（集团）公司 | 技术开发 | 1339. 22 |
| 4 | 2010 | 化工 | 王光华 | 河南京宝焦化有限公司260 万吨/年焦炭 6m 捣固焦炉设计 | 河南京宝焦化有限公司 | 技术服务 | 1100 |
| 5 | 2010 | 化工 | 王光华 | 年产 90 万吨捣固焦及焦炉煤气综合利用 | 中鸿（河南）投资有限公司 | 技术服务 | 680 |
| 6 | 2010 | 机械 | 陈奎生 | 1700 热轧线 2#加热炉步进梁液压系统改造总承包工程合同 | 武汉钢铁（集团）公司 | 技术服务 | 602 |
| 7 | 2011 | 机械 | 陈奎生 | 武钢 1700 热轧 1#加热炉液压系统改造 | 武钢（集团）公司 | 技术服务 | 592 |
| 8 | 2012 | 机械 | 陈奎生 | 热轧一分厂 3 号炉步进梁液压系统改造 | 武汉钢铁股份有限公司 | 技术服务 | 592 |
| 9 | 2012 | 机械 | 陈奎生 | 热轧一分厂 2 号横切液压系统改造 | 武汉钢铁股份有限公司 | 技术服务 | 535 |

续表 6-9

| 序号 | 年度 | 学院 | 负责人 | 项目名称 | 拨款单位 | 合同类别 | 合同金额/万元 |
|---|---|---|---|---|---|---|---|
| 10 | 2015 | 机械 | 陈奎生 | 一热轧 4#炉步进梁液压系统改造项目 | 武钢股份有限公司 | 技术服务 | 485 |
| 11 | 2017 | 材冶 | 樊希安 | 一种基于静电喷射的细晶粉末制备装置及其使用方法（作价入股） | 湖北赛格瑞新能源科技有限公司 | 技术转让 | 400 |
| 12 | 2017 | 材冶 | 樊希安 | 用制冷晶棒加工废料制备 N 型 Bi2Te3 基热电材料的方法（作价入股） | 湖北赛格瑞新能源科技有限公司 | 技术转让 | 400 |
| 13 | 2010 | 化工 | 王光华 | 中普(邯郸)钢铁有限公司 110 万吨/年焦炭 6m 捣固焦炉技术改造设计 | 中普（邯郸）钢铁有限公司 | 技术服务 | 400 |
| 14 | 2008 | 化工 | 王光华 | 节能减排环境保护技改扩建工程 | 宜昌焦化煤气公司 | 技术开发 | 380 |
| 15 | 2013 | 城建 | 伍昌友 | 湖北通城县银山金城项目规划、建筑设计 | 湖北三槐置业有限公司 | 技术服务 | 351 |
| 16 | 2007 | 机械 | 陈奎生 | 武钢热轧厂 BJL 工程液压系统设备 | 武汉钢铁集团设计研究院 | 技术开发 | 346.8 |
| 17 | 2011 | 化工 | 王光华 | 武汉重冶集团大冶分公司制气工程 | 湖北大冶灵乡工业园 | 技术服务 | 330 |
| 18 | 2017 | 材冶 | 李远兵 | 基于蓝晶石尾矿的硅酸铝陶瓷纤维研究及产业化 | 海南文盛新材料科技股份有限公司 | 技术转让 | 330 |
| 19 | 2008 | 化工 | 王光华 | 中鸿（集团）年产 90 万吨捣固焦及焦炉煤气综合利用项目初步设计 | 河南中鸿实业集团 | 技术开发 | 300 |
| 20 | 2008 | 信息 | 刘惠康 | 4#高炉除尘风机高压变频调速装置 | 武汉钢铁（集团）公司 | 技术开发 | 295 |
| 21 | 2017 | 资环 | 胡　斌 | 峨胜采矿场露采高陡边坡稳定性论证与优化研究 | 四川峨胜水泥集团股份有限公司 | 技术服务 | 280 |
| 22 | 2012 | 材冶 | 祝洪喜 | 硅钢环形炉用高温陶瓷底板的研发与应用 | 武汉钢铁股份有限公司 | 技术开发 | 270 |
| 23 | 2017 | 资环 | 胡　斌 | 西藏邦铺 Mo(Cu)多金属矿露天开采一期高陡边坡稳定性研究 | 西藏天仁矿业有限公司 | 技术开发 | 260 |

续表 6-9

| 序号 | 年度 | 学院 | 负责人 | 项 目 名 称 | 拨 款 单 位 | 合同类别 | 合同金额/万元 |
|---|---|---|---|---|---|---|---|
| 24 | 2007 | 信息 | 刘惠康 | 1#高炉除尘风机高压变频调速装置 | 武汉钢铁（集团）公司<br>武汉钢铁股份有限公司 | 订货合同 | 252 |
| 25 | 2016 | 材冶 | 邓承继 | 汽柴油车尾气净化用环保陶瓷的研发与产业化 | 江苏高淳陶瓷股份有限公司 | 技术开发 | 250 |
| 26 | 2017 | 材冶 | 樊希安 | 一种半导体材料电阻率和塞贝克系数的测试装置（作价入股） | 湖北赛格瑞新能源科技有限公司 | 技术转让 | 240 |
| 27 | 2007 | 化工 | 王光华 | 攀枝花 60 万吨焦化工程 | 四川德胜集团攀枝花煤化工有限公司 | 技术开发 | 240 |
| 28 | 2010 | 机械 | 李友荣 | 热轧厂横切工艺辊及压辊装置改造工程承包合同 | 武汉钢铁（集团）公司，武汉钢铁股份有限公司 | 技术服务 | 232. 5 |
| 29 | 2013 | 管理 | 程　明 | 薄带对辊连铸高硅电工钢的工艺试验及设备的研究 | 国家硅钢工程技术研究中心 | 技术开发 | 230 |
| 30 | 2007 | 材冶 | 李立新 | 电站冷却器用覆铝钢带研发 | 黑龙江和平金属材料有限公司 | 技术开发 | 220 |
| 31 | 2007 | 机械 | 杨金堂 | 四川空分配套邯钢 2XKDON-35000/40000/1301 空分装置 | 重庆鼎鑫仪器有限公司 | 订货合同 | 220 |
| 32 | 2009 | 机械 | 杨金堂 | 邯钢新区结构优化产业升级总体规划项目二冷轧吸附制氢配套 DCS 系统 | 邯钢集团邯宝钢铁有限公司 | 产品销售 | 214. 7961 |
| 33 | 2011 | 城建 | 伍昌友 | 武穴市明珠豪苑（三期）建筑设计 | 湖北泰仁房地产有限公司 | 技术服务 | 200 |
| 34 | 2017 | 资环 | 姜学鹏 | 城市公共安全风险评估理论与方法研究 | 深圳市金鼎安全技术有限公司 | 技术服务 | 200 |
| 35 | 2017 | 材冶 | 李远兵 | 基于蓝晶石尾矿的莫来石轻质隔热砖及其制备方法 | 海南文盛新材料科技股份有限公司 | 技术转让 | 200 |
| 36 | 2009 | 材冶 | 王玺堂 | CMS-1000 生物降解陶瓷纤维开发技术 | 山东利津县慧通纤维材料有限公司 | 技术开发 | 200 |
| 37 | 2010 | 化工 | 王光华 | 云南德胜钢铁有限公司焦化工程 6. 0m 捣固焦炉技术转让 | 北京首钢国际工程技术有限公司 | 技术转让 | 200 |

续表 6-9

| 序号 | 年度 | 学院 | 负责人 | 项目名称 | 拨款单位 | 合同类别 | 合同金额/万元 |
|---|---|---|---|---|---|---|---|
| 38 | 2010 | 化工 | 王光华 | 楚雄德胜煤化工有限公司 6.0m 捣固焦炉 EPC 项目 | 北京首钢国际工程技术有限公司 | 技术转让 | 200 |
| 39 | 2007 | 化工 | 王光华 | 萍乡市丰远焦化有限公司 60 万吨焦化工程 | 萍乡市丰远焦化有限公司 | 技术开发 | 198 |
| 40 | 2009 | 机械 | 田家熙 | 天津冶金轧一钢铁集团有限公司搬迁改造工程涂油机设备供货 | 天津冶金轧一钢铁集团有限公司 | 产品销售 | 198 |
| 41 | 2017 | 资环 | 胡　斌 | 黄山石灰石矿山 800 万吨/年技改工程终了边坡稳定性论证与优化研究 | 四川金顶（集团）股份有限公司 | 技术服务 | 190 |
| 42 | 2007 | 机械 | 向绍华 | 南水北调中线一期穿黄工程防冰冻设备 | 固始泰禹丰机械制造有限公司 | 采购合同 | 178 |
| 43 | 2007 | 资环 | 彭志坚 | 3#竖炉清洁高效节能型二次冷却器 | 济南钢铁有限责任公司 | 订货合同 | 171 |
| 44 | 2014 | 信息 | 鲍考明 | 智能化烟气多污染物治理系统开发 | 中钢集团天澄环保科技股份有限公司 | 技术开发 | 167 |
| 45 | 2010 | 材冶 | 祝洪喜 | 热轧加热炉复合高温陶瓷垫块的研发与应用 | 武汉钢铁（集团）公司 | 技术开发 | 160 |
| 46 | 2007 | 机械 | 李友荣 | 武钢热轧厂平整线开卷机改造技术开发 | 武汉钢铁（集团）公司 | 订货合同 | 152 |
| 47 | 2009 | 信息 | 刘惠康 | 武钢江北公司中宽轧机罩式炉系统工程（部分设备） | 武钢设计研究院有限公司 | 工程承揽 | 152 |
| 48 | 2013 | 汽车 | 周兴林 | 沥青路面性能提升技术服务 | 湖北省高速公路实业开发有限公司 | 技术服务 | 150 |
| 49 | 2014 | 材冶 | 赵　刚 | 基于短流程工艺的高品质热轧中高碳宽带钢制造技术研究及其产业化 | 武汉钢铁（集团）公司 | 技术开发 | 150 |
| 50 | 2014 | 管理 | 熊华平 | 随北区香菇文化村发展战略与总图规划 | 湖北华田林业有限公司 | 技术服务 | 150 |
| 51 | 2007 | 医学院 | 胡霞敏 | 天然植物烟用生物学评价体系研究 | 武汉烟草（集团）有限公司 | 技术服务 | 150 |

续表 6-9

| 序号 | 年度 | 学院 | 负责人 | 项 目 名 称 | 拨 款 单 位 | 合同类别 | 合同金额/万元 |
|---|---|---|---|---|---|---|---|
| 52 | 2008 | 机械 | 周　鼎 | 捣固炼焦捣固机 | 泰安泰山工程机械股份有限公司 | 技术开发 | 150 |

（撰稿：徐光均）

## 第三节　广泛联系动员各方校友

2008 年 6 月 12 日，为迎接学校办学 110 周年校庆，学校成立校友会办公室；2015 年 5 月 15 日，武汉科技大学校友会和教育发展基金会经湖北省民政厅批准，正式注册成为非营利性公益组织；2016 年 3 月 21 日，学校将校友会办公室更名为校友工作与对外联络办公室。十年来，校友会和基金会紧紧围绕学校中心工作，凝聚和服务广大校友，充分挖掘社会资源，搭建校内外合作平台，圆满地完成了年度工作任务，努力为学校建设发展作贡献。

### 一、完善组织机构

学校建立校院两级校友工作管理机构，加强和促进学校校友工作。一是 2016 年 10 月，学校成立了校友工作委员会，党委书记任主任，相关校领导任副主任，主要职能部门领导和各学院党委书记任委员。为此，学校召开了校友工作专题会议，研究部署校友工作。二是学院建立“五个一”校友工作管理机构，即党委书记、行政副院长、办事员、老教师和学生志愿者各一名，通过建立院级校友工作机构，不断加强与学院校友的沟通与联系，切实做好与学院校友的服务和合作。

### 二、积极推进校友分会建设

校友分会是联系和凝聚各地校友的重要平台，承担着联络服务当地校友、扩大学校社会影响力、促进校友企业合作等重要职能。一是搭建组织，大力推进校友分会的新建和恢复。学校分别在北京、上海、广东、深圳、厦门、南宁、河南、南京、苏州、四川、桂林、湖南、韶关、沈阳、重庆、浙江、山西、海南、陕西、山东等地方和人力资源行业建立校友分会，学校校友分会达到 21 个；校领导带队赴广东、湖南、东北等地看望校友，恢复已建立的地方校友会，让老的地方校友分会焕发新的活力。2016 年 11 月 27 日，深圳校友大会暨深圳校友分会成立 16 周年庆典在深圳市凯宾斯基酒店隆重举行，校长倪红卫、党委副书记盛建龙率队出席活动，国内外35位资深校友应邀参加，与来自全国各地的550名校友一起共襄盛举。二是推进校领导走访校友分会常态机制，积极促进已建校友分会的良性发展。学校领导带队到北京、上海、广州、深圳、湛江、长沙、湘潭、韶关、大连、吉林、重庆、杭州等地，与校友座谈，走访企业。

## 三、加强校友联络与服务

校友办作为广大校友与母校之间的桥梁和纽带，积极搭建校友联络载体，给予校友细致的亲情关怀，在日常工作中格外重视广大校友的联络和服务工作。一是优化信息发布平台，让校友与母校之间建立有效的沟通与联系。努力做好校友会官方网站、官方微信公众号、微信群等信息平台的更新与维护，每年发布各类信息1000多条，2016年首次出版《科大校友通讯》，在北京、上海、广州、深圳等20多个地方建立了校友微信群，方便校友联络。二是密切关注校友动态，及时在学校网站上发布升迁、获奖等取得优异成绩的校友信息，有效地增进了校友与母校之间的感情。三是为校友返校、校友合作提供热情服务。学校积极加强与校友的联络，积极邀请校友返校，每年有70多个班级、2000多名校友返校，返校人数逐年增高。学校加强与校友企业合作，分别与广东省湛江市、武汉市青山区、湖北省老河口市等地签订校地全面合作协议，与柳钢、韶钢等大型企业签订校企合作协议。

## 四、推动捐赠项目开发

学校根据建设发展的要求，努力挖掘社会和校友资源，积极做好捐赠项目的开发工作。为了充分发挥社会捐赠在学校建设和发展中的重要作用，规范受赠管理工作，学校专门制定了《武汉科技大学接受捐赠奖励办法》《武汉科技大学教育发展基金会捐赠鸣谢办法》。2016年，学校教育发展基金会共接受捐赠1777万元，获得湖北省财政配比经费2480万元；其中，恒大集团为学校捐赠1000万元，冠名恒大管理学院，支持恒大管理学院学科建设和发展；学校收到邵逸夫基金500万港元，艺术与设计学院楼命名为逸夫楼。2017年，学校教育发展基金会共设立基金项目40余项，其中5万元以上项目38个，捐赠总额达4500多万元，获得湖北省财政配比经费3729万元；其中，恒大集团为学校捐赠2000万元，冠名黄家湖主教学楼，支持学校双一流建设和发展。

## 五、加强基金运营与管理

武汉科技大学教育发展基金会作为湖北省民政厅正式注册成立的民间非营利性组织，学校积极联络广大校友，充分挖掘社会资源，努力加强基金会的运营与管理。一是构建信息公开体系，武汉科技大学教育发展基金会每年接受年度审计，并通过湖北省民政厅的年度检查，同时在基金会官方网站上发布捐赠和资助信息及基金会管理制度，及时向捐赠人报告基金使用情况，接受捐赠人的监督。多项举措确保了基金运作的公开、公正、透明，以提高社会的信任度，争取更多的认可和支持。二是推进投资运作保值增值，改变资金管理模式，进行投资理财方面的探索，拓宽投资渠道，提升投资效益，通过有效的投资实现了基金的保值增值，保障了基金会的长期可持续发展。

（撰稿：段昌伟）

## 第四节　继续教育工作稳步发展

继续教育学院主动顺应继续教育发展趋势，积极调整继续教育办学体制机制，开启了一系列卓有成效的改革，取得了较好的办学效果。

### 一、2008～2009 年：机构调整，探索发展阶段

2008 年，根据学校办学总体规划，继续教育学院办学地点逐步搬迁至洪山校区。2009 年前，继续教育学院、职业技术学院合署办公。2009 年，学校机构调整，职业技术学院划归学校其他部门管理。调整后的继续教育学院主要职责是：负责成人教育、自学考试及技能培训管理工作。学院设有办公室、自考办、夜大函授部、培训部、学工办（招办）和团委等机构。教职工由原合署办公 59 人减少至 24 人。夜大、函授站点学生共计 5893 人，在全国部分省区设有 18 个函授站（点），自考生 5066 人。

### 二、2010～2016 年：推进改革，创新发展阶段

为适应国家政策调整，推动继续教育学院快速发展，学院根据继续教育发展面临的形势，积极推进办学体制改革。2010 年，时任副校长倪红卫带领学院班子成员和各部门负责人分别到湖北大学和湖北工业大学调研，并形成专题调研报告。报告指出了我校继续教育办学中存在的主要问题，提出了继续教育办学思路和办学模式的几点建议。之后，学校改革继续教育办学模式，学院被归为机关和直属部门，实行集中办学，由继续教育学院统一招生、管理学生，各学院参与教学，依据该院承担的教学任务划拨管理经费。同时还进一步明确了学校对学院实行目标管理、经费承包的管理模式，从 2011 年开始试行。2011 年度上交学校净收益为 800 万元。

经过一年多的实践总结，2012 年，学校下发了《关于印发〈武汉科技大学继续教育学院改革方案实施细则〉的通知》（武科大办〔2012〕3 号）。明确学院

财务由学校财务处统一代管，学校对继续教育学院财务收支实行独立核算。同时在人事管理、财务管理办学经费的分配与管理绩效考核与奖惩等方面进行了规定。学院为进一步推进改革及业务拓展，于2013年3月和2014年2月，先后两次调整了院领导分工和部门设置，进一步明确了办学导向和体制结构，为学院进一步发展进行了有益探索，也取得了较好成绩。

2012年，完成经济目标——收取各类学费及管理费1410万元，其他各项开支为510万元，上缴学校净收益900万。主要工作亮点体现在三个方面：

（1）借力发展，办学规模和效益再上台阶。学院以借力发展为主线，大力拓展联合办学渠道，开展多层次、多形式的联合办学领域，重点发展成人学历教育、自考专套本衔接和专起本教育等。依托函授站点和联合办学单位办学，在办学规模和效益上取得了较好成绩。学院2012年已收各类学费及管理费为1410万元(成教650万、自考全日制400万、自考衔接教育360万)，目前办学规模为16793人(成教6402人、自考全日制2595人、专套本5296人、专起本2500人)。

（2）招生与建站工作。学院狠抓各类招生工作，引进激励机制，分别成立了成人教育招生项目组、专套本招生项目组等，招生总人数再上新台阶。2012年招收各类自考学生5700人，同比去年2389人净增3311人；2012年成人教育招生数为5561人，同比去年3433人净增2128人。同时，加大站点建设力度。积极推进成教函授站点的建设工作，在广西和湖北省内（襄阳、荆门、黄州等地）多处考察和筛选，共建立新函授站点10个（湖北学子职业培训学校、襄樊樊城区人才交流中心、荆门技工学校、武汉江城国际经贸辅导学校、襄阳博远教育培训学校、广西国际商务职业技术学院、武汉市二轻工业学校、麻城卫校、黄州卫校、十堰广播电视大学等）。继续开拓与高职院校合作举办自考专套本衔接班工作，今年新增6所（襄樊职业技术学院、武汉工程职业技术学院、黄冈职业技术学院、武汉软件职业学院、武汉江南专修学院和武汉民政职业技术学院等）。积极拓展新项目的发展，作为全日制专起本自考助学班试点单位在省考试院的指导下，探索办学途径，与11家（武汉现代家政进修学院，武汉江城国际经贸辅导学院，武汉电子信息专修学院，武汉江南专修学院，湖北科技培训学院，武汉科技大学城市学院，襄阳博远教育培训学校，武汉美佳辅导学院，武汉成人专修学院，武汉震旦法商专修学院，湖北财经专修学院等）签订联合办学协议。

（3）抓制度建设，促规范管理。学院进一步建立和完善各项规章制度和工作流程，规避风险，加强防范措施。在自学助考方面，对专起本新项目特别关注助学单位的办学过程，要求建立相应的管理机构，提供相应的办公条件并配备足够的工作人员以满足助学工作需要，严格把好生源入口关。

2013年年度上交学校净收益1106万元，超额完成106万元。各类自考招生人数达5000人，各类自考招生注册人数达8341人，超额完成3341人，66.8%；2013年自考助学班619人；2013年专套本5716人；2013年专起本2006人。成人招生达到4000人，2013年成人招生注册人数达5439人，超额完成1439人，36%。学院2013年已收各类学费及管理费为1826.274万元（成教799.0482万、各类自考964.5658万、培训业务62.66万），2013年年度各类学生13780人（各类成教注册5439人、各类自考注册8341人）。完成2013年经济目标1000万元，2013年收取各类学费及管理费1826.274万元，其他各项开支为720万元，上缴学校净收益1106万，超额完成106万，10.6%。主要工作亮点体现在以下三个方面：

（1）根据近几年全日制自考教育形势的变化，及时调整了管理模式，在学校领导的支持下，借助社会自考服务中心力量，采用深度共建模式，2013年学院全日制自考教育在规模和效益两方面较2012年均呈显著提高。

（2）在学校研究生院的指导下，尝试借助成人函授站点的社会资源，积极推进工程硕士研究生招生工作。工程硕士考生50人，2013年工程硕士报考85人。

（3）结合市场需求，充分运用洪山校区办学资源积极推进非学历教育工作，实现了培训项目从无到有的突破。

2014年度上交学校净收益1350万元，较学校目标（1150万元）超额完成200万元，超额比例达17%。各类自考招生人数达5000人，各类自考招生注册人数达6891人，超额完成1891人，37.8%；2013年自考助学班998人；2013年专套本5893人。成人招生达到5000人，2014年成人招生注册人数达5890人，超额完成890人，超额完成17.8%。高职高专不低于指标数的70%，2014年招收高职高专学生353人，达计划指标数的84.05%，超额完成14.05%。学院主要工作亮点体现在以下三个方面：

（1）注重规模发展和内涵发展提升并重，抓大放小，择优合作。继续加大拓展力度，建立合作单位审核评估机制，尤其对已拓展的项目和合作单位，根据办学管理情况做适当调整，坚决摒弃不规范、不讲信誉的合作单位或项目，现暂停四家单位的成教合作办学。学院在巩固和加强已有合作单位的沟通和业务发展的同时又新拓展了三家成人函授教学点和一家专套本学校。根据近几年全日制自考教育形势的变化，及时调整了管理模式，在学校领导的支持下，借助社会自考服务中心力量，继续采取深度共建模式，2014年学院在规模和效益两方面较2013年均呈显著提高。

（2）强化教学管理，保证教育质量，增设教学监控与教学研究办公室。建立和完善《教师聘任管理办法》和《课堂教学管理办法》等制度；组织洪山校区各办学单位开展了2014年春季教学检查工作；加强教学监控，促进了教风、学风的日益好转。日常教学运转正常，教学保障工作到位；课程安排、课表编排较为合理；针对洪山校区多媒体设备陈日老化的现状，在开学前学院投入15万元用于教学设备维修、更新购置多媒体设备，确保了正常教学。

（3）职业技术学院落户洪山校区。根据学校《2014年第五次校长办公会议纪要》精神，充分运用洪山校区办学资源组建了武汉科技大学职业技术学院综合办公室，圆满地完成高职高专学生管理任务承接，高职高专招生录取人数超额完成任务，目前高职高专学生日常管理、教学运行管理秩序井然。按照国家提倡大力发展职业教育，我院积极筹建武汉科技大学国家职业技能鉴定所申报工作，目前已获得学校同意授权申报。

2015年度上交学校净收益1620万元，较学校目标（1350万元）超额完成270万元，超额比例达20%。各类自考招生注册人数4634人，其中：2015年自考助学班538人；2015年专套本4096人。2015年成人招生注册人数达6844人，超额完成1344人，超额完成24.4%。学院主要从以下几个方面抓落实：

（1）继续加大拓展力度，建立合作单位审核评估机制，尤其对已拓展的项目和合作单位，根据办学管理情况做适当调整，淘汰招生、管理不规范的合作单位（如民办经贸、武钢大学等），增补了华地函授站直属办学的合作协议。学院在巩固和加强已有合作单位的沟通和业务发展的同时开拓了黄冈科技职业技术学院“1+2+1”新的办学模式和获省人社厅批准成立了“武汉科技大学国家职业技能鉴定所”。

（2）积极与上级部门保持友好往来、沟通交流并积极参加校外各项活动，在得到政策支持外，并为学院争取了资源与荣誉。一是负责组织完成了2015年省派成考巡视工作，受到了省考试院的高度赞扬；二是保质保量地完成了2015年湖北省成人高考评卷工作，并被湖北省考试院评为“湖北省成人高考评卷先进单位”；三是认真组织自考考试工作，严格按照上级有关要求，认真、全面布置考务工作，组考工作得以安全、平稳、顺利进行，圆满完成了年度考试任务，武科大考点被评为“2015年度武汉市自考先进考点”；四是认真挑选自考助学评卷教师，评卷组织工作规范严谨，受到湖北省教育考试院领导的好评；五是履行主考院校职责，积极承担自考命题任务，我校共有百余人次教师参与集中封闭命题和分散征集命题工作，并获得“湖北省教育考试院优秀命题单位称号”。

2016年度上交学校净收益1725万元，年度任务1600万元（任期年度目标1500万）较学校目标（1500万元）超额完成225万元，超额比例达15%。各类自考招生注册人数2891人，占全省10%（全省全年共注册35920人，比去年下降44.63%）；各类成人教育招生人数6113人；各类培训人数373人。学院主要从以下四个方面抓落实：

（1）克服困难为合作单位做好服务。按照省教育厅有关文件精神，对

2015 年省内合作成人教育单位的资质、办学规模、专业发布、教学运行管理和管理费缴纳情况等方面进行综合评估，暂停了博士后等 13 家成人教育办学协议，省内函授站点进行调整和布局形成两种合作模式：函授和项目管理（武汉市合作单位实行项目管理，即学生由学院集中组织在校授课，合作单位集中办公的管理模式）。学院新增与黄冈科技职业技术学院“1 +2 +1”的合作办学模式，首批入校学生 371 人，在巩固和加强已有合作单位的沟通和业务发展的同时开拓了湖北幼儿师范高等专科学校合作单位。加强与各高职院校的联系，采取有效措施组织生源，加强生源基地建设，做好衔接学校的服务工作；巩固湖北城市建设技术学院、武汉软件职业技术学院等 12 所高职院校的自考专套本合作办学工作，并在其中五所学校开展学生奖学金评比表彰，让学生有归属感、荣誉感，从而提高套读转化率。

（2）建立深度共建机制，统一监督指导。招生宣传工作统一管理，举办专业和办学地点严格按照网上公示执行；招生简章和广告内容真实，办学口径一致；校园宣传布局明细，工作人员备案可查，确保招生承诺落到实处；招生工作规范有序。

（3）规模发展和内涵发展提升并重，对站点重新审核、调整和布局，形成两种模式：函授和项目管理，同时召开 2016 年成教工作会议，为合作单位提供沟通交流学习平台，形成共识从而推进成教工作更加规范；

（4）职业技能鉴定所正式开展工作，本年度鉴定工种两个（健康管理师、公共营养师），学员 64 人；目前我校已经具备职业技能培训资质，2016 年 12 月经职业技能鉴定所向校财务处提交相关文件、报告，校财务处已设立相关收费项目及标准，职业技能培训工作正在顺利推进。

## 三、2017 年至今：深化改革，高效发展阶段

随着国家经济发展水平的提升，经过近几年的发展，继续教育在管理和办学体制、人才培养质量与模式、优质资源建设与共享等方面已开始显现出不能满足当前经济结构调整和产业升级对人力资源的需求。为进一步以市场需求为导向，深化学院办学管理体制和机制改革，加强资源统筹和政策配套，激发和释放办学活力，切实提高办学质量和办学效益促进学院从高速发展向高质量发展转变。2017 年 6 月学校下发了《关于印发〈武汉科技大学继续教育学院改革实施方案（2017 ~2020）〉的通知》（武科大〔2017〕6 号）将继续教育学院定位为经济独立核算单位。学校对学院试行目标管理、经费单列的管理模式。四年为一个考核周期（2017 年 1 月至 2020 年 12 月），考核采取年度考核和周期考核相结合，以 2017 年度 1350 万元为基数，每年递增 100 万元，考核周期内学院完成上缴学校净收益 6000 万元。同时，在人事管理、财务管理、绩效考核与奖惩等方面有了

更为细致规定。

改革方案通过后，学院根据实际情况，及时开展部门整合调整，将原有招生、教学、管理“条块式”管理模式，改变为按业务模块项目管理模式，按照能上能下的原则，对三个业务部门明确任务清单，率先采取竞争上岗，随后其他部门采取竞岗和选聘相结合方式充实到位。年度考核实行职责明晰、客观量化的考核指标，绩效指标分解到各项目组，激发每个人的积极性。在人事管理方面，院内取消行政级别，完成了由身份管理向岗位管理的转变，充分体现多劳多得、优劳优得、强化绩效考核精细管理。部门调整完毕后，学院领导班子也及时进行调整分工。这场具有重大意义的体制改革，是我校继续教育发展的重要标志，成为焕发学院活力创造力的强大引擎。

2017 年全年完成业务总收入 2202 万元，其中联合办学 2140 万元、成教夜大 58 万元、材冶成教脱产班 2. 97 万元。2017 年上交学校纯利润为 1740 万元，超额完成 390 万元。2017 年自学考试新生总注册 3212 人，其中“171”段 164 人；“172”段 3048 人。新增联合办学机构 1 家；启用了“010”考试服务平台，制定了相应的管理办法，扩大了业务范围，增加创收渠道。从 2018 年起，对社会助学机构的录取新生增加了签署“告知书”环节，提高了助学环节的透明度，减少了办学风险。2017 级（2016 年成考录取）录取成人教育学生 4012 人。2017 年（2018 级）成人教育招录取工作即将完成，在成人高等教育规模整体下滑的大环境大趋势下，报考我校人数大幅提高，省内省外录取人数预计 7500 余人。学院成立培训部，出台《武汉科技大学继续教育学院培训项目合作管理办法（试行）》，积极开拓非学历职业技能培训业务。

（撰稿：杨福俊，毕元玲）

# 第七章　坚持文化育人，美丽和谐校园魅力十足

## 第一节　宣传思想文化工作亮点纷呈

十年来，宣传思想文化工作，坚持以习近平新时代中国特色社会主义思想为指导，深入贯彻落实习近平总书记系列重要讲话精神，贯彻落实中共中央办公厅、国务院办公厅发布的《关于进一步加强和改进新形势下高校宣传思想工作的意见》《党委（党组）意识形态工作责任制实施办法》，中宣部、教育部党组《关于加强和改进高校宣传思想工作队伍建设的意见》等文件精神，深化中国特色社会主义和中国梦学习宣传教育；认真做好“学党章党规、学系列讲话，做合格党员”学习教育的学习宣传工作；顺应党和国家事业发展新要求，结合学校工作实际，全面贯彻落实湖北省党代会精神和学校党代会、工会会员代表大会、教职工代表大会精神，紧紧围绕学校发展目标，不断解放思想、务实创新，着力加强思想理论建设，牢牢掌握意识形态领域的领导权主动权；加强精神文明建设，推进社会主义核心价值观学习教育实践具体化系统化，努力在全校形成共同的价值追求；加强校园文化建设，弘扬大学精神，培育特色、打造品牌；把握正确导向、坚持价值引领，不断提高舆论引导能力和水平，巩固壮大积极健康向上的主流舆论，为学校“十三五”规划的实施和“双一流”建设的开展提供有力的思想保证、精神动力、舆论支持和文化条件。

### 一、组织领导坚强有力

不断完善宣传思想文化工作长效机制，保障工作高效有序进行。

（一）领导体制健全

形成党委副书记分管，宣传部长主抓、副部长协调配合、党员干部协同统一的体制。组织协调校院两级宣传单位工作，形成了业务工作一级抓一级、层层抓落实的工作格局，保障业务工作高效、有序进行。二级单位坚持业务工作“一把手”工程，党政主要领导承担主要责任，统筹推进、靠前指挥。

（二）工作机制健全

部门不断加强党的统一领导，协调实施各二级单位分工负责的工作体系；出台《武汉科技大学宣传思想文化工作要点》、制定中长期建设规划和年度工作计

划，把工作纳入年度目标管理责任考核体系，把考核指标转化为常态化工作任务；通过文明单位考评、志愿服务等活动，形成师生广泛参与、投入保障到位的工作机制。

## 二、理论武装不断加强

### （一）深入开展理论学习

深入开展党的十八大、十九大和习近平新时代中国特色社会主义思想学习活动，引导师生系统掌握马克思主义中国化的最新成果，坚持把习总书记讲话精神、中国特色社会主义和中国梦纳入到党校、团校和思想政治教育课课程体系、融入到课堂教学和实践教学环节。不断完善校院两级中心组学习制度和中层干部务虚会制度，每年党委中心组安排集中理论学习不少于10次。

### （二）切实加强意识形态工作

根据中央和省委文件要求，建立健全意识形态工作领导体制和工作机制，进一步明确党委在意识形态工作方面的主体责任，明确党委书记作为意识形态工作第一责任人，推进落实《中共武汉科技大学委员会意识形态工作责任制实施细则》。意识形态工作纳入党委常委会重要内容，纳入民主生活会和述职报告的重要内容，接受党员干部的监督和评议。

### （三）全面加强师德师风建设

坚持把师德建设放在师资队伍建设工作的突出位置，积极打造以“为人师表、敬业奉献”为核心内涵的优良教风；制定师德规范、教师学术规范，引导教师提高师德修养和业务水平，以良好的思想道德品质和人格魅力感染学生；发挥劳动模范和先进教师的传承示范作用，通过“三育人”标兵、十佳青年教师、教学名师、教学模范、教学新秀评选，树立可亲可近可观可学的教师楷模。近年来，李亚伟获“湖北省五一劳动奖章”，吕勇获“宝钢优秀教师奖”，周风星获“楚天园丁奖”，侯宇获“湖北省师德先进个人”，辅导员王媛媛入围第八届高校辅导员年度人物200强。

### （四）充分发挥典型的先锋模范作用

注重挖掘、培育和宣传身边的优秀典型，注重发挥先进典型在社会主义核心价值体系教育中的模范作用，带动大学生思想道德建设。坚持每年开展“我身边的好团支书”“榜样力量·十大魅力学子（团队）”“模范团干”和“优秀团员”评选。近年来，“全国大学生创业英雄百强”刘恒、余福元等一批创业典型脱颖而出，李恒在中央电视台《创业英雄汇》舞台成功获500万元融资。材冶学院毁容女孩王珊同学用残指叩开浙江大学硕博连读大门，被评为2015年度“中国大学生自强之星”，《中国青年报》头版进行长篇通讯报道。学校被省教育厅认定为湖北省大学生创业示范基地、武汉市大学生创业特区和洪山区科技企业孵化器。

## 三、校园文化独具特色

坚持以建设优良的校风、教风、学风为核心，深入实施“钢铁品质教育工程”，建设了具有时代特征和学校自身特色的校园文化体系。

### （一）校园文化品牌日益彰显

以钢铁文化建设为载体，系统规划校园文化建设，广泛开展群众性文体活动，陶冶师生情操，增强校园文化感召力和凝聚力。加大文化建设品牌整合力度，打造了沁湖诗会、五月的花海、时事讲堂、崇实讲坛、科技文化艺术节、社团文化艺术节等一批校园文化品牌；举办“书香校园·悦读科大”全民阅读活动、知识竞赛、征文比赛、诗歌朗诵大赛、“心理健康教育活动月”、大学生运动会等文化娱乐活动，引导学生全面发展；实施“朝阳工程”“钢铁品质教育工程”“大学生素质拓展计划”。

### （二）课外科技活动成果优异

以大学生创新活动计划、学科竞赛、大学生科研活动等为途径，全方位培养高素质应用型人才。积极组织学生参加各级、各类课外学术科技竞赛，在国内外各类科技创新活动中取得优异成绩。近两年，学生共获得省部级及以上奖励1322 项，其中国际级 43 项、国家级 478 项。标志性成果奖项有：德国红点设计大奖 1 项，世界杯机器人足球比赛世界冠军 2 项，“创青春”大学生创业大赛全国银奖 2 项，大学生电子设计竞赛全国一等奖 1 项，全国转炉模拟炼钢大赛一等奖 2 项，全国高校大学生金相大赛一等奖 2 项，全国大学生机械创新设计大赛一等奖 1 项等。

## 四、文明创建活动精彩纷呈

引导各级单位参与文明单位创建工作，群策群力，多措并举，开展了形式多样、丰富多彩的精神文明建设活动。2012 年、2014 年、2016 年连续三届获得湖北省精神文明单位。

### （一）高度重视网络文明传播和公益宣传工作

成立新媒体工作室，着力办好网络媒体传播平台，通过加强网络站群管理、打造新媒体矩阵，鼓励院系、部门逐步建立本单位官方微博、微信公众号，充分发挥新媒体传播矩阵功能，推进传统媒体与新媒体深度融合。近年来，学校官方微信多次跻身全国前五十强，官方微博多次进入全国前三十强。各团学组织共开通 800 余个认证微博，全校团支部微博开通率达 95%；各学院团委均开通微信公众号，微信互动覆盖率达 100%。湖北省高校网络文化建设成果奖获“十佳综合网站”“十佳专题网站”等 6 项。2016 年获批 3 项全省青少年思想文化活动和新媒体项目，其中医学院报送的《我的青春梦　我的大学行》确定为重点项目。充分利用校报、新闻网、广播电视台、橱窗、横幅、电子显示屏、宣传板等，积极开展“社会主义核心价值观”“中国梦”“学雷锋”等公益宣传活动，营造了良好氛围。

（二）积极开展文明家庭文明处室等细胞创建工作

广泛开展“讲文明、树新风”活动，百佳宿舍、优良学风班级、文明处室、文明教研室、文明家庭等基层文明创建活动不断深入开展。协调出台《武汉科技大学“百佳宿舍”创建活动实施办法》《武汉科技大学学生宿舍文明建设管理办法》，由学工处牵头，开展“百佳宿舍”评比，由校团委牵头，举办“寝室文化艺术节”和“寝室设计大赛”，开展“红旗团委”“特色工作先进团委”“红旗团支部”和“先进团支部”评比；由校工会牵头，开展“文明家庭”创建活动；各分工会以“模范教职工小家”“巾帼文明岗”建设为抓手，以“教职工素质提升工程”建设为载体，开展形式多样的创建活动；机关党委牵头“文明处室”评比，推出“首问责任制”“机关工作十不准”等制度。

## 五、社会责任履行到位

（一）志愿服务扎实推进

高度重视志愿者工作的社会价值，将培育和践行社会主义核心价值观、文明城市创建与志愿服务有机结合。2015 年新增注册志愿者 7521 人，2016 年新增注册志愿者 6231 人，注册率达 96% 以上。全校注册志愿者 27439 人，志愿者服务队伍 31 支。上半年开展以“扬雷锋精魂，展志愿之风”为主题的“学习雷锋精神志愿服务月”系列志愿服务行动；下半年以“心融文化，节约奉献”为主题开展“志愿者文化月”活动，开展志愿者嘉年华系列活动，志愿服务项目 412 项，打造一批志愿者服务精品项目。建立志愿服务者基地 35 家；启动助残阳光行动、社会科学知识普及、艾滋病防治宣传教育等专业志愿服务活动，扎实开展“关爱留守儿童”“微尘行动”“沁湖卫士”等常规项目。10 余个志愿服务项目受全省表彰和资助，促进了高校和地方文明建设。近年来，《人民日报》《光明日报》《中国教育报》等国家及省市媒体报道志愿者活动新闻 100 多篇。

（二）对口帮扶温暖社会

保康县寨湾村是学校对口精准扶贫驻点村，学校积极投入人力财力，参与结对共建村建设。部门派出业务骨干梅海兵深入贫困村，对点帮扶，助力贫困户脱贫致富。仙桃干河街小南社区、仙桃工业园船湾村是湖北省“理论热点面对面”社区示范共建点，协调马克思主义学院带头组建由 10 位教授组成的专家团队，组织 55 名教师参与示范点建设。近年举办理论宣讲 10 余场，组织专家多次深入基层调研，撰写报告 10 余份，社情民意 20 多篇，其中获湖北省委原书记李鸿忠批示1项，获省社科基金1项，三篇报告获湖北省委讲师团优秀报告奖，该示范点连续三年考核优秀。

十年来，我校的宣传思想文化工作取得显著成绩。2016年荣获“湖北省党建工作先进单位”“湖北省大学生思想政治教育先进高校”“湖北省卫生先进单位”等多项荣誉。学校的建设发展受到各级媒体的广泛关注。特别是近两年，校外媒体报道学校办学成绩2000余次，网络媒体转载6000余条，其中在《新华网》《人民日报》《光明日报》《中国青年报》《中国教育报》等国家级主流媒体发稿40余篇。

**表7-1 武汉科技大学2008～2017年中央媒体专题报道目录**

| 序号 | 发表时间 | 刊发媒体 | 标题/内容 |
|---|---|---|---|
| 1 | 2008-01-11 | 科技日报 | 教授活跃在企业科技项目中 |
| 2 | 2008-01-11 | 中国教育报 | 武汉科技大学教学改革交出满意“答卷” |
| 3 | 2008-01-15 | 中国教育报 | 武汉科大青年教师上讲台先过三关 |
| 4 | 2008-01-15 | 科技日报 | 武汉科技大学本科生课外科技活动纪实 |
| 5 | 2008-04-07 | 光明日报 | 武汉科技大学思想政治理论课推行实践性教学 |
| 6 | 2008-04-07 | 科技日报 | 武汉科技大学科研促进教学纪实 |
| 7 | 2008-05-02 | 新华网 | 武汉科技大学打造一流钢铁冶金人才“摇篮” |
| 8 | 2008-05-02 | 人民网 | 创新教育体制培育合格人才 |
| 9 | 2008-05-02 | 光明日报 | 访武汉科技大学党委书记刘华才教授 |
| 10 | 2008-05-02 | 光明日报 | 访武汉科技大学校长孔建益教授 |
| 11 | 2008-10-22 | 科技日报 | 特色战略铸就钢铁品牌——武汉科技大学办学散记 |
| 12 | 2008-10-28 | 中国青年报 | 武汉科大课外科技活动让学生走出课本 |
| 13 | 2009-04-29 | 光明日报 | 武汉科技大学：缘何两年三获国家科技进步奖 |
| 14 | 2009-07-28 | 光明日报 | 从工科迈向多科——武汉科技大学跨越式发展纪实 |
| 15 | 2009-11-23 | 光明日报 | 武汉科技大学立足冶金显优势 |
| 16 | 2009-12-22 | 光明日报 | 武汉科技大学：三年平均就业率缘何高达92% |
| 17 | 2010-01-21 | 新华网 | 武科大王光华教授：让焦化走出污染的围城 |
| 18 | 2011-01-16 | 人民网 | 武科大张一敏：扬“钒”启航二次荣获国家大奖 |
| 19 | 2011-02-24 | 中国新闻网 | 武汉科技大学依托行业服务地方实现跨越发展 |
| 20 | 2011-02-25 | 人民网 | 武汉科技大学突出特色服务地方跨越发展 |
| 21 | 2011-03-09 | 新华社 | 在校研究生“孵”企业“卖出”1200万 |
| 22 | 2011-06-30 | 中国青年报 | 武汉科大：教授的一半是“家长” |
| 23 | 2011-08-12 | 光明日报 | 武汉科大打造思想政治教育立体空间 |
| 24 | 2011-11-07 | 中国教育报 | 武汉科技大学化工学院青年教师乐于“泡”企业 |

续表 7-1

| 序号 | 发表时间 | 刊发媒体 | 标题/内容 |
|---|---|---|---|
| 25 | 2012-02-14 | 新华网 | 武汉科大耐火专家李楠破解难题炼纯钢 |
| 26 | 2012-02-15 | 人民网 | 武汉科大：30 年“厚”功炼“薄”钢 |
| 27 | 2012-03-21 | 中国青年报 | 奔波千里只为献一袋救人的血 |
| 28 | 2012-06-08 | 中国教育报 | 武汉科技大学试行党代会常任制纪实 |
| 29 | 2012-06-23 | 人民网 | 武汉科大协同创新助推跨越发展 |
| 30 | 2012-06-25 | 光明日报 | 工科大学文科专业：突出应用特色 |
| 31 | 2012-07-04 | 中国教育报 | 武汉科技大学探索校企合作“加减乘法” |
| 32 | 2012-08-14 | 光明日报 | 武汉科技大学探索思想政治教育人文关怀新模式 |
| 33 | 2012-12-10 | 中国青年报 | 武汉科技大学震撼思想课延续三十年 |
| 34 | 2013-01-21 | 人民网 | 30 年专注爆破事业　炸药炸出国家大奖 |
| 35 | 2013-01-19 | 新华网 | 矢志耐火见洞天：记国家技术发明二等奖获得者李楠教授 |
| 36 | 2013-04-02 | 人民日报 | 为什么是武汉科技大学 |
| 37 | 2013-04-26 | 中国经济网 | 湖北：科技创新为钢铁产业强筋健骨 |
| 38 | 2013-04-28 | 人民网 | 武科大研发含钒页岩高效提取技术攻克环保难题 |
| 39 | 2013-05-30 | 新华网 | 武汉科技大学毕业生就业辅导员的故事 |
| 40 | 2013-06-03 | 新华网 | 武汉科技大学 90 后大学生付文杰的创业之路 |
| 41 | 2013-06-25 | 中国教育报 | 武汉科大三剂“就业药”让毕业生顺利找到“婆家” |
| 42 | 2013-07-03 | 光明日报 | 武汉科大：大学生们的创业沃土 |
| 43 | 2013-09-25 | 科技日报 | 张一敏：绿色提“钒”　渣里淘“金” |
| 44 | 2013-11-19 | 中国教育报 | 一所省属地方高校的“炼”成 |
| 45 | 2014-01-13 | 中国新闻网 | 武科大十五项国家科技奖优化冶金产业链 |
| 46 | 2014-01-15 | 新华网 | 武汉科技大学一项技术近 3 年创造直接经济效益 1.5 亿 |
| 47 | 2014-01-20 | 中国新闻网 | 液压传动的技术创新 |
| 48 | 2014-03-20 | 中国教育新闻网 | 武汉科技大学：精彩“两课”让大学生终身受益 |
| 49 | 2014-04-10 | 人民日报 | 武汉科技大学怎么培养应用型人才 |
| 50 | 2014-05-13 | 光明日报 | 四十年不变“耐火”情 |
| 51 | 2014-05-13 | 中国新闻网 | 记武汉科大耐火材料与冶金国家重点实验室 |
| 52 | 2014-05-16 | 新华网 | 十年磨一剑——记武汉科技大学“耐火材料与冶金”国家重点实验室 |
| 53 | 2014-05-28 | 中国教育报 | 学术沙龙能否助青年科研“突围” |
| 54 | 2014-06-14 | 新华网 | 创业路上搏击长空　收获人生财富 |
| 55 | 2014-06-14 | 中国青年报 | 武汉科大：研究生培养“精耕细作” |
| 56 | 2014-06-18 | 新华网 | 武汉科大创业基地为千余学子插上创业翅膀 |

续表 7-1

| 序号 | 发表时间 | 刊发媒体 | 标题/内容 |
|---|---|---|---|
| 57 | 2014-06-20 | 中国新闻网 | 武汉科技大学大力扶持学生创业　以创业带动就业 |
| 58 | 2014-07-15 | 中国教育报 | 90 后大学生付文杰创业启示录 |
| 59 | 2014-09-26 | 人民网 | 武科大教授八年躬身　因地制宜把农村建得更像农村 |
| 60 | 2014-10-08 | 光明网 | 工科学校艺术生缘何两次问鼎国际设计“奥斯卡”大奖？ |
| 61 | 2015-01-14 | 科学网 | 武汉科大博士后站：在“流动”中激活科研活力 |
| 62 | 2015-01-22 | 中国新闻网 | 武科大导师带学生做科研　本科生享受研究生待遇 |
| 63 | 2015-01-22 | 中国新闻网 | 武汉科技大学建教学特区培养拔尖人才 |
| 64 | 2015-01-27 | 新华网 | 激活一池春水——武科大“理论热点面对面”示范点见闻 |
| 65 | 2015-02-12 | 科技日报 | 武汉科技大学博士后流动站：在“流动”中激活科研活力 |
| 66 | 2015-03-06 | 中青在线 | 武汉科技大学 2.5 万志愿者活跃在校内外 |
| 67 | 2015-03-11 | 中国新闻网 | 武汉科技大学张华教授潜心钻研绿色制造 |
| 68 | 2015-03-18 | 中国教育新闻网 | 武汉科技大学家庭医生团队用良心守护居民健康 |
| 69 | 2015-04-04 | 中国青年报 | 利用高校研究成果“新算法”湖北一年降低高速公路运行费 2.3 亿元 |
| 70 | 2015-04-07 | 人民网 | 武汉科大教授“新算法”一年降低高速公路运行费 2.3 亿 |
| 71 | 2015-04-13 | 光明网 | 武汉科大青年教授柴利：安静地做个有品位的“学霸” |
| 72 | 2015-04-13 | 中国青年报 | 大学保卫处副处长带出最牛考研班 |
| 73 | 2015-04-21 | 光明网 | 武汉科大：90 后女大学生用科研项目玩创业 |
| 74 | 2015-05-06 | 央广网 | 武科大研一学生成专利达人　已成功申请 8 项实用新型专利 |
| 75 | 2015-05-11 | 人民网 | 武科大学生创业玩航拍“天使投资”有意百万风投 |
| 76 | 2015-05-12 | 新华网 | 武汉科技大学：学生微创业成为校园“新风景” |
| 77 | 2015-05-19 | 中青在线 | 武汉科技大学试行“无手机课堂” |
| 78 | 2015-05-19 | 中国网 | 武汉科技大学：创业氛围点燃大学生创业激情 |
| 79 | 2015-05-28 | 中国新闻网 | 武汉科技大学“最强大脑”现身课堂 |
| 80 | 2015-06-11 | 新华网 | 武汉科技大学助力大学生实现创业梦想 |
| 81 | 2015-06-15 | 中国高新技术产业导报 | 李恒：打造降尘“神器”　奏响创业进行曲 |
| 82 | 2015-06-17 | 中国教育报 | 在这里做科研“英雄不论辈分” |
|  | 2015-06-17 | 新华网 | 武汉科技大学大学生创新创业小记 |
| 83 | 2015-06-23 | 中国青年报 | 硕士生佘福元：打造武汉版“爱情公寓” |
| 84 | 2015-07-01 | 中国青年报 | 武汉科大一替考生的“诚信第二考” |
| 85 | 2015-07-12 | 中央电视台 | ［面对面］李中洲：诚信考场 |
| 86 | 2015-07-27 | 科技日报 | “治霾小子”李恒和他的“高空喷淋降尘系统” |

续表 7-1

| 序号 | 发表时间 | 刊发媒体 | 标题/内容 |
|---|---|---|---|
| 87 | 2015-08-07 | 央广网 | 武汉科技大学学生三次获得德国红点奖 |
| 88 | 2015-08-10 | 光明网 | 武汉科技大学三次问鼎国际设计奥斯卡 |
| 89 | 2015-09-02 | 中国新闻网 | 武汉科技大学举行系列活动纪念抗战胜利 70 周年 |
| 90 | 2015-09-02 | 辛亥革命网 | 血与火的记忆——武汉科技大学两位将军校友的抗战故事 |
| 91 | 2015-09-7 | 中国青年网 | “青年马克思主义者培养工程”实践教育基地在青菱揭牌 |
| 92 | 2015-09-28 | 中国网 | 中华百场校园行强势回归　武汉科技大学豪情万丈 |
| 93 | 2015-10-03 | 中国青年网 | 武汉科大支教团：为新生军训第一课保驾护航 |
| 94 | 2015-10-29 | 光明网 | 武汉 92 岁老教授仍坚持数学研究　赢得“90 后”大学新生热烈的掌声 |
| 95 | 2015-11-07 | 新华网 | 仙桃村民到大学听教授解读五中全会精神 |
| 96 | 2015-11-12 | 人民网 | 武科大学生发明会车防眩目系统　寻求合作伙伴研发生产 |
| 97 | 2015-11-15 | 人民网 | 首届湖北高校马克思主义学院院长论坛在武科大召开 |
| 98 | 2015-12-15 | 中国新闻网 | 武科大在武汉抗战纪念园举行国家公祭日公祭 |
| 99 | 2016-01-13 | 新华网 | “共享经济 50 人论坛”助推中小企业合作共赢 |
| 100 | 2016-01-21 | 中国青年网 | 武汉科大支教团：爱国教育从现实认知开始 |
| 101 | 2016-02-25 | 人民网 | 把千间毛坯房装修成公寓出租　硕士生获雷军千万投资 |
| 102 | 2016-03-07 | 中国青年网 | 武汉科大研支团开展系列学雷锋活动传播正能量 |
| 103 | 2016-03-08 | 新华网 | 武汉科技大学“教授义工队”活跃在街道社区 |
| 104 | 2016-03-18 | 中国教育信息网 | 武汉科技大学“教授义工队”活跃在街道社区 |
| 105 | 2016-03-25 | 中国青年网 | 武汉科大研支团正式开启“四点半课堂” |
| 106 | 2016-04-30 | 中国青年报 | 毁容女孩残指叩开硕博连读大门 |
| 107 | 2016-06-14 | 中国青年网 | 武汉科大研支团为留守儿童发放礼物传递温暖 |
| 108 | 2016-06-24 | 新华社 | 中国海洋材料产业技术创新联盟揭牌 |
| 109 | 2016-07-06 | 中青在线 | 武科大大学生支教团成了救灾团 |
| 110 | 2016-07-20 | 中国教育报 | 武汉科技大学：让学生成为“双创”时代的幸运儿 |
| 111 | 2016-08-15 | 中国新闻网 | 武科大女生参加奥运马拉松：与高手过招心满意足 |
| 112 | 2016-10-11 | 中国青年报 | 李恒：打造工地“治霾神器”保卫蓝天 |
| 113 | 2016-10-14 | 新华网 | 武汉科技大学举办诗会纪念长征胜利 80 周年 |
| 114 | 2016-10-15 | 新华网 | 全国大学生材料综合技能大赛在武汉科技大学举行 |
| 115 | 2016-11-24 | 中国青年报 | 武汉科技大学让国防生在“实战”中成长 |
| 116 | 2016-12-07 | 新华网 | 大学生社团为阳光家园公益演出温暖冬日 |
| 117 | 2016-12-24 | 中新网 | 武汉高校湖内捕鱼两万斤　学生凭票免费吃鱼块 |

续表 7-1

| 序号 | 发表时间 | 刊发媒体 | 标题/内容 |
|---|---|---|---|
| 118 | 2016-12-29 | 新华网 | 武科大与青山区加强校地合作共促创新发展 |
| 119 | 2016-12-31 | 中国新闻网 | 武汉科大专项经费资助贫困生返乡过年 |
| 120 | 2017-01-09 | 中国青年网 | 武汉科大研支团走访慰问贫困生送暖冬温情 |
| 121 | 2017-01-11 | 中国教育报 | 武科大打造“中国南方冶金矿山人才的摇篮” |
| 122 | 2017-01-24 | 中国教育报 | 武科大打造工程创新人才个性化培养“试验田” |
| 123 | 2017-02-07 | 光明日报 | 贴心好医生就在家门口 |
| 124 | 2017-02-16 | 中国教育报 | 武汉科技大学实施“大冶金”人才培养　助力行业转型升级 |
| 125 | 2017-02-24 | 中国青年网 | 武汉科大研支团道德讲堂助学生摆脱开学综合症 |
| 126 | 2017-02-24 | 中国教育报 | 武汉科技大学公共管理类专业打实践教学“组合拳” |
| 127 | 2017-03-12 | 新华网 | 武科大纪念张之洞诞辰 180 周年承续钢铁情缘 |
| 128 | 2017-03-12 | 人民网 | 纪念张之洞诞辰 180 周年座谈会在武汉举行 |
| 129 | 2017-03-20 | 中国青年网 | 何金做简单志愿者在成长中体验幸福感 |
| 130 | 2017-03-28 | 中国教育报 | 作为地方高校，武汉科技大学加强特色学科，搭建一流科研平台—— 一流学科并非名牌大学专利 |
| 131 | 2017-04-13 | 新华网 | 武汉科技大学涌现 90 后大学生创业群体 |
| 132 | 2017-05-12 | 新华网 | 武汉科技大学多向联动助推学子“好就业、就业好” |
| 133 | 2017-06-05 | 中青在线 | 刘恒　创业永远都没有尽头 |
| 134 | 2017-06-08 | 中国青年网 | 走进大山　褪去浮华　沉淀青春 |
| 135 | 2017-06-20 | 中国青年网 | 志愿者程粱：有汗水才是青春　有奉献才叫人生 |
| 136 | 2017-06-21 | 中国青年报 | 大学生创业者专利维权何去何从 |
| 137 | 2017-06-23 | 新华网 | 武科大校长倪红卫寄语毕业生不忘初心坚定前行 |
| 138 | 2017-06-23 | 人民网 | 武科大校长倪红卫寄语毕业研究生勿忘科研砥砺前行 |
| 139 | 2017-07-03 | 中国新闻网 | 武科大研究成果“常温运输细胞”技术惠及全球 |
| 140 | 2017-07-12 | 中国青年报 | 武科大创业者李恒维权　国家知识产权局启动专题调研 |
| 141 | 2017-07-19 | 中国青年网 | 武汉科技大学志愿者走访茶盐古道：感受古今　传承愚公精神 |
| 142 | 2017-09-16 | 新华网 | 武科大校长寄语研究生新生：心已致远，有梦必达 |
| 143 | 2017-10-14 | 新华网 | 武科大矿物加工工程专业创新创业教育小记 |
| 144 | 2017-10-18 | 中国新闻网 | 武科大学生创建“共享维修”系综合众创孵化平台 |
| 145 | 2017-10-27 | 人民网 | 武科大校长与学生“面对面”热议十九大报告 |
| 146 | 2017-11-06 | 新华网 | 武科大成立机器人研究院　推进学科交叉融合 |
| 147 | 2017-11-11 | 人民网 | 湖北首家在校大学生企业在“青创板”挂牌上市 |
| 148 | 2017-11-17 | 中国新闻网 | 武科大教授小说塑造“文侠”：铮铮傲骨矢志不渝 |

续表 7-1

| 序号 | 发表时间 | 刊发媒体 | 标题/内容 |
|---|---|---|---|
| 149 | 2017-12-22 | 中国新闻网 | 武汉一高校捕捞自养鱼四万斤供师生免费吃 |
| 150 | 2017-12-23 | 人民网 | 冬至沁湖鱼宴　武汉科技大学四万师生共度传统节日 |

（撰稿：瞿孝平）

## 第二节　基本建设十年大事记

### 一、十年为功完成黄家湖校区土地权属登记

2002 年，学校启动黄家湖校区选址建设工作，其校区土地涉及青菱、红霞、园艺三个行政自然村，周边关系复杂。期间，国家为规范土地工作和维护农民利益，调整了土地征收价格和审批政策，致使黄家湖校区土地手续在几乎办结情况下，调整为两期重新办理（每期不超过 1000 亩），土地办证工作被无限拖延。2005 年 10 月，学校组建刘华才书记、孔建益校长直接领导，刘忠胜为组长，陈志刚、傅江浩为成员的土地工作专班，负责办理黄家湖校区 1973 亩土地所有权证办理工作。

黄家湖校区土地证办理分为两期进行，第一期于 2007 年 2 月 15 日办理完毕，第二期于 2012 年 9 月 27 日办理《国有土地使用证》。至此后，黄家湖校区建设用地手续全部完善合法。黄家湖校区土地手续办理时间跨度近 7 年，其间历经国家土地审批、征收政策调整以及土地征收、拆迁以及地价谈判等艰辛与困难，学校确定“尊重历史、面对现实”工作原则，在工作中坚持灵活性与主动性，妥善处理与村、场关系，工作中做到有理、有利、有节，较好把握机会有效推动工作，确保土地价格按照协议不变情况下圆满完成办证工作，成为黄家湖大学城区域内首家办完全部土地权证的高校。

### 二、先后实施两轮“千套住房建设工程”

不断改善教职工居住条件，共享改革开放成果，是学校历届领导班子民生工作的初心和中心。2006 年始，学校多方奔走，呼吁政府关注学校教职工住房困难，在政策上予以支持，帮助学校解决职工住房困难。由于政策性类住房建设取消，学校在省政府、教育厅和市政府及各级部门支持下，通过土地市场流转将校内用地进行开发建设，创造性实施“科大雅苑”教职工住房建设工程，正式拉启了学校“千套住房建设工程”序幕，该工程也被教职工称为“千套民生工程”。其中，在青山校区开发建设“科大雅苑”住房 310 套，建筑面积 42976 平方米；在黄家湖校区建设周转房 565 套，建筑面积 74000 平方米。

2010 年，学校为解决新进教师住房困难，启动“千套公租房建设工程”，被教职工称为“小千套工程”。该工程经市政府批准，列入武汉市第三批公共租赁住房建设和用地计划（武发改投资〔2011〕339 号），同意我校分别在青山校区和黄家湖校区立项建设公共租赁房，批准建筑面积为 5.99 万平方米。其中，青山校区公租房建设 552 套，实际建筑面积 34000 平方米；黄家湖校区公租房 264 套，实际建筑面积 16086 平方米。

第一期千套工程于 2012 年完成分配，全部入住；第二期千套工程于 2017 年底完成分配，青山校区已完成入住，黄家湖校区预计 2019 年 6 月前完成入住。

## 三、以“科大雅苑”教职工住宅建设工程推动学校住房改革

2006 年，学校考虑到十年未建房，教职工民生问题一直得不到妥善解决，多方呼吁奔走，希望获得政府支持，帮助学校解决职工住房困难问题。经报请省市领导，市规划局根据当时政策，建议学校按照当时土地政策以社会化方式进行运作，解决教职工住房困难问题。

2006 年 12 月 24 日，学校召开教职工代表大会，同意学校将青山校区部分家属区（东院）部分土地定向开发，新建本校教职工住宅。2006 年 12 月 29 日，湖北省教育厅批复同意学校以定向方式建设一批教师住宅，要求合理制定购房政策，做好教师团购住房的组织及相关工作。2007 年 1 月 1 日，学校向武汉市土地交易中心提出交易申请，要求通过市场招拍挂方式将位于青山区校本部生活区内的三宗地约 26 亩地进行土地交易变性，用于开发建设教职工住宅。9 月 14 日，交易中心土地挂牌，起始价 7714 万元，成交价 13290 万元，楼面地价 3326 元/平方米。摘牌单位为学校二级法人单位——武汉高建建筑安装工程公司，随后学校开始按照房屋开发程序进行住宅建设。

“科大雅苑”项目经历了项目勘查、立项、环评、规划方案审批、建筑施工图编制及核准、图审、消防人防审查、规划建设许可、招标报建以及施工许可等十余个环节，于 2009 年 2 月完成全部开工前期手续；2009 年 3 月，方案由点式楼变为条式楼，在三个月内重新完成方案二次申报，5 月规划局全部变更手续完成，并于 10 月分两期先后开工；2012 年至 2013 年，完成科大雅苑规划验收；2013 ~2015 年，完成科大雅苑项目清算及两证办理工作。

学校以科大雅苑项目建设为契机，全面启动住房“千套民生工程”，完成了校园全部住房的房改工作，并办理房屋所有权证和土地使用权证。

## 四、以中西部高校基础能力建设工程改善办学基本条件

为振兴中西部高等教育，国家实施中西部高校基础能力建设工程。从 2012 年开始，由发改委、教育部组织实施重点扶持一批有特色、高水平的地方

普通本科高校加快发展，主要目标为提高本科教学、提高本科教育教学质量，夯实办学基础，改善教学条件，提高学校本科教学基础能力，着重解决中西部高校基础能力设施和办学条件滞后问题。

中西部高校基础能力建设工程累计实施两期，学校作为地方省属高校的排头兵，在省教育厅和发改委的大力支持下，一期、二期均获国家发改委、教育部批准立项，第一期“交通与城市建设教学实验楼”和“钢铁冶金实验实训中心”等两个建设项目列入中西部高校基础能力建设工程，国家投入1亿元，省发改委下拨开工前期经费200万元，学校争取企业支持3000万元。“钢铁冶金实验实训中心”项目建筑面积25349平方米，“交通、管理与艺术学院楼”建筑面积40256平方米，项目2012年11月取得立项批文，2013年6月通过可研评审并取得批复，2013年7月通过扩初评审并取得批复。其中，“钢铁冶金实验实训中心”项目桩基工程于2014年7月28日开工，主体结构于2015年1月开工，2015年10月封顶，2016年6月28日进行施工验收，2016年10月交付；交通与城市建设教学实验楼项目于2015年5月开工，2015年12月结构封顶，2016年8月12日进行施工验收，2016年10月交付使用。

为进一步发挥办学特色和行业优势，突出应用服务，学校结合自身实际，依据学校“十三五”事业发展规划要求，积极申报“中西部高校基础能力建设”二期项目——“基础教学与化工资源实验楼”，并被列为国家“十三五”产教融合发展工程规划高校。中西部二期项目总建筑面积为4.3万平方米，总投资约19100万元，建设内容为普通教室、多媒体教室、专业实验室及相应配套设施。2016年12月5日，中西部二期项目取得省发改委立项批文；2017年4月20日，在湖北省公共资源交易中心平台公开进行项目设计方案招标；2017年5月下旬至6月中旬，学校先后三次召开校长办公会进行项目设计方案优化和审定。2017年11月28日，项目获批湖北省发改委的可研批复。

## 五、黄家湖校区基础设施日臻完善

黄家湖校区建校之初，市政道路、雨污排水系统以及生活配套设施建设滞后，影响黄家湖校区运行使用。从2004年开始，学校不断向武汉市政府呼吁，在市委督查室的支持下，校园基础设施逐步完善，美丽黄家湖校园建设卓有成效。

2010年9月1日，黄家湖校区“煤改气”工程完成、验收通气，南园、北园两学生食堂均置换天然气，使用清洁能源，并为周转房天然气使用提供接口。

2011年7月25日，黄家湖校区供电临时电源改接曹家铺110千伏变电站正式电源，满足了校区供电容量需求，并确保校区供电的可靠性。

2013年6月19日，黄家湖校区生活污水外接入环湖路城市市政管网，校内自建的污水处理站运行十年后停止运行。黄家湖污水管网自2004年建设以来，由于资金缺乏、地方利益等问题一直进展缓慢。在市委督察室支持下，先后召集市城投、市水务、洪山区政府、规划、城市管理等部门召开协调会近十次，区分责任，落实建设任务，逐段推进，历经10年终于全线贯通。

2013年6月25日，在洪山区高校办、国资委主持协调下，学校与黄家湖青菱渔场就沁湖与黄家湖连接的出水闸口管辖责任事达成一致，学校将沁湖渔权收回归口后勤集团管理，为沁湖鱼宴品牌打造提供基础。

## 六、多方共建“生态园林式学校”

学校按照黄家湖校园规划的总体要求，充分发挥沁湖140亩水面的独特优势，建成了以沁湖湖心岛景观群落为中心，樱园、桂园、松竹园、梅园等四大园林景观环绕的园林式生态校园格局。

学校利用校友捐资等社会资金，建造的连心桥、沁湖岛、谢师亭、一冶红枫校友林、恒大校友樱花园、孝感校友林、润松行道树等校园新景，既建立校友和母校联系沟通的绿色纽带，也为校友留下心系母校建设和发展的实物载体，通过校友林、景观建设不断加强校园生态建设，使学校成为国内少有的“校内有湖，湖中有岛”的高校，增加校园文化底蕴。

2009年被评为武汉市“绿化模范单位”；2012年被评为“湖北省绿化模范单位”；2016年2月29日，全国绿化委员会为表彰学校大力推进生态文明建设，努力实现人与自然和谐发展，在国土绿化事业中做出的突出成绩，授予“全国绿化模范单位”称号。

2016年7月，湖北省绿化委员会、湖北省教育厅、湖北省林业厅联合下发文件，表彰学校坚持“环境育人”的理念，把环境建设作为校园文化建设和精神文明创建的重要内容，按照“绿化模范单位”的要求，全面规划，科学决策，加大投入，重点建设，实施绿化、美化、香化、净化、亮化工程，授予武汉科技大学等“生态园林式学校”荣誉称号。

## 七、圆满完成债务化解

2011年8月14日，湖北省人民政府下发《关于减轻地方高校债务负担化解高校债务风险的意见（鄂政办发〔2011〕79号）》，并与学校签订化债目标责任书，要求学校依法盘活存量土地，其闲置或低效利用的土地必须在2012年底以前通过“招、拍、挂”或者政府收购储备等方式进行处置，所得收益用于偿还债务，并在2012年底以前完成债务化解工作。

2012年3月31日，经省财政厅、省教育厅批准同意，我校将位于武昌区团结路16号的徐家棚校区（总用地面积约为4.13万平方米，62亩）公开处置用于债务偿还；2012 年 7 月 3 日，学校在市土地交易中心办理了交易进件手续。8 月，在市政府及规划国土局等部门的大力支持下，徐家棚校区地块规划条件核发，容积率控制在 4.7 以内，为学校债务化解奠定坚实基础。

2012 年 10 月 31 日，我校与武汉市土地整理储备中心签定收储协议，将我校位于武昌区徐家棚团结路 16 号、土地使用权证号为武国用（2009）字第 586 号项下的部分国有土地使用权交市土地中心收回储备，土地收购补偿费及搬迁补助总额为 4 亿元。12 月 16 日，全部款项进入财政专户，并获得政府化债奖励约 2 亿元，圆满完成省政府规定的化债任务。

### 八、推进“老住宅加装电梯”工程

为进一步改善学校职工住宿条件，解决职工出行方便问题，学校一方面以提案形式通过省市人大、政协会议呼吁，提请政府关爱老同志，为老住宅加装电梯出台政策，创造条件；另一方面，身体力行向市区规划局申请为老住宅加装电梯，2012 年学校启动老住宅加装电梯的调研及可行性论证工作，并于 2012 年 10 月形成调研报告；2012 年 12 月，经多次群众座谈会及学校专项工作会形成老住宅楼加装电梯工作推进方案，确定“先试点运行，后分步实施”的实施原则，按条件成熟程度，先易后难，逐步推进，要求作为试点进行全面推行。

2013 年初确定试点并实施楼栋共 2 栋（洪山校区 19 栋，青山校区 33 栋），于 2014 年 10 月交付使用；2014 年实施楼栋共 5 栋（青山校区 18、23、26、28、32 栋），于 2015 年 5 月交付使用；2016 年实施楼栋共 7 栋（青山校区 17、29 栋；洪山校区 84、85、20、34、18 栋 1 单元），青山校区于 2017 年交付使用，洪山校区于 2018 年交付使用；2017 年实施楼栋共 4 栋（青山校区 9、24、31、25 栋），将于 2018 年先后投入使用。2018 年准备实施 4 栋（青山校区 10、21、27、30 栋），计划 2019 年投入使用。

从 2012 年谋划启动加装电梯工程，学校涉及民生事宜说做就做，敢于担当，使校内教职工受益，也推动武汉市加装电梯工作。在学校完成首栋电梯加装工程后，2013 年 12 月，武汉市才出台加装电梯的指导意见；从 2012 年至今，学校完成 18 栋楼近 50 部电梯加装工作，电梯加装工作进入收尾阶段。

（撰稿：陈志刚）

## 第三节　社会治安综合治理和平安校园创建工作卓有成效

十年来，学校认真贯彻上级关于加强社会治安综合治理工作的一系列指示精神和工作部署，切实加强对社会治安综合治理的组织领导，充分发挥社会治安综合治理委员会的作用，狠抓综合治理各项措施落实，坚持抓好队伍建设，强化教育防范，全面推动群防群治，校园治安形势稳定，各类警情数连续十年呈下降趋势，未发生群体及个体政治事件；未发生引发社会稳定的严重事端；未发生危害国家安全的案件和失密泄密事件；未发生领导干部和师生员工犯罪案件；未发生校园治安刑事案件及重大被盗、被骗等案件；未发生等级火灾及校园恶性交通事故；未发生卫生、食品、药品及危险品安全事件；无重大涉政事件；未发生具有负面社会影响的舆论事件，等等。学校及周边治安环境进一步改善，师生满意度进一步提高，不断推动社会治安综合治理工作取得新实效、迈上新台阶。

## 一、学校逐步建立和严格实行责任制，推动社会治安综合治理各项措施的落实

学校坚持立足现实、着眼长远，将社会治安综合治理和平安校园建设作为一项系统工程，统筹规划、整体推进，标本兼治。陆续出台的社会治安综合治理领导责任制、目标管理责任制、安全责任追究办法、一票否决制，形成了良好的激励约束机制和监督查究机制。

学校坚持实行“四级”责任体系，学校与全校二级单位的安全工作责任人签订责任书，各二级单位与下属单位签订责任状，明确各工作岗位的安全责任人，实行责任追究制度。严格按照“加强校园社会治安综合治理工作方案”进行任务分解，扎实开展校园综合治理暨平安校园创建活动的检查考评和总结表彰工作，在单位自查、学校组织检查的基础上，结合平时工作实际，通过任务分解、优化考核，各单位创建主动性、积极性得到充分调动。

2010 年，学校将国家安全及治安综合治理委员会、安全保卫工作委员会合并，正式调整为武汉科技大学社会治安综合治理委员会，由党委书记、校长任组长，由分管安全工作副书记任副组长，对校园安全工作负总责。小组下设办公室，办公室挂靠学校保卫处。社会治安综合治理委员会针对校园治安的突出问题，组织协调各成员单位，综合运用各种手段，在“打击、防范、教育、管理、建设、改造”等诸多环节，充分发挥各自的职能作用，形成了齐抓共管的良好局面。

## 二、学校切实加强矛盾纠纷排查调处工作，防疏并举，标本兼治，逐步形成和谐稳定的校园氛围

学校不断完善矛盾纠纷排查调处工作机制，最大限度地把安全稳定隐患消除在萌芽状态。2012 年，学校制定了《武汉科技大学矛盾纠纷排查调处工作制度》，结合 4 月份开展的“国家安全宣传教育月”，5 月份开展的“校园安全稳定检查月”和 11 月份“校园消防宣传月”活动，每学期集中进行 1～2 次矛盾纠纷

排查。通过条块结合的方式，由各单位率先在单位内部师生员工中摸排和清理矛盾纠纷；同时，学校各机关处室根据工作中遇到的矛盾纠纷进行面上排查和梳理。排查结果由学校综合治理委员会汇总分析，分门别类提请相关校领导或移送有关职能部门、所在单位调处化解。2010 年，学校制定了《教职工申诉与调解试行办法》和《学生申诉与调解办法》，并相应建立教职工和学生两个申诉与调解委员会。由于学校矛盾纠纷排查调处工作机制进一步完善，加之不断推进依法治校和民主管理，学校内部矛盾纠纷日益减少。

学校建立了安全稳定形势研判机制，通过多种形式及时掌握情况，排查问题，整改安全稳定隐患。学校领导长期坚持每周一上午党政联席会议制度，分管领导有事报事、无事报平安，重要信息随时通报、及时研究，重大问题及时召开综治领导小组会议或提请校长办公会议、党委常委会研究。学校每年多次召开校情通报会、离退休干部座谈会、民主党派座谈协商会、学生座谈会收集意见；分管学生工作、研究生工作、离退休工作的校领导每两周召开一次工作例会；分管黄家湖校区、洪山校区工作的校领导每两周分别主持校区综合办、保卫办公室、学工处、教务处以及基建、后勤部门负责人工作例会；保卫处坚持每两周一次处长办公会，三个校区每周均召开保卫干部工作例会，研究工作，研判形势、排查矛盾，整改隐患；重要节点和敏感时期，学校办公室和学工、保卫系统进行联查和应急值班；学工处、研究生院和学院分管学工的党委副书记定期召开辅导员、班主任会议。十年来，学校没有发生因排查调处工作不到位而造成的非正常上访和群体性事件。

2014 年，学校制定了《重大决策事项社会稳定风险防控办法》，重大决策事项风险评估机制健全，决策程序规范，结果公开。坚持重大决策事项广泛调查研究，通过研讨会、座谈会、校情通报会或教代会（工会）等形式多方听取师生员工（包括离退休职工）的意见，注重风险预研预判。进一步规范重大事项决策程序，重大决策事项由相关职能部门进行风险评估，学校政策法规室或法律顾问事前预审；涉及学校改革、建设和发展的重大事项和事关师生切实利益的敏感问题提交教代会（工会）、党代会审议，最后由校长办公会或党委常委会集体决策，有效地从源头上控制了稳定风险。学校未发生因违反决策程序或决策失误引发社会稳定风险的事项。

## 三、学校社会治安综合治理的工作思路越来越清晰，措施更有力，重点更突出

学校大力倡导“落实就是责任，平安就是福祉，稳定就是业绩，和谐才能发展”的综治工作和平安建设理念，通过一手抓学校改革、建设和发展，一手抓校园安全、稳定与和谐，切实做到了“两手抓、两手硬”，综治工作思路更加清

晰：领导重视、制度完善、目标明确、责任落实、工作到位，齐抓共管、联防联治；长效机制与应急机制交互作用，源头维稳与平安创建促进标本兼治。

学校建立“校园110”指挥中心，落实24小时校园总值班制度和巡逻制度。针对校园内案件高发区域实行定点巡逻、人员盘查等方式加强打击力度。实行保卫干部联系点制度，为重点单位及每个学院选派一名保卫干部作为工作联络与综治指导员，各职能机构和二级单位均明确了综治和安全稳定工作责任人，要害部位和重点岗位设立了治保员。为加强学生宿舍安全管理，2010年学校将37名宿舍管理员由后勤集团划归保卫处管理；自划转保以来，学生宿舍被盗等案发率大幅下降。不断加强保卫队伍建设，建立了一支战斗力强、业务素质过硬的保卫队伍，目前保卫人员编制达到195人；学校坚持加强对全体保卫干部岗位技能培训培训，建立了安全保卫工作奖励制度；2018年3月，学校正式施行保安服务外包工作，将校园安保巡逻工作交付湖北金鹏保安服务公司管理，保安队员素质和形象进一步提升。

广泛开展安全宣传和培训。学校每年在全校开展“平安校园、平安学院、平安家庭和平安班级、平安宿舍”创建活动。坚持“一案一通报、一案一警示”，在校内发布警情通报；坚持将安全提示与入学通知书一起邮寄到每个新生手中，第一时间在新生入校时组织进行安全法制课教育，组织开展新生安全教育培训；制作“安全提示”，张贴到每间学生宿舍；编印《安全保卫工作联系卡》，发放到学校和二级单位责任人、学生副书记、学生辅导员、学生干部、各学生宿舍及物业值班员；学校坚持每年邀请公安、消防部门领导为学生进行安全宣讲，深入开展保卫干部下学院活动，利用橱窗、网站开展“安全教育每周一课”教育活动，坚持组织师生开展消防演习。

安全防范常抓不懈。以学生宿舍和公共建筑为消防重点，重点推进学生宿舍和高层建筑火灾隐患的检查和整改工作，对学生宿舍、教学楼、图书馆、培训楼、食堂等重点部位坚持开展每日防火巡查，做好消防检查记录和登记工作。每季度组织专项检查，督办学生宿舍内违规使用大功率电器，收缴电水壶、电饭煲、热得快、限电装置和电火锅等大功率电器的整改情况。

2017年学校筹集资金967万，完成全校三个校区监控系统的升级改造工作，在校园内新增摄像头1550个，在学生宿舍、图书馆和部分教学实验楼、办公楼加装了多套门禁管理系统，实现了校园重点部位高清摄像头覆盖率100%，校园公共区域摄像头覆盖率100%。

为增强工作措施的针对性、实效性，学校坚持加强社会治安形势分析，每年组织召开师生安全座谈会，开展安全感调查，多方听取师生对社会治安的意见和工作建议。2013年起，学校确定每年的5月为“校园安全稳定检查月”、并将原来每年11月的“学生消防宣传演练周”演变为“校园消防与安全教育月”。学校从七个方面对校园安全稳定隐患进行了全方位拉网式大检查，校长办公会议听取学校社会管理综合治理委员会的专题汇报，研究了各方面整改意见，学校在此基础上印发《关于开展校园安全稳定隐患整改意见书》，安全隐患整改率高于90%。

**表7-2 武汉科技大学警情汇总**（2008～2017年）

| 年 度 | 有效警情数 | 年 度 | 有效警情数 |
|---|---|---|---|
| 2008 | 168 | 2013 | 86 |
| 2009 | 156 | 2014 | 75 |
| 2010 | 152 | 2015 | 69 |
| 2011 | 101 | 2016 | 64 |
| 2012 | 91 | 2017 | 61 |

## 四、学校社会治安综合治理的各项工作任务更加明确，规范化、制度化、法制化建设不断推进

武汉科技大学社会治安综合治理委员会先后会同有关部门就加强学校法制教育和治安综合治理工作、加强社会治安综合治理基层基础工作、开展安全创建活动等，提出了具体的工作意见，进一步明确了工作任务、目标和各部门的职责，综治工作的科学化、规范化水平不断提高。学校出台《武汉科技大学大学突发公共事件应急预案》《武汉科技大学总值班制度》《武汉科技大学社会管理综合治理考评细则》等制度，保卫部门制定了《校园摊点管理暂行规定》《工作服购置、领用和使用管理规定》《职工慰问暂行规定》《公共物品领用、移交和管理暂行规定》《保卫处公车使用管理规定（修订稿）》《保卫处财务管理制度》《二级单位可量化项目台账管理办法》《保卫处网站内部管理制度》《保卫处对讲机使用管理规定》《武汉科技大学车载门禁系统收费管理办法》等管理制度。

## 五、社会治安综合治理校地合作不断深入，联动治理机制进一步完善，为校园安全稳定打造坚强后盾

学校高度重视校地共建，与辖地、辖区政法、综治、公安、国安、工商、文化、卫生、城管等部门建立了紧密关系，辖地、辖区领导和综治、国安、公安、消防、工商、文化、卫生、城管等部门主动帮助学校解决实际困难。每逢毕业生离校、新生入学报到、每年8月底7个学院三年级的学生从黄家湖校区搬迁到青山校区以及学校举行大型活动、重要外事活动期间，特别是学校突发应急事件和应急维稳期间，洪山公安分局、青山公安分局、红卫路派出所、青菱街派出所、洪山交警大队、青山交警大队四中队等单位，主动上门协助学校维持治安和交通

秩序。坚持与辖区公安机关、社区居委会合作，加强流动人口和特殊群体管理与服务，做到了“情况明、底数清、台账全、不失控”；积极联系、配合地方政府校园及周边安全环境整治活动，校园周边小摊点、无照运营电瓶车和驾校实训车辆得到有效整治。

## 六、积极推进学生安全“群治体”建设，开创共建共治共享平安校园建设新格局

学校以学生安全自治委员会为中枢，通过吸引校园群防志愿者广泛参与，充分挖掘学院和班级的工作潜能，着力打造校园学生安全“群治体”：学生安全自治委员会在公安机关和保卫部门的指导下，全面统筹班级安全委员、学院学生会治保部、学生安全注册志愿者等各级各类学生安全自治组织和力量，整合形成学生广泛参与的自我教育、自我管理和自我服务的学生安全群防群治工作体系。

### （一）信息互通——多方参与形成群防群治合力

各学院学生会治保部每两周召开一次各班级安全委员工作例会，学生安全自治委员会每个月组织各学院学生会治保部部长召开一次部长联席会，校保卫处和校团委每学期组织辖地派出所、安委会干部、学院治保部部长、班级安全委员召开一次学生安全“群治体”联席会议。各类例会和联席会议以学校安全工作为核心，通报安全信息，收集安全隐患，布置、协调安全工作。学生自治组织的各位骨干恪尽职守，收集并反馈了大量有价值的安全信息。

### （二）宣传教育——提高学生安全意识和防范能力

学生安全“群治体”植根于学生群体之中，用更加贴合学生实际、充满活力和思想的活动把宣传教育提升到了一个新的高度。他们利用QQ群、微信公众号、微博等新媒体开展安全宣传，并结合校园安全形势自编、自导、自演了系列安全教育微电影进行宣传；广泛组织开展新生班主任助理安全工作能力培训、新生班级骨干安全工作培训、专题安全讲座、班级安全主题班会等活动；策划组织的校园安全策划大赛、“3·15”安全维权、安全创意大赛、消防安全知识与技能竞赛、消防器材展示与使用、消防疏散演练等活动精彩纷呈，逐渐形成了一批品牌宣传项目。

### （三）安全巡查——及时发现和消除校园安全隐患

安委会定期对校园内的安全隐患进行排查并上报，针对学生宿舍违章使用大功率用电器的情况随机进行检查。各学院、班级定期对宿舍进行安全巡查，及时消除了安全隐患。积极参与校园巡逻、“钓鱼”布控、自行车值守等工作。迎新期间，安委会全体干部全天候深入学生宿舍开展“扫楼”行动，发放安全知识手册、对新生进行安全提醒、发现各类诈骗嫌疑人等，有效降低了迎新期间新生被诈骗警情。

（四）志愿服务——夯实校园群防群治的基石

校园群防志愿服务纳入青年志愿者工时认定序列，大量学生踊跃参与。每天约40名群防志愿者参与校园巡逻、自行车秩序维护或定点守望，全年约有1080名学生直接参与校园群防群治工作。同时，群防志愿者服务队与思想道德修养与法律基础课授课老师联合将群防志愿服务纳入到课程实践环节，吸引大批学生参加。

经过较长时间的探索和优化整合，武汉科技大学学生安全“群治体”工作初见成效，全员参与，共建共治共享的社会治理格局逐渐形成。校园警情呈现逐年下降趋势，较之2008年，2017年全校有效警情下降了53.7%。

学生安全自治意识深入人心，涌现出一大批先进典型。2012年2月23日，学生张瑞勇斗马路扒窃嫌疑人，青山区公安局为其申报见义勇为奖（《楚天都市报》，2012年3月8日）；2012年12月19日，学生谢志、职工孙谦来、李飞跳入冰冷的水中救人，落水者被救，但谢志献出了年轻的生命，三人被授予洪山区“见义勇为先进群体”；2014年4月10日，一名女生在校内机智的伸腿绊倒飞奔偷车男，协助民警顺利擒贼（《武汉晨报》专门报道）；2014年4月19日，郑小汀老师与欧阳鼎等四名同学合力将在校外扒窃手机的嫌疑人抓获，五人被授予洪山区“见义勇为先进群体”。

十年来，在全体师生的共同努力下，学校获得2008年度文保系统安全保卫工作先进集体，2009年度内保系统社会治安综合治理先进单位，2010年度文保系统消防工作先进单位，2011年度武汉市文保系统安全保卫工作先进集体，2011年度武汉市内保系统社会治安综合治理先进单位，2013～2016年连续四年被评为全省社会管理综合治理“优胜单位”，2012～2016年连续五年被洪山区公安消防大队授予“消防先进单位”，获评“2014～2016年湖北省平安校园”，2015年、2017年武汉市“人民防线建设先进单位”等称号，校园保持了安全、稳定、和谐、有序的局面。

（撰稿：祝托）

## 第四节　后勤服务保障能力不断增强

学校后勤集团在学校党委、行政的领导下，实行总经理负责制。集团在认真执行国家、地方政府和学校有关政策规定的前提下，参照企业化模式运行，实行自主经营、自负盈亏、自主分配。对所属各二级部门，实施目标责任制管理，采取“自主经营、独立核算”“自负盈亏、自我发展”“定额包干、合同监控”等不同管理模式。集团经营服务范围主要从事校内餐饮、商品服务、物业管理、工程维修、学前教育等业务活动，经费运行上由学校对后勤集团实行“拨改付”管理。

集团现有员工 923 人，其中正式职工 154 人。集团现有大专及以上学历 150 人，其中硕士学历 8 人，本科学历 63 人。下设 15 个二级部门：集团办公室、人力资源部、招议标部、安全与质量监控部、国有资产管理部、财务部 6 个机关部室；餐饮服务中心、青山校区物业服务中心、黄家湖校区物业服务中心、产业发展中心、幼教中心、洪山校区后勤服务中心、高建建筑安装工程公司、印刷厂、工业设备修造厂共 9 个后勤实体部门。机关科室主要负责协调与学校后勤事务相关的各种关系，规划后勤发展目标，监督、考核后勤实体目标管理等工作；后勤实体部门主要负责学校办学和发展的后勤保障工作与师生生活学习的后勤服务工作。

十年来，后勤集团秉承“为教学、科研、师生生活服务，管理育人、服务育人”的宗旨，坚持“务实、和谐、创新、奉献”的理念，积极推行以人为本、科学发展的工作思想，立足于科学管理、规范服务的工作意识，为学校的教学与发展提供了坚实的后勤保障，为实现建设高水平大学，建设综合型大学的总体目标贡献着力量。

一是做好餐饮服务工作。为保障广大师生饮食安全，后勤集团餐饮服务中心严格按照《食品安全法》、湖北省教育厅和湖北省食品药品监督管理局的相关要求，将餐饮工作具体化、量化评价，切实做到防患于未然。为了更好地解决食品安全这一关键问题，中心高标准、严要求，在湖北高校中率先导入 ISO9001：2000 质量管理体系，率先引入广泛运用于出口食品及航空食品制作环节的 HACCP 食品安全管理体系，不断提升管理手段和服务水平，不断改善烹饪条件和就餐环境，为学校教学、科研、生活提供了有力的后勤饮食保障。

在采购环节上，所有大宗物资均由集团招议标部统一招标、集中采购，严格实行 QS 准入制，原材料供货商必须具有相关资质和卫生许可证，肉食品统一注明生猪产品来源，并附贴检疫、检测合格证明，蔬菜供应商必须提供农药残留检验报告，干调必须提供质检报告，食用油均由正规厂家供货。在制作加工环节中，中心从原料到成品的整个工艺过程按 HACCP 的标准实施，对原材料的选用、切配、冷藏，餐具的洗刷、消毒，人流、物流控制均提出了具体而严格的要求。在售卖环节上，中心每年定期组织全体人员进行集中体检，所有工作人员必须持有效健康证上岗，并定期对全体员工进行《食品安全法》培训，员工食品安全意识大大提高。校内各个餐厅均呈现出环境整洁、清新别致、服务周到、操作规范，学生文明排队、就餐秩序井然的良好面貌。2011 年 11 月，在湖北省高校“创 A 争先”食品卫生量化分级评选活动中，春华餐厅、南园餐厅、北园餐厅高分夺得“A 级”餐厅称号。

后勤集团餐饮服务中心通过引进特色餐饮，取长补短，以补充餐厅现有的花样品种，兼具南北风味，品种丰富、营养均衡，从而带动和提升校内餐饮市场整体的经济效益和社会效益。引进烧鹅饭、福建馄饨、西北风味刀削面、特色粥、瓦罐汤、煲仔饭等地方风味小吃，推出点炒窗口、称重式售卖档口、早餐营养奶橱窗等给广大师生员工一个全新口味和感受，得到了广大师生的广泛好评。其中黄家湖校区南园三楼阳光厅的“潮州烧鹅饭”被网友评为2018年江城高校十大招牌菜榜的榜首，南园餐厅也在网友评选的中国九大菜系之武汉最美味十大高校食堂推荐榜中名列第七。

为更好服务师生，集团餐饮服务中心每年会召开专项伙食座谈会，每半年进行一次服务问卷调查，积极听取广大师生的意见和建议，虚心接受批评，及时整改和回复，保持沟通渠道的畅通。

二是做好物业服务工作。后勤集团物业中心负责青山校区、洪山校区和黄家湖校区的教学楼、家属区以及红钢城和徐家棚校区的水电维修工作。集团物业服务中心克服校区部分设施老旧、年久失修问题，努力做到24小时内解决一切报修问题。据统计，十年来平均每年接报修达4千多次、突击抢修50余次。

后勤集团以“生态·文化·水韵”为设计主题，利用景观生态学、风景园林学以及规划设计学等学科的理论和方法，围绕湖体湿地空间做文章，深入生态设计理念，并将武科大的校园文化与水体造景有机融合，因湖、因地制宜，目前已实现“一心”（湖心岛）、“二环”（南北区湿地绿道环）、“三核”（包括展示动植物多样性的湿地生态系统——“湿地之家”、令人流连忘返的生态驳岸和人水亲和的临水栈道）与“四林”（樱园、桂园、松竹园、梅园四大景观园林），校园绿化覆盖率达到了95.25%，形成了春有樱花、夏有荷花、秋有桂花、冬有梅花，四季有花、芳香满园的湿地生态园林布局，充分展现武科大校园的生态美景。

为响应学校创建节约型校园号召，集团物业服务中心大胆探索校区内湖资源利用，使集团节水工作迈出了实质性的一步。先后铺设管道，引内湖水对校园植被进行浇灌。仅此一项，每年可节约用水数万吨，节约水费近万余元，还节省了人力和洒水车运输成本。针对黄家湖校区土质差，每年修剪清理的各种枯枝落叶无法得到及时清理的实际困难，集团节省出资金购买了枝叶粉碎机，经初步估算，每年节省了约5万余元的肥料费用，且充分改良了土壤。

良好的校园风景为师生和周边居民提供了舒适的学习、工作和生活环境；而开展节约型校园建设，运用低碳节水技术是落实科学发展观、实现可持续发展的有效途径。武汉科技大学黄家湖校区将二者结合起来，不仅大幅提升了周边区域的人文环境，而且创造了显著的经济效益。

三是做好产业经营工作。十年来，后勤集团产业发展中心克服学生假期延长和互联网经济冲击等影响，制定并完善物资采购管理制度、供应商评价体系和淘汰制度，做到货比三家，进一步降低商品采购成本和售卖价格，切实保障校内商品和服务价格不高于校外同类商品和服务的价格，并不断提升服务满意度。

为方便师生 24 小时购物，近年来在校园内宿舍区、人流量大区域安装自动售货机以方便师生日常生活消费。截至 2017 年底，产业发展中心新增售货机 17 台，实现校园内自动售货机的全面覆盖，并顺利完成售货机新老支付系统对接，增加了微信和支付宝两种支付方式。2016 年开始，集团产业发展中心物流部与阿里巴巴菜鸟公司合作，组建菜鸟驿站，升级快递运营模式，简化工作程序，有效提高寄取件效率，受到了广大师生的一致好评。

十年来，集团产业发展中心接待中心圆满完成了重庆钢铁设计研究院住宿、湖北省国税局培训班、鄂州钢铁集团培训班、中石化住宿、全国孤寡老人爱心联谊会住宿、新加坡籍留学生住宿、西安建筑科技大学实习住宿、双选会住宿、同学会住宿、省委巡视组、检查组、考核组、评估组住宿、全国大学生航模大赛住宿接待、物理化学年会住宿接待、巴基斯坦籍留学生住宿等接待任务。每一名接待的员工秉承着良好的服务理念，把我们快乐的微笑、亲切的问候、热情的服务、真心的关爱，奉献给每一位接待的宾客。

十年来，集团印刷厂实现全年总营业额连年提升，从 10 年前 60 万元增至 2017 年的近 185 万元。不仅实现了扭亏为盈，还成为集团新的经济增长点。

四是加强创新团队建设。为推进后勤集团向现代企业管理化发展，进一步提升集团协作、创新能力，更好地为学校教学、科研、生活提供有力的后勤保障，集团分别在 2011 年和 2013 年开展了两期创新团队遴选工作。

一期遴选出了高校餐饮采购管理研究、现代高校学生餐饮标准化生产的研究、超市数据分析创效研究、校园自动售卖模式探索、关于校园公共区域节能的研究、绿化美化方案的优化研究 6 个创新团队；二期遴选出了农校对接自行采购、中央厨房、校园公共区域节能的探讨、绿化美化方案的优化研究、基于数据对比分析研究、校园自动售卖模式探索、高校后勤管理及宣传工作的探索与创新、门面的合理开发与利用 9 个创新团队。每一个创新团队都形成了明确的主攻方向，团结协作，每一支团队结构合理、创新能力强、特色明显……

在创新团队的示范、引领作用下，各部门形成了自身独特的优势与方向，后勤集团形成了共同的凝聚力，经济效益和社会效益明显提高，为跨越式发展奠定了坚实基础。

五是加强品牌文化建设。我校拥有全国高校最大的内湖，本着美丽的校园大家共同建设，美好的事物大家共同分享这一理念，后勤集团在黄家湖校区沁湖 140 亩水域连续 3 年进行科学养鱼，并在冬至期间进行捕鱼和请全校师生免费品尝。2017 年在往年吃鱼的基础上，提炼并打造后勤的品牌文化“沁湖鱼宴”，围绕沁湖品牌展开后勤的系列文化活动，形成一种校园文化。

2017年冬至，后勤集团在沁湖打捞了四万两千多斤鱼，全部送往我校三个校区进行加工制作，由三个校区400多位食堂大师傅烹饪，全校师生员工凭票即可领取一份任意口味的鱼制品佳肴。相较于往年，今年学生们成为生力军，捕捞、刨鳞、烹饪、派餐，全程参与。后勤集团希望借助“鱼”的寓意，祝福全校师生员工及校友来年越来越好！

开展“沁湖鱼宴”活动，让全校师生免费吃鱼，不仅拓展了学校特色“沁湖文化”内涵，还增加了全校师生的参与感和获得感，很大程度上提高了学校的社会知名度和美誉度。相关事迹被人民日报、湖北日报、长江日报、腾讯网等十多家主流媒体报道，仅腾讯视频的点击量就有2600多万次，“沁湖鱼宴”已成为学校以沁湖为品牌的校园文化建设的标志之一。

近年来，后勤集团荣获省级以上多项奖项，如：集团餐饮服务中心连续三年被全国伙专会评为“全国食品卫生先进单位”（2009—2011年）；集团物业服务中心荣获“湖北省高校节水节电工作先进单位”和“湖北省高校学生宿舍管理工作先进单位”（2011年）；集团产业发展中心商贸公司荣获湖北省高校后勤商贸管理先进单位、北园超市荣获全国高校教育超市“样板店”称号（2011年）；集团获评为2012年全国高校后勤系统信息宣传工作先进单位（2012年）；我校荣获“全国高校农校对接与食堂采购工作先进院校”称号（2012年）；集团餐饮服务中心连续五年被评为“全国食品卫生百家示范单位”（2008—2012年）；我校荣获2013年湖北省农校对接工作“先进高校”（2013年）；集团产业发展中心北园超市荣获全国教育超市“百千工程”建设先进集体（2013年）；我校以良好的校园生态环境被评为“湖北省绿化模范单位”（2014年）；集团产业发展中心荣获“湖北省高校后勤商贸管理先进单位”（2014年）；我校荣获2015年度“全国食品安全与营养示范校园”荣誉称号（2015年）；集团餐饮服务中心荣获湖北省高校伙食管理工作先进单位称号（2016年）；集团餐饮服务中心荣获2016年度中国食品安全年会普法先进单位称号（2016年）；集团荣获“湖北省邮政与通讯专业先进单位”称号（2016年）；集团餐饮服务中心荣获湖北省高校伙食管理工作先进集体（2017年）；集团产业发展中心荣获湖北省高校商贸管理先进单位（2017年）；集团物业发展中心荣获湖北省高校绿化管理先进单位（2017年）。

（撰稿：刘抗强，陈俊明）

## 第五节　教职工住房条件不断改善

十年来，学校为进一步加快推进改革发展，吸引留住优秀人才，解决职工后顾之忧，高度重视住房工作，全力深化住房改革，逐步完善保障制度，不断创新体制机制，积极争取政策支持，新建两批“千套工程”，大胆开展探索实践，稳步推进电梯加装，着力构建多渠道保障、多层次供给、租购并举的住房保障体系，职工住房建设与住房制度改革取得了一定成效。

## 一、凝心聚力，克服困难，分批新建周转房

学校黄家湖校区启用之初，办学条件十分艰苦，基础设施尚待完善，基建任务重，资金压力大。在这种情况下，学校领导仍将职工住房建设作为事关学校长远发展的头等大事，全校上下统一思想，凝心聚力，顶住压力，克服困难，加快推进校区内职工住房建设，分两批新建了700余套周转房，既减轻了新建校区课余时间无教师居住对教学质量的影响，又降低了职工跨校区路途奔波的时间成本，同时在一定程度上为学校和职工节省了通勤开支。

## 二、抢抓机遇，市场运作，定向开发商品房

2007年，学校为进一步加强职工住房保障和管理工作，专门成立了教职工住宅建设与改革领导小组，并独立设置了领导小组办公室，负责全校职工住房的分配与管理。在领导小组的统一部署下，学校有关部门对武汉市房地产市场进行摸排调研，充分了解校内商品房定向开发的制度空间、政策依据和实施程序，并结合学校实际，进行了可行性论证。在政府部门的大力支持下，学校充分利用当时的政策条件，将青山校区26亩土地属性进行变更，与市场接轨定向开发建设40000平方米商品房，解决了310户职工的住房问题，同时争取省里政策支持对这些职工的旧房进行回购和二次分配，又变相增加了几百套可供分配的旧房源。同时，学校因地制宜，在科大雅苑A栋配套建设了地下车位59个。

## 三、优化方案，统筹推进，及时调整房改房

随着上述黄家湖校区周转房和青山校区商品房“千套安居工程”的新建，学校将新建住房分配和旧房调整出售提上了议事日程。2009年，经充分论证和反复研究，学校先后出台了《教职工住房出售与调整实施细则》《关于教职工住房出售与调整的补充规定》《关于周转房选房补充规定》《关于周转房后续选房补充规定》等一系列文件，对校内1000余套新建住房和2000余套旧房进行了分配和调整，基本满足了当时绝大部分教职工的住房需求。

## 四、把握时机，加强沟通，积极申建公租房

由于学校每年新进职工近百人，为保证长远发展，住房供应必须不断增强“造血”功能。2012年，学校紧盯政策、抢抓时机，分别向青山区和洪山区申报社会类公租房并成功获批。目前学校青山校区552套公租房已完成配租并交付使用，黄家湖校区264套公租房正在抓紧建设。此外，学校与青山区政府建立了战

略合作关系，申请配租部分政府类公租房。经过上述新一批“千套安居工程”的建设和使用，学校当前及今后一段时期内的职工住房压力将得到大大缓解。

## 五、紧跟政策，争取支持，批量办理产权证书

按照学校领导一手抓新房建设，一手抓旧房办证的指导思想，在省住房保障局和市区房管、土地部门的大力支持下，学校于2008年率先启动了高校房改房办证试点工作，并以旧房大调整为契机，于2010年全面启动房改房批量办证工作。在全校上下的通力配合和不懈努力下，学校集中申办了2000余套房改房的4000多本房产证和土地证并发放到职工手中，受到了广大教职工的高度肯定。

## 六、勇于探索，大胆尝试，加快推进电梯加装

为进一步改善学校职工居住条件，解决职工出行不便问题，2012年，学校经充分调研、反复论证，决定在青山、洪山两个校区各选取1栋楼共5个门栋进行电梯加装试点。由于当时武汉市尚未出台配套政策，方案设计、资料准备、手续报批和项目实施均无章可循，学校只能摸着石头过河，边摸索边做，难度大、困难多、情况复杂、突发问题层出不穷。所幸在市区政府部门的大力支持和学校领导的高度重视下，顺利完成了加装试点工作。

成功试点在一定程度上打消了其他职工的顾虑，此项工作立刻得到热烈拥护和积极响应，职工要求尽快加装电梯的呼声越来越高。学校结合实际，确立了“整体规划、分批实施，广泛动员、自愿参与，成熟一栋、加装一栋”的基本原则，明确了门栋所有住户须全部同意方能加装、平层和错层设计方案相结合的实施意见，形成了多部门共同配合、协调联动的工作机制。2013年底，武汉市出台了《关于全市既有住宅增设电梯的意见》，从政策层面进一步明确了要求，规范了程序，简化了手续，尤其是对于“不需办理规划选址、建设用地规划许可和供地审批手续”的规定为学校提高办事效率、加快推进步伐提供了重要契机。截至目前，学校已完成18栋楼近50部电梯的加装工作。

**表7-3　武汉科技大学各类住房情况一览表**（截至2018年4月）

| 房屋类别 | 成套住房（套） | | | | | 单身公寓（间） |
|---|---|---|---|---|---|---|
| | 已建成 | | | | 在建 | |
| | 青山校区科大雅苑 | 青山校区公租房（科大馨苑） | 黄家湖校区周转房 | 各校区其他旧房 | 黄家湖校区公租房 | |
| 数量 | 310 | 552 | 781 | 2482 | 264 | 839 |

（撰稿：曹伟）

# 第八章　坚持效率优先，管理服务效能不断提升

## 第一节　财务工作有力保障学校事业发展

2008～2017年，是学校极其艰难又极其关键的10年：学校建设黄家湖校区累计产生的债务负担、大量基本建设（中西部基础能力建设项目、黄家湖校区学生宿舍项目、公租房项目等）的投入、黄家湖校区从建成到投入使用已经进入维修期的维修成本、原本就亟待改善的教学实验基础设施、发展极不平衡的学科科研平台以及不断上涨的人力成本等，均需要雄厚的资金支持；同时，全国高等教育在经历急速扩招后，进入相对稳定的内涵式发展时期，学科建设、人才引进、平台建设等刻不容缓，学校进入发展的关键阶段。

学校财务处是学校财务管理的职能部门，承担着学校各项事业发展资金保障和管理的主要责任。作为学校一级财务管理机构，在学校党委、行政的领导下，统一管理学校的各项财务工作，担负着学校资金的筹集、计划、使用、管理、监督与绩效评价等工作任务。10年来，财务处以服务于教学、科研和学科发展为宗旨，努力探索并逐步建立适合我校特点的现代财务管理模式，不断提高管理水平，拓宽服务功能，积极为学校各项事业的改革与发展提供资金保障。

### 一、广泛筹措办学资金

在现行体制下，学校收入的主要来源是政府财政性补助拨款和教育事业收入（学费、住宿费等非税收入），实质上从政策性层面决定了学校办学资金的规模，财政性补助拨款受到国家宏观政策和本省财政状况调控，而教育事业收入则直接受招生规模和本省收费政策影响。湖北“穷省办大教育”的背景，加上10余年没有调整的收费政策，导致学校教育事业收入的增长几乎为零。所以，积极争取各项财经政策和政策性资金支持是财务筹资工作的重点，同时加大对独立学院管理费催收力度和鼓励校友及社会捐赠也成为学校难得的资金增长点。

10年来，财务处积极争取湖北省化解政府性债务资金、中央财政支持地方高校发展专项资金、省部共建资金、中西部基础能力建设资金、欧洲政府贷款等各类专项资金，并成功获得湖北省化解债务资金5.97亿元、中央财政支持地方高校发展专项资金2.27亿元、省部共建专项资金6500万元、中西部基础能力建

设专项资金1亿元、欧洲政府贷款2000万美元（已批）；收回武汉科技大学中南分校、武汉科技大学城市学院及武汉外语外事职业学院管理费5.28亿元；接受校友及社会累计捐赠约6000万元。对学校化解黄家湖校区建设时期产生的巨额债务产生重大影响，基本保证了学校各项事业发展所需的资金支持。

2008年，学校收入总额为4.82亿元，经过10年发展，到2017年，学校收入总额为9.63亿元，几近翻倍；10年学校收入总额79.65亿元，年均增幅7.99%，其中：公共预算财政补助拨款39.46亿元，占收入总额的47.02%，年均增幅14.75%；教育事业收入32.18亿元，占收入总额的42.48%，10年来，由于学校办学规模相对稳定，学费标准没有调整，教育事业收入并无增长；科研事业收入6.42亿元，占收入总额的8.45%；其他收入1.59亿元，占总收入的2.05%。

## 二、加强资金预算管理

预算管理是充分发挥财务管理职能、提高资金使用绩效的基础。为进一步规范学校财务行为，明确管理权限，提高资金使用效益，根据《中华人民共和国预算法》，学校于2015年出台《武汉科技大学预算管理办法（试行）》（武科大财〔2015〕11号），明确了“量入为出，收支平衡，统筹兼顾，绩效优先”的预算编制原则，将包括财政补助收入、事业收入、基本支出、项目支出等在内的学校收支业务“全口径”纳入学校整体预算。明确了收入预算按照历史参考值和年度财经政策异动因素测算、基本运行支出预算编制主要采用定额定员法、项目支出预算编制分别采用零基预算和滚动预算法等编制方法，严格预算的“刚性”执行，规范了预算调整程序，强调了预算执行的绩效评价。

学校支出预算根据省人大审核通过的《武汉科技大学部门预算》，全口径统计学校年度收支总额统筹编制。学校整体预算和年度预算调整事项，均经学校财经领导小组会议、校长办公会和党委常委会三审定稿，在指引学校年度财经工作中，具有最高指导权，有很强的“刚性”，任何个人和单位均不得随意突破和违规调整。

由于我校预算编制及执行工作出色，多次被评为全省预算编制和执行先进单位。

## 三、规范各类经费核算

随着办学经费的不断增长，加强基础财务工作规范是保证学校财务管理工作的前提，从中央到地方，尤其是党的十八大以来，“中央八项规定”及湖北省委“六条意见”出台后，财务核算和管理俨然成为各项经济活动的最后屏障，对各项经费的规范使用起到了关键性作用。

学校财务处在不断加强学习的前提下，始终把政策研究和落实放在财经工作的首位，在做好制度建设工作的同时，通过加强财务核算系统建设、在岗职工的交流轮岗、定期开展业务研讨、深入基层征求意见等方式。健全和完善了财务核算系统、工资薪酬发放系统、预算管理系统、学费收缴系统、网络查询系统等，并于2017年推出网上报销、网上（微信）缴费、网上收入申报、网上预算管理等信息化系统；规范了各项经费的开支范围、报销流程，并结合各类审计、检查、专项治理、巡视等工作，梳理和纠正财务风险点和偏差，确保会计核算的准确率。同时，实行对后勤集团和校医院的财务委派工作，使独立核算单位的财务管理和会计核算工作，始终保持与学校一级财务机构相同的要求和水准。

10年间，经财务处核算支出的总经费为79.43亿元，其中：人员经费48.19亿元，占总支出的63.34%；日常运行维持经费16.6亿元，占总支出的22.13%；发展性经费14.65亿元，占总支出的14.53%。各项经费核算和管理均无显性差错，经受住历年来的审计、检查、专项治理、巡视等工作考验，多次受到上级表彰，深受省属高校财务同行推崇。

## 四、加强财经制度建设

制度建设历来是财务工作的重点，2008年以来，尤其是党的十八大以来，中央“八项规定”和“省委六条意见”颁布后，举国上下掀起讲政治、讲规矩的高潮。财务作为反腐倡廉前沿阵地和主战场，制度建设必须先行。制度建设同时也是规范财务管理、理顺财务关系、提高资金使用效率的必备之需。

近年来，学校财务处致力于制度建设，把加强制度建设列为每年财务目标责任制的主要考核指标。先后主导和参与修订、完善及补充了《武汉科技大学公务卡管理暂行办法》（武科大财〔2014〕1号）等29项财务管理相关制度（详见表8-1），基本构建成完备的制度建设体系。2017年，财务处根据上级文件和校内制度建设情况，编撰了《武汉科技大学财务报销指南》，全方位对学校财务报销涉及的广大师生应知应会的最新相关政策和内容进行了梳理，使之成为学校第一本“口袋书”式的财务报销指导手册。极大程度方便了广大师生员工。

**表8-1　2008～2017年财务管理相关制度建设情况一览表**

| 序号 | 文件号 | 文件名 | 备注 |
|---|---|---|---|
| 1 | 武科大科〔2010〕4号 | 武汉科技大学科研经费管理办法（修订） | 参与 |
| 2 | 武科大科〔2011〕3号 | 武汉科技大学科研组织实施费使用细则 | 参与 |
| 3 | 武科大科〔2011〕4号 | 武汉科技大学校科学基金使用细则 | 参与 |
| 4 | 武科大财〔2013〕11号 | 武汉科技大学学分制收费实施细则 | 主导 |
| 5 | 武科大财〔2014〕12号 | 武汉科技大学评审费发放管理办法（试行） | 主导 |

续表 8-1

| 序号 | 文件号 | 文件名 | 备注 |
|---|---|---|---|
| 6 | 武科大财〔2014〕1 号 | 武汉科技大学公务卡管理暂行办法 | 主导 |
| 7 | 武科大办〔2015〕21 号 | 武汉科技大学国内公务接待管理办法 | 参与 |
| 8 | 武科大财〔2015〕10 号 | 武汉科技大学实习经费管理办法 | 主导 |
| 9 | 武科大财〔2015〕11 号 | 武汉科技大学预算管理办法 | 主导 |
| 10 | 武科大财〔2015〕12 号 | 武汉科技大学工作人员差旅费管理办法 | 主导 |
| 11 | 武科大财〔2015〕16 号 | 武汉科技大学财务管理办法 | 主导 |
| 12 | 武科大财〔2015〕17 号 | 武汉科技大学横向科研项目经费管理办法 | 主导 |
| 13 | 武科大财〔2015〕18 号 | 武汉科技大学校内收入管理暂行办法 | 主导 |
| 14 | 武科大财〔2016〕1 号 | 武汉科技大学预算绩效管理实施办法（试行） | 主导 |
| 15 | 武科大财〔2016〕7 号 | 关于明确省内外差旅住宿费标准的通知 | 主导 |
| 16 | 武科大科〔2016〕10 号 | 武汉科技大学横向科研项目经费管理实施细则（非成果转化类） | 参与 |
| 17 | 武科大研〔2016〕28 号 | 武汉科技大学研究生国家奖学金评审实施细则（2016 版） | 参与 |
| 18 | 武科大科〔2016〕39 号 | 武汉科技大学接受捐赠管理办法（试行） | 参与 |
| 19 | 武科大外〔2016〕53 号 | 武汉科技大学外国来华留学研究生奖学金管理办法（试行） | 参与 |
| 20 | 武科大财〔2017〕1 号 | 武汉科技大学会议费管理办法（修订） | 主导 |
| 21 | 武科大财〔2017〕2 号 | 武汉科技大学流动资金管理暂行办法 | 主导 |
| 22 | 武科大科〔2017〕10 号 | 武汉科技大学纵向科研项目结题结账及结余经费管理办法 | 参与 |
| 23 | 武科大财〔2017〕12 号 | 武汉科技大学维修经费管理暂行办法 | 主导 |
| 24 | 武科大财〔2017〕13 号 | 武汉科技大学培训费管理办法 | 主导 |
| 25 | 武科大财〔2017〕14 号 | 武汉科技大学基本建设财务管理暂行办法 | 主导 |
| 26 | 武科大科〔2017〕3 号 | 武汉科技大学学术交流活动及其经费管理办法 | 参与 |
| 27 | 武科大科〔2017〕5 号 | 武汉科技大学纵向科研项目管理办法 | 参与 |
| 28 | 武科大科〔2017〕6 号 | 武汉科技大学纵向科研项目间接费用管理办法 | 参与 |
| 29 | 武科大外〔2017〕21 号 | 武汉科技大学教学科研人员出国（境）开展学术交流合作管理办法 | 参与 |

## 五、创新财务服务职能

随着高等教育财务职能由核算型向管理型的转变，服务职能是高等学校财务职能的主要衍生，要求财务人员在具备必要的会计专业知识和财务技能的基础上，必须与时俱进，革新思想，增强服务意识。财务处在完成师生员工日常财务报销工作的前提下，充分发挥主观能动性，在政策指导、服务方式、服务流程、服务态度、办事效率、应急处理、行为纠偏等方面，向广大师生提供优质服务。

在完成角色的转变过程中，财务处勇于创新，大胆试行。一是进行岗位整合，在经过充分论证情况下，首先根据服务职能的需要，在不增加在岗职数的情况下，重新配置财务岗位，大规模调整和整合岗位职责，并于2015年对现有财务人员进行岗位轮换，顺利完成三校区财务人员的重新配置；二是推行对口服务，在全省高校率先大胆推行财务人员对口服务学院工作机制，让每个学院都有一名财务人员对接服务，并由财务处长带队，直接深入学院进行面对面指导和征询。财务人员通过QQ、微信、电话、短信等平台，深入学院，实时交流。财务处坚持每周一次的财务业务工作讨论会，及时对深入学院反馈的意见和建议进行论证，并实时做出调整；三是加快信息化建设，为缩短师生日常报销时间、简化办事流程、避免师生往返路程耗费，财务处大力推进财务报销信息化建设，于2017年，在进行充分论证和调试的基础上，推出网上预约报账、网上收入申报、网上预算管理、学生网上缴费和微信缴费等信息化管理和服务手段；四是推送政策指导，为方便师生日常财务报销工作，财务处将现有制度和政策进行整理，并编制印刷了《武汉科技大学财务报销指南》，分发至每个教职员工，同时开展全校性大规模培训，并此举受到一致好评。

服务无止境，永远在路上。是学校财务处不断努力的方向和工作内涵。

## 六、严格执行财经纪律

党的十八大以来，全党上下，狠抓党风廉政建设和反腐倡廉工作，财务工作由于处在财经纪律执行的关键点，面临前所未有的挑战。新政策、新制度、新要求面临全面调整和建设，各项检查、审计、专项治理和巡视工作，全面开展。破旧立新、正规肃纪是财务工作的首要任务。

财务处除不断加强制度建设外，紧跟党中央步伐，严格执行中央和省委省政府相关精神，认真开展自查自纠，严肃财经纪律，规范财务管理。先后开展了财务报销票据专项检查、财务报销专项治理、省委专项巡视、省委巡视、主要领导人经济责任审计等大型检查、审计和巡视前的自查自纠工作，主动开展了银行账户清理、银行对账清查、往来款清理等工作。所有自查和迎检工作，全部见真见底、抓铁留痕、举一反三、着眼长远，从根本上，严肃了财经纪律、规范了财务行为，筑牢了全校师生财务报销工作中必须严肃财经纪律的思想。

由于我校财务自查自纠工作真抓、真查、真纠、真改，开展卓有实效，多次受到省级有关部门的表扬。

## 七、加强资金绩效评价

随着《预算法》的实行，财政性资金的使用绩效成为各级政府关注的重点，开展资金的绩效评价工作如势开展。为此，财务处根据上级有关要求，针对我校各类资金的使用情况，结合学校规划和各项建设方案，及时出台了《武汉科技大学预算绩效管理实施办法（试行）》(武科大财〔2016〕1号)，提出了“用钱必问效，无效必问责”的理念，明确了预算资金的目标管理原则、绩效导向原则、责任追究原则和信息公开原则。学校在财务处增设绩效评价工作职能，负责组织日常预算资金绩效评价工作。

近年来，根据上级要求和预算设定的绩效目标，财务处通过自行和委托第三方评价机构开展了中央财政支持地方高校发展专项资金、湖北省协同创新中心建设专项资金、湖北省重点学科建设专项资金、学生奖助金、冶金和耐火材料重点实验室建设专项资金、捐赠配套奖补资金、“双一流”建设综合奖补资金等各类专项资金的绩效评价工作，同时开展了学校整体预算绩效评价。由于我校此项工作抓得及时和卓有成效，多次被评为湖北省绩效评价优良单位，受到省财政厅表彰。

## 八、努力提高办学效益

加强财务管理，提高资金使用效率，除保障学校各项事业顺利发展、各项工作卓有成效的同时，实现国有资产保值增、努力提高办学效益是财务处最基本的工作职责。

10年间，学校响应湖北省化解政府性债务政策要求，及时妥善完成了原红钢城校区的土地及建筑物、徐家棚校区的土地建筑物处置工作，相关资产处置取得的收益，全部用于化解债务。省政府在学校自主化债的基础上，实行专项差额补助，基本化解了黄家湖校校区建设产生的巨额债务；新增中西部高校基础能力建设项目——钢铁实训中心和交通楼艺术管理楼项目、公租房项目、黄家湖校区学生宿舍项目、冶金和耐火材料国家重点实验室、信息学院综合实验中心、资环学院综合实验楼、教三楼改造、校医院综合楼、黄家湖校区周转房、青山校区“科大雅园”民生工程、多校区老住宅加装电梯工程等重大项目建设。除中西部高校基础能力建设项目获得1亿元资金拨款外，全部建设资金均来源于自筹。同时，学校每年用于新增科研及教学实验设备的投入不低于3000万元，10年累计投入4.65亿元。

至2017年底，学校拥有资产总值43.38亿元，比2008年增加27.39亿元，增长171%，年均增幅11%。其中固定资产24.26亿元，比2008年增加16.14亿元，增长199%，年均增幅12.92%。至2017年底，学校负债总额7.29亿元，比2008年增加1.92亿元，增长36%。资产负债率为17%，比2008年下降了17个百分点。学校账面净资产36.1亿元，占资产总值的83%，比2008年增加25.48亿元，占总资产比重增加17个百分点。学校资产优良。

10 年间，学校利用有限的资金，通过不断加强财务管理，科学谋划，深挖潜能，充分发挥每一笔资金的使用效益，使学校在综合排名、学科排名、科教大奖、科研成果、实验室建设、人才培养、社会美誉度等综合实力方面取得了不俗的成绩，综合办学效率显著提高。

（撰稿：何光敏）

## 第二节　国有资产与实验室管理水平迈上新台阶

十年来，国有资产与实验室管理处在学校党委、行政的坚强领导下，紧紧围绕学校建设发展的中心任务，坚持“科学规范、公平合理、厉行节约、节能环保”的原则，规范和加强国有资产监督管理，维护国有资产的安全完整，合理配置和有效利用国有资产，促进资产保值增值，逐步实行现有办学资源的有偿使用和成本核算制度，提高资源使用效益，为保障和促进学校跨越性发展奠定了坚实的物资基础。

### 一、全力推动学校资产管理科学化、精细化，进一步优化资产配置，严格把关新增资产，充分盘活现有资产，使资产管理的各项制度落到实处，为学校教学科研发展提供坚实的物资保障

2016 年，为了进一步加强学校国有资产管理，明晰管理职能，经学校党委常委会研究决定，实验室与设备管理处更名为国有资产与实验室管理处（以下简称国资处）。同时，明确国资处是负责学校国有资产管理、实验室建设、仪器设备采购及公用房管理的职能部门。主要职责是贯彻执行国家有关政策、法规，制定学校国有资产管理实施办法和规章制度；负责学校固定资产和各类物资的统计上报工作；负责全校仪器设备和家具管理工作，负责仪器设备的清查、统计、账、卡管理，并对各使用单位的仪器设备实行监督、检查；负责全校仪器设备和家具的调拨、转让、损坏赔偿、报损、报废工作；负责学校实验室及实验室队伍建设与管理工作；负责拟定公用房管理办法，建立学校公用房的基础档案，每年组织各单位进行定额核算，监督各单位或个人合理有效地使用公用房，汇总公用房实施细则试行过程中遇到的特殊问题，并报国资委审议；根据学校下达的年度仪器设备购置计划，按照公开、公正、公平和节约、高效的原则组织采购；根据政府下达的仪器设备专项拨款计划，代表学校与政府采购部门协调政府采购计划的落实；负责全校进口物资与设备的申报、办证、商务洽谈、报关、报检及验收工作；负责劳保用品的发放与管理工作。根据工作需要，国资处设置为四室一房：资产管理室、实验室安全管理室、公用房管理室、设备采购室和库房。

国资处始终按照“有利于充分发挥资产效益，保证教学、科研、行政和后勤工作的正常开展，有利于维护公共财产的安全完整”的原则，实行分类分级管理，努力做到“坚持制度，责任到人”。十年间，国资处先后出台《武汉科技大学仪器设备损坏、丢失赔偿实施办法》(武科大办〔2008〕40号)、《武汉科技大学仪器设备报废调剂实施办法》(武科大办〔2008〕40号)、《武汉科技大学贵重仪器设备管理实施办法》(武科大办〔2008〕40号)、《武汉科技大学仪器设备管理办法》(武科大办〔2008〕40号)、《武汉科技大学家具管理办法（试行)》(武科大办〔2011〕43号)、《武汉科技大学固定资产管理办法》(武科大办〔2015〕46号)、《武汉科技大学国有资产处置管理暂行办法》(武科大办〔2017〕49号)，从制度层面保证国有资产管理。同时，通过及时更新资产信息，保障资产信息的完整性和准确性，真正做到了账物相符，实现了资产管理数据库的动态更新，有效地杜绝固定资产流失的现象。

### (一) 开展资产清查及产权登记工作，摸清全校资产情况，强化资产管理意识

**表8-2　近十年资产清查数据**

| 年 份 | 设备家具资产数量/($m^2$/台件册) | 设备家具总额/万元 | 设备家具增加值/万元 | 设备家具处置减少值/万元 | 其中大型设备总额/万元 |
|---|---|---|---|---|---|
| 2008 | 214790 | 31814. 81 | 5846. 97 | 272. 53 | 9880. 1 |
| 2009 | 221307 | 34089. 74 | 2274. 93 | 1080. 98 | 11105. 11 |
| 2010 | 225980 | 35915. 41 | 1825. 69 | 789. 49 | 11855. 82 |
| 2011 | 230225 | 582979. 03 | 1943. 87 | 209. 21 | 12508. 14 |
| 2012 | 240825 | 39451. 68 | 1592. 4 | 534. 58 | 12941. 5 |
| 2013 | 245457 | 41822. 66 | 2370. 98 | 1071. 08 | 13843. 25 |
| 2014 | 257015 | 45801. 92 | 3979. 25 | 687. 03 | 15964. 54 |
| 2015 | 267077 | 48949. 45 | 4619. 22 | 515. 14 | 17458. 2 |
| 2016 | 278319 | 55425. 21 | 6475. 75 | 833. 98 | 21258. 05 |
| 2017 | 305335 | 62594. 34 | 7169. 13 | 854. 57 | 24545. 28 |

注：大型设备为10万元以上的，减少数不含2次清查盘亏数。

通过资产清查，国资处逐步建立完善账卡管理制度、技术管理制度、清查盘点制度、领用借用归还制度和非正常损失责任追究制度。

### (二) 升级资产管理系统，实现资产信息化、动态化管理。创新闲置设备及家具管理方法，最大限度地发挥设备、家具的使用效益

为提升学校资产管理水平，国资处于2009对资产管理系统进行升级，实现资产账目网络化管理，在全校各单位聘用了二级资产管理员并对其进行培训。各

单位二级资产管理员可以通过网络办理资产登记、调剂、报废等业务，有利于账目的动态更新，避免了以往烦琐的账目审核工作。通过系统与学校“一卡通”对接，每名教职员工均可网上查询自己名下管理的资产情况。

为了高效推进仪器设备及家具的调剂工作，充分发挥闲置资产的作用，进一步盘活资产，国资处2010年底利用校园网平台，在网页上新增了“资产调剂信息”栏，将闲置资产信息以图文并茂的形式公布在网上。教职工不仅在网上可以看到调剂清单，还可以看到购置年限、资产现状及外形尺寸等。这一创新举措，极大地提高了资产的利用率，盘活了资产，使闲置资产发挥了其使用效益。

**表8-3　近十年资产调剂数据**　（台件）

| 年　份 | 设　备 | 家　具 | 合　计 |
|---|---|---|---|
| 2008 | 649 | | 649 |
| 2009 | 270 | | 270 |
| 2010 | 20 | | 20 |
| 2011 | 196 | | 196 |
| 2012 | 1119 | 70 | 1189 |
| 2013 | 225 | 106 | 331 |
| 2014 | 266 | 115 | 381 |
| 2015 | 154 | 278 | 432 |
| 2016 | 114 | 37 | 151 |
| 2017 | 67 | 134 | 201 |

（三）科学管理，积极盘活闲置资产，做好资产处置的各项工作

学校仪器设备和家具的处置包括调剂、转让、报损、报废、捐赠等几种方式，我校仪器设备和家具的处置严格按照“鄂财资发〔2011〕2号文件”和学校相关规定执行。各单位对闲置、淘汰的设备和家具，及时上报设备处进行网上调剂。调剂没有响应，校内无法调拨的闲置、淘汰仪器设备实行公开招标对外转让，转让所得经费全部上交学校财政专户。因损坏、淘汰等原因无修复价值或无法修复的设备和家具，由使用单位填写《武汉科技大学仪器设备报废单》或《武汉科技大学家具报废单》，国资处组织专家（至少三名）进行技术鉴定，经鉴定小组专家鉴定和设备处审核后，报校领导批准，再报教育厅审批之后方可处置（对于原值20万元以上的资产处置报省教育厅审核，报省财政厅审批；20万元以下的资产处置，报省教育厅、省财政厅备案）。

**表 8-4　近十年资产处置情况**

| 年　份 | 报废仪器设备及家具/批次 | 报废设备及家具原值 | 回收残值/万元 |
|---|---|---|---|
| 2008 | 11 | 272. 53 | 22. 59 |
| 2009 | 20 | 1080. 98 | 74. 69 |
| 2010 | 9 | 789. 49 | 19. 17 |
| 2011 | 13 | 209. 21 | 17. 13 |
| 2012 | 18 | 534. 58 | 27. 44 |
| 2013 | 16 | 1071. 08 | 30. 64 |
| 2014 | 11 | 687. 03 | 10. 15 |
| 2015 | 7 | 515. 14 | 12. 4 |
| 2016 | 6 | 833. 95 | 7. 17 |
| 2017 | 5 | 854. 57 | 8. 01 |

## 二、完善管理制度，优化资源配置，强化综合考评，提高大型仪器设备的使用率和投资效益，构建学校仪器设备资源共享平台。加强实验技术和管理队伍的建设，不断改善实验室条件

学校现有实验室工作人员 743 人，其中实验技术人员 106 名，高级职称 44 人，中级职称 62 人。现有教学科研仪器设备 36123 台（套），教学科研仪器设备总值 37587. 31 万元，其中 10 万以上教学科研贵重仪器设备 493 台（套），总值 14635. 57 万元。

**表 8-5　2017 年学校大型科研仪器概况表**

| 10 万以上教学科研仪器设备 | | | | 50 万以上教学科研仪器设备 | | | |
|---|---|---|---|---|---|---|---|
| 总　计 | | 03 类 | | 总　计 | | 03 类 | |
| 台(套)数 | 总价值/万元 | 台(套)数 | 总价值/万元 | 台(套)数 | 总价值/万元 | 台(套)数 | 总价值/万元 |
| 490 | 17400 | 298 | 11900 | 56 | 6587 | 47 | 5701 |

**表 8-6　2017 年科研仪器对外开放情况表**

| 平　　台 | 总体设备情况 | | 50 万以上设备情况 | |
|---|---|---|---|---|
| | 台套数 | 总价值/万元 | 台套数 | 总价值/万元 |
| 湖北省大型科学仪器协作共用网平台 | 81 | 3198 | 12 | 1405 |
| 学校贵重仪器设备物联网管理平台 | 42 | 4369 | 30 | 3852 |

（一）完善运行机制，建章立制，为实验室建设提供制度保障

十年来，国资处先后出台《武汉科技大学仪器设备管理办法》（武科大办〔2008〕40号）、《武汉科技大学仪器设备报废调剂实施办法》（武科大办〔2008〕40号）、《武汉科技大学仪器设备损坏、丢失赔偿实施办法》（武科大办〔2008〕40号）、《武汉科技大学贵重仪器设备管理实施办法》（武科大办〔2008〕40号）、《武汉科技大学贵重仪器设备共享平台建设实施意见》（武科大办〔2008〕63号）、《武汉科技大学贵重仪器设备使用效益评价实施办法》（武科大办〔2009〕29号）、《武汉科技大学贵重仪器设备共享平台建设实施细则（试行）》（武科大办〔2009〕56号）、《武汉科技大学实验室技术安全管理办法》（武科大办〔2008〕41号）、《武汉科技大学实验室建立、调整、撤销管理暂行办法》（武科大办〔2008〕53号）、《武汉科技大学关于进一步加强和规范实验室工作的意见》（武科大办〔2009〕28号）、《武汉科技大学实验技术成果评审奖励办法》（武科大办〔2009〕30号）、《武汉科技大学实验技术人员管理办法》（武科大办〔2011〕37号）、《武汉科技大学实验室安全管理办法》（武科大办〔2015〕52号）、武汉科技大学实验室安全年活动方案（武科大办〔2016〕2号）、武汉科技大学实验室安全检查实施细则（武科大办〔2016〕37号）十五个文件。通过制度建设，完善了我校贵重仪器设备管理体系和实验室管理体系，为实验室建设发展夯实了基础。

（二）进一步规范可行性论证工作，确保了我校购置贵重仪器设备决策的合理性

十年来，国资处严格把关，学校所有仪器设备的采购都严格执行学校的可行性论证制度，严把质量关。根据《武汉科技大学仪器设备管理办法》和《武汉科技大学贵重仪器设备管理实施办法》的规定，凡申请购置单价预算为10万元及以上的贵重仪器设备，不论何种经费来源，均需进行可行性论证。可行性论证内容为：（1）所购仪器设备对学科发展的意义和必要性；（2）安装场地、水电、安全等必要条件落实情况；（3）所需配套仪器设备落实情况；（4）仪器设备运行维护经费落实情况；（5）仪器设备管理人员配备情况；（6）使用效率预测及风险分析；（7）省内、校内同类仪器设备配置情况；（8）所购仪器设备校内外开放共享方案；（9）同类型仪器设备性能、价格、售后服务比较。充分细致的论证工作可以避免贵重仪器设备重复购置，避免因水、电等条件不足造成不能正常使用，提高贵重仪器设备的使用效益。

从2017年开始，国资处开始组织全校的仪器设备购置集中论证（含贵重仪器设备购置可行性论证、进口设备采购论证和单一来源采购论证）工作。涉及173台（套）仪器设备，价值3863万元。论证项目共169项，其中贵重仪器设备购置可行性论证77项，进口设备论证62项，单一来源设备论证30项。最终，贵重仪器设备购置可行性论证通过72项，进口设备论证通过47项，单一来源设

备论证通过16项。

（三）狠抓落实，提高贵重仪器设备使用效益

国资处于2008年12月开始搭建贵重仪器设备共享平台，按照“统筹规划和分步实施”的建设原则，前期选取材冶、化工、资环三个学院分平台作为建设试点，运行机制基本成熟后逐步推广至全校，从全校各学院选取共享性较高的102台（套）贵重仪器设备纳入贵重仪器设备物联网管理平台，逐步建成了运行良好的校级贵重仪器设备共享平台系统。学校贵重仪器设备共享平台建立时间较早，运行机制较为完善，在省属高校中产生了一定影响。在2009年湖北省高校实验室信息统计工作会上，国资处代表学校做了《加强实验室建设与管理，为教学科研工作搭建优质平台》的大会报告。2009～2012年间，湖北民族学院、郑州航空工业管理学院、佛山科学技术学院等多所高校先后来我校就贵重仪器设备共享平台建设等工作进行交流学习。目前，学校贵重仪器设备物联网管理平台已具备设备信息查询，预约使用等功能，运行机制在逐步完善中。2017年，国资处在前期建设基础上，将材冶学院、耐火材料与冶金国家重点实验室、化学学院、资环学院和理学院的37台大型贵重仪器设备也纳入贵重仪器设备物联网管理平台进行管理。

国资处于2009年开始定期开展贵重仪器设备使用效益评价工作，参评设备涵盖了全校用于教学、科研的单价在10万以上属于03类（仪器仪表）、04类（机电设备）、05类（电子产品）和07类（卫生医疗器械）的贵重仪器设备。评价工作采用学院自评和专家评审相结合的方式，从使用机时、人才培养、科研项目与科研成果、功能利用与开发、设备管理五个方面进行了系统评估，评估活动分为学院（实验室）自评和学校专家评审两个阶段，评审方式包括座谈会、资料审查和实地考察。十年间，国资处共组织两次评估，根据评价结果，学校有针对性地对贵重仪器设备管理工作进行了整改，有效提高了贵重仪器设备使用效益。2011年至今，国资处根据省科技厅大仪办相关要求，先后选取149台（套）10万以上贵重仪器设备加入湖北省大型科学仪器共用网，将仪器设备规格型号、主要技术指标、主要测试和研究领域、认证情况、生产厂商、仪器原值、联系人、收费标准和图片等信息在其指定网站展示，供其他高校及科研院（所）查询及预约使用，以实现大型仪器设备共享。近年来，学校因大型仪器设备共享情况较好多次受到省科技厅奖励。

**表8-7　十年大型仪器设备共享获奖情况一览表**

| 年　度 | 奖　　项 |
|---|---|
| 2010 | 湖北省科学仪器设备协作共用网入网仪器运行奖励机组三等奖 |
| 2011 | 湖北省科学仪器设备协作共用网入网仪器运行奖励机组鼓励奖 |

续表 8-7

| 年 度 | 奖 项 |
| --- | --- |
| 2012 | 湖北省科学仪器设备协作共用网入网仪器运行奖励单位二等奖、机组二等奖 |
| 2013 | 湖北省科学仪器设备协作共用网入网仪器运行奖励单位二等奖、机组二等奖 |
| 2014 | 湖北省科学仪器设备协作共用网入网仪器运行奖励机组鼓励奖 |
| 2015 | 湖北省科学仪器设备协作共用网入网仪器运行奖励机组三等奖 |

### （四）加强队伍培训和建设，提升实验室管理队伍素质

2011 年，国资处制定下文了《武汉科技大学实验技术人员管理办法》，明确了实验技术队伍各级人员的工作职能，制定下文了《武汉科技大学实验技术人员基本岗位职责及目标任务》，对实验技术人员的实验室管理、教学和科研三方面工作提出了具体要求。

在实验室人员培训方面，国资处先后多次组织开展透射电镜、场发射扫描电镜及耐火材料检测设备等多台（套）贵重仪器设备使用培训班，仅 2014 年一年受训人员达到 98 人，其中透射电镜培训班受训人员 40 人，其中教师 13 人；定期组织全校实验室教师和实验室工作人员学习了有关高校实验室安全的法律、法规及知识，参观实验室安全知识展览，发放实验室安全教育读本，督促实验室安全隐患自查及整改；每年组织实验技术人员参加全国及湖北省仪器设备展示会，实验室工作论坛和仪器设备技能培训等活动。

### （五）开展各类专项实验室安全检查，推行实验室安全准入制度，加强危险化学品管理，进一步提升实验室安全管理水平

国资处一年 4 次，定期开展实验室安全检查工作，分为学院自查、学校检查和整改三个阶段。为使实验室安全检查工作规范化、制度化，2016 年国资处起草并下发了《武汉科技大学实验室安全检查实施细则》，同时聘请七名教师为实验室安全专家，正式成立了学校实验室安全专家委员会。

国资处于 2011 年建成了实验室安全在线学习考试系统。该系统可实现实验室安全知识在线学习、练习测试和考试三大功能，设有安全通识、化学、生物医学、机械建筑、电气和辐射等六个大类安全题库。国资处已对 18 个学院（实验室）的系统管理员进行了使用操作培训，并组织制订了适合本学院专业特色的实验室安全考试题库，将题库增加至 19 个。每年，学院实验技术人员和研究生都要通过该系统进行实验室安全知识学习及考试。考核合格，方可进入实验室工作学习。同时，国资处设计制作了《武汉科技大学实验室安全手册》以及各类实验室安全标识发放至学院（实验室），落实实验室安全宣传教育工作。

为进一步规范危险化学品采购工作，国资处于 2017 年发布《关于加强危险

化学品购置管理的通知》，公布了易制爆、易制毒、剧毒等危险化学品的申购流程。同时，国资处完成实验室危险废弃物暂存柜建设工作，并分别在材冶学院、化学学院、资环学院、理学院和医学院建立了危险化学品暂存点，落实视频监控、双人双锁管理，同时安装了防盗门窗，加强了台账管理。2018 年 1 月，国资处对全校实验室废物进行了集中收集和转移工作，为学校师生开展教学科研活动提供更安全的实验室环境。

在推动实验室建设的同时，国资处也不断提升自身的专业水平和管理能力。2010 年，由我处工作人员撰写的《基于虚拟显示技术的贵重仪器设备共享网络平台构建探索》被第三届全国高等学校实验室工作论坛评为“优秀论文一等奖”。2017 年 6 月，国资处参加了 2017 ~ 2018 学年度湖北省高校实验室工作研究会项目申报工作，与湖北大学联合申报了《省属高校贵重仪器设备物联网管理平台建设模式研究与探讨》的项目，经评审，被确定为湖北省高校实验室工作研究会 2017 年度重点课题。2016 年，国资处代表学校承办“湖北省高校实验室安全工作专题培训会”，组织湖北省内共 33 所高校，实验室管理人员和技术人员共 517 人参加了培训。湖北省教育厅调研员张锦枫，武汉市公安局治安管理局危爆物品管理大队队长赵英汉，中国高等教育学会湖北省高校实验室工作研究会秘书长、武汉大学实验室与设备管理处处长雷敬炎和中国高等教育学会湖北省高校实验室工作研究会副理事长、华中科技大学实验室与设备管理处处长李震彪都出席了会议。他们对我处承办的会议一致给予了充分肯定和高度评价。通过本次会议，使全校实验室工作人员进一步认识了实验室安全的重要性，提高了实验室安全管理意识，明确了实验室安全管理规范和隐患排查措施。同时加强了湖北省高校关于实验室安全工作的沟通与交流，拓宽了实验室工作思路和视野，为学校进一步加强实验室安全规范管理提供了良好的借鉴作用。

## 三、精心组织商务谈判，有效规避合同风险；跟踪检查合同执行情况，确保履约质量；督促项目进度，做好验收入账工作

随着学校每年用于实验室购置仪器设备的经费投入日益增大，仪器设备购置工作成为一项艰巨而复杂的工作。国资处严格执行学校的管理制度，将每一笔经费用到学校学科发展的关键之处，为教学、科研建设提供物质保障。

上述流程适用于单台（套）10 万元以上（软件 3 万元以上）的贵重仪器设备，单价低于 10 万元的一般仪器设备及家具参照上述流程进行，前期由申购单位自行论证购置可行性。

做好仪器设备的购置，组织好商务谈判是关键。谈判小组由国资处牵头，招标办、使用单位领导和设备使用教师等人员共同组成，就所购置仪器设备的技术

选型、售后服务和合同价格等与中标单位进行耐心细致的商务谈判工作，确保所购仪器设备功能较多、参数指标较高、故障率较小、维修便利、服务及时、价格便宜等。

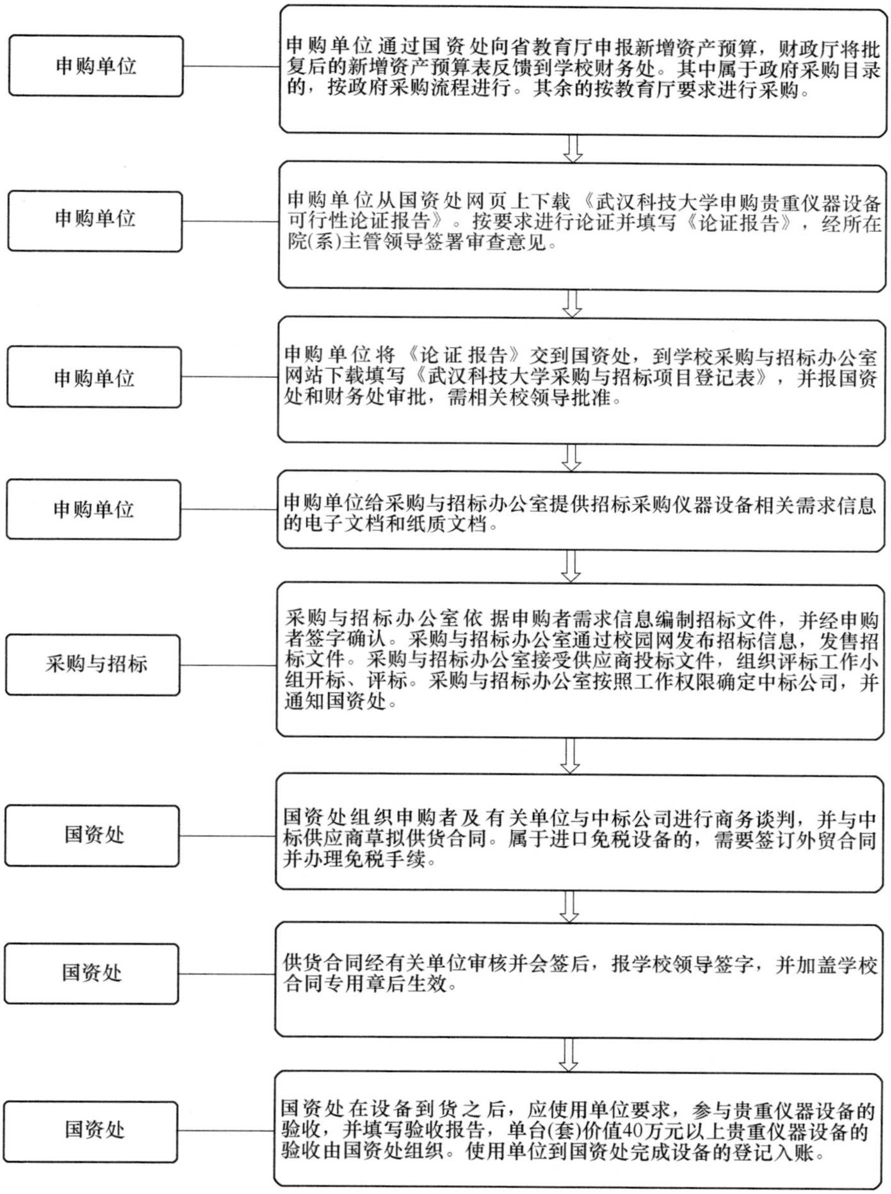


图 8-1　武汉科技大学仪器设备采购管理工作流程图

表 8-8　十年商务谈判数据汇总表格

| 年份 | 商务谈判次数 | 合同（含外贸）总数量 | 合同（含外贸）总金额/万元 | 外贸合同数量 | 外贸合同金额/万元 |
|---|---|---|---|---|---|
| 2008 | 128 | 128 | 4633. 37 | 12 | |
| 2009 | 28 | 60 | 911. 72225 | 3 | |
| 2010 | 41 | 71 | 1724. 44299 | 7 | 338. 8732 |
| 2011 | 15 | 50 | 1235. 821082 | 6 | 93. 1768 |
| 2012 | 12 | 63 | 1150. 328424 | 7 | 239. 9996 |
| 2013 | 21 | 64 | 2190. 8387 | 22 | 882. 2631 |
| 2014 | 59 | 105 | 4272. 186733 | 24 | 2219. 713359 |
| 2015 | 64 | 186 | 3485. 5978 | 27 | 1033. 2645 |
| 2016 | 20 | 239 | 6766. 3857 | 37 | 2526. 7513 |
| 2017 | 149 | 331 | 8790. 716339 | 44 | 2289. 604 |

在做好商务谈判的同时，国资处牵头，协同使用单位，加强对合同执行情况的跟踪检查，必要时还对生产厂家（供应商）的生产、服务等情况进行检查；发生意外情况及时告知招标、审计、财务等职能部门，并按规定完成相应手续；积极做好后续环节的准备工作，确保合同得到全面履行。国资处配合使用单位做好送货（提货）、验收、安装、调试等相关工作；同时国资处将采购程序各阶段所产生的有关文件、证明、合同及相关文档及时整理归档。

论证是前提，采购是基础，验收是关键。验收作为仪器设备购置工作的最后一个环节，其重要性不言而喻。国资处要求设备到货后，使用单位负责组织验收，验收小组由使用单位技术专家、使用单位负责人、供方代表、国资处有关人员组成。验收工作由验收小组组长（使用单位专家）主持，并逐项记录于《武汉科技大学仪器设备验收报告》中。购置的仪器设备验收合格后，必须在国资处办理登记建账手续。未办理建账的仪器设备，财务部门不予报销。

通过建设完备的招标—谈判—签订合同—验收—入账流程，国资处理顺了仪器设备购置的全过程，为老师们规范购买、安心使用仪器设备提供全面、细致、优质的服务。

## 四、建章立制，规范管理学校公用房；合理测算、有效分配资源；核实基础数据，建立信息库，推进信息化建设

2016 年 7 月，根据学校要求，国资处新增公用房管理职能。为合理配置学校的公用房，提高公用房的使用效率，同时使公用房管理工作更加规范、透明、有效，国资处从 7 月份开始收集、整理国内各高校公用房管理办法。通过网络查

询、电话咨询、实地调研等方式，认真研习了大连理工、武汉理工、武汉大学、华东师范、天津师范、北京理工、哈工大、太原理工、河北工业大学等十余所高校的公用房管理情况，并撰写了《关于各高校公用房调研情况的报告》。在此基础上，国资处起草并制定了《武汉科技大学公用房管理办法》(武科大办〔2016〕43 号）和《武汉科技大学公用房定额管理实施细则（试行)》(武科大办〔2016〕44 号)。

根据《实施细则（试行)》相关规定，按照“分类管理、定额核算、超额收费、动态调整”的管理原则，国资处于 2017 年底开展了针对各学院公用房使用情况的测算清查工作。收集整理测算年度各项原始数据，对各用房单位核准用房情况予以测算，并将结果反馈学院进行确认，为公用房管理的有序进行提供了现实依据。

为充分掌握学校公用房现状，并及时有效地提供全面可靠的用房信息。国资处从 2016 年起对全校公用房进行了基础数据的采集、整理和核对，涉及黄家湖、青山、洪山三个校区 29 栋建筑物，3242 间公用房的详细信息，整理室内使用面积 194241. 68 平方米。目前，已完成了 20 个学院（部）以及 28 个职能部门的公用房使用情况的核对工作。

2017 年下半年至今，国资处对武汉理工等 7 所高校公用房管理软件使用情况进行了调研，并实地走访武汉大学，深入了解各高校公房管理制度及管理软件的应用情况。在此基础上，国资处邀请北京新诚软科技有限公司、北京比弗斯科技有限公司、山东国子软件股份公司、武汉洛比科技有限公司就其开发的公用房智能管理系统来校展示，为下一步引进适合学校的软件系统，推进公用房信息化建设工作做准备。

为充分盘活学校现有资源，国资处制订了《武汉科技大学公用房出租出借管理实施细则》(武科大办〔2017〕50 号)。按照细则规定，2017 年，国资处监督后勤集团出租门面 110 家，收入 379. 4373 万元全部上缴学校财务处。

## 五、加强库房的安全管理，做好学生学习用具和职工劳保用品的发放管理工作；真抓实干，做好电梯及中央空调维保工作

从 2008 年至今，国资处一直坚持采用公开招标、市场准入的方式购置全校新生工作服和劳保鞋，保护师生在教学、科研和实践过程中的安全和健康，避免各类事故和职业危害发生。同时，国资处还负责发放工具图板和丁字尺，为师生开展教学实践提供物质支持。

国资处从 2010 年至 2016 年负责全校 42 部电梯的维护保养工作，坚持做好电梯安全日常巡查和维保监管工作。2016 年，国资处起草制定了《武汉科技大学电梯管理办法》《武汉科技大学电梯管理岗位职责》和《电梯故障事故应急救

援工作预案》，规范电梯管理工作流程和监管体系，确保学校公用电梯运行正常、无安全责任事故发生。同时，国资处还参与全校加装空调的购置、安装及报销工作。2016 年，国资处按照学校要求，将电梯的维保工作转交给基建与后勤管理处。除此之外，国资处还负责青山校区主楼和黄家湖校区图书馆空调等 26 台机组的维护保养工作。定期对其进行清洗、护理，保障空调安全正常运行。

**表 8-9　十年间库房数据汇总表格**

| 年份 | 购置劳保用品金额/万元 | 发放劳保用品金额/万元 | 借还工具图板和丁字尺数量/人次 | 借还安全帽数量/人次 |
|---|---|---|---|---|
| 2008 | 2. 56436 | 3. 32 | 3701 | 4190 |
| 2009 | 3. 1950 | 3. 53 | 4334 | 4703 |
| 2010 | 2. 7115 | 3. 24 | 4050 | 4729 |
| 2011 | 3. 03476 | 2. 71 | 3533 | 3943 |
| 2012 | 3. 68658 | 3. 18 | 4622 | 5284 |
| 2013 | 4. 65864 | 3. 91 | 5094 | 5526 |
| 2014 | 5. 44374 | 3. 35 | 4162 | 4960 |
| 2015 | 4. 0091 | 4. 87 | 3991 | 5884 |
| 2016 | 3. 77696 | 3. 33 | 4486 | 5330 |
| 2017 | 5. 4935 | 3. 51 | 3588 | 5344 |

国资处切实落实仓库保管和安全值班制度，十年间，仓库、电梯和空调均未发生火灾、盗窃等安全事故。

（撰稿：刘英）

## 第三节　采购与招标管理工作取得显著成绩

2007 年，为了进一步加强学校物资仪器设备、新建工程、修缮工程等招标采购工作，为了有效利用市场竞争机制降低成本、提高资金使用效益，更好地服务学校事业发展，学校成立了采购与招标管理办公室。十余年后的今天，招标办在不断地探索、改革和创新中逐渐壮大，部门职能和制度建设逐步完善，采购招标项目的数量和规模逐年增长，为学校的发展做出了不可或缺的贡献。

### 一、成立——从无到有，白手起家

采购与招标管理办公室成立于 2007 年，是学校改革和发展过程中出现的新生事物，是学校在总结教训中所采取的整改措施。成立之初，招标办仅有三名工作人员，没有现成的经验办法，没有成形的规章制度，没有充分的办公条件，没有固定的工作人员配备……一切都是白手起家，一切都是摸着石头过河。

对外，我们建章立制、规范流程。首先，根据《招投标法》等国家政策法规，结合学校实际情况，研究出台了《武汉科技大学招标管理办法（试行）》，并依据该办法的规定，协助成立了招标专业委员会，明确职责；其次，我们通过校园网征集和教职工自荐等形式，基本筹建起校内评标专家库，并进行了试运行；另外，我们还起草并下发了《招标工作收费管理暂行办法》和《招标工作经费支出管理暂行办法》，规范了招（议）标工作中的招标文件出售、投标保证金（中标服务费）、履约保证金等各项收费，和评审费、考察费等各类经费支出。所有这些工作初步形成了以校内评标专家评审为主、校长办公会和招标专业委员会两级决定的，评、定、决标权相分离，全过程跟踪监督的招标管理模式，和收支两条线的财务管理形式，为学校依法组织招标工作提供了制度上的保障。

对内，我们合理分工、团结协作。在工作中，招标办工作人员始终坚持公平、公正、公开、透明和合理低价的原则；坚持原则性与灵活性相结合；牢固树立服务意识，注重个人的政治学习和业务学习，努力提高工作水平；严格要求自己，廉洁自律，贯彻落实“收支两条线”制度。

最终，在招标办人员的共同努力下，克服了任务重、人手少、办公条件有限的困难，建立了相对完善的采购招标工作体系，并于当年完成了采购招标项目共计 170 余项，涉及经费近两个亿，为学校的招标采购工作开了一个好头，打下了坚实的基础。

## 二、发展——与时俱进，稳步发展

得益于成立之初打下的基础，2008 年至 2017 年的十年间，招标办为学校完成了大量的工程、设备及服务类采购工作，为学校的发展提供了重要的保障。尤其是近几年，由于政府采购工作的全面展开，采购项目的数量和金额更是逐年提升，涵盖了学校教学、科研、管理的方方面面。招标办紧跟政策变化，与时俱进，内部制度不断完善，内控不断加强，流程更加严谨。

### （一）采购招标项目完成基本情况

2008 ~2017 年采购项目完成情况统计如图 8-2 和图 8-3 所示。

2008 年完成项目 120 余项，总金额约 1 亿元人民币；2009 年完成项目 110 余项，总金额约 4000 万元；2010 年完成项目 120 余项，总金额约 4000 万元；2011 年完成项目 105 项，总金额约 5000 万元；2012 年完成项目 93 项，总金额约 3800 万元；2013 年完成项目 130 项，总金额约 5700 万元；2014 年完成项目 137 项，总金额 19848. 1542 万元；2015 年完成项目 156 项，总金额 15908. 668 万元；2016 年完成项目 238 项，总金额 18969. 6399 万元；2017 年完成项目 348 项，总金额 32341. 029 万元。

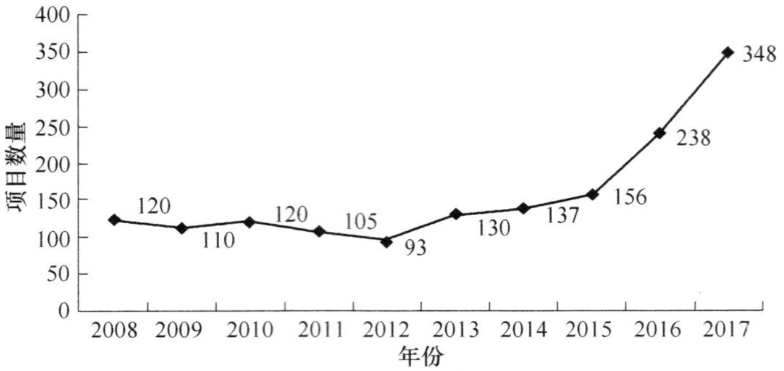


图 8-2　2008 ~2017 年采购项目数量统计

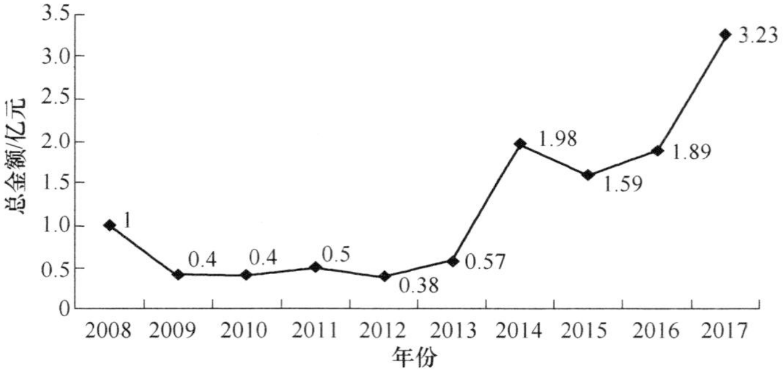


图 8-3　2008 ~2017 年采购招标总金额统计

（二）政府采购工作的全面展开

如图 8-2 和图 8-3 所示，2008 ~2014 年学校的采购招标项目数量和金额都保持着较稳定的水平，从 2015 年开始，数量和金额逐年增加，尤其是 2016 年、2017 年增幅巨大，这正是我校采购招标工作的重要转折点——政府采购工作的全面展开。

过去的政府采购工作是由学校国资处根据湖北省教育厅下达的一定指标安排实施。从 2015 年起，湖北省颁布了《湖北省国有资产监督管理条例》，明确要求省属高校必须按照新增资产配置预算实施政府采购。招标办随即承担了政府采购工作，并组织到武汉大学和省属政府采购试点高校学习，制订了《武汉科技大学政府采购实施办法》，明确了本校政府采购的办理程序和要求。2015 年实施政府采购项目 16 项，完成政府采购计划 764. 8 万元。2016 年学校凡纳入政府采购预算的，全部按政府采购流程，实施政府采购项目 179 项，完成政府采购计划

5490.1659万元。2017年更是达到了289项，计划金额8975.917156万元。

**表8-10　2015～2017年政府采购执行情况**

| 年　度 | 政府采购项目数 | 政府采购计划完成金额/万元 |
|---|---|---|
| 2015 | 16 | 764.8 |
| 2016 | 179 | 5490.1659 |
| 2017 | 289 | 8975.917156 |

（三）制度建设、评审体系建设的不断完善与创新

2008～2017年，招标办根据上级政策的调整，多次修订完善《武汉科技大学招标管理办法》，并研究出台了学校《政府采购实施办法》《评审专家管理办法》等相关的规章制度。并根据新修订的办法，多次面向全校征集聘任各类专家组建专家库。

**表8-11　历年制度建设、评审体系建设情况**

| 年份 | 制度建设 | 评审体系建设 |
|---|---|---|
| 2011 | 修订完善《武汉科技大学招标管理办法（试行）》 | 面向全校征集评标专家63人，充实专家库 |
| 2012 | 修订完善《武汉科技大学招标管理办法（试行）》 | 增加评标专家59人 |
| 2014 | 修订完善《武汉科技大学招标管理办法（试行）》 | 增加评标专家48人 |
| 2015 | 研究制定《武汉科技大学执行政府采购实施办法》 | 增加校内外评标专家50人 |
| 2016 | 研究制定《武汉科技大学采购评审专家管理办法》；制定《武汉科技大学采购与招标工作领导小组议事规则》 | 新增“见证专家库”，增加见证专家72名 |
| 2017 | 修订并出台《武汉科技大学招标管理办法》；修订《武汉科技大学执行政府采购实施办法》；研究制定《武汉科技大学零星维修工程入库施工单位管理办法》 | 面向全校选聘各类专家共计127人重新组建了“采购评审专家库”“采购文件审核专家库”及“采购见证专家库” |

十年来，招标办紧紧围绕学校赋予的管理和服务两项基本职能，坚决执行招标的有关法律法规和学校的规章制度，始终把维护学校利益放在首位，始终把为学校教学科研和生产生活搞好招标服务作为出发点，始终把为教学科研第一线的需要提供工作便利作为基本工作思路，始终绷紧廉洁自律一根弦。为学校的基础建设做出了巨大的贡献。

## 三、现状——继承与创新

2016～2017年间省委第一巡视组对我校开展了全面的巡视和整改，巡视期间，招标办积极配合、认真梳理了近几年的工作情况，并根据巡视组反馈的意见认真落实整改措施，进一步规范了采购招标行为，加强了采购流程管理。如今，

招标办不仅继承了一贯的严谨认真、服务至上的工作作风，更在原有制度的基础上，从采购制度建设、评审体系建设及电子化平台建设等三个方面创新和完善了采购与招标体系，真正做到为学校考虑、为学校服务。

2017 年最新修订印发的《武汉科技大学采购与招标管理办法》，从校内采购项目分类及定义、相关领导及部门职责、专家库、采购范围及限额、采购方式及流程等各个方面进行了修订完善，将普遍性与特殊性相结合，将上级政策与学校特点相结合，适应了我校当前的发展需求。

为了保证采购项目的合理合法，招标办建立了从采购文件审核、采购招标评审到采购过程见证的全方位评审体系，并分别选聘专家组建了“采购评审专家库”“采购文件审核专家库”及“采购见证专家库”，这是对我校采购评审体系的创新。

另外，随着时代的进步，互联网 + 、大数据逐渐成为了各行各业的关键词，招标办为了规范管理，实现信息公开，建设了武汉科技大学采购管理系统，并正在对采购电子化平台进行试运行，下一步将实现采购招标工作全流程电子化管理，保证学校采购招标工作更加公平、公开、公正、高效的展开。

### 四、未来——机遇与挑战

随着省财政厅对省属高校采购工作的逐渐放开，政策上的松绑让学校拥有了更多的自主权，权力下放、流程简化让高校采购招标工作更灵活更有效率，这无疑是学校进一步发展的好时机，招标办将利用好政策给予我们的自主权，逐步展开自行采购工作，更好地为学校服务。但同时，我们也面临着巨大的风险和压力，未来，校内的采购任务会越来越重，作为组织、监管于一体的部门，如何保证采购招标的公平、公正、公开，如何加强内部控制管理，都将成为招标办工作的重点和难点。

过去十年，采购与招标办公室从无到有、白手起家，克服了巨大的困难，为采购招标工作打下了坚实的基础，积累了丰富的经验。未来，相信作为武科大人的我们，定能将“厚德博学、崇实去浮”的精神贯彻到底，在工作中多学、多问，脚踏实地，积极面对一切挑战，为学校的发展继续做贡献。

（撰稿：刘黛）

## 第四节　信息化保障水平不断提升

武汉科技大学现代教育信息中心创建于 2001 年，服务于学校的教学和科研工作，是学校建设网络信息化服务平台，积极推进校园网络化、数字化、信息化、智慧化建设与应用，努力推进信息化教学与传统教学相结合的直属机构。现代教育信息中心主要职能包括校园网建设与管理、信息化建设、多媒体教室运行维护管理等，负责网络基础设施建设运维、信息化公共平台建设、业务系统建设和数据资产管理、网络与信息安全等工作，为学校教学、科研、管理与服务提供信息技术保障。下设四个部门：办公室、网络部、信息部和多媒体部。现有22位工作人员。

## 一、推进校园网络建设

校园网络始建于1998年10月，2008年在黄家湖校区建设300平方米网络出口及服务器托管专用机房，2011年在青山校区建设140平方米数据存储及网络机房，2018年在青山校区建设200平方米数据中心及高性能计算机房。截至2017年，校园网已经建成三条出口链路，其中电信出口（含宿舍网）10G，教科网出口0.3G，联通出口2G，出口总带宽达到12.3G。

2013年，个人便携设备如笔记本电脑，PAD、手机等已普及开来，为人们迫切希望能够随时随地乃至在移动过程中都能方便地从互联网获取信息、资源和服务奠定了物质基础，从而对无线网络产生了强烈的需求，主要包括：移动教学、移动信息处理、移动社交等移动互联的需求，网络基础建设的需求，网络联接数量的要求，提升学校社会形象的需求，资源优化配置和有效管理的需求。为了满足这些需求，为师生提供无处不在的网络学习与融合创新的网络科研环境、丰富多彩的校园文化、方便周到的校园生活，2013年学校启动了校园无线网络建设项目。该项目建设目标为将无线网络信号覆盖全校，包括青山校区和黄家湖校区，含学生宿舍、职工宿舍、办公楼、教学楼、图书馆、会议室、校医院、运动场、体育馆、广场、活动中心等场所。2014年，校园无线网络分批次建成，无线网络覆盖学校所有区域。截至2017年，学校建成网络信息点8330个，其中无线接入点3092个。实现了全校各楼宇主干网千兆、桌面百兆的稳定网络结构和无线覆盖，形成了稳定可靠、可控可管的网络运行服务环境。2009年完成所有校园用户网络实名认证，2014年完成校园网络用户的流量管理，2017年开始申请网络信息安全等级保护二级认证。

2014年，校园网有线网络设备进入故障高发期，网络时常不稳定，已不能保障师生良好教学和科研所需网络环境，为此，学校使用中央地方共建资金，将2007年前投入使用的149台网络接入和汇聚设备进行了更换，同时新增1台网络核心设备，用于优化用户认证和管理，极大地解决了有线网络设备老化问题，从而改善了有线网络运行状况。

## 二、加强校园网络管理

2012年，学校出台《武汉科技大学校园网基础设施建设和管理办法》，这是学校校园网网络管理制度中的里程碑式的文件。文件中明确校园网的基础设施包括：各校区之间的光纤通信线路、校园内楼宇之间的室外通讯光缆、通讯基站、无线基站、各楼宇内的计算机网络综合布线系统、室内信息插座、各楼宇配线间内的网络机柜、配线架、跳线和网络设备等；要求将校园网基础设施建设纳入学校基础建设规划，校园网主干通信管线应与道路和其他管网同步建设。在十字路口、三叉路口和新建道路应预埋适当数量的管道，作为未来校园网光缆铺设之用；指定了现代教育信息中心为校园网基础设施管理的主管部门，负责规划和设计管理工作，包括校园网主干互联，楼内布线、配线间位置、室外光缆走向等，承担方案审核、验收和管理维护等职责；提出网络基础设施是学校信息化建设的重要资产，任何通信运营商（包括有线电视厂商）在校内建设的信息管网，必须接受学校的规划及管理。该文件的出台有力地规范了校园网络基础设施的建设和管理，保护了已建网络线路不受损坏，保证了校园网的正常运行和数字化校园建设有序进行。

2012 年，在学校校园网络完全免费的情况下，一些用户通过 BT、电驴、迅雷、网络蚂蚁等 P2P 应用大量占用带宽和流量，致使校园网络负荷及出口带宽压力过大，造成网络速度缓慢，以至影响大多数用户的正常上网，严重时甚至影响到学校的正常运行秩序。为使学校有限的网络带宽资源能得到更为合理的利用，保证校园网络的良性运行和健康发展，以更好地发挥校园网络的效益，从而为学校办公、教学和科研等网络需求提供高质量的网络运行和服务保障，经学校研究决定，加强我校校园网络管理，在逐步拓宽校园网出口带宽的同时，实施校园网络流量控制管理制度。流量控制管理的核心是拟每月免费为每位校园网用户提供基本额度的上网流量，该基本流量额度将满足用户的办公、教学和科研等正常上网需求，校园网用户每月使用流量超出基本额度后需要缴纳费用才能继续使用校园网络。流量控制管理制度以“保障正常流量需求，控制流量占用行为”的校园网络流量控制管理原则来开展网络服务，最终达到了“网络资源合理利用，网络运行健康高质，服务学校促进发展”的目的。

### 三、推进校园一卡通运用

为了推进学校管理信息化水平的提升，打造并实现数字化校园及智慧校园，必须对我校信息化体系进行整体建设。其中，校园一卡通系统是基础，校园一卡通及相关平台是“十二五”及“十三五”期间学校建设的重点项目，也是“校企合作”先期要启动进行建设的项目。

校园一卡通项目建立了一套基于智慧校园总体架构的平台，形成统一管理的信息平台，构建起优良的数字空间和信息共享环境，进而实现数据传输网络化、用户终端智能化、结算管理集中化；建立了统一支付平台，支持全面的移动支付，兼容线上、线下统一支付，做到收费规范、透明，优化财务管理流程；建立了统一的统一身份认证平台，实现门禁、通道、教务考勤等功能，体现以人为本的校园综合管理理念，真正实现身份识别的一卡通；建立了统一的运维稽核体系，优化一卡通全业务链条的运行维护风险管控手段，进一步推进运维智能化和自动化。

2011 年，学校建设完成第一代基于 M1 卡的校园一卡通系统建设，包括 53 个子项目，如资金结算系统、银行转账系统、网上支付平台、商务消费系统、门禁监控系统、学生宿舍用电管理系统、自助服务系统、通勤车付费系统等工程，对接了医疗、图书、教务自助打印、机房计费等平台，2011 年发行校园 IC 卡 36964 张，RF-SIM 手机卡 13065 张。2012 ~ 2016 年年均发行校园卡超过 8000 张。

2017 年，学校将 M1 型校园一卡通升级为 CPU 型校园一卡通系统，更换所有原有校园一卡通硬件设备和应用平台，实现了校园一卡通和学生宿舍电费的无线支付，师生可利用手机 APP 为一卡通和学生宿舍电费充值。

## 四、实施“校企合作”建设信息化

《武汉科技大学“十三五”建设规划纲要》要求：坚持站在学校发展战略高度，把信息化作为促进学校发展的战略举措；采取社会资金和学校自有资金相结合、以社会资金为主的投入方式；通过强化信息技术在教学、科研和管理等核心业务中的有效融合，开发应用优质数字教育资源；打造领先于全省教育信息化水平的信息化体系和智慧校园。规划中明确提出：学校信息化建设采取社会资金和学校自有资金相结合、以社会资金为主的投入方式。2011 年以来，学校连续开展了两轮的校企合作项目，通过自主实施“校企合作”平台建设项目的设计、施工和管理，将合作银行提供的建设资金专款用于信息化项目建设。

2011 年我校从中国联通和中国银行分别获得了 1000 万和 800 万的信息化资金投入，合作期分别为 5 年和 6 年；2017 年我校从中国银行、中国农业银行和中国联通分别获得了 3980 万、3200 万和 200 万的信息化资金投入，合作期均为 5 年，为我校信息化建设的飞跃式发展提供了重要支撑。

## 五、加强教学服务与教学资源

学校持续对教学服务与资源进行建设，投入力度不断增大。2008 年我校有 35 个多媒体教室，为满足我校日益增长的教学需求经过多年持续投入，多批次设备更换，截至 2017 年我校共有 288 间多媒体教室、1 间智慧教室和 41 间讨论教室。

学校重视考风建设，持续建设标准化考场。2012 年底，学校建设完成第一批标准化考场，共70个教室100个标准化考场，建设采用全数字技术方案，参照《国家教育考试网上巡查系统视频标准技术规范》《湖北省教育厅关于印发〈湖北省国家教育考试标准化考点建设实施方案〉的通知》要求进行建设，结合学校实际需求，不仅实现各标准化考场的实时网络远程监控，也为日常教学管理和服务提供技术支撑平台。标准化考场电子监控系统通过网络通讯技术，能提供可供上级考试中心接受的技术方案为上级考试中心提供服务，实现对各标准化考场的实时网络监控和巡查，各级巡查指挥中心能够远程监控视频图像实现远程考试指挥、监控和管理。确保信息和系统的安全，保证各类考试的正常顺利进行。同时这些设立为标准化考场的教室，也为其他考试和日常教学监督提供技术保障和录像回放，组成一个教学监控系统，未来教学督导员可使用该系统足不出户即可完成教学督导过程。2015年，学校开始探索将标准化考场建设范围拓宽至实验机房，目标是为全国计算机等级考试服务，涉及到服务器室5个（黄家湖校区4个，青山校区1个），机房7个（黄家湖校区4个，青山校区3个）。2016年开始，学校陆续在已建标准化考场的基础上进行扩容建设，2016年建设青山校区教三楼标准化考场，截至目前，学校标准化考场数量达到135个。学校将继续建设标准化考场，逐步实现将全校所有符合要求的教室全部建设成为标准化考场，目前已启动新一轮标准化考场建设的招标工作，2018年黄家湖校区恒大楼所有教室将被建设成为标准化考场，届时标准化考场数量将达到304个。

2013年，学校开始多媒体教室网络群控系统建设，提高多媒体教室管理和服务效率，为教学工作提供信息化支持。该建设进行了定制开发，将多媒体网络群控系统与学校一卡通系统进行软件对接，实现刷卡开柜和开柜后的多媒体系统一键启动及用户管理功能；该系统同时实现了网络化集中群控管理的功能，多媒体技术维护人员不用到达教室现场，即可对多媒体教室的设备实现远程管理和故障诊断。截至2017年，学校已实现刷卡开柜和网络群控管理的多媒体教室达到150间，2018年拟再建设138间，届时全校所有288间多媒体教室将全部实现刷卡开柜和网络群控管理功能。

2017年，学校为适应人才培养模式改革，对未来教学模式进行深度探索，开始建设智慧教室和讨论教室。智慧教室建设采用多屏互动的教学形式，以学生课堂小组为单位配套小组讨论屏及学生各类终端，实现师生多屏互动、学生群组讨论、课堂管理等功能，真正实现个性化、沉浸式的高效教学，是对未来教学模式的深度探索。智慧教室采用一块86寸交互智能平板作为教师屏，七块55寸交互智能平板作为学生屏，通过HDMI分配器及无线传屏方式进行连接，每块屏既能独立操作、编辑、点评，又能实现教师屏和学生屏的点对点共享操作、编辑、点评，同时还能实现教师屏和所有学生屏的教学内容共享。达到师生间真正意义上的教学互动目的。讨论教室则以学生分组学习模式为基础，通过现代化设备和电子信息技术手段，在前方教师端配置宽大的80寸交互智能平板取代了传统的投影幕，墙上均有黑板方便各组学生随时板书。讨论教室以互动为基础、以问题为导向的学习方式打破常规教学模式，兼顾了以授课为主和师生讨论为辅的两种教学法，给予学生更多交流空间和途径。讨论教室可实现管理的方便性并适合大规模部署。截至目前，学校在青山校区建有1间智慧教室和41间讨论教室。2018年，拟在黄家湖校区建设1间智慧教室和10间讨论教室。

扩声问题历来是多媒体教室的管理难点。经过历经三年的调研、技术选型和技术测试，2017年，学校实施了一师一麦项目，即在全校288间多媒体教室安装无线话筒主机，为全校1500名教师每人配备一副无线话筒，教师凭自己的无线话筒可在任何一间多媒体教室的无线话筒主机自动对频和使用。教师人手一麦，解决了无线麦克风故障率较高的问题，消除了教师手举麦克风授课的现象，大大改善了无线话筒的卫生状况，其使用效果受到了广大教师的一致肯定。

## 六、加强数据共享及交换平台建设

武汉科技大学信息系统建设是以学校现有网络为基础，以服务于全校师生的教学、科研、生活为目的，建立在学校数据中心平台之上，涵盖了学校的信息化标准管理、学校管理、学生管理、教学管理、教职工管理、科研管理、财务管理、资产与设备管理、行政办公管理、数字图书资料管理等全方位的管理信息平台与信息服务平台。

学校数据共享及交换平台包括武汉科技大学管理信息标准、统一信息门户平台、统一身份认证平台和数据中心平台，为数字化校园建设提供一个基础安全平台，加强数字化校园中各应用系统的用户身份认证，保证系统数据的传输安全和存储安全，降低系统安全风险，增强系统的抗攻击能力，为教学、科研、开发及应用创造一个良好的基础平台，通过此基础平台能够对全校师生员工进行统一身份认证，同时也实现网络公共服务（如教务管理系统、财务查询系统等）系统的统一身份认证。应用系统软件包含协同办公系统、学生管理系统、网络教学平台、精品课建设平台、共享资源库平台等；构建满足学校教学、科研、管理与服务要求的开放性、协同化运行支撑环境，为校内外各类人员提供完善的一站式服务中心和个性化服务支持，为领导决策提供数据依据。

2011年，我校开始建设数据共享及交换平台，建设思路是标准先行、平台及应用并行建设。信息标准是整个平台建设的基础，是实现全校范围内教育信息资源交流与共享的必要条件。信息标准在全校范围内为数据库设计提供类似数据字典的作用，为信息交换、资源共享提供了基础性条件。信息标准需要保证信息在采集、处理、交换、传输的过程中有统一、科学、规范的分类和描述，能够使信息更加有序流通、最大限度地实现信息资源共享，使学校信息系统得到协同发展，发挥信息资源的综合效益。

2012 年，我校发布《武汉科技大学信息管理标准集》，可以根据国家、教育部、行业、学校信息管理与服务的需要可以不断完善；所有其他信息化系统必须符合该信息标准体系。

同年，学校建设了校园信息门户、统一身份认证、数据交换与共享等基础平台，完成学校邮件系统、办公自动化系统；相关部门也于 2013 年相继建成或升级精品课程平台、研究生管理系统、财务管理系统、图书管理系统、医疗系统等，并基本实现这些系统与平台的对接。

2016 年建设完成网上迎新系统并圆满完成网上迎新工作。2016 年我校本科新生报到首次采取网上迎新形式，在信息中心、学工处、财务处、团委、后勤集团、教务处等多部门的通力配合下，8 月 15 日，我校网上迎新系统正式上线，新生登录武汉科技大学网上迎新系统，按照指引自助完成报到手续。新生住宿、选购生活用品和军训服装、缴纳学费和杂费等各项事务均通过网上迎新系统办理，不再通过迎新现场办理；新生通过网上迎新系统自愿选购的生活用品、军训服装，实现了由学校统一配送到新生宿舍。网上迎新系统开通期间，系统运行平稳、操作方便；报到当天，新生到达学校后与志愿者联系，直接领取宿舍钥匙、“校园一卡通”等，而无需再往返于多个报到点，极大减轻了奔波之苦。迎新系统的开通，简化了现场报到手续，提升了迎新报到工作的效率，在多部门的共同努力下，整个迎新工作井然有序。

2017 年，学校开始建设信息安全等级保护系统，结合国家《信息安全等级保护管理办法》(GB 17859—1999) 制定标准，遵循学校园区核心出口尽量扁平化，清晰化。加强校园主干链路、数据中心的安全加固、对校园用户上网行为审计、网络运维审计、数据库访问的审计、溯源等；全面落实国家等级保护对二级系统的安全保护要求，满足《信息安全等级保护管理办法》(GB 17859—1999) 制定标准，符合等保二级网络安全的设计要求，在安全保护环境的基础上，通过实现基于安全策略模型和标记的强制访问控制以及增强系统的审计机制，使得系统具有在统一安全策略管控下，保护敏感资源的能力；同时开展了以下工作：安全技术测评：包括物理安全、网络安全、主机安全、应用安全和数据安全等五个方面的安全测评；安全管理测评：包括安全管理机构、安全管理制度、人员安全管理、系统建设管理和系统运维管理等五个方面的安全测评（包括但不限数据整理、漏洞修复、流程再造等）。信息安全等级保护系统的建设，建立了学校完整的信息化防御手段，提升了整个信息化建设水平。

（撰稿：涂伟）

# 第五节　审计工作卓有成效

武汉科技大学审计工作在湖北省教育厅和湖北省审计厅指导下，在学校党委和行政的领导下，认真贯彻执行《中华人民共和国审计法》和《中华人民共和国审计法实施条例》《审计署关于内部审计工作的规定》《教育系统内部审计工作规定》和其他规范性文件，并结合学校实际情况，积极开展审计监督，为维护财经纪律，加强财务管理，促进增收节支，提高基建维修投资和校办企业的经济效益，发挥了积极作用，审计成绩显著。

## 一、学校审计基本情况

武汉科技大学于1995年在省属高校中率先设置了独立的审计机构——学校审计处，目前由学校校长直接分管审计工作（2016年7月之前，由校党委副书记、纪委书记分管审计工作；2016年7月至今由校长直接分管审计工作）。审计处全处现有在职审计人员6人，审计力量精干。其中高级会计师2人，会计师1人，高级工程师1人，工程师1人（同时有2人获得注册造价师资质、1人获得国际注册内部审计师证书、2人获注册监理师证书，1人获得一级注册建造师证书、1人获得注册投资咨询师证书），3人为硕士研究生。十年来，审计处一共承担4项省级内部审计科研课题，均已结题。在公开刊物上发表审计专业论文10余篇，出版教材1部。学校领导非常重视内部审计工作，在学校经费紧张的情况下，尽可能地保证审计工作所需经费，保障每位审计人员的继续教育培训时间达到要求。审计处还不定期地组织审计专业人员参加中国内部审计协会、湖北教育审计学会的专业学习和培训。审计处能全面独立地履行工作职责，积极开展内审工作，内部审计工作在学校经济与管理活动中发挥着越来越重要的作用。

## 二、十年来学校审计完成的审计项目和成果

### （一）认真开展校内二级单位经济效益审计

2008年以来，学校审计处共完成学校二级单位财务收支及经济效益审计项目29项，涉及审计金额约61093.30万元，共提出审计建议157条。通过开展财务收支及经济效益审计，摸清了这些单位和经济实体的家底；检查了被审单位内部控制的建立和执行情况，针对其管理方面的薄弱环节，提出了一些合理、有效的建议；促进了被审单位进一步加强财务管理，完善内部控制制度，提高经济效益。

### （二）积极开展干部离任审计工作

2008年以来，学校审计处对学校机关职能部门及学院和经济实体的61位负

责人进行了离任审计，涉及审计金额约有43244.00万元，共提出审计建议373条。通过开展这些离任经济责任审计工作，弄清了各个职能部门及学院和经济实体不同年度的内部控制及经济责任落实情况；核算了各个经济实体在不同年度的收入、支出和利润以及年度损益状况，划清了各个负责人任职期间的界限；明确了各个负责人之间各自的责任，同时也为学校考核这些中层干部提供了有力的依据。

（三）定期开展审计调查及专项审计

2008～2017年，学校审计处按照上级要求及年度审计工作计划和学校领导的指示，共完成审计调查11项，专项审计30项。审计调查的重点，从新常态下的内部审计实际需要出发，关注各个学校管理领域的内部控制制度。经过审计，较好地检查了学校相关单位内部控制情况，揭示了相关管理风险并及时预警，为学校领导的决策提供了审计依据。

（四）强化基建及修缮工程结算审计

十年来，学校审计处共完成基建、维修项目结算审计538余项，涉及送审额89505.88万元，审减并为学校节约经费9610.64万元，综合审减率达10.73%，有力地挤掉了工程结算过程中的“水分”，降低了学校办学成本，为学校创造了一笔无污染的“绿色收入”，提高了资金使用效率，审计绩效非常显著。

（五）积极探索工程类经济合同的审计

近年来，学校审计处在借鉴与总结其他院校合同审计的基础上，探索开展了对学校工程类经济合同进行审计，共完成工程类经济合同审计171项，涉及合同金额43978.10万元。通过审计，不仅有效地降低了工程过程管理与后期结算的风险，规范了合同条款，修改并提出审计意见和建议110多条，有效地控制和降低了学校在工程类经济合同上的风险。

（六）认真完成工程项目招标控制价的编审工作

为积极配合学校招标办公室做好招标工作，十年来，学校审计处受理并完成校新建及维修改造项目的工程量清单编制工作达138项，完成学校新建、维修改造工程项目的招标控制价的编制工作138项，涉及金额高达86889.19万元，努力从源头控制了工程造价成本，较好地维护了学校利益。

（七）创新开展对工程类签证等关键环节进行审计

2015年以来，学校审计处积极开拓创新，针对工程项目关键风险点进行审计，共开展了工程类签证程序合规性审计126项；涉及金额1027.46万元，提出意见建议151条；开展工程类招标文件审计17项，提出意见建议105条；开展清标审计10项，提出意见建议180条。通过审计，对学校工程项目关键风险点进行重点监督，并针对性提出意见和建议，进一步降低了学校工程管理上的风险，促进学校工程管理水平的进一步提高。

（八）积极配合省委巡视组对学校的巡视工作

2016年，为配合并顺利完成省委巡视工作，审计处按巡视要求多轮次整理复制了从2012年至2016年各类审计报告及资料几十篇本，集中汇编了18个上级及学校内部审计法规制度文件；在省委巡视组巡视期间，审计处还按要求协助省委巡视组完成了10项科研经费专项审计调查、协助完成学校教材款专项清理与调查工作。并对学校2013年以来的审计项目开展审计发现、反映问题的回头看，共完成审计发现、反映问题的回头看，促进审计结果运用21件次。

（九）积极配合湖北省审计厅对学校的审计

2017年，根据湖北省审计厅关于对学校进行经济责任审计的有关工作要求，审计处全力支持与配合湖北省审计厅审计小组的审计工作，积极主动督促和协调学校有关部门及学院根据省审计厅的要求，进行资料准备、自查和先期整改；督促和协调学校有关部门及学院根据省审计厅的要求，及时完整提交相关资料；针对审计过程中发现的事项和问题，督促和协调学校有关部门及学院进行及时整改，切实做到即查即改、边查边改。并协调相关单位做好审计事项的说明、澄清、解释工作；针对审计报告征求意见稿的有关事项，审计处积极协同学校有关部门主动与省审计厅审计小组进行大量耐心细致的沟通、协调工作。既充分反映了学校具体情况，得到审计厅和审计小组的理解，又维护了审计工作的严肃性。

在学校有关部门共同努力下，审计处经过大量耐心细致的沟通、协调工作，顺利完成配合审计工作，取得重要贡献。省审计厅审计小组也按时顺利完成对学校经济责任审计工作及后续督促整改工作。

此外，根据湖北省教育厅、湖北省审计厅的要求，审计处还每年派出审计人员参与省教育厅、省审计厅的专项审计工作多人次，受到上级有关部门的赞扬和肯定。

## 三、学校审计十年来取得的成绩及获得的荣誉

在审计处全体人员的共同努力下，十年来，学校审计工作取得了一次又一次重大的成绩，并受到学校领导及上级有关部门的充分肯定和多次表扬。2010年，学校审计处获得教育厅2008—2010年度湖北教育系统审计工作“先进审计机构”光荣称号；2011年审计处获得审计厅2008—2010年度全省内部审计工作“先进集体”光荣称号；2013年12月审计处获得教育厅2011—2013年度湖北教育系统审计工作“先进审计机构”光荣称号，2014年12月审计处获得湖北省审计厅授予的2011—2013年度全省内部审计工作“先进集体”光荣称号。这期间，学校审计处先后3人多次获得湖北省审计厅及教育厅先进个人光荣称号；2013年审计

处处长胡少萍同志还获得全国内部审计先进工作者称号；审计处多人多次获得学校授予的优秀共产党员、三育人先进个人、三八红旗手、年度先进个人等光荣称号。

## 四、十年来学校不断健全审计制度，规范审计行为，提高审计质量

十年来，学校审计处不断建立健全内部审计制度，实现审计工作制度化、规范化。根据《中华人民共和国审计法》《审计署关于内部审计工作的规定》及教育部《教育系统内部审计工作规定》，本着加强学校财经管理和审计监督，维护财经法规，促进廉政建设，维护学校合法权益，提高资金使用效益，改善经营管理，提高办学效益，保障教育事业健康发展的宗旨，学校审计处先后修订和完善了学校的《武汉科技大学关于内部审计工作规定》《武汉科技大学建设工程项目审计实施办法》《武汉科技大学领导干部经济责任审计暂行规定》《武汉科技大学建设工程项目全过程跟踪审计实施办法》《武汉科技大学建设工程项目变更及签证管理暂行办法》《武汉科技大学新校区基本建设工程竣工结算编制审计管理暂行办法》《关于校内审计业务委托咨询机构使用管理办法》等内部审计管理控制制度，保障全面履行工作职责，规范业务操作程序，完善内控、提高效率、严肃财经纪律和加强廉政建设等方面发挥了重要作用。

在财务审计方面，财务收支审计在对学校各二级独立核算单位实现了年度轮审制度；在干部经济离任审计过程中，实现了党政同审制和正处级离任必审制，提高了学校广大领导干部的风险防控意识，加强了学校各职能部门和院系的管理能力，规范了学校的管理。

## 五、十年来学校审计不断提高创新意识，实现审计全覆盖

近年来，学校审计处不断强化风险防控意识，努力做到审计关口前移，把审计监督延伸到工程项目的全过程中。在工程项目审计实施过程中，认真开展现场跟踪和过程鉴证，为防止学校投资损失，对影响工程造价的部分隐蔽项目实施现场建议性纠偏，确保新建工程项目资金的公正、合理使用。在清单编制过程中，针对设计图纸存在的问题，在清标及招标文件的审核方面都进行了审计把关，并积极参加学校合同审计、商务谈判、签证单审计等关键节点的审计全过程工作，防范了学校重大投资和工程建设风险，基本实现了审计全覆盖。

为了进一步提高工程审计质量，近年来，学校审计处积极探索并实行了“不相关第三方”的审计质量抽查复核机制，有针对性地选择工期长、造价高、风险大的工程项目进行抽查复核，并取得了较好的效果。

为了进一步做好审计沟通工作，特别是为了提高学校建设工程项目招标控制价编制审计的工作效率，加快和推进学校建设项目总体进程。近年来，学校审计

处在充分论证并经历十多轮次反复修改和精心设计后，将涉及工程量清单与招标控制价编制审计的每一个项目的全部流程和节点，编制成表格，同步动态在校园网上（审计处网站）进行公布，供学校有关部门查询工程项目审计进展状况，同时也接受学校相关部门的再监督，体现学校审计的公平公正公开和透明，较好地推进了学校工程项目审计的进展，审计工作效率得到了明显的提升，相关单位反馈的效果良好。

（撰稿：丁胜斋）

## 第六节　图书馆建设驶入快车道

武汉科技大学图书馆是为全校教学、科研服务的学术性机构，是湖北省高校大型图书馆之一，是中国高等教育文献保障系统（CALIS）编目C级成员馆，CALIS应用服务（E读、外文期刊网CCC、编目外包、虚拟参考咨询）示范馆，洪山区“全民阅读”示范基地。2008年2月，黄家湖校区图书馆正式落成开放，图书馆由教五楼的临时馆正式搬入新馆为读者服务，2008年5月13个学院分馆正式挂牌，并完成回溯建库和与总馆的联网，实现了全校图书资源的共享和通借通还。图书馆现有青山校区馆、黄家湖校区馆及16个学院分馆组成，总面积56751.79平方米。其中青山校区馆舍面积10268.91平方米，黄家湖校区图书馆面积44025平方米，读者座位总数5963个。学院分馆面积2457.88平方米，阅览座位683个。全馆除国家法定假日外，每周开放7天，每天14.5小时，采用“藏阅一体、通借通还、全开架服务”的服务模式，数字资源全年24小时为师生提供全方位的信息服务。

### 一、大力加强文献资源建设

图书馆“以服务为中心、育人为根本，办读者满意图书馆”为办馆理念，展开资源建设与服务，形成具有武科大特色的文献资源保障体系。经过10年发展，图书馆的资源建设得到了快速发展，纸质资源由2007年底的147.29万，增长到2017年底的253.83万册，年均增长10.6万册，中外文数据库由25个增加到49个，很好地满足了教学科研的需要。同时文献资源建设工作真正实现了被动的订单采购到基于读者需求采访的跨越，先后开启了五种读者荐购方式，每周例行处理回复读者荐购意见。2017年推出纸电同步的新的图书荐购模式，实现了基于微信平台的PDA（读者驱动采购）采购模式。通过CALIS平台和湖北省高校数字图书馆系统，与国内高校图书馆建立了资源共享平台，形成了纸质文献与电子文献共存、实体馆藏与虚拟馆藏结合、单馆保障与多馆共享的文献信息保障体系，为教学科研提供了更广阔的文献保障。

同时，校友积极关心支持图书馆建设。2016 年，青山校区图书馆接受首次校友捐赠款 10 万元，更新阅览桌椅 300 多套（个）。2017 年，图书馆接受校友冶机 93 班级捐赠款 3 万元，青山校区图书馆全楼阅览室更换新窗帘，黄家湖校区图书馆购置新书展区沙发。

## 二、大力推进信息化建设

近年来图书馆在服务技术手段上不断拓展与创新，2008 年实现了无线网全覆盖，同时积极推进移动图书馆、微信服务等新技术、新媒体在图书馆的应用。座位管理系统、24 小时自助还书机等智能化管理系统的应用为读者更便捷地使用图书馆提供了条件。注重规范知识管理，创建网络环境下学术交流和传播新机制。2013 ~2016 年图书馆自建了“武科大西文刊导航系统”“武科大教材教参系统”“武科大公开课平台”，进行了数字资源的整合，帮助读者及时便捷地查找有价值的信息资源，从“老师教”和“学生学”两方面对学校教学工作提供帮助。2017 年度图书馆重点完成了完成“科大文库”平台建设的测试和完善工作，完成了“科大文库”与“校一卡通”认证接口对接工作；收录我校科研成果总数 60000 余条，收录全文 23178 篇；实现了科大文库期刊自动分级功能；实现全年不定期在“科大文库”系统上进行“网上认领、人工补录”的工作模式，2017 年审核录入论文信息 1800 多篇，并向科发院、人事处和研究生院的相关信息提供接口，为我校的论文奖励、职称评定和年度考核提供数据与决策支持。

## 三、着力提升读者服务水平

图书馆除向本校读者提供外借服务、阅览服务、参考咨询、用户教育和培训、文献传递外，还提供了部分社会借阅与在馆阅读服务。图书馆积极倡导全民阅读，2011 年起，每年定期举办读书节活动，2016 年起更名为“书香校园　悦读科大”全民阅读系列活动，活动由最初的一天一项活动，发展成为目前的持续两个月近三十项的活动。其中，2014 年《分享与成长》真人图书馆活动获全国首届高校图书馆阅读推广优秀案例二等奖，2017 年 6 月武汉科技大学黄家湖社区分馆正式挂牌，进一步扩大了图书馆向社区开放的力度。

2008 年 9 月，青山校区馆与黄家湖校区馆之间开通“通借通还”服务。2010 年图书馆加入 CALIS 和 CASHL，开展文献传递服务，2015 年加入到湖北省科技信息共享平台开展文献传递业务，丰富了学校在中科院情报系统方面的文献资源，进一步的满足学校读者在教学科研的文献需求。2012 年“教育部科技查新工作站（Z03）· 武汉科技大学分站”挂牌成立，图书馆以该平台为依托，积极开展学术成果的检索收录认定、面向科研立项与成果申报的科技查新工作。

2015 年开始对学校进行 ESI 学科分析和评价工作，全方位地对学校在 ESI 各学科中的详细情况进行梳理和分析，及时地跟踪 ESI 学科发展动态，截至 2017 年共编辑提供各类简报和分析报告 15 份，揭示并指导学校的学科发展工作，且取得了较好的效果。2017 年发布首份武汉科技大学专利成果竞争力评价报告，从专利总体状况、专利年度申请趋势、专利成果转化等多维度、全方位展示武汉科技大学专利申请发展状况。使图书馆为学校教学、科研、人才培养和学科建设提供分析和决策服务常态化。

## 四、积极开展学生志愿服务活动

2009 年 3 月图书馆学生志愿者团队正式成立，这是图书馆主导、学生自愿参与、专门为读者服务的校级学生社团，发展到今天，每届拥有 650 名成员。图书馆骨干老师作为团队指导，在组织管理中强调学生的自我推荐、自我培训、自我考评、自我激励和自我管理。自成立以来规模不断扩大，每年换届一次，其管理机制和运营模式愈发成熟，实现图书馆管理与大学生自主参与良性互动。自社团成立以来获得多项荣誉和奖励，2012 ~ 2013 年，荣获“第七届洪山地区大学生志愿服务明星团队”，2013 ~ 2014 年、2016 ~ 2017 年两次获评校“雷锋社团”，2015 ~ 2016 年、2016 ~ 2017 年连续荣获校“红旗社团”称号，2018 年被校团委推荐参与全国高校百强社团评选。图书馆志愿者团队已成为我馆服务育人的特色品牌。

2017 年，图书馆成立信息素养协会，立足于普及信息素养知识，致力于提升我校师生利用信息资源解决问题的技能。协助图书馆组织开展公益性讲座、进行阅读推广和文献资源利用培训，组织参加各级信息检索比赛。信息素养协会参加了湖北省高校图工委、湖北省高校数字图书馆联合举办的万方杯“学术搜索挑战赛”，在决赛中获得“优胜奖”，图书馆获得“优秀组织单位”荣誉称号。

## 五、积极开展内涵质量建设

图书馆在改革中不断开拓进取，以团结、奉献、开拓、创新的精神，为读者提供优质、高效和多元化服务。图书馆现有工作人员 78 人，其中本科及以上人员 56 人，占总人数的 71.8%；中高级职称人员 49 人，占总人数的 62.8%。图书馆逐年引进多层次人才，以适应高校现代化图书馆服务的需求。图书馆结合工作实际，以德、能、勤、绩、廉为考核内容，规范个人工作行为，建立个人业绩考评体系；完善各部门和个人的岗位职责，定期进行馆内所有岗位的全员竞聘，实现与时俱进的调整部门结构和优化人员组合。通过行政、管理的现代化、科学化，增强了职工的岗位意识、责任意识、协作意识和服务意识，促进工作效率和服务质量的提高。据不完全统计，10 年间图书馆职工公开发表学术论文 240 余篇，教育部 CALIS 管理中心立项 4 项，教育厅立项 4 项，省图工委科研立项 13 项，校级科研项目立项 10 余项，获得湖北省科技信息成果三等奖 3 项，获得校级教学成果三等奖 2 项。

（撰稿：刘伟成）

## 第七节　档案管理和服务水平不断提升

武汉科技大学档案馆是学校统一管理档案的职能部门和学校档案信息服务中心。2007 年档案馆升格正处级部门。2008 年由档案馆负责筹建的校史馆开馆。校史馆由档案馆管理，档案馆实行两馆合一的管理模式。

档案馆作为学校档案工作的主管部门和集中管理全校档案的业务机构，紧紧围绕学校的中心工作，坚持“为学校的明天，保存好学校的昨天，记载好学校的今天”的宗旨，以档案资源开发利用为重点，以校史馆为依托，为学校文化建设提供档案利用服务，努力将档案转化为文化产品，提升档案馆文化内涵和服务水平。

### 一、档案馆工作

档案馆建筑面积 742 平方米，库房建筑面积 324 平方米，四间库房安装密集架 456 节。2017 年档案馆办公区域增加 317 平方米，库房面积增加 131 平方米。档案馆制定和完善了馆内“档案馆日常安全卫生值班制度”、实行“安全卫生周值班”制度等制度和规定，建立科学有效的日常工作运行机制，实现档案的安全管理和利用。

档案馆依据 2008 年国家档案局和国家教委颁布的《高等学校档案管理办法》的要求，结合学校实际工作对全校档案实行集中、统一、标准、规范化管理，负责全校各类档案的收集、整理、管理利用、编研等方面的工作。档案馆内设四室一部：收集指导室、编研利用室、人事学生室、办公室及技术指导部。

收集指导室主要负责全校部门档案员的业务指导和培训，十三大类档案的接收、鉴定和移交入库等工作；编研利用室主要负责档案信息编研、库房管理，档案利用等工作；人事学生室主要负责学校学生、教职员工的人事档案的归档、整理、利用等管理工作；技术服务部主要负责档案馆网页的维护、档案网络管理系统的维护与数据备份、全馆局域网的系统管理；办公室主要负责档案工作的协调、沟通和分配等全局性工作。

学校各立卷部门有领导分管负责，在学校各机关部门、学院配备部门档案员，形成了以档案馆为中心的学校档案信息网络。档案馆于 2010 年在学校全面实行部门立卷工作，对文件实行以卷改件的归档整理方式，定期对部门档案员进行业务培训，完善档案工作管理体制。各部门档案工作于 2010 年纳入学校目标管理岗位责任制中，作为部门和档案员每年的工作绩效考核项目之一。

档案馆具有五个全宗，分人事、学生、党群、行政、教学、科研、基建、设备、产品、外事、出版、会计及声像、实物 15 大类，馆藏档案 101086 卷，450192 件。2011 年以 98 分通过湖北省档案执法年检；2012 年以 97 分通过省委组织部的干部人事档案审核工作。

档案馆编辑了《学校 2006—2016 年大事记》《武汉科技大学档案员立卷归档指导手册》《武汉科技大学职工 1978—2012 年获省级以上奖励汇编》等档案编研资料。档案馆先后申报湖北省教育科学规划研究课题“合并高校校园文化整合研究”和校科技项目“高校合并下的多校区校史文化整合研究”“校史馆与教学融合的多维度应用研究”等科研项目。

## 二、校史馆工作

校史馆于 2007 年筹建，2008 年 5 月开馆，校史馆面积为 580 平方米。校史馆实行专款专用，校史馆讲解员以学生志愿者团队组成，实行学生自主管理模式，10 年间为学校节约人力成本约 100 多万元。此管理模式在 2010 年学校管理创新工作成果评比中荣获二等奖。

校史馆建立了系统完善的各项规章制度，“校史馆讲解员工作职责”“校史馆及办公室管理规章制度”“讲解员值班制度”和“周负责人制度”等。2014 年完成全国第一次可移动文物普查登记工作，经省文物专家鉴定评审，评定三级文物 10 件，一般文物 16 件，校史馆文物共计 26 件。

十年来共有 135 名讲解员服务于校史馆讲解队。每年队员保持在 24 名左右，2016 年讲解队建制由队长一名、增加为正、副队长各一名。讲解队致力于提升队员们的凝聚力和专业水平，服务队定期组织培训，提高队员信息接收和志愿服务效率，保障校史馆正常的工作运转。

校史馆在校园文化宣传方面坚持线上线下同步，工作落实到人。线上利用 QQ、微博等新媒体平台为介质，线下以宣传板的形式同步宣传。这种多维度的宣传模式提升了学校在广大师生和校友中的影响力和关注度。

校史馆实行中英双语讲解，2017 年秋季经推荐考核，两位留学生讲解员加入到校史馆讲解队，成为学校第一个招收留学生的学生组织。同年，和学校马克思主义学院中国近现代史系联合，在国内首创了结合课程体系，校史馆讲解员走进课堂讲述校史的教学模式，此教学案例被中央教育电视台、武汉教育电视台和学校宣传部相继报道。

10年期间，校史馆讲解员年均为8800余人解说校史，多次接待了湖北高工时期的早期校友、62届校友、学校杰出校友许家印及恒大高级管理人员、离退休处老教师等师生员工以及社会名流。在社会各界人士方面，讲解队接待了全国政协委员、中国高等教育学会会长周远清、湖北省委政法委书记、湖北省委督导组、省纪委、火箭军、英国领事馆、辛亥革命纪念馆宣教部等等。在2017年讲解队创新志愿服务方式，接受学校各学院各团支部的团日活动预约讲解，为学校共青团组织搭建了团日活动的精神平台。

**表8-12　档案馆、校史馆2008～2017年获得先进荣誉称号列表**

| 年份 | 奖　项 |
| --- | --- |
| 档案馆先进荣誉称号 | |
| 2010 | 2008—2010年度全省档案工作先进集体（鄂人社奖〔2010〕57号） |
| 2010 | 2010年度湖北省档案统计工作先进单位（鄂档〔2011〕26号） |
| 2011 | 湖北省高校档案专业学会工作先进集体和档案工作先进个人——金萍、蔡晓蓉、沈苏（鄂高档字〔2011〕1号） |
| 2011 | 湖北省第四届档案学术论坛活动优秀论文——徐启俊、万青（鄂档学〔2011〕9号） |
| 2012 | 2012年度湖北省档案统计工作先进单位（鄂档〔2013〕32号） |
| 2013 | 2013年度全省档案工作绩效考核优秀单位（鄂档〔2014〕7号） |
| 2014 | 湖北省档案工作先进集体（鄂人社奖〔2014〕17号） |
| 2014 | 湖北省档案局首批档案管理能手——徐启俊（鄂档〔2014〕44号） |
| 2014 | 2014年度大专院校档案工作绩效考核优秀单位（鄂档〔2015〕2号） |
| 2015 | 湖北省高校档案专业委员会第八次优秀论文一等奖——欧阳惠、万青、彭红斌（鄂高档字〔2016〕04号） |
| 2016 | 湖北省高校档案专业委员会先进集体、先进个人（鄂高档字〔2016〕05号） |
| 校史馆先进荣誉称号 | |
| 2011 | 第二届武汉科技大学青年志愿者文化月系列志愿服务工作荣获“志愿奉献奖” |
| 2011～2012 | 优秀志愿者服务队 |
| 2013 | 优秀志愿者——谢天 |
| 2013～2014 | 校史馆——特色工作青年志愿者服务队 |
| 2014 | 优秀志愿者——丁凯月 |
| 2014～2015 | 特色工作青年志愿者服务队——刘芳敏 |
| 2015 | 标兵志愿者——陈泽宇 |
| 2015 | 优秀志愿者——李纯 |
| 2015～2016 | 校史馆——特色工作青年志愿者服务队 |
| 2017 | 校史馆——特色工作青年志愿者服务队 |
| 2016～2017 | 校史馆——雷锋班级（社团） |

**表 8-13　档案基本数据统计**

| 年份 | 入库件数 | 入库案卷数 | 声像入库数 | 中英文成绩 | 学历学位认证 | 销毁数 | 人事 | | 学生 | | | 档案馆利用数/(卷/件) | 档案馆利用人次 | 校史馆参观人数 | 论文数 |
|---|---|---|---|---|---|---|---|---|---|---|---|---|---|---|---|
| | | | | | | | 归档材料 | 转递数 | 归档人数 | 归档材料 | 转递数 | | | | |
| 2008 | | 2142 | 16G | 120 | 70 | | | | 7676 | | 6643 | 2206 | 1667 | 10000 | |
| 2009 | 44688 | 10891 | 7.6G | 150 | 100 | 743 | | | 7993 | 21735 | 7890 | 8035 | 2226 | 4000 | 3 |
| 2010 | 24026 | 9613 | 186 张 | 100 | 70 | | | | 8527 | 67780 | 7852 | 4693 | 2287 | 9000 | 3 |
| 2011 | 17218 | 10248 | 202 张 39.5G | 137 | 74 | 1261 | | | 4494 | 15100 | 6973 | 5959 | 3763 | 9100 | 9 |
| 2012 | 24667 | 11010 | 105 张 18G | 173 | 88 | | 9051 | 24 | 9000 | | 7420 | 5357 | 3194 | 9000 | |
| 2013 | 10337 | 14953 | 25 张 9G | 173 | 189 | | 7817 | 40 | 8454 | 120118 | 7479 | 5714 | 3032 | 9500 | 1 |
| 2014 | 15649 | 4803 | 191 张纸质；电子照片：2837 张 6G | 144 | 104 | | 7817 | 24 | 7846 | | 8624 | 6002/8 件 | 3492 | 10500 | |
| 2015 | 19299 | 4722 | 260 张纸质/12G | 109 | 119 | | 11944 | 20 | 7846 | | 7580 | 11314/10 件 | 5476 | 8359 | 5 |
| 2016 | 17021 | 1692 | 181 张纸质 | 135 | 116 | | 25418 | 22 | | 43116 | 6394 | 17731/30 件 | 6666 | 8666 | 6 |
| 2017 | 292 | 6020 | 126 张纸质 | 113 | 121 | | | 18 | | | 6373 | 22626/202 件 | 5049 | 8887 | |

注：本表数据来源于《全国档案事业统计综合年报》、“年度目标责任制”、年终工作总结；年度考核表的中英文成绩和学历学位认证数据。

（撰稿：万青）

## 第八节　推进建立和完善现代企业管理机制

武汉科技大学资产经营有限公司（以下简称“资产经营有限公司”）成立于 2007 年 10 月，是根据教育部《关于积极发展、规范管理高校科技产业的指导意见》及湖北省有关文件精神，由武汉科技大学出资设立，从事学校经营性资产的管理、投融资运作和科技成果产业化发展，实现学校经营性资产的保值、增值的企业法人。

资产经营有限公司为学校全资企业，原始注册资本 100 万元。2013 年 1 月根据湖北省人民政府关于推进大学科技园建设的文件精神和湖北省教育厅、科技厅以及武汉东湖高新技术开发区的相关要求，学校决定成立武汉科技大学科技园有限公司，注册资本1600万元，由资产经营有限公司代表学校出资设立，用于大学科技园征地及建设投资，2013年资产经营有限公司变更注册资金至1700万元。

资产经营有限公司及其直属企业或关联企业现有职工81人，其中具有学校事业编制的职工22人（含兼职），合同制聘用职工59人，其中：高级职称9人，中级职称42人。资产经营有限公司党总支下设3个党支部，共有党员12人。

## 一、关联企业简况

资产经营有限公司现有各类企业共14家，其中：全资企业6家、改制参股企业2家、投资参股企业2家、持股企业1家，科技成果孵化培育企业3家。

（1）直属全资企业：

武汉科技大学科技园有限公司

武汉科大卓越新材料公司

武汉科技大设计研究院

武汉科大合创科技有限公司

武汉科大科技企业孵化器有限公司

武汉科大馨雅物业管理有限公司

（2）改制参股企业2家：

武汉科大自控系统有限公司

武汉科大电控设备有限公司

（3）投资参股企业2家：

武汉都市环保工程技术股份有限公司

中钢集团天澄环保科技股份有限公司

（4）持股企业1家：

武汉科大拓江高新技术有限公司

（5）科技成果孵化培育企业3家：

武汉科大中达工程技术有限公司

湖南武科立达格拉菲新材料有限公司

湖北赛格瑞新能源科技有限公司

## 二、基本业务

资产经营有限公司自成立以来，主要任务是管理学校的校办企业，推进校办企业的改制，代表学校管理学校全资企业、改制参股企业的股权以及对外投资企业的股权，行使出资人权利和义务，近三年来资产经营有限公司及时调整，大力推进学校科技成果转化工作，筑牢科技成果转化平台，扮好科技和资本对接的“红娘”、教授团队的“经纪人”、高新科技型企业的“接生婆”，推动学校建立健全科研成果评估、转化、利益分配机制，出台科技成果转移转化办法，明确了科技成果转化路径和保障，激发了高水平教师的科研积极性，开创了科技成果转化工作新局面。孵化培育“武汉科大中达工程技术有限公司”“湖南武科立达格拉菲新材料有限公司”“湖北赛格瑞新能源科技有限公司”“武汉科大合创科技有限公司”“武汉科大科技企业孵化器有限公司”五家高新科技型企业，涉及企业孵化、新能源开发利用、新材料研发、冶金工程设计、总包服务以及知识产权服务等领域，为学校经营性资产保值增值提供了新动能。

## 三、公司大事记

（1）2007 年 10 月，根据《教育部关于积极发展、规范管理高校科技产业的指导意见》(教技发〔2005〕2 号)、《教育部关于高校产业规范化建设中组建高校资产公司的若干意见》(教技发〔2006〕1 号)、湖北《省人民政府办公厅转发省教育厅等部门关于积极发展和规范管理高校科技产业意见的通知》(鄂政办发〔2006〕57 号）以及国家有关部门关于高校校办企业改制的指导精神，我校积极对所属校办企业实施规范化改革，依据《中华人民共和国公司法》及其他相关法律、法规设立“武汉科技大学资产经营有限公司”，依法经营、管理我校的经营性资产。

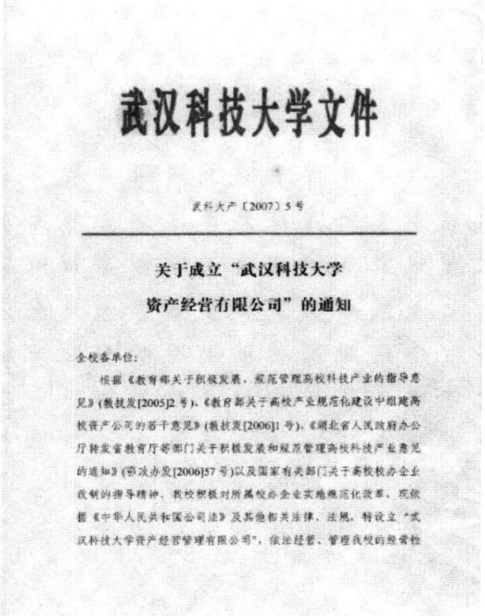

武汉科技大学文件

武科大产〔2007〕5 号

关于成立“武汉科技大学资产经营有限公司”的通知

全校各单位：

根据《教育部关于积极发展、规范管理高校科技产业的指导意见》(教技发[2005]2 号)、《教育部关于高校产业规范化建设中组建高校资产公司的若干意见》(教技发[2006]1 号)、《湖北省人民政府办公厅转发省教育厅等部门关于积极发展和规范管理高校科技产业意见的通知》(鄂政办发[2006]57 号)以及国家有关部门关于高校校办企业改制的指导精神，我校积极对所属校办企业实施规范化改革，现依据《中华人民共和国公司法》及其他相关法律、法规，特设立“武汉科技大学资产经营管理有限公司”，依法经营、管理我校的经营性

资产。

二〇〇七年八月二十八日

主题词：机构　设置　通知

发全校各单位

武汉科技大学学校办公室　　二〇〇七年八月二十九日印发

图 8-4　关于成立“武汉科技大学资产经营有限公司”的通知

（2）2008 年 11 月 7 日根据我校校办企业改制工作总体安排，鉴于机械厂目前实际情况，经研究决定撤销武汉科技大学机械厂。

（3）2010 年 12 月，武汉科大自控系统有限公司变更注册资本，增加注册资本及实收资本 256. 15 万元。股东武汉科技大学资产经营有限公司增加注册资本及实收资本 57 万元，变更后武汉科技大学资产经营有限公司出资额 87 万元，持股比例 29%。

武汉科大自控系统有限 公司

**股 东 会 变 更 决 议**

根据本公司章程决定，公司于 2010 年 12 月 19 日召开第 一 次股东会议，应到股东 8 人，实到股东 8 人，为 全体 代表 100 %表决权，符合法定要求。会议由 执行董事李晗 主持，股东依照章程通过有效决议如下：

1、变更注册资本：变更后为 300 万元；实收资本：300 万元，增加注册资本及实收资本 256.15 万元。

2、变更股东资本：股东武汉科技大学资产经营有限公司增加注册资本及实收资本 57 万元其中：以货币方式增加出资 27.8950 万元，以净资产增加出资 29.1050 万元；股东扬州力德工程技术有限公司以货币方式增加注册资本及实收资本 60 万元；股东湖北武科大控制与信息技术研究所以货币方式增加注册资本及实收资本 15 万元；股东朱英韬增加注册资本及实收资本 70.4867 万元其中：以货币方式增加出资 64.1560 万元，净资产增加出资 6.3307 万元；股东周洪涛以货币方式增加注册资本及实收资本 21 万元；股东刘勇增加注册资本及实收资本 15.4799 万元其中：以货币方式增加出资 10.1235 万元，净资产增加出资 5.3564 万元；股东文严峻以货币方式增加注册资本及实收资本 15 万元；股东胡明银增加注册资本及实收资本 2.1834 万元其中：以货币方式增加出资 0.4305 万元，净资产增加出资 1.7529 万元；变更后为股东 武汉科技大学资产经营有限公司 出资额 87 万元、持股比例 29%；股东 扬州力德工程技术有限公司 出资额 60 万元、持股比例 20%；股东 湖北武科大控制与信息技术研究所 出资额 15 万元、持股比例 5%；股东 朱英韬 出资额 77.01 万元、持股比例 25.67%；股东 刘勇 出资额 21 万元、持股比例 7%；股东 胡明银 出资额 3.99 万元、持股比例 1.33%；股东 周洪涛 出资额 21 万元、持股比例 7%；股东 文严峻 出资额 15 万元、持股比例 5%。

4、变更执行董事或董事会成员：变更后董事会成员为 李晗（武汉科技大学资产经营有限公司）、雷宽宏（扬州力德工程技术有限公司）、朱英韬。撤销原公司执行董事。

5、变更监事或监事会成员：变更后公司监事为陈和平（湖北武科大控制与信息技术研究所）。撤销原公司监事。

6、变更经理：变更后为 朱英韬。

7、同意修改后公司章程和公司章程修正案。

决议立即生效。并委托（指定）给 王伟；办理本公司变更登记事宜。

图 8-5　武汉科大自控系统有限公司股东会变更决议

（4）2011 年 3 月 29 日，经校长办公会研究，同意武汉科技大学资产经营有限公司无偿受让武汉科大拓江机电设备有限公司 20% 股权 60 万元的股权转让。

（5）2012 年 6 月，武汉科技大学印刷厂划转至隶属后勤集团管理。

（6）2013 年 3 月 11 日，成立武汉科技大学科技园有限公司。

（7）2013 年 12 月 23 日，学校批准武汉科技大电控设备厂改制为武汉科大电控设备有限公司。

（8）2013 年 12 月 25 日，武汉科技大学科技园（一期）开工奠基仪式。

（9）2014 年 12 月 23 日，签订科技园国有建设用地使用权确认书。

（10）2015 年 1 月 19 日，校长办公会根据国家相关法律法规，将都市环保和天澄环保的持股方由学校变更为资产经营有限公司，由资产经营有限公司代表学校持有股权。

（11）2015 年 6 月 26 日学校同意武汉科大卓越新材料公司相机停产歇业，成立武汉科大卓越新材料公司停产歇业工作专班。

（12）2016 年 3 月 29 日，加强武汉科技大设计研究院经营管理工作意见。

（13）2016 年 8 月 4 日，湖北省证券交易中心完成中钢天澄环保的股份转让。

（14）2016 年 8 月 4 日，关于武汉科大卓越新材料公司原材料处置工作请示。

（15）2016 年 9 月，武汉科大电控设备有限公司获得国家工商行政管理总局颁发的“KDDK”“科大电控”注册商标证书。

（16）2017 年 7 月 24 日，大学科技园有限公司回复武汉未来城有偿退地。

（17）2017 年 11 月 1 日，注册成立武汉科大合创科技有限公司。

（18）2018 年 4 月注册成立武汉科大科技企业孵化器有限公司。

（19）2018 年 5 月注册成立武汉科大馨雅物业管理有限公司。

## 四、经营业绩

十年来，在中国进入新常态和企业面临转型升级、融资困难等诸多不利因素形势下，参股公司攻坚克难，不断开拓新兴市场，提升产品核心竞争力，其中武

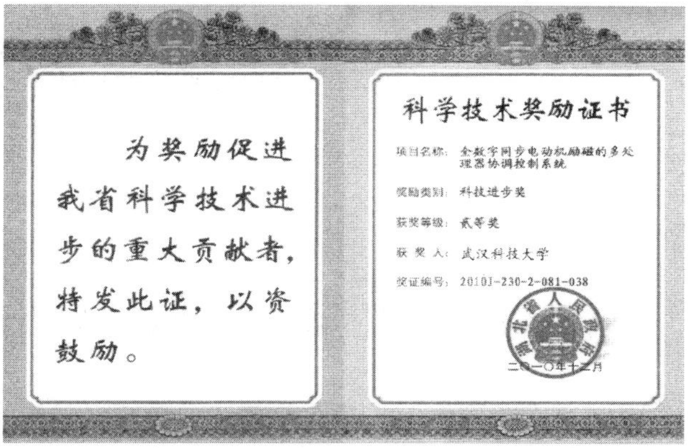

为奖励促进我省科学技术进步的重大贡献者，特发此证，以资鼓励。

科学技术奖励证书

项目名称：全数字同步电动机励磁的多处理器协调控制系统

奖励类别：科技进步奖

获奖等级：贰等奖

获 奖 人：武汉科技大学

奖证编号：2010J-230-2-081-038

二〇一〇年十二月

VERTIV 维谛技术

合作伙伴证书

兹认证

武汉科大电控设备有限公司

为维谛技术有限公司

电力电源合作厂

AUTHORIZED

维谛技术有限公司

图 8-6　证书

汉科大自控系统有限公司完成柳钢一冷轧五机架酸连轧全线自动化项目，合同总额超1个亿，冷轧连轧机组是冶金控制的尖端技术，此项目的完成标志着武科大产学研更上一层楼；在武钢承接了几套成套系统，包括彩涂机组酸再生机组、酸洗钢机组、酸洗机组等，从此武科大在控制上已经具备大型连续机组的技术能力；武汉科大电控设备有限公司励磁装置产品荣获湖北省科技进步二等奖，通过ISO9001：2008质量管理体系认证、ISO4001：2004环境管理体系认证和GB/T 28001—2011职业健康安全管理体系认证，为冶金、矿山、化工、给排水、铁路等行业提供了大量的电控系统及成套设备，并远销巴基斯坦、秘鲁、巴西、利比里亚等10多个国家和地区，并承接的武汉市首批灾后重建项目——东西湖区塔尔头泵站灾后更新改造工程的励磁及直流成套设备，获得“2016～2017年度武汉市守合同重信用企业”称号和“艾默生电力电源合作伙伴”等。

截至2017年底，学校经营性资产总量创历史新高，仅我公司持有的武汉都市环保工程技术有限公司股权净资产就达到9032.73万元，全面实现了国有资产保值增值。另一方面，公司未雨绸缪，围绕新兴产业、新兴业态、新兴模式，通过科技成果转移转化和股权投资开辟新业务，优化产业布局，完善公司资产结构，科学资产配置，强化服务平台建设，以确保国有经营性资产未来能够长期保持健康高质量增长。

（撰稿：陶遵权）

## 第九节　武汉科技大学附属天佑医院十年发展征程

武汉科技大学附属天佑医院位于武昌区晒湖边，毗邻武昌火车站东广场；其前身为郑州铁路局武汉铁路中心医院，至今已有36年办院历史。2004年10月22日，医院由武汉铁路局正式移交武汉科技大学管理，成为武汉科技大学直属附属医院，同时成为武汉科技大学临床学院。移交后医院性质为政府举办的非营利性医疗机构，享受省管医院同等待遇，为独立的事业法人，自主经营、自负盈亏，业务上接受湖北省卫生厅的指导。2004年11月25日，省卫生厅同意医院更名为“武汉科技大学附属医院”。2008年8月27日，省卫生厅批准武汉科技大学附属医院更名为“武汉科技大学附属天佑医院”（以下简称“天佑医院”）。2009年，湖北省机构编制委员会办公室《关于核定武汉科技大学附属天佑医院事业编制意见报告》（鄂编办文〔2009〕14号）获省政府批准。天佑医院纳入政府主办的事业单位管理，省财政厅对我院实行差额拨款。

过去的十年，在大学和省卫计委领导下，全院干部职工解放思想，转变观念，主动接受高校附属医院管理定位，走改革创新自力更生之路，以“创建全国一流地方性大学附属医院”为目标，着眼于内部体制机制改革，适应卫生行业发展和大学附属医院新形势要求，遵循新的医学模式和医院发展的客观规律及省管医院的职责和服务宗旨，坚持医、教、研三位一体，坚持公益性，立足院情，按医疗规律办事，按教学规律办事，按社会主义市场经济规律办事，在困难中砥砺奋起，在改革中革弊求新，遵循“民主办院、科教兴院、人才强院、依法治院”的办院理念，弘扬了“大医精诚、天佑健康”的医院文化内涵，确立了“用高超的技术服务大众，以博大的爱心奉献社会”的医院核心价值观。十年来，医院不断引进先进的管理理念和方法，主动适应公立医院改革新形势，努力创造发展环境，使医院在学科培育建设、人才引进与培养、医疗技术与持续的质量改进、教学与科研进步、业务流程和服务措施改善、控制和降低就医费用、扩大服务能力与规模等方面取得了突出的成绩，使医院的综合能力实现了大步跨越。

## 一、医院规模与整体实力快速提升

医院于1996年被评为国家三级甲等医院，当时开放床位为550张。2007年增加到565张，2010年增加到630张，2014年编制床位1000张，实际开放856张；2016年因实施公立医院改革，按省卫计委规划要求将医院定编床位调整到800张。医院占地面积5.7万多平方米，建筑面积9万多平方米，设有36个临床、医技科室，1个分院（洪山分院），1个社区卫生服务站。医院临床专科门类齐全；各类诊疗设备先进、完备；各学科团队结构合理；专业技术特色鲜明。十年间，医院年业务收入从2008年的1.02亿元增长到2017年3.2亿，增长了三倍，年均增长14%。年门诊总诊次、出院病人量、年收入、中心手术量等指标年涨幅均保持在10%左右。药占比、材料占比均控制在省卫计委要求范围以下。患者人均费用水平控制良好，在武汉市同级医院中费用最低。现拥有磁共振、64排CT、数字胃肠机、大型血管造影机（DSA）、DR、彩超、放疗直线加速器、全方位肢体机能康复系统以及各类专科医疗设备1600多台。固定资产从2008年的1.16亿元，到2017年末的5.35亿元，净增4.18亿元。

## 二、职工队伍与人才建设取得显著成绩

2008年末，医院在职职工1020人，其中卫技人员802人，高级职称人员85人，中级职称308人，初级职称441人；博硕士学历87人；在国家、省、市各类专业委员会任委员或以上职务者65人。2017年末，医院在职职工1100多人，离退休职工728人，专业技术人员890多人，其中高级职称240多人、中级职称248人、博硕士学历170多人。在国家、省、市各类专业委员会任委员或以上职务者150余人。

医院实行“外引”和“内培”并重的策略，加强人才队伍建设。制订优惠

政策，大力引进高层次人才及实用型人才。鼓励医务人员参加医学继续教育、外出参加各种形式业务培训与学术交流。十年间，医院先后共派出40多名医师到国内知名医院进修，有5名医疗技术骨干赴国外知名医学院校高访研修归院。被省人社厅聘任的卫生专技二级岗1人、三级岗7人。截至2017年，医院拥有“楚天学者”2人，外籍特聘教授4人，湖北省第三层次“医学领军人才”1人、武汉市“青年骨干人才”8人，骨干人才6名，后备人才20名，有效促进了医院人才培养。

## 三、专科建设特色鲜明

医院心血管内科、神经内科、消化内科、美容科等传统优势专科继续保持较快发展，一批新优势科室如骨科、神经外科、胃肠普外科、康复科、呼吸内科、精神卫生科等等，也都呈现出良好的发展势头。近两年，引进超声医学学科带头人余松远教授，新开设了超声介入病区，实现超声影像检查与介入治疗相融合。其在超声引导下为甲状腺、乳腺、子宫及附件、肺、肝、肾等脏器的良、恶性肿瘤患者实施精准微创的介入性治疗，创伤小、疗效好、恢复快，其特色技术在省内外众多患者和业界均享有极高声誉。引进胃肠泌尿外科学科带头人姚磊博士，促进了普外科微创专科技术水平的极大提升。医院大力开展重点专科建设，积极申报省级重点专科。先后有5个科室被评为湖北省临床重点或重点建设专科。

## 四、公立医院改革取得阶段性成效

2009年，湖北省深化医药卫生体制改革工作领导小组确定武汉科技大学附属天佑医院为湖北省公立医院改革省级试点单位。副省长张岱梨和省卫生厅党组书记杨有旺、厅长焦红到我院调研，指导制定《天佑医院公立医院改革试点实施方案》(以下简称“实施方案”)并推进落实。

2011年，医院实行“大部制”改革，将原来16个职能科室重新划分合并，设置11个事业部，对正副主任实行全院公开竞争上岗。同年按事业单位管理要求完成医院首次设岗及岗位等级评定。积极推进绩效工资改革。2017年5月全院绩效工资改革工作全面落实到位，全院基本工资总额增长13.8%。稳步推进我院养老保险参保工作。

2017年4月1日正式按上级要求执行药品零加成销售。进一步完善了绩效考核方案，不再强调收支结余，严格执行“医务人员薪酬分配不得与药品、耗材、大型医学检查等业务收入挂钩”的公立医院改革要求，在完善全成本核算的基础上，建立以工作量、服务能力为基础，以技术难度、风险程度、资源贡献为考核激励系数，以KPI和平衡计分卡为评价手段，以质量、服务、安全和结构调整为控制指标的综合绩效考评和分配方案。新方案多次与临床、医技科室沟通，并经职代会联席会议讨论通过后，于 2017 年 4 月正式实施，激励效果明显，效益大幅提升。

## 五、办院条件得到极大改善

先后完成了门诊楼改扩建、病房改造、洪山门诊搬迁、武南门诊装修、新建住院大楼等项目。2009 年，拟建新住院大楼论证工作完成，申报立项工作启动。2010 年，住院部大楼建设规划正式获批。2011 年 10 月 16 日，举行新住院楼主体工程奠基开工仪式。2015 年 3 月，新大楼正式投入使用，医院业务用房面积增加 40000$m^2$。这是医院发展新的增长点，也是医院发展史上的标志性大事件。2016 年，完成了全院屋面防水，急诊科、武南门诊、儿保科、药剂科阴凉库及透析中心等多项标准化改造，及旧住院楼部分病区的改造装修等多项工程。打通了院内环形道路，避免院内交通拥堵。2017 年，实施了院区绿化美化项目，对门诊楼、行政楼及学术文化厅进行了集中修缮；改建了消化内镜中心、门诊检验科；对纤支镜室、咽喉镜室、口腔科、门诊手术室、佑安楼病区处置间等按院感要求进行结构与布局优化；完成了制氧机房周边区域的清场和绿化；完成了佑安楼的消防改造工程；配合市政道路施工进行医院西边围墙的拆除后重建及相关景观美化工作，打通晒湖景观带，医院环境和医疗条件得到明显改善，医院面貌焕然一新。

与此同时，医院高度重视信息化建设。十年来，医院不断加大信息化建设的投入力度，医院信息化得到飞速发展。2008 年，医院 HIS 系统全面上线。2009～2015 年，先后完成了 LIS、PACS、HRP、OA 办公系统、结构化电子病历系统、体检管理系统、手麻系统、移动护理、不良事件上报、临床路径管理、单病种管理、医疗数据统计、RIS 等十多套软件系统的上线工作，增加了三甲医院所需的软件配置。近两年，随着信息化的深入发展，医院在对患者电子病历进行信息化管理的基础上，实现了病人基本信息、诊疗信息、检验科室化验结果、放射科的影像报告全院共享，医疗质量智能化监控，为医疗大数据的充分利用打下了基础。且医院引进了移动护理与银医通项目，进一步完善了以病人为中心的医疗信息管理和服务体系。医疗服务对象、手段、过程、管理等基本实现数字化，医疗信息资源的交换、共享实现服务的互联互通，同时也将实现智能化的技术创新。

完成医院中心机房的硬件改造升级，并实现了服务器虚拟化。加强了对全院计算机软、硬件及网络系统的维保工作，确保了医院信息系统的安全平稳运行。同时，按省卫计委的要求，医院完成了居民健康卡的改造升级，实现了与省级居民健康平台和跨省异地就医定点医疗机构信息系统的对接。完成了与省级医疗智能监控平台的数据联网。截至目前，医院已有 30 多个信息系统，100 多个子系统，涉及人、财、物、医疗、科研、管理、决策等各个领域。初步实现了就医流程最优化、医疗质量最佳化、病历实现电子化、决策实现科学化、办公实现自动化。

## 六、切实加强医疗质量与安全监管

建立健全医院质量安全管理体制机制。医院质量安全管理委员会下设20个专业质量安全管理委员会，各科室成立质量安全管理小组；健全了医院三级质量管理组织架构。各委员会定期召开专题会议，各小组每月坚持开展质控活动，实施院—科两级质量控制，有效推动了医院全面质量管理工作。严格执行“三甲”标准，持续改进医疗质量。多措并举，防患于未然，无医疗事故和恶性医疗纠纷发生。不断创新护理管理新思路，完善护理质量安全管理制度，加强护理队伍建设，持续改进护理管理与质量。传染病防治及放射防护措施有力，医院感染控制良好。医院服务水平显著提升。

## 七、教学与科研水平稳步提升

2008年以“优秀”成绩通过教育部本科教学水平评估，2015年，以优良的成绩通过了教育部组织的武汉科技大学“临床医学专业认证”现场评审。同时，被国务院学位办授予临床医学一级学科专业硕士授权单位，连续两年自主招生硕士研究生近50人，超额完成学校下达的招生任务。每年按要求完成临床学院所有本科生教学指标，承担48门次课程本科教学任务，涉及临床医学、预防医学、卫生检验、药学及护理学等多个专业的多个年级的专业基础课和专业课程，完成教学课时年均9000余学时。高度重视住院医师规范化培训工作，医院共建成内科、外科、神经内科、精神科、全科医学科、康复医学科、检验医学科、放射科、超声医学科等9个住院医师规培基地，共招收培养规培生77名。

不断加大对科研的投入力度，设立了院级临床科研专项基金。持续推进科研平台建设，建成了总面积约700多平方米、设施齐备、功能齐全的“天佑转化医学中心”，并已正式获批武科大校级科研平台。积极组织申报国家自然科学基金项目以及省级项目，获批项目、发表论文以及参编出版专著数量逐年增加。近三年来，共组织申报国家自然科学基金项目33项，省级项目23项，获批省级项目6项；发表论文420余篇，其中核心论文180余篇，SCI论文27篇，新增ESI论文9篇，参编出版专著36本。2017年医院实现了国家级科研课题零的突破，医院首次独立申报获批国家自然科学基金面上项目1项，获批国家重点研发计划专项子课题1项，仅此2项就获批国家纵向科研经费200余万元。

## 八、圆满完成政府各项指令性任务

积极履行公立医院职责，较好地完成政府各项指令性任务。2008年5月，汶川大地震发生后，我院积极响应湖北省卫生厅的号召，派出一辆救护车和两名司机，随湖北省急救中心救护队入川执行救护任务。接受省卫生厅委托，由副院长万远太领导湖北省医疗队，包括我院组成的6人医疗队一同奔赴湖北省对口支援灾区——汉源县执行为期一个月的抢救任务，受到上级表彰。2010年4月青海玉树地区发生强烈地震的第二天，医院按上级通知，迅速调配7名医疗急救人员和一辆救护车以及大量医疗药品、方便食品、保暖衣被奔赴青海地震灾区。先后13人被上级部门评为“抗震救灾”先进个人。

克服困难、积极选派人员参加援阿尔及利亚、援疆、对口支援等政府指令性工作。先后组织选派援外专家2名，援疆专家5名。其中，选派妇产科主任刘凤勤执行为期两年半的援助阿尔及利亚任务，并任医疗队长；选派中医科主任吴秋枫执行第七批援助新疆任务。派出的专家受到省卫计委的高度评价。对口支援安陆市普爱医院、云梦县人民医院两家县级医院。与洪山社区卫生服务中心建成“医联体”，与生命星光医疗服务集团、武汉武锅医院建立全方位医疗合作关系，为分级诊疗实施做好了准备。

## 九、积极推进三甲复审工作

2016年，医院三甲复审迎评工作全面启动。医院以“三甲医院”复审通过为目标，成立了三甲复审领导小组和工作专班。对照三甲医院标准，全面加强医院管理，持续改进医疗质量和安全，不断提升医院服务水平，促进了医院绩效的持续增长。2017年，医院严格按照《武汉科技大学附属天佑医院三甲复审实施方案》的要求落实各阶段的工作任务。医院内审组对每月一次内审工作组检查情况进行通报，加强对全院迎评工作的指导，加大督导检查与奖惩力度，并坚持和完善三甲领导小组例会制度，以问题为导向限期整改，以责任为导向追究问责，全面、扎实地推进医院各项工作。极大地推进了医院优质高效规范的运行和良性发展。

## 十、医院管理与所获荣誉

医院临床、教学和科研管理逐步走向规范化。2008年编辑并下发了天佑医院《职责·制度》《诊疗常规》《全成本核算和绩效考核管理办法》《高学历人才培养和引进管理暂行办法》和《科学技术奖励办法》等规章制度。2015年编辑并下发天佑医院《职责·制度（增补版）》。2017年，按照三甲医院评审标准，再次对医院规章制度进行了系统修订、完善，印制了天佑医院《规章·制度》（2017年版）上中下三册并下发。始终坚持以病人为中心，在医疗管理、人才引进、财务管理、基础建设、设备更新、教学科研、医院文化建设等方面进行了系列改革。十年间，医院历经了省三级优秀医院评审、平安医院建设、“三好一满意”活动、大型公立医院巡查、省委巡视组巡视、省审计厅经济责任审计，特别是2016年全面启动三甲医院复审迎评工作后，对医院制度建设、依法执业、优质服务、质量绩效、规范管理等方面都有明显提升。

医院的发展变化得到政府和社会的肯定，2007年省卫生厅授予天佑医院湖北省卫生系统文明行业竞赛“优胜单位”称号，2008年以“优秀”成绩通过教育部本科教学水平评估，2009年被省卫生厅授予“三级优秀医院”称号、获湖北省三级医院护理质量专项检查银奖，湖北省卫生系统民主评议行风政风“优秀单位”、连续6年获“武昌区最佳文明单位”称号。

2013年、2015年两次被省文明委和省卫生厅授予“文明创建先进单位”，1人被评为2013年“湖北省卫生行业社会团体先进工作者”。

2014年，被湖北省卫生计生委评为“全省对口支援工作先进集体”，3人被评为“全省对口支援工作先进个人”，1人被评为“2013年度湖北好人——最美护士”，1人被评为2013～2014年“湖北省优秀护理管理工作者”，1人被评为“优秀援疆干部人才”。1名科主任被评为2013～2014年度湖北省“最美卫生计生人”称号；1个支部获省卫计系统“红旗党支部”称号。

2015年院长王晓南被评为全省卫生计生系统加强履职尽责工作先进个人；1名护士长被评为“湖北省优秀护理管理者”；1名护士长被评为“湖北省优秀护士”；内科党总支心血管支部获省卫计系统“红旗党支部”称号。

2016年，两名科主任被省毕业后医学教育委员会授予“湖北省住院医师规范化培训优秀带教老师”称号；1名主任被评为全省卫生计生系统“六五”普法依法治理先进个人。

2017年，医院正式被中共湖北省委、湖北省人民政府授予“省级文明单位”称号；急诊科主任尚桂莲被国家人力资源和社会保障部、国家卫生计划委授予“全国卫生计生系统先进工作者”称号；两位主任被湖北省卫生计生委评为“2016年重点问题专项整治工作通报表彰先进个人”。

## 十一、医院大事记

2004年11月，医院正式移交武汉科技大学管理。

2006年3月，医院成为武汉市医保定点医疗机构。

2006年6月，吴清明同志担任附属医院、临床学院院长。

2007年1月，医院领导班子调整，吴清明同志任院长，何光俊同志任党委书记。

2007年，放射科被评为湖北省临床重点专科，检验科被评为湖北省优秀临床实验室。

2008年，临床学院参与武汉科技大学本科教学水平评估。评估小组集中查阅医院教学资料，现场检查医院黄家湖校区临床技能实验中心。最终武汉科技大学获教育部本科教学水平评估“优秀”。

2008 年，天佑医院在省卫生厅三级医院护理质量专项检查中，获“湖北省三级医院护理质量专项检查银奖”。

2008 年，省卫生厅三级医院管理评审专家组 16 人进驻医院，专家组通过现场检查，确认天佑医院达到“三级优秀医院”要求，并予授牌。

2008 年，新购 1.5T 磁共振和大型彩超各一台；进行门诊楼改扩建；完成住院大楼方案设计、初步设计、地质勘查和环境评估。

2008 年，美容科通过省卫计委评审，被评为“湖北省临床重点建设专科”。

2008 年，组派医疗队员，时任副院长万远太任医疗队队长，带队参与省卫计委组织的赴四川抗震救灾。1 人“火线入党”，6 人被评为“抗震救灾先进个人”。

2009 年，完成医院南院道路刷黑，住院部门楼、病区大门、手术室改造。完成新住院大楼方案设计、初步设计、地质勘查和环境评估。完成“煤改气”锅炉房改建工作。

2010 年，肿瘤放疗中心基础建设基本完成。

2010 年，住院部大楼建设规划获批。

2011 年，医院被增选为卫生部优质护理示范工程重点联系医院；骨外科被评为国家优质护理示范工程病区。

2011 年 6 月底，血液透析中心开业，拥有国际先进的血液透析机 40 台。

2012 年，内分泌病区被评为湖北省“优质护理服务优秀病房”。

2013 年 11 月，王晓南同志就任武汉科技大学附属天佑医院院长、临床学院院长。

2013 年，医院神经内科一病区护士长陈秋霞被省委宣传部、省文明委、省卫计委授予“湖北好人——最美护士”称号。

2013 年底，武汉市医保开始实施年度统筹费用“总控”（对医院业务发展带来较大负面影响）。

2014 年 2 月，医院护理学科被评为湖北省临床重点专科。

2014 年 6 月，医院领导班子进行换届。万远太同志当选为医院党委书记，易文龙同志新增选为医院副院长，新一届领导班子共 7 人。

2015 年 3 月，医院新大楼正式投入使用，13 个临床科室，8 个医技科室整体迁入，病床扩张至 866 张。

2015 年 6 月，湖北省人力资源和社会保障厅发文，确定武汉科技大学附属天佑医院为湖北省省级异地就医定点医疗机构。

2015 年 7 月，建筑面积约 800 平方米，集内、外、妇、儿技能训练、OSCE

考试于一体的“临床技能中心”建成使用。

2015年12月，武汉科技大学附属天佑医院顺利通过了国家卫生计生委对“爱婴医院”复审。

2016年1月，费明龙同志经组织考察被任命医院总会计师，为院领导班子成员。

2016年5月，经教育部临床医学专业认证工作委员会审议及网上公示，我院以“优秀”成绩通过了临床医学专业认证。

2016年，加强对外学术交流，分别邀请美国威斯康星大学肿瘤系教授许伟博士及荷兰阿姆斯特丹自由大学网络学院院长Frank教授、Annette教授、黄智生博士来院学术交流。

2016年，完成了急诊科、武南门诊、儿保科、药剂科阴凉库及透析中心等多项标准化改造，及旧住院楼部分病区的改造装修等多项工程。

2016年，医院信息化扩建改造信息中心机房，新购全院PACS系统正式上线运行，购置了病案首页及医院管理数据系统、检验危机值管理系统、消毒中心信息追溯系统、手麻管理系统等20多套计算机管理系统。完成了全部监控设施的数字化改造。

2016年，在武汉市卫计委第四届“我心目中的好医生”评选中，急诊科主任尚桂莲获得“我心目中的好医生”称号。

2016年6月，医院新成立超声介入科病区，运行后效益明显，省外病人达60%。

2016年7月，精神医学科病区迁入院本部，扩编至90张床，整体效益提升。

2016年8月，医院洪山门诊经省卫计委审核批准作为天佑医院第二执业地点，更名为洪山分院。

2016年11月，医院消毒供应中心顺利通过省卫计委的验收评审。

2016年6月，天佑医院“转化医学中心”正式成立并开始试运行，2017年获批校级科研平台。

2016年，美籍华人学者刘锦彦教授被我院聘为客座教授，并被评为湖北省“楚天学者”。

2016年，美籍华人朱孝东被我院聘为客座教授，加拿大籍学者Consolato Sergi被我院聘为骨科客座教授，美籍华人学者胡丹被我院聘为心血管内科客座教授。

2017年1月，省卫计委正式下文，确定我院急诊医学科为2016年度“湖北省临床重点建设专科”。

2017年1月，由放射科、CT室、磁共振室整合组建的医学影像科成立，整个效益明显提升。

2017 年，公立医院改革全面推进，4 月 1 日起实施“药品零加成”（取消药品收入）。

2017 年，医院首次独立申报国家自然科学基金面上项目获批立项 1 项、获批国家重点研发计划专项子课题 1 项，仅此 2 项就获批国家纵向科研经费 200 余万元。

2017 年 8 月，我院急诊科主任尚桂莲同志被评为“全国卫生计生系统先进工作者”。

2017 年 10 月，医院新增设的南湖 120 急救站开业运行，120 急救站送来住院病人明显增加。

2017 年 11 月，医院被湖北省委、省人民政府授予“省级文明单位”称号。

（撰稿：左伶俐）

## 第十节　武汉科技大学医院实现又好又快发展

在武汉科技大学医院学术报告厅墙壁上，“肯干事　能干事　干成事　不出事”大字非常醒目。校医院就是凭着这股干劲，改革兴院，数年之间，便从学校医务室跃升为国家优质服务示范社区卫生服务中心、全国百强社区卫生服务中心，不仅服务社会，为学校赢得美誉，而且固定资产增加 20 多倍，医疗质量和服务水平大幅提高。

目前，医院已建设成为武汉市医疗设备最先进、最齐全的社区卫生服务中心之一，先后被评为“湖北省示范社区卫生服务中心”“湖北省甲 A 社区卫生服务中心”“武汉市十佳全科医师团队”“湖北省群众满意的社区卫生服务中心”“全国基层中医药先进单位”“湖北省首批示范国医堂”“湖北省示范预防接种门诊”“2017 年国家优质服务示范社区卫生服务中心”，2016 年、2017 年连续两年被评为“全国百强社区卫生服务中心”。

医院工作先后被国家及省级媒体宣传报道。2015 年，中央电视台《朝闻天下》栏目专题报道医院“医养融合”工作；《光明日报》《湖北日报》《健康报》《长江日报》等媒体也进行过多次深入报道；医院改革创新工作，被《湖北日报》称为湖北省基层医院改革的“青菱模式”。2018 年 2 月 6 日，《光明日报》头版报道《百姓家门口就能看上病》，肯定医院为湖北省卫计委基层医院创新服务模式、首诊基层、分级诊疗改革的典范，该报道被国家卫计委官方微信、人民网、湖北省卫计委等数十家媒体转载，受到广泛赞誉。

近年来，国家政协副主席李金华、国家卫计委基层卫生司司长李滔、湖北省卫计委党组书记张晋、武汉市卫计委党委书记陈光菊等各级领导，先后莅临医院检查指导工作，对医院的改革创新工作给予高度肯定。

## 一、小病开药　大病转诊　校医院办成发药注射室

武汉科技大学医院成立于1990年，由学校医护室升格而成。2010年，校医院分属四个校区，医疗用房面积7200平方米，76名职工大部分是学校的教师家属，学历、职称都不高。医疗设备资产约157万元（50%以上设备使用超过6年）。主要服务校内师生，年门诊量8万人次，收入500余万元，其中药费占75%以上。

医院不对外提供医疗服务，没有住院病床，没有网络管理系统。四个门诊部中，有两个门诊部没有执业证件，一个门诊部执业证件过期；医院的管理制度和工作流程缺失；每年寒暑假，只安排几名医护人员值班、发药。当时的医院其实相当于一个卖药室，小病开点药，稍复杂的病开转院单，教职工只能到校外医院看病。

广大师生对校医院意见很大，学校领导对医院的评价是“门难进，脸难看，话难听”。学校公费医疗经费年年快速攀升，从2008年的980万，上升到2010年的1442万。校医院不仅没给学校带来任何收益，还成为学校的“包袱”。时任校长孔建益提出：“学校背负不起，这将影响学校的正常办学，校医院必须要改革。”

## 二、配好班子　抓住机遇　建设社区卫生服务中心

医院硬件条件差、人员素质不高、负担又重，到底怎么改革？学校首先从医院领导班子抓起，为医院选配好“领头羊”。2010年3月，附属天佑医院放射科主任谭伟临危受命，服从组织安排来到校医院任院长。

谭伟初来乍到，工作开展起来困难重重。学校要求他改革，可改革方向在哪里，只能靠班子成员自己想。于是他带领医院领导和中层干部到协和医院、中南医院调研“现代医院如何管理和经营”，给医院找出路。

领导班子通过调研，发现建社区医院是一条路子。当时，洪山区青菱乡撤销，改为两个街道，需新建洪山区青菱街社区医院。洪山区青菱街位于武汉市南大门，是典型的城乡结合部，辖区面积62.5平方公里，服务人口14余万，其中包括6. 5万大学生，半径10公里没有政府主办的二级、三级医院，机会就这么出现了。

看到难得机遇，学校积极争取，洪山区政府同意校医院申报社区医院，但条件是“三个月后验收”。三个月时间，从几乎一无所有的医务室，要建成具备硬件和软件的社区医院，在同行看来，简直是“天方夜谭”。

医院争取到机会，学校马上配套三项政策：一是拿出机动费600万元；二是

批准建立独立财务账号；三是校医院实行自主经营，独立核算，走市场化发展道路。三个月时间里，医院领导班子带领全院职工没日没夜地干。2011 年 8 月 18 日，洪山区青菱街社区卫生服务中心顺利通过验收挂牌，校医院正式"开门办院"。

## 三、深化改革　完善管理　医院服务水平稳步提升

社区卫生服务中心成立后，医院积极深化改革，不断完善现代医院管理体系。在科室管理上，明确科室主任是医疗质量管理第一负责人，住院总协助科室主任进行医疗质量管理，护士长是科室护理、院感质量管理第一负责人，护理组长协助护士长进行护理质量管理。同时，建立能上能下、能进能出的优胜劣汰制度，按工作量核定科室编制，对中层干部采取年度目标责任制、末位淘汰制，彻底杜绝"人浮于事，出工不出力"。

在财务管理上，调控各科室的收入结构，严格控制药费比例，降低运行成本，公开一切支出，聘请专业审计公司和法律顾问进行咨询，提升医院综合管理水平。在工作流程上，创新实施"有效工时制"、"错时服务"等制度，开创性建立中西医结合康复理疗区，将医疗、公卫服务、家庭医生签约等有机整合为一体。

在考核体系上，建立健全了一整套有激励、有约束的长效绩核机制，严格执行"按劳分配，优劳优得"原则，根据每月量化考核，定绩效，进行排名，实行"前三奖，后三罚"，每月有考核记录，并按结果兑现绩效工资，让全院干部职工知道每个环节、每个细节都与本人利益挂钩，真正体现"自己的待遇自己决定"。

通过全方位改革，校医院完全履行了政府主办中心的所有职能，各项工作赢得各级政府部门的高度认可，也成为学校对外展示办学形象的窗口。2012 年，中心业务收入达到 2000 万，已触摸到当时社区医院的"顶"。

## 四、超前规划　提档升级　积极建设二级综合医院

在尝到改革甜头后，校医院提出"超前规划、持续发展，建设二级综合医院"的目标。2012 年、2013 年，医院在洪山区 23 家社区卫生服务中心绩效考核中，17 个单项考核中的 12 个单项及总成绩位居第一名，成为武汉地区高校医院综合排名第一，在武汉市社区卫生服务中心绩效考核和医疗质量检查中，连续位于前 5 名。

学校资金困难，没钱加大投入，校医院多方自筹资金，自我发展，分批投入 2600 余万开展基本建设，5000 余万采购设备，住院床位由 90 张增加到近 300 张，初步具备二级综合医院医疗能力，积极打造全国一流、与国际接轨的社区医

院。2013 年 10 月，武汉市卫计委批准校医院为二级综合医院设置规划。随后的半年多时间里，校医院各科室准备各种迎检资料 300 余公斤，先后 4 次接受武汉市卫计委组织的专家组现场检查考核。

2014 年 3 月，经武汉市卫计委常委会研究决定，批准武汉科技大学医院为二级综合医院，由洪山区青菱街社区卫生服务中心、青山校区分院、洪山校区门诊部组成。医院设有全科医学科、内科、外科、中医科、康复医学科、中西医结合科、公共卫生科、急诊医学科、感染性疾病科、儿科、儿童保健科、妇科、口腔科、眼科、耳鼻喉科、皮肤科、疼痛科、麻醉科、医学影像科、超声影像科、临床检验科、手术室、供应室等 24 个临床、医技科室。设有心血管，神经内科病区，呼吸、内分泌内科病区，消化、肾病内科病区，中医康复科病区，外科，妇科综合病区，老年病科、重症监护室（ICU）等住院病区，其中中医科、康复医学科是重点特色科室。2017 年，医院门诊患者 34 万人次，出院患者达 7600 余人次，名列湖北省社区卫生服务中心前列。

## 五、内练外联　互利共赢　探索建立高水平医联体

医院不断深化与“三甲医院”的合作，探讨互利共赢的合作模式，充分利用“三甲医院”平台、大医院的诊疗规范与医院共享，让社区老百姓不用跑到市区大医院，在家门口就能享受到方便快捷、品质有保障的医疗服务。既充分体现了“大病进医院，小病进社区”的最新医疗工作理念，又提高了医院的医疗技术水平。

2013 年 9 月，校医院与“三级医院”反复沟通协商，特邀请协和医院、湖北省人民医院、中南医院相关学科的科主任或知名教授，在校医院开设专家门诊，每天每位专家号限 30 名，20 元的专家挂号费由校医院全额减免。2014 年 4 月 15 日，武汉科技大学附属天佑医院与校医院签署合作协议，加强校内联合，促进共同发展。双方在优惠政策、双向转诊措施、人员进修与培训、医疗技术及设备支持等方面开展全方位合作。

2017 年 8 月 30 日，武汉大学中南医院与医院签订紧密型医联体合作协议。双方在合作中保证行政地属、人员身份和固定资产三个关系不变，资源、人才、信息三个共享，管理模式、人员资源调配、信息化建设三个统一。中南医院所有品牌科室的专家，定期在医院诊疗，打通双向绿色通道、信息化建设达到同质化的水平，方便老百姓就诊就医。当年，上转急重症住院患者 1742 人次，接收“三级医院”下转患者 536 人次。

校医院通过内练外联，整合资源，建立高水平医联体，让“三甲医院”专家到基层医院定期坐诊、会诊、查房、手术指导、现场远程视频会诊将成为常态，不仅提高基层医生的技术水平和业务素质，也能把常见的、多发的、已经确

诊的慢性病患者留在基层，真正落实国家分级诊疗制度。下一步，医院将实行“首诊基层、分级诊疗、上下转诊”的模式，让患者在家门口就能享受到“三甲医院”专家高水平、高质量的医疗服务。

## 六、整合资源　探索发展　打造集团化连锁医疗超市

逆水行舟，不进则退。校医院发展的第三步目标是建立医疗集团：即实现校内外资源整合，形成“由一个二级甲等医院牵头，多个二级专科医院、多家社区医院”的医疗集团，做成集团化“连锁医疗超市”。

2018 年，武汉市洪山区将政府主办的社区卫生服务中心交由校医院托管，在洪山区社会福利院，由武汉科技大学医院设立武汉科技大学德康医院和张家湾街烽胜路社区卫生服务中心，探索医养融合新模式。

目前，在学校大力支持下，校医院正在全力建设武汉科技大学医院集团。该集团是武汉科技大学主办的集医疗、预防、保健、教学及科研于一体的非营利性医疗机构，实行“人通，财通，物通”，医务科、护理部、院感控制科、质控科、医保科、财务科、设备物资科、信息科、宣传科垂直统一管理，干部、医护人员统一调配，医院信息化系统互联互通。目前由武汉科技大学医院（二级综合医院）、武汉德康老年病医院（二级专科医院）、洪山区青菱街社区卫生服务中心、洪山区张家湾街烽胜路社区卫生服务中心等医疗机构组成。

（撰稿：卫薇，王娟）

# 第九章　坚持党建统领，各方办学活力充分激发

## 第一节　党建科学化水平不断提高

2008 年以来，武汉科技大学深入学习贯彻党的十七大、十八大、十九大精神和党的重大方针政策，坚持以改革创新的精神全面推进党的建设，不断夯实学校党的基层组织建设基础，强基固本，求实创新，党建工作科学化水平不断提升。学校连续于 2009 年、2011 年、2013 年、2016 年被评为“全省基层党建工作先进单位”称号。学校高度重视和加强干部队伍建设，坚持“信念坚定、为民服务、勤政务实、敢于担当、清正廉洁”的“五好”干部标准，严格执行干部选拔任用和管理监督相关规定，以提高领导干部办学治校和履职尽责能力为重点，全面管党治党，从严从实管理干部，想干事、能干事、能干成事的氛围浓厚，各级领导班子的创造力、凝聚力和战斗力不断增强，有力促进了学校各项事业的科学发展。

截至 2017 年 12 月 31 日，武汉科技大学党委共有 28 个二级党组织（含 21 个党委、5 个党总支、2 个直属党支部），38 个党总支，353 个党支部。有党员 7487 名，其中正式党员 5739 名，预备党员 1748 名；女性 3771 名，少数民族 246 名；在职教职工党员 2576 名，学生党员 3704 名，离退休党员 1207 名。

全校共有在职校级干部 9 名。处级干部 233 名，其中正处级干部 81 名，副处级干部 152 名。副处级以上女干部 54 名，少数民族干部 1 名；党外干部 19 名。

### 一、深入学习实践科学发展观

根据学校党委的统一部署，成立了学校深入学习实践科学发展观活动领导小组。按照“党员干部受教育、科学发展上水平、人民群众得实惠”的总体要求，突出“坚持科学发展，彰显办学特色，建设地方一流大学”的实践主题，积极组织开展理论学习、调查研究和解放思想大讨论，要求全体党员按照要求认真阅读必读书目，坚持原原本本学原著，并开动脑筋，深入思考；要求全体党员干部带头学习，多学一点，学深一点，在学好原著的基础上，精读重点篇目，努力掌握科学发展观的科学内涵、精神实质和根本要求。

充分发挥基层党组织的政治核心作用和党员的先锋模范作用，把学校党组织建设成为贯彻落实科学发展观的坚强堡垒，把党的政治优势和组织优势转化为推动科学发展的强大力量，确保学校科学发展。通过教育活动的开展，增强了领导班子加快学校科学发展的紧迫感和使命感，深化了广大党员和领导干部对科学发展观的理解和认识。

在开展深入学习实践科学发展观活动的过程中，迎接了省委高校工委对我校党委落实基层党建工作责任制情况的检查，学校党建工作受到检查指导组的高度评价。根据省委高校工委的要求，报送了《武汉科技大学校务公开工作的实施办法》等文件和“不同的主题，同一根红线——武汉科技大学主题教育和社会实践活动纪实”材料，被收入《湖北高校党建工作制度建设文件汇编》一书。

## 二、全面推进创先争优活动

根据中央和省委的统一部署，在全校基层党组织和党员中开展创建先进基层党组织和争做优秀共产党员活动，进一步深化公开承诺，做好领导点评等各项工作，各基层党组织创先争优形式丰富、效果明显。学校制定下发了《关于成立武汉科技大学创先争优活动领导小组的通知》《武汉科技大学关于在全校党组织和党员中深入开展创先争优活动的实施方案》，切实加强对我校创先争优活动的组织领导，确保创先争优活动取得实效。为保证落实点评责任，创新点评形式，提高点评质量，学校在理学院召开创先争优活动领导点评暨观摩会，全体校领导深入全校 28 个分党委（党总支、直属党支部），深入开展创先争优点评工作，以创先争优为抓手，深入基层调研，密切联系群众，推动基层各项工作。全校开展了广泛动员、合理设岗、公开承诺、践行承诺和评议工作。全校共设立党员先锋岗位 5800 个，包括帮困扶弱岗、环保卫士岗、节能减排岗、文明风尚岗等 100 余种。后勤集团物业管理与服务中心党支部设立“节水节电先锋岗”，认真履行全校节水节电督促检查工作。学校党委结合党代会常任制工作，推选经验丰富、认真负责的党代表组成检查组，深入基层开展全校创先争优活动中期检查。各基层党组织紧紧围绕中心任务，采取切实有效的措施积极开展活动，呈现出组织领导有力、指导思想明确、活动主题鲜明、载体形式丰富、活动氛围浓厚、典型作用发挥充分等特点。其中，文法与经济学院开展“典型引路”活动，树立了“管理服务、教书育人、科研先锋、关爱学生”等 4 位老师典型，事迹感人，特色鲜明、成效显著。此外，学校还开展了党务秘书培训、新进教师岗位培训、青年教师讲课比赛、向党代会献计献策等主题活动，在全校营造了争当先进，争当模范，赶超优秀的良好氛围。

## 三、深入开展“两访两创”活动

自 2011 年 9 月开始，以“干部转变作风、教师教书育人、大学生成长成才”

为活动主题，组织开展了全校“两访两创”活动。校领导带头访谈学院党政主要领导、楚天学者、首席教授、民主党派负责人以及师生代表；干部访谈教师比例达到100%；教师访谈学生比例达到100%。学校党委在归类整理征集到的意见建议的基础上，召开校领导班子民主生活会，认真进行专题研究，制定了整改方案。此项活动作为一项常规性工作每年都在坚持，整个活动中，党员、干部、教师深入一线、深入学生宿舍，密切了干群、师生关系，也涌现了一批先进典型，取得了一定实效。2012年学校“两访两创”工作受到湖北省高工委的肯定和表扬，获得湖北省“两访两创”活动先进学校称号。

## 四、积极组织开展党的群众路线教育实践活动

成立学校教育实践活动领导小组，制定了学校《群众路线教育实践活动实施方案》，并开通了专题网站。实践活动中，学校党委积极组织学习，编写教育实践活动名词解释，列出了学习教育环节的主要书目，将相关学习内容放在“党的群众路线教育专题网站”和QQ群共享，供广大党员干部下载学习；向所有党员干部发放专门印制的学习笔记本，并要求处级以上党员领导干部撰写学习心得或理论文章。召开校领导座谈会31场，发放问卷600余份，征求到各类意见和建议1200余条，梳理合并为154条，启动了机关作风问题等四项专项整治。做好建章立制工作，把教育实践活动中的好经验好做法用制度形式固定下来、坚持下去，实现加强作风建设、联系服务群众制度化、规范化、常态化。巩固拓展群众路线教育实践活动各项活动成果。加强党代表提案的督办工作，加强整改落实、建章立制工作，通过教育实践活动整改工作促进学校建设发展新突破。

## 五、开展“三严三实”专题教育

研究制定了《关于在全校处级以上领导干部中开展“三严三实”专题教育实施方案》，按照“五专一改”总体要求，开展专题调研、讲好专题党课、开展专题研学、开展专题交流、开展专题民主生活会和组织生活会，狠抓整改落实、立规执纪，坚持从严要求、强化问题导向，坚持以上率下、示范带动，强化组织检查、加强宣传引导、坚持统筹兼顾，牢记高等学校立德树人的根本任务，抓好教学科研工作。

印制了专门的专题教育学习记录本，制作了“三严三实”教育专题网站，对处级以上干部的学习及笔记做出了具体的要求。同时，统筹安排、协调推进校院两级领导干部的专题教育，把组织开展专题教育与认真做好学校各项工作和干部履职尽责结合起来，做到六个结合，一是把专题教育与学校“十二五”建设发展规划总结收官、“十三五”规划谋划布局相结合；二是与抓好教育教学质量、人才队伍、学科建设和推动科技创新相结合；三是与抓好学校大学章程和依

法治校相关制度的健全完善、深入推进内部管理体制改革相结合；四是与进一步落实教育实践活动整改事项相结合；五是与正在进行的“严明政治纪律，严守政治规矩”教育活动和“两访两创”活动相结合；六是与切实改进干部工作作风相结合。在迎接省委第八巡回督查的督导检查中受到好评。

## 六、深入开展“两学一做”学习教育

研究制定了学校“两学一做”学习教育实施方案，成立工作协调小组，制作了学习教育名词解释、工作任务表和学习笔记本，并给每一个党员发放了学习教育的相关书本和资料。开通“两学一做”学习教育专题网站，开辟《真学真做》《学习交流》等专栏，宣传先进典型事迹，报道“两学一做”学习教育阶段性进展情况，着力加强正面宣传和舆论引导，确保了学习教育成效。承办湖北省高校“支部主题党日”现场观摩暨“两学一做”学习教育党务骨干培训示范班的工作任务，全省37所高校131名代表到我校现场观摩“支部主题党日”活动，相关工作在全省高校“两学一做”学习教育中起到了较好的示范作用。在全校范围内组织了四轮“两学一做”专项督导检查，并开展互评互查工作。结合省委巡视组工作，全体校领导（党员）到所有分管和联系的单位进行专项督导，对省委专项督查组反映的问题进行通报反馈，进一步规范基层党组织的组织生活及材料的整理和记录。

## 七、推进“两学一做”学习教育常态化制度化

研究制定了《中共武汉科技大学委员会关于推进“两学一做”学习教育常态化制度化实施方案》《武汉科技大学党员领导干部民主生活会制度》《中共武汉科技大学委员会关于进一步规范党员领导干部和党支部书记讲党课的意见》《武汉科技大学党费收缴、使用和管理办法》《关于规范党员佩戴党员徽章有关事宜的通知》等规章制度，下发了《中共武汉科技大学委员会关于转发〈关于规范党员干部网络行为的意见〉的通知》等，构建了党员经常性教育和集中教育相结合的长效机制。编印了《党言党语、纪言纪语学习资料》和“两学一做”学习笔记本，并为每位党员发放了党徽。学校党委每年定期组织开展年度党组织书记抓党建述职评议工作，全校28个分党委（党总支、直属党支部）书记和各个基层党支部书记就年度工作情况、党建工作重点任务落实情况、存在的问题和下一步的工作向上级党组织进行述职，接受广大党员和群众的监督。每月下发基层党组织“两学一做”相关要求，全面实行党员手册纪实制度。组织开展了“合格党员”标准大讨论和“支部好案例、书记好党课、党员好故事”评选活动，推动基层党支部整体功能提升。创新方式，组织基层党建重点任务校内督查，抓实抓细，推动基层党建工作全面提升、全面过硬。

## 八、学习宣传习近平新时代中国特色社会主义思想及党的十九大精神

组织全体党员收听收看党的十九大开幕会、党的十九届中央政治局常委中外记者见面会。通过支部主题党日、专题党课、专题培训班、网络测试等多种形式，组织全体党员深入学习习近平新时代中国特色社会主义思想和党的十九大精神。将学习党的十九大精神作为“两学一做”学习要求在全校进行统一布置。制定了《中共武汉科技大学委员会关于认真学习宣传贯彻党的十九大精神的通知》。举办了党务、纪检干部学习贯彻党的十九大精神培训班及“不忘初心，牢记使命”学习党的十九大精神学生艺术作品展。购买并发放了《习近平谈治国理政》第二卷、《党的十九大报告学习辅导百问》《中国共产党章程》《十九大党章修正案学习问答》、十九大学习笔记本。组织全校党员开展党的十九大综合知识网络测试。

## 九、深入开展教师党支部书记“双带头人”培育工程

为积极探索选优配强教师党支部书记的有效途径和方法，在我校全体教师党支部中实施党支部书记“双带头人”（党建带头人、学术带头人）培育工程。全校高职称、高学历的学科带头人或骨干教师担任党支部书记的比例达到100%，同时机关党委所有党支部书记均由正处级干部担任。定期开展教师党支部书记培训工作，通过专题辅导、党史教育、现场教学、观看影片、分组讨论、交流分享等方式，进一步提高教师党支部书记的政治理论水平和政治素质。推进了教师党支部书记“双带头人”培育工程增质提效。机械学院侯宇教授和城建学院的周传辉教授的典型案例入选《党务带头　业务带头——湖北高校教师党支部书记“双带头人”撷英》一书。

## 十、以重大节日和重要事件为契机开展特色教育活动

2008年，在汶川地震发生之后，学校党委组织广大党员积极交纳“特殊党费”支援抗震救灾工作，并将全校党员交纳的“特殊党费”分别上交中央组织部和省委高校工委。在纪念建党90周年、95周年，抗日战争胜利70周年、建军90周年等一系列重大节日来临之际，开展纪念、宣传、教育、表彰、慰问等活动。学校党委积极组织开展先进基层党组织、优秀共产党和优秀党务工作者的评选表彰工作，让广大党员“学”有典型，“做”有楷模，发挥先进典型的示范引领作用，引导广大教师爱岗敬业，激励引导广大青年学生成长成才。同时采取校领导和相关部门负责人上门看望、送慰问信等多种形式，对特困党员及建国前入党的老党员进行走访并发放慰问金。各级党组织都相应开展了不同程度的表彰和

慰问工作。

## 十一、高质量做好发展党员和党员管理工作

学校党委严格遵守《中国共产党发展党员工作细则》，严格按照“控制总量、优化结构、提高质量、发挥作用”的总要求，始终把政治标准放在首位；坚持慎重发展、均衡发展，成熟一个，发展一个。加强和完善我校发展党员工作的各个环节，规范程序，完备手续。探索建立完善的网上与网下相结合的党员教育形式，强化组织保障，严格纪律程序，党委组织部、党校、团委和部分学院共同研究制定了《武汉科技大学学生党员发展规范》，制定党员发展标准化手册，规范党员发展程序。定期对相关二级党组织学生党员发展工作和高层次人才党员发展工作进行了走访调研，了解掌握各单位高层次人才党员现状，摸排可发展高层次人才底数，进一步提高对高层次人才党员发展工作的认识，变“等客上门”为“领客进门”。十年间共发展党员 25199 名。同时做好全国党员信息管理系统的录入、数据维护和党内统计工作。

**表 9-1　2008 年至 2017 年各年发展党员人数**

| 年份 | 2008 | 2009 | 2010 | 2011 | 2012 | 2013 | 2014 | 2015 | 2016 | 2017 |
|---|---|---|---|---|---|---|---|---|---|---|
| 人数 | 4363 | 3287 | 2958 | 2699 | 2812 | 2005 | 1933 | 1748 | 1675 | 1719 |

认真抓好党员组织关系排查工作。2016 年暑期，根据省委统一部署，做好党员组织关系排查工作。通过清理电子数据、党员名册、纸质资料等，全面清理各年度未转出党员数据信息，确保查找工作全覆盖。同时进行专题培训，及时分析研判，确保排查信息准确无误。暑假期间，召集有关单位的党组织书记召开专题会议，部署、督促暂时没有联系上的党员的查找工作；通过党员登记的基本信息，通过电话联系、发送短信、上门走访等方式直接联系党员。依托人事处、档案馆、保卫处、派出所以及公安户籍网络等收集党员信息和线索，进行排查和查找，不断缩小查找范围。在全校各级党组织及相关工作人员的密切配合和共同努力下，全校 276 名暂时未联系上的党员经过排查后全部取得联系。

开展党组织及党员信息采集工作。2017 年暑期，为配合全国党员信息管理系统上线运行，学校开展了党组织和党员信息的采集和录入工作。学校狠抓落实，稳步开展全校党组织和党员基本信息采集工作。召开工作部署及培训会议，将信息采集工作分点、分项详细讲解，对遇到的问题及时进行解释说明。创新采集形式，采用“上门采”“电话采”和“微信采”，组织专人核查党员档案，核实所有党员的入党时间和转正时间等基本信息，确保信息准确无误。目前所有党组织和党员信息均已录入系统。

加强党费收缴管理。制定并完善了《武汉科技大学党费收缴、使用和管理办

法》，建立了“专人管、足额收、及时缴、定期查”的工作机制，进一步细化了党费使用项目、规范了党费支出审批程序，并按要求做好缴纳记录。对于确有困难的党员，严格履行减免程序，按规定给予少交或免交党费。2016年根据中央要求的省委统一部署，进行了党费的清理补交工作。按照积极稳妥、循序渐进、先易后难的原则迅速开展，分年度认真核算每名党员应补交党费金额，并经党员本人签字予以确认。对组织关系转接的党员，积极与对方单位党组织沟通协调，提供或者咨询异动党员应补交金额。同时优化设计补交流程。印制了《党员交纳党费凭证》，加强党费管理。对于确属经济困难党员，经个人申请、支部讨论、党委审议通过，严格履行减免程序，给予少交或免交党费。截至2016年12月底，全校共2348名（含城市学院）在职党员已经全部完成补交工作，补交党费金额达396万元。

## 十二、党建创新项目立项工作

2010年起，学校党委在全校开展了基层党建创新立项活动，所有项目经评审立项，内容涵盖多校区学生党建、教工党支部建设、党支部书记培训、学习型党组织建设等多个方面。党建创新项目立项工作，创新基层党建工作形式，不断探索基层党建工作新思路。几年来共在全校内立项党建创新项目72项。进一步加强我校党建理论研究，推动我校基层党建工作的创新和特色建设。

## 十三、“五好”领导班子创建工作

加强各级领导班子建设，增强领导班子的创造力、凝聚力、战斗力，不断提高办学能力和领导水平。出台了《武汉科技大学五好领导班子创建活动实施方案》，明确了学校领导班子两级联创的工作目标，把加强领导班子建设作为领导学校科学发展的重中之重。出台了《武汉科技大学学院党政联席会议制度实施细则》，进一步规范二级单位议事规则，加强领导班子建设。出台了《武汉科技大学党支部建设规范》，进一步加强基层党组织干部队伍建设。开展创建“五好”领导班子活动，重点强调执行力建设，推动科学发展，努力建设“学习型、实干型、创新型、服务型、廉洁型”的领导班子队伍。对校级领导班子和中层领导班子进行分类要求，统一部署，统筹兼顾，进一步增强学校各级领导班子和领导干部的思想政治素质，进一步提高领导班子科学发展能力和办学治校能力；及时了解和掌握班子日常运行情况，抓好各级领导班子调整配备。学校获得2015年度全省“五好”领导班子创建工作文件通报表扬。

## 十四、加强干部队伍建设

学校党委始终坚持德才兼备、以德为先的原则，坚持正确的用人导向，注重群众公认和业绩考核，向基层一线倾斜，把一批想干事、能干事、能干成事、好共事的优秀干部选拔到各级领导岗位。在中层领导班子换届和处级干部轮岗交流、平级调整等工作中，坚持标准，广泛征求、尊重基层和各方面意见，充分考虑队伍结构、人岗适应度等实际情况，择优调整和使用干部。在省委组织部每年对高校干部选拔任用工作满意度进行的测评中，2014 年度我校得分为 97.65 分，2015 年为 93.11 分，2016 年为 88.53 分，均位居全省高校前列。

严格干部选拔任用程序，不断提高选人用人公信度。一是坚持严格的标准程序，完善民主选任机制。在干部选拔任用工作中，学校党委始终坚持遵守干部选拔任用法规政策，不断提高选人用人公信度。2015 年湖北省委组织部颁布《湖北省属高校中层干部选拔任用工作办法（试行）》后，校党委又及时修订了《武汉科技大学中层领导干部选拔任用工作实施细则》等制度，进一步规范干部选拔任用工作。提拔和调整干部之前，根据岗位特点，由学校干部工作领导小组研究动议，提出基本原则、细化标准及选拔方式（组织选拔、竞争上岗或公开选聘），报党委常委会讨论同意后才能实施。竞争上岗及公开选聘方案还要报省委组织部审批同意。坚持让校纪委全程参与干部选拔任用工作，充分发挥对干部任用工作的监督保障作用。二是坚持正确的用人导向，完善考察考核机制。在干部选拔任用工作中，坚持正确的用人导向，注重群众公认，突出履职尽责业绩考核，将考察范围延伸到考察对象主管、分管以及与其工作关系密切的单位或部门，加大群众监督力度，适当扩大民主推荐、民主测评的参加人员范围，力求在选用干部过程中，坚持以履职尽责业绩和贡献论英雄。把群众公认作为考察提拔干部的重要环节，对群众反映较多、民主测评结果较差的干部坚决不用，坚持“一报告两评议”制度，提高了群众监督的积极性。三是坚持公开公平公正，完善集体决策机制。学校党委始终把贯彻执行《党政领导干部选拔任用工作条例》（以下简称《条例》）作为衡量干部工作的重要标准，重德才兼备，不求全责备；坚持任人唯贤，反对任人唯亲，充分体现党的干部路线。以竞争上岗和公开选聘方式选拔干部时，方案报批后，及时在校园网上公布岗位条件、标准和工作程序等，接受教职工现场观摩和监督。完善集体决策机制，严格落实常委会票决制度。

完善干部选任监督机制。学校党委按照《条例》要求，不断健全完善干部选任监督工作机制，从严监督问责，从实教育管理，促使各级领导干部积极履职尽责，敢于担当，干事创业。一是坚持领导干部任前谈话制度。学校党委对干部做出提拔任用决定后，在干部履新前，校党委书记和分管校领导都要与每位新履职的干部进行任前谈话，提出严格要求，同时对个别干部自身存在的不足和不影响任职的问题有针对性地提出批评教育和整改要求。新担任行政正职的干部，校长还要与其谈话，同时纪委书记还要进行廉政谈话，分别从不同角度提出明确要求。处级干部在交流轮岗或平级调整工作岗位时，分管或联系的校领导也要与其谈话，提出明确要求。二是坚持领导干部离任经济责任审计制度。对任期届满或任期内调离转任、交流轮岗、退休离岗的正处级干部，进行离任经济责任审计。注重审计结果在干部选拔任用工作中的运用，把领导干部经济责任审计结果作为干部考核、任用、奖惩、教育的重要依据。对审计中发现有履行经济责任问题的，进行提醒谈话、诫勉谈话并督促限期改正。三是坚持领导干部述职述廉制度。各二级单位处级干部在民主生活会和年终考核中都要对本人贯彻执行党风廉政建设责任制、贯彻执行领导干部廉洁自律有关规定、履行职责等方面的情况进行述职述廉，有针对性地开展自查自纠、整改落实。四是坚持领导干部因私出国（境）管理制度。对全校副处级以上领导干部因私出国（境）证件进行集中管理，对于申请出国（境）的处级干部，严格执行审批制度，由所在单位党组织负责人、党委组织部、人事处和国际交流合作处共同审核，报校领导审批。五是认真做好处级干部个人有关事项报告工作，党委组织部主要负责人亲自带队到各单位宣讲中央政策要求，做好填报提醒工作，在规定的时间内完成了数据的上报及抽查核实工作；同时做好“凡提必核”，对于拟提拔考察对象进行重点核实。六是通过聘请机关作风监督员进行明察暗访，进行机关工作作风专项抽查，切实转变机关工作作风，提高机关部门工作的服务水平和质量，提升工作效率，增强机关部门工作的规范性。

加强干部教育工作。学校党委坚持推进领导干部的理论学习和教育培训，提高领导干部政治思想素质。一方面加强理论学习，提高党性意识。坚持把学习党的重大理论方针政策和贯彻《条例》列入党委中心组学习和组织人事干部业务知识培训的重要内容。二是加强岗位培训，提高履职能力。加强党校的教育培训功能，注重对干部履职所需知识的培训。组织党员干部深刻研讨、认真学习履行岗位职责所需的专业知识，提高业务水平；强化对管理能力、舆情应对、法律法规、领导科学及心理健康等各方面知识的教育培训，帮助党员干部拓宽知识面，提高履职水平；强化对创新思维的教育培养，引导党员干部经常总结自身工作，善于学习借鉴先进经验，不断探索创新推动工作的新思路、新方法、新途径。

做好相关挂职干部、驻村干部的选派、管理、考核工作。积极做好湖北省科技副职、博士服务团、江苏科技镇长团、驻村工作队、共青团干部到县级团委等的选派、管理、考核工作。在引导优秀中青年人才向基层和艰苦地区柔性流动，在为基层提供人才智力支持的同时，锻炼培养一批高素质人才队伍。促进校地合作、校企合作，学校分别与荆州市荆州区、老河口市、随州市等签订合作协议。组织学校有关专家赴各地区为当地干部授课，与企业进行技术对接，促进企业技术转型升级。通过挂职工作，学校不断提高校企合作平台载体效能，从联合科技攻关，提升产业技术水平，促进校地、校企深度互动协作等多方面加大投入力度，为推动地方经济又好又快发展做出新的贡献。学校连续六年被评为“博士服务团工作先进单位”，其中2017年，因工作突出，作为全省派出单位高校唯一代表上台发言，交流经验。

## 十五、努力做好精准扶贫工作

根据省委的统一部署，做好“城乡互联、结对共建”“616对口支援工程”“新农村建设”“三万”“定点扶贫”等系列扶贫工作。驻村扶贫工作队在学校党委的领导下，积极贯彻落实国家、湖北省扶贫开发工作会议和相关文件精神，围绕精准扶贫这一核心，充分发挥我校的智力优势、人才优势、专业优势，因地制宜，突出重点，狠抓落实，不断创新扶贫工作思路，强化产业化扶贫，积极引导群众自主脱贫，促进乡村振兴，推动美丽乡村建设。

驻村工作队竭力为民办事，解决问题。学校先后向大悟县宣化店镇大堰村、荆州区川店镇太阳村、保康县黄堡镇张家沟村、保康县黄堡镇寨湾村等捐款资助道路等基础设施建设，支持当地受灾农户迅速恢复生产，援建蔬菜塑料大棚以助力农业发展，赠送电脑设备，指导建立农民专业合作社，帮助谋划培育主导产业项目，建立新办集体经济项目，组织全校教职工购买村民山货。为党员上党课，邀请村“两委”班子成员、党员到学校参观考察。针对留守儿童，围绕感受城市、自护教育、学业辅导、亲情陪伴、爱心捐赠等内容，组织青年志愿者与农村留守儿童结对送关爱，利用春节前后的假期时间与留守儿童开展爱心捐赠互助、学业辅导、自护教育等活动，促进农村青少年健康成长。

同时做好对口支援宣恩县扶贫工作（616工程），努力做好教育精准扶贫和科技支援。向宣恩县一中捐献150万用于风雨操场项目建设，对宣恩县科技工作现状调查摸底工作，对宣恩县未来科技工作计划提出合理化建议；联合宣恩县大型企业和科技型企业共同申报国家、省、市各类科研项目；组织相关老师深入宣恩县企业进行对口联系，了解企业的科技需求，对口解决科技问题；帮助企业解决测试、化验、实验等具体技术问题。由学校牵头，成立了由宣恩泛得矿业投资有限公司等钒资源开发与利用骨干企业参与的“湖北省钒资源开发与利用产业技术创新战略联盟”；学校组织实施了国家“十一五”科技支撑计划项目“鄂西高磷赤铁矿选矿技术”，产生了良好的社会和经济效益。

## 十六、推进机构改革与设置

当前学校有党群部门15个，行政机构20个，学校直属机构15个，学院（部）19个。为适应高等教育新的发展形势，推动学校内涵建设，学校党委审时度势，推动学校机构改革。

为加强大学生实践性教学环节的培训，适应科技发展和创新型人才培养的需要，2008 年 1 月成立了工程训练中心，负责学校金工实训类课程、先进制造实训类课程、电工电子实训类课程和创新实践基地的建设、管理及相应的教学任务。

为了适应国家《钢铁产业调整和振兴规划》的需要，充分发挥和彰显我校的办学特色和优势，促进学校学科建设的发展，学校于 2010 年 1 月成立武汉科技大学国际钢铁研究院。研究院实行专家领衔，项目管理，产、学、研联动的管理运行模式。采取招聘的方式，吸纳国际国内优秀人才。以钢铁新产品和钢铁新工艺的研究与开发为特色，加强基础性和前瞻性研究，服务于企业与行业的发展。注重钢铁制造领域的高级应用人才的培养，创办钢铁教育与研究的特色。并于 2013 年 12 月与武钢-武科大钢铁新技术研究院、高性能钢铁材料及其应用湖北省协同创新中心合署办公。

为了学校的改革建设政策、法律支持，促进依法治校，2011 年 1 月成立了政策法规研究室，承担学校有关政策法规的研究工作；负责学校有关政策和规范性文件的起草、审查、解释和咨询；参与学校重要经济活动和对外合作；审查、修改各类合同、协议；为学校各种权益纠纷和法律诉讼提供法律服务。

为进一步做好研究生教育管理和学科建设工作，提高高层次人才培养质量，适应学校建设和科学发展的需要，2012 年 5 月成立了研究生院，负责研究生的招生、培养、学位授予、思想政治教育、就业及全校学科建设等工作。

为进一步提升我校科技创新能力、综合竞争实力，加强对人文社会科学、科研院所、基地建设等方面的管理，适应学校科学发展的需要，2012 年 5 月成立了科学技术发展院。

为贯彻落实中共中央国务院《关于进一步加强和改进大学生思想政治教育的意见》等文件精神，坚持和巩固马克思主义理论在学校意识形态领域的指导地位，切实加强马克思主义理论学科建设、思想政治理论课教学工作、思想政治理论课教师队伍建设，推进马克思主义理论研究和建设工程，不断加强和改进大学生思想政治教育工作，学校于 2014 年 6 月成立了马克思主义学院。

为适应高等教育新的发展形势，提升教学质量水平，促进教师全面专业发展，2015 年 8 月成立了教师教学发展中心，与教学质量监控与评估处合署办公。

为了适应学校科学发展的内涵建设的要求，切实做好我校顶层设计和发展战略规划研究工作，构建现代大学治理体系，2016 年 3 月成立了发展规范处，与高等教育研究所合署办公。

为贯彻落实中央统战工作会议、第二次全国高校统战工作会议及湖北省委统战工作会议精神，加强学校统战工作，2016 年 5 月单独设立统战部。

2016 年 3 月学校校友会更名为校友工作与对外联络办公室。2016 年 9 月，实验室与设备管理处更名为国有资产与实验室管理处，化学工程与技术学院更名为化学与化工学院。

**表 9-2　学校党群部门及负责人**（截至 2018 年 5 月）

| 序号 | 单　位 | 正　职 | 副　职 |
|---|---|---|---|
| 1 | 学校办公室 | 郑丹凤 | 黎宇宁（兼）　杨建国　许　辉 |
| 2 | 保密办公室 | 黎宇宁 | |
| 3 | 黄家湖校区综合办公室 | 钟　磊 | 胡少华 |
| 4 | 洪山校区综合办公室 | 余　杰 | 杨永彬 |
| 5 | 纪委 | 孙国胜 | 胡少萍（副书记、正处级）<br>周　红（正处级纪检员）<br>郭慧霞　张金华　梅全亮　丁　力　毛晓丹 |
| 6 | 党委组织部 | 彭代祥 | 潘丽莎　伍学云 |
| 7 | 党委统战部 | 盛建龙（兼） | 余　敏 |
| 8 | 党委宣传部（新闻中心） | 盛建龙（兼） | 孔　波(常务副部长，正处级)　徐　斌　仵　霜 |
| 9 | 党校 | 孔建益 | 陆　勇（副校长、正处级） |
| 10 | 党委学生工作部（武装部） | 刘时新 | 周益宏　白　冰　鞠　磊 |
| 11 | 党委研究生工作部 | 吕　勇 | |
| 12 | 党委保卫部 | 许立桥 | 王　伟　刘　波　舒国谋 |
| 13 | 工会（教代会） | 盛建龙（兼） | 张国华（常务副主席，正处级）<br>宁　静　王　玲　汪国栋 |
| 14 | 妇委会 | 刘　静（兼） | 宁　静　白　冰　刘　斌 |
| 15 | 团委 | 张　廷 | 范光泉　刘晓云 |

**表 9-3　学校二级党组织及负责人**（截至 2018 年 5 月）

| 序号 | 单　位 | 正　职 | 副　职 |
|---|---|---|---|
| 1 | 材料与冶金学院党委 | 薛正良 | 杨启梅 |
| 2 | 城市建设学院党委 | 赵　峰 | 王　军 |
| 3 | 管理学院党委 | 余淑均 | 陈　凯 |
| 4 | 国际学院党总支 | 肖巧玲 | 李婵娟 |
| 5 | 化学与化工学院党委 | 颜家保 | 杨　宏 |
| 6 | 机械自动化学院党委 | 傅江浩 | 郑　娟 |
| 7 | 计算机科学与技术学院党委 | 赵月建 | 赵　凯 |
| 8 | 理学院党委 | 刘泽喜 | 余　婷 |
| 9 | 马克思主义学院党委 | 马平均 | |
| 10 | 汽车与交通工程学院党委 | 张会利 | 林　莉 |
| 11 | 生命科学与健康学院直属党支部 | 郑雁铭 | 林　森 |
| 12 | 外国语学院党委 | 邹清华 | 吴少利 |
| 13 | 文法与经济学院党委 | 张继才 | 潘　婧 |

续表 9-3

| 序号 | 单　位 | 正　职 | 副　职 |
|---|---|---|---|
| 14 | 信息科学与工程学院党委 | 肖　坤 | 王永辉 |
| 15 | 医学院党委 | 韩洪波 | 范光泉 |
| 16 | 艺术与设计学院党委 | 刘运显 | 饶红亮 |
| 17 | 资源与环境工程学院党委 | 李晓敏 | 杨　彦 |
| 18 | 后勤集团党委 | 马志清 | 杨　宏 |
| 19 | 洪山校区综合办直属党支部 | 余　杰 | |
| 20 | 机关党委 | 彭代祥 | |
| 21 | 继续教育学院党委 | 万远太 | 杨福俊 |
| 22 | 离退休党工委 | 佘春雨 | |
| 23 | 体育课部党总支 | 冒　颖 | |
| 24 | 图书馆党总支 | 张明丽 | |
| 25 | 校医院党总支 | 苏芳勇 | |
| 26 | 资产经营有限公司党总支 | 郑鹏飞 | |
| 27 | 附属天佑医院党委 | 戚　筠 | 王和东 |
| 28 | 城市学院（武汉外语外事职业学院）党委 | 王　军 | 肖　军 |

**表 9-4　学校行政机构及负责人**（截至 2018 年 5 月）

| 序号 | 单　位 | 正　职 | 副　职 |
|---|---|---|---|
| 1 | 政策法规研究室 | | 问清泓　史小艳 |
| 2 | 校友工作与对外联络办公室 | 汤　红 | 段昌伟 |
| 3 | 科学技术发展院 | 李亚伟 | 高全杰（副院长、产学研与科技合作处处长，正处级）<br>管　靖（基础研究与高新技术处处长，正处级）<br>钟冬望（基地建设与成果管理处处长、国防技术与装备处处长，正处级）<br>张智勇（人文社会科学处处长，正处级）<br>王志刚（产学研与科技合作处副处长）<br>李　琛（基地建设与成果管理处副处长、国防技术与装备处副处长）<br>胡澄宇（基础研究与高新技术处副处长） |
| 4 | 研究生院 | 吕　勇 | 黎　伟（招生就业处处长，正处级）<br>马国军（学位与学科建设处处长，正处级）<br>白　喻（培养教育处副处长）<br>刘军伟（培养教育处副处长） |
| 5 | 人事处 | 幸福堂 | 程启明　伍学云 |
| 6 | 教务处 | 程光文 | 罗　刚　龚　园　陈东方 |
| 7 | 创新创业学院 | 程光文（兼） | 杨宁雪　白　冰（兼）　刘晓云（兼）　李　琛（兼）<br>白　喻（兼） |

续表 9-4

| 序号 | 单　位 | 正　职 | 副　职 |
|---|---|---|---|
| 8 | 教学质量监控与评估处（教师教学发展中心） | 陈　涛 | 邹刚强　刘文波 |
| 9 | 发展规划处（高等教育研究所） | 潘开灵 | 王　婧 |
| 10 | 财务处 | 何光敏 | 雷　莹　魏　东　梁　雪 |
| 11 | 监察处 | 胡少萍（兼） | 郭慧霞 |
| 12 | 审计处 | 胡少萍（兼） | 丁胜斋 |
| 13 | 学生工作处 | 刘时新 | 周益宏（副处长、招生办公室主任）<br>白　冰（副处长）<br>鞠　磊（副处长） |
| 14 | 国有资产与实验室管理处 | 李建军 | 熊祖钊　姜曙嫚 |
| 15 | 基建与后勤管理处 | 陈志刚 | 陶　松　肖　珊　杨　魁 |
| 16 | 国际交流合作处 | 耿殿磊 | 罗圆萍 |
| 17 | 离退休工作处 | 佘春雨 | 汪　鹰　曲玉琴　杨永彬（兼） |
| 18 | 保卫处 | 许立桥 | 王　伟　刘　波　舒国谋 |
| 19 | 教职工住宅建设与改革领导小组办公室 | 曹　伟 | 赵厚成 |
| 20 | 采购与招标管理办公室 | 李　哈 | 汪德伟 |

**表 9-5　学校直属机构及负责人**（截至 2018 年 5 月）

| 序号 | 单　位 | 正　职 | 副　职 |
|---|---|---|---|
| 1 | 工程训练中心 | 夏绪辉 | 刘忠胜　张光德 |
| 2 | 现代教育信息中心 | 万维新 | 袁　靖 |
| 3 | 图书馆 | 强　敏 | 刘伟成　邹晓顺 |
| 4 | 档案馆 | 彭宏斌 | 万　青 |
| 5 | 学报编辑部 | 许　斌 | 吴义国 |
| 6 | 后勤集团 | 刘抗强 | 杨　宏　许晓英 |
| 7 | 资产经营有限公司（科技园有限公司） | 朱孟强 | 袁　彤 |
| 8 | 校医院 | 谭　伟 | 尹　伶　杨贵丽　刘毅峰　田胜兰 |
| 9 | 耐火材料与冶金省部共建国家重点实验室 | 顾华志（常务副主任） | 李光强　邓承继<br>白　晨（副主任、办公室主任）　王周福 |
| 10 | 国际钢铁研究院（武钢—武科大钢铁新技术研究院、高性能钢铁材料及其应用协同创新中心） | 孔建益（兼） | 吴开明（常务副院长、副主任） |

续表 9-5

| 序号 | 单　　位 | 正　职 | 副　　职 |
|---|---|---|---|
| 11 | 绿色制造与节能减排科技研究中心 | 张　华 | 伍　林　向晓东 |
| 12 | 继续教育学院（职业技术学院） | 宋世震 | 成红峰　殷中山 |
| 13 | 附属天佑医院（临床学院） | 王晓南 | 李彦树　戚　筠（兼）　胡　冰<br>易文龙　费明龙（总会计师）<br>康小平（调研员） |
| 14 | 先进材料与纳米技术研究院 | 霍开富 | |
| 15 | 分析测试中心 | 熊祖钊 | |

**表 9-6　学院（部）行政机构及负责人（截至 2018 年 5 月）**

| 序号 | 单　　位 | 院长（主任） | 副院长（副主任） |
|---|---|---|---|
| 1 | 材料与冶金学院 | 顾华志 | 赵惠忠　程常桂　蒋　静 |
| 2 | 城市建设学院 | 许成祥 | 雷学文　郄恩田　毛宝胜 |
| 3 | 管理学院 | 邓旭东 | 邱玉莲　张志清　崔　涛 |
| 4 | 国际学院 | 双文庭 | 陈若男　江志刚 |
| 5 | 化学与化工学院 | 刘　义 | 董志军　吴晓琴　罗志文 |
| 6 | 机械自动化学院 | 曾良才 | 蒋国璋　王兴东　蒋佐斌 |
| 7 | 计算机科学与技术学院 | 张晓龙 | 符海东　张　凯　邓　平 |
| 8 | 理学院 | 李德宜 | 李云宝　冯育强　张连华 |
| 9 | 马克思主义学院 | 唐忠义 | 郭继海　李　敏　郑淑芳 |
| 10 | 汽车与交通工程学院 | 应保胜 | 严运兵　周兴林　徐　斌 |
| 11 | 生命科学与健康学院 | 张同存 | |
| 12 | 体育课部 | 盛克庆 | 王路遥　刘俊洁 |
| 13 | 外国语学院 | 宋红波 | 李金云　陈　尧　卢绍伟 |
| 14 | 文法与经济学院 | 丁　宇 | 黄　涛　李　莉　李桂珍 |
| 15 | 信息科学与工程学院 | 刘振兴 | 吴　谨　刘　斌　朱　斌 |
| 16 | 医学院 | 吴清明 | 陈　勇　朱长才　李炜巍 |
| 17 | 艺术与设计学院 | 涂　伟 | 梁家年　袁心平　吴宝权 |
| 18 | 资源与环境工程学院 | 叶义成 | 刘　涛　冯　涛　张榜生 |
| 19 | 城市学院、武汉外语外事职业学院 | 陈建勋 | |

**表 9-7 武汉科技大学选派湖北省科技副职人员名单**

| 序号 | 服务项目名称 | 姓 名 | 单 位 | 服务地方 | 年份 |
|---|---|---|---|---|---|
| 1 | 湖北省科技副市（县）长第九批 | 潘 峰 | 文法与经济学院 | 湖北省荆州市荆州区 | 2008 |
| 2 | 湖北省科技副市（县）长第九批 | 梁文懂 | 化学与化工学院 | 湖北省襄阳市老河口市 | 2008 |
| 3 | 湖北省科技副市（州）长第四批 | 熊新文 | 武汉科技大学副校长、党委常委（时任） | 湖北省孝感市 | 2010 |
| 4 | 湖北省科技副市（县）长第十批 | 郭光辉 | 化学与化工学院 | 湖北省襄阳市老河口市 | 2011 |
| 5 | 湖北省科技副市（县）长第十批 | 郭方胜 | 城市建设学院 | 湖北省荆州市荆州区 | 2011 |
| 6 | 湖北省科技副市（县）长第十一批 | 韩洪波 | 研究生院 | 湖北省襄阳市老河口市 | 2013 |
| 7 | 湖北省科技副市（县）长第十一批 | 陶 松 | 基建与后勤管理处 | 湖北省襄阳市襄州区 | 2013 |
| 8 | 贫困地区产业特职人才支持计划 | 卢莉莉 | 医学院 | 湖北省襄阳市老河口市 | 2017 |
| 9 | 贫困地区产业特职人才支持计划 | 熊华平 | 管理学院 | 湖北省襄阳市襄州区 | 2017 |

**表 9-8 武汉科技大学选派博士服务团工作人员名单**

| 序号 | 服务项目名称 | 姓 名 | 单 位 | 服务地方 | 年份 |
|---|---|---|---|---|---|
| 1 | 湖北第一批博士服务团 | 吴东平 | 城市建设学院 | 湖北鸿路钢结构有限公司 | 2012 |
| 2 | 湖北第一批博士服务团 | 朱红兵 | 城市建设学院 | 葛洲坝集团 | 2012 |
| 3 | 湖北第一批博士服务团 | 赵 强 | 机械自动化学院 | 湖北省郧县经济和信息化局 | 2012 |
| 4 | 湖北第二批博士服务团 | 左振宇 | 化学与化工学院 | 湖北省通城县经信局、湖北黄袍山绿色产品有限公司 | 2013 |
| 5 | 湖北第二批博士服务团 | 熊九郎 | 材料与冶金学院 | 湖北省黄冈市团风县质量监测局 | 2013 |
| 6 | 湖北第二批博士服务团 | 刘昌明 | 机械自动化学院 | 湖北省随州市湖北齐星集团 | 2013 |
| 7 | 湖北第二批博士服务团 | 陈亚军 | 医学院 | 湖北省恩施州林业局副局长，湖北圣峰药业有限公司 | 2013 |

续表 9-8

| 序号 | 服务项目名称 | 姓　名 | 单　位 | 服务地方 | 年份 |
|---|---|---|---|---|---|
| 8 | 湖北第三批博士服务团 | 汤　文 | 汽车与交通工程学院 | 湖北省随州市湖北齐星股份有限公司 | 2014 |
| 9 | 湖北第三批博士服务团 | 陈　洋 | 信息科学与工程学院 | 湖北省瀛通电子有限公司 | 2014 |
| 10 | 湖北第三批博士服务团 | 张淑琴 | 资源与环境工程学院 | 湖北省恩施州气象局 | 2014 |
| 11 | 湖北第三批博士服务团 | 汪朝晖 | 机械自动化学院 | 湖北省英山县湖北兴成石化设备有限公司 | 2014 |
| 12 | 湖北第四批博士服务团 | 蔡路军 | 理学院 | 湖北省孝昌县安监局 | 2015 |
| 13 | 湖北第四批博士服务团 | 李明术 | 艺术与设计学院 | 湖北省通山县住建局 | 2015 |
| 14 | 湖北第四批博士服务团 | 张连生 | 医学院 | 湖北省红安县疾病预防控制中心 | 2015 |
| 15 | 湖北第四批博士服务团 | 张泽琳 | 资源与环境工程学院 | 湖北捷宝矿业有限公司 | 2015 |
| 16 | 湖北第五批博士服务团 | 邹　垚 | 城市建设学院 | 湖北省十堰市建筑建设研究院 | 2016 |
| 17 | 湖北第五批博士服务团 | 张利平 | 机械自动化学院 | 湖北省随州市湖北齐星股份有限公司 | 2016 |
| 18 | 湖北第五批博士服务团 | 李文兵 | 化学与化工学院 | 湖北省武穴市经信局、湖北祥云（集团）化工股份有限公司 | 2016 |
| 19 | 湖北第五批博士服务团 | 刘文波 | 文法与经济学院 | 湖北省红安干部学院 | 2016 |
| 20 | 湖北第五批博士服务团 | 欧光军 | 管理学院 | 湖北省钟祥市大柴湖经济开发区经济发展办 | 2016 |
| 21 | 湖北第六批博士服务团 | 刘伟毅 | 城市建设学院 | 湖北省咸宁市城乡规划局(咸安区) | 2017 |
| 22 | 湖北第六批博士服务团 | 成　燕 | 信息科学与工程学院 | 湖北大二互科技股份有限公司 | 2017 |
| 23 | 湖北第六批博士服务团 | 汪　勇 | 管理学院 | 湖北省孝感市孝昌湖北龙腾电子科技有限公司 | 2017 |
| 24 | 湖北第六批博士服务团 | 刘　俊 | 计算机科学与技术学院 | 湖北省神农架林区经济和信息化委员会 | 2017 |
| 25 | 湖北第六批博士服务团 | 罗志安 | 材料与冶金学院 | 湖北省应城市湖北雄华科技有限公司 | 2017 |

**表 9-9　武汉科技大学选派江苏科技镇长团人员名单**

| 序号 | 服务项目名称 | 姓名 | 单　位 | 服务地方 | 年份 |
| --- | --- | --- | --- | --- | --- |
| 1 | 江苏第五批科技镇长团 | 段　辉 | 材料与冶金学院 | 江苏省宜兴市 | 2012 |
| 2 | 江苏第六批科技镇长团 | 李远兵 | 材料与冶金学院 | 江苏省宜兴市 | 2013 |
| 3 | 江苏第七批科技镇长团 | 罗志安 | 材料与冶金学院 | 江苏省盱眙县 | 2014 |
| 4 | 江苏第七批科技镇长团 | 王朝辉 | 计算机科学与技术学院 | 江苏省高邮市 | 2014 |
| 5 | 江苏第七批科技镇长团 | 石从云 | 化学与化工学院 | 江苏省淮安市青浦区 | 2014 |
| 6 | 江苏第七批科技镇长团 | 周志辉 | 资源与环境工程学院 | 江苏省宜兴市万石镇 | 2014 |
| 7 | 江苏第八批科技镇长团 | 王朝辉 | 计算机科学与技术学院 | 江苏省高邮市 | 2015 |
| 8 | 江苏第八批科技镇长团 | 钟东阶 | 机械自动化学院 | 江苏省淮安市青浦区 | 2015 |
| 9 | 江苏第八批科技镇长团 | 马金平 | 管理学院 | 江苏省连云港市 | 2015 |
| 10 | 江苏第八批科技镇长团 | 刘　浩 | 材料与冶金学院 | 江苏省宜兴市 | 2015 |
| 11 | 江苏第九批科技镇长团 | 沈冬冬 | 材料与冶金学院 | 江苏省扬州经济技术开发区 | 2016 |
| 12 | 江苏第九批科技镇长团 | 杨　丹 | 机械自动化学院 | 江苏省宜兴市万石镇 | 2016 |
| 13 | 江苏第九批科技镇长团 | 雷国元 | 资源与环境工程学院 | 江苏省句容市 | 2016 |
| 14 | 江苏第十批科技镇长团 | 周红军 | 信息科学与工程学院 | 江苏省扬州经济技术开发区 | 2017 |
| 15 | 江苏第十批科技镇长团 | 周念先 | 机械自动化学院 | 江苏省苏州市相城经济开发区 | 2017 |
| 16 | 江苏第十批科技镇长团 | 钟东阶 | 机械自动化学院 | 江苏省淮安市清江浦区 | 2017 |

**表 9-10　武汉科技大学选派农村精准扶贫工作人员名单**

| 序号 | 服务项目名称 | 姓　名 | 单　位 | 服务地方 | 年份 |
| --- | --- | --- | --- | --- | --- |
| 1 | 新农村建设工作队 | 马志清 | 后勤集团 | 保康县黄堡镇张家沟村 | 2008 |
| 2 | 新农村建设工作队 | 张光权 | 资源与环境工程学院 | 保康县黄堡镇张家沟村 | 2009 |
| 3 | 新农村建设工作队 | 雷　鸣 | 国有资产与实验室管理处 | 保康县黄堡镇张家沟村 | 2010 |
| 4 | 万名干部进万村入万户 | 殷中山 | 继续教育学院 | 保康县黄堡镇雷家岭村、后湾村、观音堂村、花栎树包村 | 2011 |
| 5 | | 汪德伟 | 化学与化工学院 | 保康县黄堡镇雷家岭村、后湾村、观音堂村、花栎树包村 | 2011 |
| 6 | | 曾璟飞 | 国有资产与实验室管理处 | 保康县黄堡镇雷家岭村、后湾村、观音堂村、花栎树包村 | 2011 |
| 7 | | 丁　力 | 纪委（监察处） | 保康县黄堡镇雷家岭村、后湾村、观音堂村、花栎树包村 | 2011 |

续表 9-10

| 序号 | 服务项目名称 | 姓　名 | 单　位 | 服务地方 | 年份 |
|---|---|---|---|---|---|
| 8 | 万名干部进万村挖万塘 | 崔　涛 | 离退休工作处 | 保康县黄堡镇雷家岭村、后湾村、观音堂村、花栎树包村 | 2012 |
| 9 | | 张　勇 | 校团委 | 保康县黄堡镇雷家岭村、后湾村、观音堂村、花栎树包村 | 2012 |
| 10 | | 李炜巍 | 科学技术发展院 | 保康县黄堡镇雷家岭村、后湾村、观音堂村、花栎树包村 | 2012 |
| 11 | | 崔　毅 | 城市建设学院 | 保康县黄堡镇雷家岭村、后湾村、观音堂村、花栎树包村 | 2012 |
| 12 | 万名干部进万村洁万家 | 吴宝权 | 艺术学院 | 保康县黄堡镇雷家岭村、后湾村、观音堂村、花栎树包村 | 2013 |
| 13 | | 袁　彤 | 汽车学院 | 保康县黄堡镇雷家岭村、后湾村、观音堂村、花栎树包村 | 2013 |
| 14 | | 李　琛 | 人事处 | 保康县黄堡镇雷家岭村、后湾村、观音堂村、花栎树包村 | 2013 |
| 15 | | 鲁志平 | 洪山校区综合办 | 保康县黄堡镇雷家岭村、后湾村、观音堂村、花栎树包村 | 2013 |
| 16 | 万名干部进万村惠万民 | 刘伟成 | 图书馆 | 保康县黄堡镇大屋场村、张家湾村、观音堂村、花栎树包村 | 2014 |
| 17 | | 舒国谋 | 保卫处 | 保康县黄堡镇大屋场村、张家湾村、观音堂村、花栎树包村 | 2014 |
| 18 | | 孙勇军 | 资源与环境工程学院 | 保康县黄堡镇大屋场村、张家湾村、观音堂村、花栎树包村 | 2014 |
| 19 | | 牛　健 | 校团委 | 保康县黄堡镇大屋场村、张家湾村、观音堂村、花栎树包村 | 2014 |
| 20 | 万名干部进万村惠万民 | 胡少华 | 黄家湖校区综合办公室 | 保康县黄堡镇观音堂村、花栎树包村、张家沟村、大悟厂村 | 2015 |
| 21 | | 李朝红 | 后勤集团 | 保康县黄堡镇观音堂村、花栎树包村、张家沟村、大悟厂村 | 2015 |
| 22 | | 闫化钢 | 校工会（已离休） | 保康县黄堡镇观音堂村、花栎树包村、张家沟村、大悟厂村 | 2015 |
| 23 | | 王　翔 | 人事处 | 保康县黄堡镇观音堂村、花栎树包村、张家沟村、大悟厂村 | 2015 |

续表 9-10

| 序号 | 服务项目名称 | 姓　名 | 单　位 | 服 务 地 方 | 年份 |
|---|---|---|---|---|---|
| 24 | 驻村精准扶贫工作队 | 吴少利 | 后勤集团 | 保康县黄堡镇寨湾村 | 2015 |
| 25 | | 王　翔 | 人事处 | 保康县黄堡镇寨湾村 | 2015 |
| 26 | | 李汉超 | 保卫处 | 保康县黄堡镇寨湾村 | 2015 |
| 27 | | 夏　强 | 保卫处 | 保康县黄堡镇寨湾村 | 2015 |
| 28 | | 陈俊明 | 后勤集团 | 保康县黄堡镇寨湾村 | 2015 |
| 29 | 驻村精准扶贫工作队 | 邹刚强 | 教学质量监控与评估处 | 保康县黄堡镇寨湾村 | 2016 |
| 30 | | 李汉超 | 保卫处 | 保康县黄堡镇寨湾村 | 2016 |
| 31 | | 杨雍慧 | 保卫处 | 保康县黄堡镇寨湾村 | 2016 |
| 32 | 驻村精准扶贫工作队 | 赵厚成 | 教职工住宅建设与改革领导小组办公室 | 保康县黄堡镇寨湾村 | 2017 |
| 33 | | 梅海兵 | 党委宣传部 | 保康县黄堡镇寨湾村 | 2017 |
| 34 | | 郭志诚 | 后勤集团 | 保康县黄堡镇寨湾村 | 2017 |

**表 9-11　武汉科技大学选派共青团干部到县级团委挂职人员名单**

| 序号 | 服务项目名称 | 姓　名 | 单　位 | 服 务 地 方 | 年份 |
|---|---|---|---|---|---|
| 1 | 选派团干部到县级团委挂职 | 杨　云 | 校团委 | 黄石市阳新县团委 | 2011 |
| 2 | 选派团干部到县级团委挂职 | 王国栋 | 机械自动化学院 | 河北省邢台市广宗县团委 | 2011 |
| 3 | 选派团干部到县级团委挂职 | 牛　健 | 校团委 | 四川省凉山彝族自治州普格县团委 | 2012 |
| 4 | 选派团干部到县级团委挂职 | 李猛刚 | 化学与化工学院 | 武汉市青山区团委 | 2012 |
| 5 | 选派团干部到县级团委挂职 | 卢绍伟 | 管理学院 | 武汉市新洲区团委 | 2013 |
| 6 | 选派团干部到县级团委挂职 | 郑永松 | 信息科学与工程学院 | 武汉市青山区团委 | 2014 |
| 7 | 选派团干部到县级团委挂职 | 刘　波 | 机械自动化学院 | 武汉市青山区团委 | 2015 |

表 9-12　武汉科技大学选派干部到其他地方政府挂职人员名单

| 序号 | 服务项目名称 | 姓　名 | 单　位 | 服务地方 | 年份 |
|---|---|---|---|---|---|
| 1 | 宜昌市挂职计划 | 王文涛 | 黄家湖校区综合办公室 | 湖北省宜昌市伍家岗区 | 2012 |
| 2 | 武科大黄冈战略合作 | 聂建华 | 材料与冶金学院 | 湖北省黄冈市黄州区经济和信息化局 | 2013 |
| 3 | 武科大黄冈战略合作 | 易正明 | 材料与冶金学院 | 湖北省黄冈市黄州区经济和信息化局 | 2015 |
| 4 | 年轻后备干部挂职项目 | 张　廷 | 校团委 | 湖北省十堰市竹溪县 | 2016 |
| 5 | 武汉市挂职计划 | 王文涛 | 黄家湖校区综合办公室 | 湖北省武汉市商务局（武汉市人民政府口岸办公室） | 2017 |
| 6 | 武汉市挂职计划 | 沈季伟 | 学校党委常委、副校长 | 湖北省武汉经济技术开发区管理委员会 | 2017 |

## 历任校领导

（一）党的组织

1. 中共武汉科技大学委员会（2008.01—2018.01）

书　记　刘华才（2008.01—2015.07）

　　　　孔建益（2015.07—　）

副书记　杨　杰（2008.01—2008.12）

　　　　孔建益（2008.01—2015.07）

　　　　孙国胜（2009.03—　）

　　　　杨　震（2009.07—2015.02）

　　　　盛建龙（2015.02—　）

　　　　倪红卫（2016.06—　）

2. 中共武汉科技大学纪律检查委员会（2008.01—2018.01）

书　记　陈济光（2008.01—2009.07）

　　　　孙国胜（2009.07—　）

（二）行政组织

校　长　孔建益（2008.01—2016.06）

　　　　倪红卫（2016.06—　）

副校长　马季骅（2008.01—2012.11）

　　　　陈奎生（2008.01—2018.02）

　　　　杨　震（2008.01—2009.07）

　　　　顾　杰（2008.06—2013.09）

倪红卫（2009.03—2016.06）
陈济光（2009.07—2010.05）
熊新文（2011.01—2016.04）
沈季伟（2012.12—　）
吴怀宇（2014.10—　）
刘　静（2014.12—　）
冯　征（2015.07—　）

（撰稿：李晓敏，刘泽喜，潘丽莎，伍学云，杨长发，郑永松，李宇奇）

## 第二节　坚持推进党代会常任制试点工作

2008 年 11 月，按照湖北省委安排和统一部署，武汉科技大学被省委组织部确定为党代表大会常任制试点单位。学校党委高度重视、精心组织，着力构建党内民主建设的制度体系，于 2010 年 5 月顺利召开学校第二次党代会。十年来，在湖北省党代表办公室和高校工委的关心和指导下，学校党委紧紧围绕“加强高校党内民主，提高党建科学化水平”这一主题，解放思想，创新形式，精心组织，扎实工作，不断完善党代会常任制的各项制度，积极探索党内民主的有效途径，取得了一定的成绩。

### 一、工作重点

（一）以完善制度为重点，建立健全党代会常任制工作体系

（1）建立党代会年会制。在党的委员会任期内，每年举行一次代表大会，行使党的代表大会的决策权和监督权，履行其最高权力机关的职责。根据工作安排，学校于 2011 年 3 月、2012 年 4 月、2013 年 4 月、2014 年 4 月、2016 年 3 月、2017 年 5 月召开学校党代会二届二次、三次、四次、五次、六次、七次会议，每年突出一个主题，为学校的发展提供制度保障和智力支持。

（2）实行工作报告制度。坚持常委会向全委会报告工作、全委会向党代会报告工作的运行机制，加强党内民主监督。常委会每年定期向全委会报告执行党代会、全委会决议的情况，以及需要提请全委会研究解决的重大事项。全委会每年在党代表年会上，向党代会报告执行党代会决议的情况、组织领导学校建设发展和党的建设等方面的情况。建立民主评议制度，坚持常委会成员每年定期向全委会述职述廉，接受民主评议。

（3）完善党代会组织工作制度。为更好地适应党代会常任制工作要求，提高工作效率和执政能力，我们积极探索并不断完善党代会年会的议事内容、目标

任务、决议方式、基本程序和各项组织工作制度；不断优化年会会议程序，改进会议审议方式，完善提案工作制度，扩大党内民主途径。通过年会的召开使党代表大会的职能向任期内延伸，发挥党代表大会最高权力机关的作用。

（二）以党代表任期制为重点，拓宽党代表行使民主权利渠道

（1）实行党代表直选制，党代表的任期与党的委员会任期相同。党代表的产生采取“自下而上、上下结合”的方式进行，由基层党委（党总支、直属党支部）根据多数党支部和多数党员的意见，进行遴选、考察，按不少于代表名额30%的差额比例提出代表候选人初步名单，经过上报校党委审查批复后，组织召开全体党员大会以无记名的方式和差额选举的办法投票直接选举产生党代表。

（2）完善党代表活动制度，明确党代表在任期内的权利和责任。探索代表活动内容、方式及代表的教育、管理，特别是闭会期间发挥代表作用的有效途径。赋予党代表在任期内的选举权和被选举权、参与重大事项决策权、“两委”工作报告审议权以及对学校各部门履行情况的评议权和监督权等权利，通过建立健全党代表参与重大决策、参加重要干部推荐和民主评议、列席党委有关会议、联系党员群众等制度和办法，保障代表充分行使各项权利，充分反映党员意见和建议。

（3）完善党代表监督制度，不断增强党代表的履职能力。建立健全党代表调研视察活动制度和党代表评议工作制度，拓展党代表的监督渠道和方式，充分发挥党代表的监督作用。

（三）以规范权力运行为重点，理顺党代会、全委会、常委会关系

（1）建立体系合理、权责清晰的领导体制，逐步形成常委会对全委会负责、全委会对党代会负责的权力运行机制。党的代表大会是高校党组织的最高领导机关、权力机关和监督机关，具有对全校重大问题的决策权。党的全委会在党代会闭会期间受党代会委托，行使领导权、决策权和监督权，就重大事项进行决策，逐步扩大和发挥全委会在重大问题上的决策作用。常委会是全委会的日常议事决策机构，在全委会闭会期间受全委会委托，负责全校重要日常事务的研究、处理和决策，并对全委会负责。

（2）实行“两委”委员推选制，改革党内权力机构产生模式。学校将“两委”委员的名额、差额比例、基本条件、构成原则等在全体党员中公布公开；各基层党支部按照要求和条件等组织本支部全体党员进行酝酿提名，按不少于代表名额的20%的差额比例，确定两委委员候选人提名名单报校党委；校党委常委根据推荐提名情况，按照不少于委员数名额20%的差额比例，确定“两委”候选人人选名单，提请党代表大会主席团讨论通过；“两委”候选人名单由大会主席团提交各代表团（组）酝酿讨论后，提交党员代表大会进行投票选举产生。

（3）完善重大事项票决制，着力探索和研究票决的程序办法以及结果运用。

进一步对党代会、全委会、常委会议事规则和票决的范围进行界定。党的代表大会审议决策学校大政方针和主要工作任务，行使最高决策权和监督权；全委会主要讨论决定学校党的建设、改革和发展以及教学、科研、行政管理等工作中的重大问题；常委会负责全校重要日常事务的研究、处理和决策，行使执行权，向全委会负责并报告工作。

## 二、主要做法

作为湖北省委确定的高校党代会常任制试点单位，学校积极推进常任制试点工作，着力构建党内民主建设的制度体系，高度重视，精心组织，2010 年5 月顺利召开学校第二次党代会，积累了实践经验。

### （一）党代表直选制——选好党代表

为适应党代表任期制要求，党代表的产生既要严把质量关，选出优秀的党员作代表；又要推进党内民主建设，扩大差额比例进行民主选举，充分尊重党员意志和愿望。我们实行了党代表直选制：

（1）改变党代表候选人提名方式，党代表候选人实行海选。全校 286 名党代表全部是由学校全体党员直接选举产生，党代表差额选举比例从 20% 扩大到 30%，选举结果在本选举单位公示，进一步扩大了选举人的选择范围，保证了党代表的代表性和先进性。在代表的构成上，扩大教师比例，代表中党员教师（包括专业技术人员）比例达到了 50. 35%，充分体现教师在办学中的主体地位。

（2）扩大民主选举范围，加强代表责任意识。在党代表选举中，党支部参与率达到 100%，党员参与率达到 99%，全校 9281 名党员提名党代表候选人 1783 名，民主氛围大大加强。通过党代表的民主直选，改变了党代表的产生方式，被选举人开始关注民意，选举人也开始重视通过投票去行使自己选择的权利，党代表向党员负责的意识也得到了增强。

### （二）两委委员差额推选制——选好领导班子

在选好党代表的基础上，选好新一届两委领导班子，是试点党代会常任制的重点。我们遵循扩大民主的要求，新一届领导集体候选人的推选工作采取自下而上、上下结合的办法，经过两轮推选产生。

（1）由全体党员以海选形式推选出两委委员候选人提名范围，由校党委根据党员的推荐情况，按 40% 的差额比例，确定“两委”委员候选人初步人选提名名单交各二级单位党组织酝酿表决。

（2）由基层组织按照差额 20% 的比例，先推选产生候选人预备人选，校党委根据二级单位党组织的票决情况，按不少于委员名额 20% 的差额比例确定两委委员候选人。

（3）提交大会选举，大会按照差额 20% 的比例选举产生两委委员；在全会上两委委员再差额选举党委常委，充分体现了民主与集中相统一。

(4) 全校党员提名党委委员候选人预备人选 112 人，纪委委员候选人预备人选 107 人，第一轮确定党委委员候选人 38 人，纪委委员候选人 18 人；第二轮确定党委委员候选人 33 人，纪委委员候选人 16 人。大会直接选举产生党委委员 27 人，纪委委员 13 人。

学校两委委员的推选经过精心部署，选举时坚持不定“调子”、不画“框框”，充分尊重党员的民主权利，实行无记名投票、当场唱票计票、当场公布选举结果，始终把发扬民主贯穿于工作的全过程，确保选举的公开、公正。

(三) 党代表提案制——加强党内民主

试行党代会常任制工作是高校党建创新工程，扩大党内民主、促进党内科学决策和民主监督是核心，充分发挥党代会作用、提高党代表素质是重点，建立健全工作机制和制度体系是基础。

(1) 在试点过程中，我们深入调查研究，力求实现理论创新、制度创新和实践创新。我们结合党代会筹备工作，制订了党代会常任制工作方案、党代会年会制和党代表任期制实施办法；完善了党代会选举制度、工作报告制度；制定了党代表提议提案、视察调研、联系党员群众和述职评议等制度，确保常任制工作在制度体系内健康运行。

(2) 以党代表提案为抓手，发挥党代表参政议政的作用。在刚刚召开的二届四次党代会上，我们共收到党代表提案和意见 136 条，其中提案 50 份，意见和建议 86 条。我们将对提案进行审核立案工作，要求有关部门切实解决和改进，以达到有效促进学校各方面的工作的目标，更好地发挥党代表的监督、巡视、指导作用。

(四) 坚持党代会年会制，确立党代会的政治核心地位

在 2010 年 5 月党代会换届选举大会召开后，学校于 2011 年 3 月再次召开党代会全体会议，并审议通过了学校“十二五”规划，进一步确立了党代会在学校的政治领导核心和最高权力机构的地位；2012 年 4 月召开二届三次会议，审议和通过了关于“十二五”教学改革与质量提升工程的实施方案；2013 年 4 月召开二届四次会议，讨论和审议了关于深化人事制度改革，加强人才队伍建设的相关文件；2014 年 4 月召开二届五次会议，研究讨论学校全面深化改革工作；2016 年 3 月召开二届六次会议，审议通过了学校“十三五”事业发展规划；2017 年 5 月召开二届七次会议，研究讨论学校加快推进“双一流”建设有关工作；做到了每年明确一个主题，广泛听取和征求党代表意见和建议，为实现学校跨越式发展提供了制度保障，营造了良好的民主办学氛围。

2008 年以来，在上级领导部门的关心下，在全体师生员工的共同努力下，通过推进党代会常任制试点工作，学校师生民主意识不断提高，民主氛围逐渐形

成，学校行政权力和政治权力的配置逐步科学化、规范化，党的领导地位得到更好的确立，党建理论化水平不断提高。在 2013 年 3 月召开的全国党建研究会高校党建研究专业委员会年会上，时任校党委书记刘华才撰写的论文《高等院校试行党代会常任制的理论价值及其实现途径》荣获“十七大以来全国高校党建研究成果”特等奖。

（撰稿：蔡路）

## 第三节　深入推进党风廉政建设和反腐败工作

学校纪委监察处全面贯彻党的十八大、十九大精神，深入学习贯彻习近平新时代中国特色社会主义思想，切实履行党章赋予的职责，加强监督执纪问责，坚持实践监督执纪“四种形态”，锲而不舍落实中央八项规定精神，加大对形式主义和官僚主义的整治力度，加强改进作风长效机制建设；继续推动全面从严治党向基层延伸，严明政治纪律和政治规矩，严肃查处群众身边的不正之风和腐败问题；扎实推进基层纪检组织建设，着力提升纪检人员能力素质，牢固树立“四个意识”，践行忠诚干净担当；根据巡视、经济责任审计的反馈意见和整改要求，逐项落实、督促完成整改任务。

### 一、切实加强党风廉政建设

全面落实党风廉政建设责任制，党委负主体责任，纪委负监督责任。每年学校与各二级党组织、机关职能部门、直属单位主要负责人签订《党风廉政建设责任书》，各单位主要负责人分别与单位其他班子成员签订《党风廉政建设责任书》。建立健全党风廉政建设责任制检查考核制度、述责述廉等制度，自 2008 年以来，每年年终对各二级单位落实党风廉政建设责任制情况进行检查，实现处级党员领导干部述责述廉全覆盖，形成一级抓一级、层层传导压力的局面。对廉洁自律和履行责任制不力的党员领导干部开展提醒教育谈话、廉政谈话。抓住关键节点和突出问题，扎实开展专项治理、整治工作，带动了作风整体转变。在党的群众路线教育实践活动中，严查领导干部公款吃喝、超标超配办公用房、公务用车、借婚丧喜庆敛财等问题；结合“三严三实”专题教育，重点查处党员领导干部乱作为、不担当问题，纠正以会议贯彻会议、以文件落实文件等形式主义和官僚主义作风；在“两学一做”学习教育中，着力解决党章意识不强、看齐意识淡薄问题，实现党员干部思想、作风、纪律上的新进步。认真梳理、积极预防学校在选人用人、财务管理、物资设备采购、工程建设、校办产业管理、招生办学、教育收费、学术研究、学校管理等方面存在的廉政风险，两年开展一次全校廉政风险点梳理和防控工作，制定了《基本建设廉政风险防控手册》。督促并协助相关单位修订了基建管理、采购招标管理、各类经费使用办法、办公用房标准、公车使用等工作制度，明确纪检干部工作职责，优化了信访受理、执纪审查、案件审理、党风政风监督等工作流程。为全校处级以上干部建立廉政档案，一人一档，根据干部的任用及调整情况，定期检查、更新、补登内容，及时追踪了解党员领导干部个人的廉洁自律信息情况。

## 二、坚持开展党员纪律教育

坚持每年组织开展党风廉政建设宣传教育月活动。通过廉政党课、专题报告会、支部学习会等方式，组织党员干部深入学习，把尊崇党章同执行新形势下党内政治生活若干准则、廉洁自律准则、党内监督条例、党纪处分条例、巡视工作条例、问责条例等党内法规贯通起来。2015～2017 年每年开展了一次党章党规网络知识测试，要求全校教工党员、学生党员必须参加，80 分以上为合格。校党委书记、校纪委书记、纪委副书记为党委中心组成员和各学院党委书记讲授专题党课和讲解分析腐败案例，参观廉政警示教育基地（洪山监狱、武汉女子监狱、五大会址廉政展览），组织集中观看警示教育片《忠诚与背叛》《较量无声》《不可触碰的纪律底线》、大型反腐京剧《在路上》等，组织党员干部自行观看反腐剧《人民的名义》《打铁还需自身硬》等节目，组织全校廉政文化节目汇演和书画摄影展，其中歌伴舞《不能忘却的记忆》获得 2012 年湖北省廉政文艺汇演作品优秀奖。2008～2017 年编写印发《纪检监察信息》40 期。抓住元旦、春节等重大节假日时间节点开展廉洁纪律教育，每年给处级领导干部发送温馨提示短信 1000 余条。对本年度新提拔任用处级干部、轮岗交流至上主管人财物等敏感岗位的处级干部以及其他需要进行谈话提醒、批评教育的党员领导干部进行集体廉政谈话，签订廉政承诺书。各级党组织切实落实主体责任，通过开展干部谈话教育、签订责任书等工作，深入开展新录用人员、重点领域和关键岗位工作人员的廉洁从业教育。

## 三、认真做好执纪办案

按照“事事有回音，件件有落实”的要求，依法依纪逐件认真调查核实群众信访，及时向上级报告转办信件的调查处理结果及问题整改情况，对实名举报人及时反馈调查结果。2008～2017 年共受理信访举报、上级交办、巡视移交线索、审计发现线索 179 件，立案 8 件。坚持纪严于法、纪在法前，实现纪法分开，全面加强纪律建设，牢牢把握政策重点、抓住“关键少数”，加强对制度执行情况的监督检查，坚决查处十八大后、中央八项规定出台后、群众路线教育实践活动开展后仍然顶风违纪的党员干部，对打折扣搞变通、执行不力的严肃查处和问责。近五年诫勉谈话 10 人次，党纪处分 6 人，责令辞职 1 人。

## 四、不断加强基层纪检组织建设

2016 年，在全校 17 个分党委选举产生了二级纪律检查委员会和纪委书记，1 个工作委员会、4 个党总支、1 个直属党支部选举产生了纪检员，纪委书记、纪检员均由各二级单位处级党员领导干部担任；向校医院、后勤集团分别派驻 1 名专职纪检组长（副处级），全校所有基层党支部全部按要求增设了纪检委员。2017 年，在保留纪委办公室（副处级）的基础上，成立三个内设机构：线索管理室、案件审查室、案件审理室，成员由专职纪检干部担任；全面清退议事协调机构，仅保留七个有明文规定的机构，进一步聚焦主业主责；充分发挥派驻纪检组、二级纪委书记监督执纪作用，增设派驻附属天佑医院纪检组长 1 名（正处级）、派驻资产经营有限公司纪检组长 1 名（副处级）。规范纪委监察处工作流程和执纪办案相关制度，编印《监督执纪工作学习资料》和《卷宗模本》。加强提升专兼职纪检干部业务能力素质，对全校纪委委员、二级纪检组织负责人、重点岗位负责人、专职纪检干部组织培训 4 次，近三年每年专职纪检干部参加中纪委、省纪委、省教育厅纪检组组织的各类业务培训约 5 人次。2017 年已建成纪检专用谈话室一间。

## 五、有效加强行政监察

认真履行行政监察职能，积极参与各类招生工作，全程参与了普通本、专科生的招生录取、艺术类专业考试、专升本考试录取、体育特长生面试和研究生考试工作的监督。在基建、设备物品采购、财务、科研经费、校办产业、后勤服务等领域的管理监督中，以及职称评审、研究生支教团面试等各类评选和干部选拔任用工作中，均选派纪检干部参与了相关工作的全过程，实行信息公开，降低廉政风险，对当年拟提拔任用的干部开展廉洁自律考察，对重大项目招标结果进行廉政公示，确保了公平公开公正。协助审计处认真开展离任干部经济责任审计，针对部分离任干部审计存在的问题，提出建议意见。

## 六、扎实做好巡视审计工作

2012 年湖北省委第二巡视组、2016 年湖北省委第一巡视组对我校巡视期间、2016 年湖北省审计厅经济责任审计局对我校刘华才同志任党委书记、孔建益同志任校长期间经济责任进行审计期间，协助校党委顺利完成了巡视组、审计组交办的各项任务。在 2013 年和 2017 年，对巡视组和审计组提出的巡视反馈意见和整改要求，制定整改责任清单、逐项落实整改措施，如期完成整改任务。协助校党委、学校办公室制定巡视整改方案和审计整改方案，对问题逐项进行分解梳理，分别制定问题清单、建立整改台账，明确推进目标和完成时限改。通过重点抽查、随机核查、定期听取汇报、明察暗访等方式，全程监督解决问题的进度、质量、效果。校纪委对巡视移交的28件信访材料集体研究、分类处理、逐一核实，已全部了结。党纪立案7件、政纪立案1件，党纪处分5人，责令辞职1人，诫勉谈话2人，函询24人次。

### 七、深入开展理论研究

参与湖北省纪委“高校惩防体系建设”“创新监督执纪方式、实践好‘四种形态’”“湖北省党内政治生活优化机制”等课题的研究，根据实地基层调研撰写调研报告，得到湖北省纪委领导的肯定和批示。每年均发表研究论文和参会论文，其中“让廉洁教育‘激活’大学生思想教育工作”被湖北省高校纪检监察工作研究会评为2011年度优秀论文二等奖，《践行监督执纪“四种形态”面临的问题和对策》获得2016年度全省纪检监察优秀调研成果三等奖。

2016年12月，时任监察处副处长周红同志受到湖北省纪委通令嘉奖。

（撰稿：毛晓丹）

## 第四节　统战工作十年概述

武汉科技大学现有8个民主党派成员，其中6个民主党派建有基层组织，共有成员201人，另有23名无党派人士。学校于2012年12月成立了武汉科技大学归国华侨联合会，现有归侨、侨眷123人，学校于2016年5月25日单独设立党委统战部。2016年6月成立湖北省党外知识分子联谊会武汉科技大学分会，现有会员23人。学校选拔了一批民主党派和无党派人士在学校各级机构担任重要职务，截止到2018年5月，学校担任副处级以上干部21人。学校不断加强党对统战工作的领导，强化学校党委的主体责任，把统战工作摆在重要位置；健全和落实统战工作机制，在联谊交友、邀请党外人士参加重要会议等制度的落实上下功夫、在实效上做文章；进一步完善学校党委统一领导，成立学校统战工作领导小组，由统战部门牵头各相关部门和二级单位党组织共同形成的“大统战”格局，发挥好二级单位党组织统战委员和专职党务干部的作用，不断增强统战工作意识，加强沟通和协作，形成工作合力。

### 一、抓思想建设，筑牢共同思想政治基础

学校党委坚持以习近平新时代中国特色社会主义思想为指导，深入学习贯彻党的十九大精神，深入学习贯彻中央统战工作会议精神、全省统战工作会议精

神、《中国共产党统一战线工作条例（试行）》，在统战成员中深入开展践行社会主义核心价值观主题活动和“爱岗位、献良策、做贡献”等主题活动，让他们广泛深入的参与到学校的中心工作中来，引导他们自觉将个人理想追求融入中国特色社会主义伟大事业建设中，融入到“中国梦”的伟大实践中。

2014 年，在全校统一战线开展“坚持和发展中国特色社会主义教育实践活动”，为统一战线成员发放了《中国触动：百国视野下的观察与思考》一书。2014 年 4 月在全校统一战线开展了“爱学校、献良策、做贡献”主题实践活动。推进“五个一”工程，即读一本好书，听一场形式报告、参观一次革命教育基地、进行一项调研、提交一份提案。2014 年我校共派出民主党派成员参加培训 8 人次。

2017 年，在全校各民主党派、无党派人士中开展“学系列讲话、学优良作风，跟共产党奋进”（简称“两学一跟”）的专题学习教育，引导统一战线广大成员学而信、学而用、学而行。民盟武汉科技大学委员会召开第四届一次会议，学习贯彻落实中共十九大精神，民革武汉科技大学支部开展党的十九大精神集中学习讨论，民进武汉科技大学支部、农工党武汉科技大学支部、九三学社武汉科技大学支社、致公党武汉科技大学支部等均通过新媒体和网络组织开展形式多样的贯彻落实十九大精神的学习活动。2017 年党委统战部为民主党派主委、副主委、无党派人士及代表及学院统战工作负责人购买书籍共计 148 册。支持各民主党派、无党派成员参加各级培训工作，2017 年我校共派出民主党派成员参加培训 25 人次。加强宣传阵地的建设，2017 年 3 月，建立了统战部网站、统战工作 QQ 群。

## 二、抓组织建设，巩固多党合作共事基础

党委统战部支持和协助民主党派加强基层组织建设。加强与民革武汉科技大学支部、民盟武汉科技大学委员会、民进武汉科技大学支部、农工党武汉科技大学支部、致公党武汉科技大学支部、九三学社武汉科技大学支社的联系与沟通，支持和协助民主党派基层组织加强思想建设、组织建设和制度建设。

2008 年，九三学社的原校本部小组和原武汉科技大学附属天佑医院小组合并组成了“九三学社武汉科技大学支社”。2008 年，全年发展民主党派成员 13 人，其中民盟 7 人，九三学社 3 人，农工党、民革、致公党各 1 人。

2009 年民进武汉科技大学支部筹备，2010 年 7 月 5 日民进武汉科技大学支部成立，邓旭东任支部主委，王周福任支部副主委，李远兵、徐宝林任支部委员。

2011 年，民革武科大直属支部换届，民革武科大第五届支部委员会成立，李立新任支部主委，孙泰屹、张彦英任支部委员。2011 年 11 月，农工党武科大

党支部支部换届，成立了第六届委员会，马建军任主委，李群英、邵俊华、李炜巍同志任副主任委员，党员人数增至20人。2011年，民盟武汉科技大学委员会换届，李其祥任主委，谭凯、吴晓琴、伍昌友、涂伟、王兴东、许斌、王志刚、彭灵芝任委；2013年6月，届中调整，吴晓琴任主委。

2012年3月，致公党武汉科技大学支部建立，成员5人，并成立第一届支部委员会，李蓓任支部主委，尉宇任支部副主委，曾燕任支部委员，学校民主党派组织达到6个。2012年12月26日武汉科技大学归国华侨联合会成立，选举产生了第一届委员会；张晓龙任主席，向志东、李友荣任副主席，强敏任秘书长，蒋静任副秘书长，叶红、徐萍、张华、欧阳治华、徐清云任委员。

2013年5月，经报省委统战部备案，学校认定了23名无党派人士。

2014年，5月8日在省侨联支持下，组织校侨联委员到武汉留学生创业园、武汉兰丁医学高科技有限公司、武汉新特光电技术有限公司三家单位参观学习。6月17~20日，统战部对我校6个民主党派基层组织进行调研，听取了民主党派对进一步做好统战工作的意见和建议及各党派开展“坚持与发展中国特色社会主义教育实践活动”情况。11月4日，党委统战部组织30多名统战人士走进武昌古街区——昙华林参观，并邀请文法学院党委书记张继才教授作讲解。

2015年12月29日民进武汉科技大学支部举行换届大会，选举产生了支部第二届委员会，邓旭东任支部主委，王周福、孙淑生任支部副主委，李远兵、徐宝林任支部委员。

2016年6月15日湖北省党外知识分子联谊会武汉科技大学分会成立，选举产生了第一届理事会；陈奎生任会长，邓旭东任常务副会长，马建军、吴晓琴、李立新、李蓓、胡霞敏任副会长，孙芳任秘书长，张彦英、涂伟任副秘书长。2016年11月24日九三学社武汉科技大学支社召开换届大会，九三学社湖北省委副主委欧阳建平、九三学社湖北省委组织部部长陈建虹参会。会议选举张一敏、孙芳、王益、刘源洞、张明勇当选九三学社武汉科技大学第二届委员会委员，张一敏当选主委，孙芳、王益当选副主委。2016年12月8日农工党武汉科技大学支部换届，省政协副秘书长、农工党湖北省委会专职副主委严炳洲、农工党湖北省委会秘书长兼组织部部长方奇参会。会议选举钟东望、李群英、李炜巍、邵俊华、张莉芹农工党武汉科技大学支部第七届委员会委员，钟东望当选主委，李群英、李炜巍当选副主委2016年发展5名民主党派成员，其中武汉科技大学城市学院教师2人。

2017年1月6日上午，民盟武汉科技大学委员会召开换届大会。民盟湖北省委副主委段亚辉、组织部傅闻婷等参会。会议选举产生民盟武汉科技大学第四届委员会，吴晓琴任主委，田胜兰、刘世创、姚刚霞、涂伟任副主委，伍昌友、许斌、高全杰、顾曦任委员。2017年党委统战部在全校各民主党派、无党派人士中开展“学系列讲话、学优良作风，跟共产党奋进”（简称“两学一跟”）的专题学习教育，共举办2场学习报告会，组织1次参观学习活动。3月15日组织28名统战成员开展“两学一跟”学习教育参观活动，前往中南民族大学民族学博物馆和华中农业大学参观学习。6月16日下午，开展了由文法与经济学院党委书记张继才教授主讲《扬弃继承　转化创新——学习近平有关中华优秀传统文化解析》的辅导报告。12月29日下午，开展了由文法与经济学院副教授、民革成员张彦英主讲的《供给侧改革与武汉市“一留一回、两个百万”战略——学习十九大报告一点体会》的辅导报告。2017年10月26日至28日党委统战部组织学校党外知识分子开展践行社会主义核心价值观主题实践活动，组织学校民主党派主委、副主委、党外代表人士等，赴重庆中国民主党派陈列馆、白公馆监狱旧址、渣滓洞监狱旧址参观学习。

## 三、抓队伍建设，拓宽党外干部任职渠道

学校党委深入贯彻中央统战工作会议和全国高校思想政治工作会议精神，着力推进统战工作创新发展。坚持“四个服务”，着力加强党外知识分子的思想政治工作，将党外知识分子思想凝聚到落实立德树人这一根本任务上来；将党外代表人士队伍建设纳入干部队伍建设和人才总体规划，做好发现储备和推荐培养使用，切实加强党外代表人士队伍建设。

2009年，民盟武汉科技大学委员会受到民盟中央表彰，被授予“中国民主同盟盟务工作先进集体”荣誉称号（湖北高教系统仅有两个基层组织获此荣誉），这也是我校民主党派基层组织首次获得全国先进集体荣誉称号。2011年，时任我校民盟主委李其祥，获民盟全国“先进个人”荣誉称号。

2010年，学校选派农工党武科大副主委李炜巍同志下派到凤凰街道办事处担任副主任，该同志因表现出众被农工党湖北省委会增补为最年轻的省委委员会，并推荐为湖北省青年委员。

2010年，学校选派民进武科大支部成员李远兵同志到广东省任科技特派员，该同志充分发挥自身优势解决所在企业科技问题，得到广东省委组织部的高度肯定，2011年该同志被增补为民革武汉市委会委员。

2011年，统战部圆满完成了我校民主党派参政议政的换届工作，孔建益当选武汉市人大代表，陈奎生、吴怀宇、柯昌明、李立新等4人当选武汉市政协委员，邓旭东当选青山区人大常委、刘斌当选青山区人大代表，孙芳当选青山区政协常委，许斌、戴方钦、李炜巍、石秀华当选青山区政协委员，顺利完成了换届工作。

2011年，各级民主党派完成换届工作，推荐民革市委会副主委1人，九三市委会副主委1人，民进市委会委员1人，农工党省委会委员1人，省侨联委员

1 人、青年委员 1 人。

2011 年，学校选派民革武科大主委李立新同志到广东社会主义学院学习调研，其撰写的《具有巨大优越性和强大生命力的新型政党制度》获得湖北省高校理论研究会优秀论文三等奖，同年被推选为民革市委会副主委。2011 年，推荐湖北省首届欧美同学会理事 5 人，孔建益当选首届欧美同学会副会长。

2012 年，推荐入选省委“年轻干部成长工程”1 人，成功推荐省政协委员 3 人，民主党派省委委员 6 人。2012 年 3 月，推荐陈奎生为九三学社湖北省委会委员。

2013 年 1 月，我校陈奎生（常委）、孔建益、柯昌明当选湖北省政协第十一届委员，陈奎生当选省政协常委。2013 年，推荐无党派人士、信息学院副院长刘斌教授为青山区政协副主席。

2013 年，学校选派民革武科大支部组织委员、年轻教师孙泰屹同志参加湖北省民主党派中青年骨干培训班，2013 年推荐 9 位党外人士参加省委统战部举办的湖北省“同心·院士专家服务团”，其中民革武科大支部主委李立新教授被推荐为副团长；2013 年推荐湖北省知识分子联谊会第四届会员 5 人。

2014 年，开展湖北省侨联“梁亮胜侨界科技奖励基金”的申报和评奖工作，有 2 项获奖，分别是李友荣《降低薄带钢生产消耗的关键技术》获二等奖，张晓龙《节能型储蓄热式燃烧装置及职能控制系统》获三等奖。2014 年共推荐 8 人次参加省里的党外代表人士培训。

2015 年，推荐二级教授、博士生导师、楚天学者特聘教授、资源与环境工程学院院长张一敏成功入选湖北省省政府参事，实现了我校省政府参事零的突破；推荐我校 8 名党外人士参加省委统战部、省社会主义学院、武汉市委统战部举办的培训，向武汉市委统战部推荐 6 名年轻党外代表人士，向省委统战部推荐 3 名优秀党外代表人士，同时积极与省委统战部和市委统战部沟通，为 2016 年的集中换届调整做了大量的推荐举荐工作。

2016 年，推荐民革武汉市委副主委 1 人、民进武汉市委常委 1 人，青山区政协副主席（非驻会）1 人，致公党青山区委副主委 1 人，九三学社青山区委副主委 1 人，民建青山区工委委员 1 人，民进青山区工委委员 1 人。推荐 6 名武汉市政协委员候选人，2 人当选武汉市政协委员，推荐 1 名武汉市人大代表并任常委；推荐 4 名青山区人大代表候选人，3 人当选青山区人大代表，2 人任青山区人大常委。推荐 6 人任青山区政协委员，2 人当选青山区政协常委。推荐 1 人任洪山区政协委员。推荐湖北欧美同学会·湖北留学人员联合会第二届理事会理事 4 名。推荐汽车学院孙泰屹挂任硚口区城管委（交通运输局）副主任（副局长）。2016 年积极选派党外代表人士参加湖北省委统战部、武汉市委统战部组织的各类培训及调研，共 3 人次参加培训。

2017 年，推荐湖北省第十三届人大代表候选人预备人选 1 人（党外代表）、政协湖北省第十二届委员会省直党外委员推荐人选 1 人（党外代表）。经学校统战部推荐、省委统战部与企业组织评审，成功推荐 6 名教授入选第二届湖北省“同心·院士专家服务团”。推荐武汉市知识分子联谊会成员 4 人。推荐 2 名党外教师在武汉市开展挂职锻炼，计算机科学与技术学院副教授廖光忠挂职洪山区城市数字化服务中心副主任，挂职时间一年；汽车学院孙泰屹继续挂任硚口区城管委（交通运输局）副主任（副局长）。

## 四、抓工作落实，立足统战画好同心圆

建章立制，创造良好工作氛围。学校不断健全统战工作体制机制，全面落实“线上互动、线下沟通”。坚持向党外代表人士通报学校情况，听取党外代表人士对学校发展的意见和建议，充分发挥民主党派在民主监督和学校各项管理中的作用。坚持邀请党外代表人士参加学校有关会议、活动制度，充分听取意见和建议。坚持党员领导干部与党外人士联谊交友制度，帮助他们解决思想、工作和生活方面的困难和问题。积极为民主党派开展活动创造条件提供经费支持；加强统战理论研究工作；认真做好各类调研、汇报和总结工作。

搭建平台，引导党外成员参与社会经济建设。学校鼓励统战成员积极投身到社会经济建设第一线，开展与企业对口交流活动。学校党委统战部积极参与省委统战部“同心·院士专家服务团”的专家推荐工作，推荐党外专家为民营企业发展服务，为社会经济发展提供人才智力支持。学校统战部通过不断强化为统一战线成员服务的意识，努力为统一战线广大成员服务地方建设搭建“三大平台”，凝心聚力，开拓创新，积极为社会经济发展大局贡献智慧和力量。

发挥优势，引导党外知识分子双岗建功。积极引导党外知识分子参与国家、省、市的科研项目的研究，取得了一批有影响的科研成果，产生了良好的社会效益和经济效益，为推进湖北省“四个全面”战略布局和学校的建设发展做出了积极的贡献。

拓宽渠道，搭建参政议政桥梁。在做好党外代表人士实职安排的同时，学校积极向各级统战部门、民主党派省（市）委会、各级人大、政协部门等做好推荐工作，举荐政治素质硬、业务能力好、参政议政能力强的有代表性的党外人士作为各级人大代表、政协委员候选人，让他们在更为广阔的空间发挥更大的社会作用。学校有多名党外代表人士担任督察员、学术委员会委员、职称评审委员会委员。

画大同心圆，做好归侨侨眷工作。全面加强对侨联成员的思想引领，在全校侨联成员中广泛开展学习教育活动，帮助归侨、侨眷教职工解决在工作和生活中遇到的困难和问题，认真做好困难侨眷摸排工作，向省侨联上报困难归侨侨眷名

单，并慰问高龄老归侨代表。积极向湖北省欧美同学会、留学人员联合会、党外知识分子联谊会等组织推荐侨联成员担任理事和成员，做好侨联成员的发展、培训、推荐、人才库建设等工作。

2008 年，组织无党派和民主党派专家、学者参加市委统战部牵头的“促进青山企业间资源循环利用”课题研究，我校专家组经过调研，提交了《武汉市青山区重化工聚集区循环经济产业链课题调研报告》，受到市委统战部和青山区委、区政府的高度评价。学校承办了湖北省高校统战理论研讨会第五届第十次常务理事会。

2009 年，统战部协调有关部门重新落实了民主党派办公和活动场所，购置了计算机、打印机、文件柜、会议桌，安装了空调和电话，极大地改善了各民主党派的工作和活动环境，帮助完善了有关管理制度。积极协助民进湖北省委组织部筹建民进武汉科技大学支部。

2010 年，民革《关于在我市大力推广绿色设计与制造技术的建议》——民革市委会 2010 年度参政议政二等奖；认真落实重大事项通报制度，全年学校领导向民主党派负责人通过学校有关事项 4 次。

2011 年，组织参加省侨联建党 90 周年合唱比赛获得优胜奖，成功协助农工党湖北省委会在我校举办了第 23 届“国际科学与和平周”义诊活动。

2012 年，获评高校统战理论研究会第 28 次年会“优秀组织奖”，一等奖论文 1 篇。

2013 年，中标 1 项湖北省统一战线理论研究会招标课题，并完成结题。课题成果作为湖北省统战部课题成果参与中央统战部课题评审。在湖北省统战理论第 29 次年会上，我校获得优秀论文二等奖 1 篇，三等奖 1 篇，并获得“湖北省高校统战理论研究会第 29 次年会优秀组织奖”。

2014 年，对我校侨联成员进行了重新登记和统计，共登记侨联成员 123 人，其中重点成员 17 人。对我校 6 个民主党派基层组织进行调研，听取了民主党派对进一步做好统战工作的意见和建议和各党派开展“坚持与发展中国特色社会主义教育实践活动”情况。

2015 年，连续两届中标省委统战部重点课题，成果作为湖北省统战成果报送中央统战部；学校党委统战部在湖北省高校统战理论研究会第 31 次年会上被授予优秀组织单位，获二等奖论文 1 篇，三等奖论文 1 篇。加强统战理论研究，在全校开展了“2015 年统战理论研究征文活动”。完成省委统战部开展的《全省归国留学人员基本情况调查》、《武汉科技大学学科带头人（党外）》统计、《全省侨情信息采集工作》、《民主党派信息采集表》等。代表湖北省高校统战部参加中央统战部调研组召开的“高校统战工作座谈会”并发言。

2016 年，结合学校机构调整，及时调整党外代表人士后备队伍名单，对党外代表人士及后备队伍名单实行动态管理；参加省归国华侨联合会召开的湖北省第十二次高校、科研院所、企事业单位侨联（小组）联席会会议，学校侨联主席张晓龙作代表发言。迎接省委统战部、省高校工委第八检查组关于落实《中国共产党统一战线工作条例（试行）》和《湖北省贯彻〈中国共产党统一战线工作条例（试行）〉实施办法》的工作检查，迎接省委统战部关于加强高校院系统战工作调研。

2017 年，支持和协助民主党派加强基层组织建设，配合民盟武汉科技大学委员会完成换届工作，稳步发展民主党派新成员。各级党外人大代表、政协委员参政议政成果突出，在九三学社中央、中共武汉市委、市政府主办“九三学社中央院士专家武汉行——长江新城（新区）规划建设研讨会”上，我校副校长陈奎生作为九三学社中央院士专家成员提出意见建议；张一敏教授获 2016 年度湖北省人民政府参政建议一等奖。学校开展“五部委”全国宗教工作会议和全省宗教工作会议精神宣讲活动，省民宗委副巡视员段绪光作了题为“深入学习贯彻全国全省宗教工作会议精神　切实做好全省高校的宗教工作”的辅导报告。积极配合湖北省“同心·院士专家服务团”开展赴荆门市开展服务活动，得到湖北省委统战部的高度肯定。学校共有 2 项成果获 2017 年湖北省高校统战理论和工作实践创新成果奖。

（撰稿：杜瑞瑞）

## 第五节　工会教代会工作开创新局面

十年来，我校党委以建设国内高水平大学为目标，以构建和谐校园为主线，坚持以党建带工建，全面加强和改进对工会工作的领导，切实保障各级工会组织充分履行维护、建设、参与、教育四项职能，用新视角分析工作，用新理念谋划工作，用新方法推动工作，充分发挥党联系职工群众的桥梁纽带作用，积极动员和组织广大教职工积极投身学校的改革、建设和发展，参与民主管理、民主监督，着力加强自身建设，努力为广大教职工办好事、办实事，有力推动了学校事业的科学发展。

### 一、学校党委高度重视，工会工作得到不断加强和改进

#### （一）全面把握、提高认识，深刻领会工会工作的重要意义

在长期的办学历程中，我校教职工一贯热爱学校、关心学校，通过工会的桥梁纽带作用，积极参与学校民主管理和民主监督，形成了浓厚的民主氛围。这是学校过去发展的成功经验，更是学校未来建设的重要“法宝”。在学校加快建设

国内高水平大学的过程中，学校坚持继承和弘扬民主办学的优良传统，坚持把做好工会工作作为完善现代大学制度的重要内容，作为加强学校民主政治建设的重要基础，作为巩固和深化党的群众路线教育实践活动成果的重要手段，作为贯彻党的十八大，十八届三中、四中、五中、六中全会，十九大精神和中央群团工作会议精神的重要切入点，切实抓紧抓好，在全校营造“一心一意谋发展、聚精会神促发展”的生动局面。

（二）科学谋划、系统部署，切实加强党委对工会工作的领导

学校党委高度重视工会工作，坚持以党建带工建，不断完善党对工会工作领导、支持工会组织依法按章开展工作的制度和机制，党组织在工会组织中的领导核心地位不断加强。坚持把工会工作纳入党建工作总体格局、列入日常工作议程：党委书记和领导班子定期听取工会工作汇报、研究工会工作的制度，指导和带动工会组织融入中心、发挥作用；在党委常委会、校长办公会上研究解决工会工作的重大问题，在学校党务工作会议上部署学期工会工作任务，将工会工作纳入学校事业发展规划和年度工作要点，将工会工作纳入二级单位年度目标管理考核体系，与其他工作一同部署、一同检查、一同考核。校党委书记和校长坚持每年深入工会开展工作调研，为工会教代会工作排忧解难；凡工会教代会组织开展的活动，党委书记或校长必亲临现场给予领导和支持。2013 年校党委书记刘华才同志被省总工会评为“全省关心支持工会工作的党政领导干部”。

（三）加强建设、提高素质，不断夯实工会工作的基础

学校党委坚持选派政治业务素质好、责任心强，具有丰富群众工作经验的干部担任工会干部，努力建设一支高水平的工会干部队伍。党委副书记兼任学校工会主席，二级单位副职兼任分工会主席，不仅保证学校在重大问题决策时工会的源头参与，同时也保证了及时了解教职工呼声、反映教职工困难、理顺教职工情绪、凝聚教职工共识，得到了教职工的认可和拥护。苏芳勇、宁静获湖北省优秀工会工作者称号，王影梅、罗丹霞和严丽秀、姚婕获湖北省优秀工会工作者和优秀工会积极分子称号。

切实加强对工会干部的教育引导，把工会干部教育培训纳入党的干部教育培训总体规划，坚持开展理论培训、调查研究和“读好书、强素质”等活动，向工会干部发放政策法规学习资料和书籍，送出各类书籍 3545 本，不断优化工会干部的知识结构、综合素质，提高工会干部的统筹协调能力、纠纷调解能力、思想疏导能力。组织教职工向省教育工会申报理论研究课题，其中 2 项获省教育工会立项并资助项目，7 项为省教育工会立项并指导项目。举办小组长以上工会干部培训班，选派女工干部参加全省教育系统工会女工干部培训班。组织读书研讨会，近年来共征集论文 216 篇，并组织进行评选优秀论文。坚持年度财务预算列支工会经费，规范工会会费收取，不断改善工会办公和教职工活动保障条件。

## 二、民主建设深入推进，工会作用得到凸显和提升

### （一）以制度建设为保障，不断提高工会工作科学化水平

学校工会认真学习贯彻《学校教职工代表大会规定》（教育部 32 号令）和《湖北省学校教职工代表大会工作规程》，在全面调研和广泛听取教职工意见的基础上，出台了《武汉科技大学教职工代表大会实施细则》，为教代会各项工作规范运转、有序开展提供了坚实的制度保障。在认真研究二级教代会工作特点和规律的基础上，制定了《武汉科技大学二级教职工代表大会实施细则》，努力推进和完善二级教代会制度建设，指导和监督各基层工会召开二级教代会，进一步夯实了教代会制度。

### （二）以教代会为平台，不断凝聚教职工发展共识

围绕学校建设发展大局和改革与稳定等中心工作，学校坚持每年召开教代会，在 2009 年和 2017 年召开换届会，广泛听取教职工意见建议，讨论和审议改革发展的重要文件，统一思想、凝心聚力。先后在教代会上审议通过了学校“十二五”“十三五”事业发展规划和学校章程，修订了《武汉科技大学教职工代表大会实施细则》《武汉科技大学工会会费收缴及管理办法》等纲领性文件，审议通过了《武汉科技大学岗位设置管理实施办法》《武汉科技大学调整校内岗位津贴的实施办法》《“科大雅苑”出售方案》等涉及教职工切身利益的办法和方案，出台了《武汉科技大学二级工会建设教职工之家工作实施细则》等民主管理工作的制度文件。

不断加强二级单位教代会建设。加强对二级教代会工作培训、制度、协调和监督，凡涉及改革发展和教职工切身利益的重要决策，均提交教代会审议通过。把二级单位召开教代会、院长向教代会报告工作纳入目标管理责任制体系。积极推进基层工会“教职工之家”建设工作，有效延伸触角，形成了校工会、基层工会、工会小组三级组织运行体系。目前，我校二级教代会建设已基本形成制度化、规范化，有力地推进了学校的民主化管理。2008 年，武汉科技大学被授予湖北省模范教职工之家；2015 年，文法与经济学院工会被授予省级模范职工小家。

### （三）以提案工作为重点，不断拓宽教职工意见表达渠道

提案工作是教代会代表履行代表职责、行使民主权利的重要渠道，是广泛调动教职工积极性、激发教职工主人翁责任感，群策群力建设国内高水平大学的重要工作。及时做好教代会提案征集和回复工作，十年来共收到提案 214 份，共立案 163 件，提案办结率 100%，结案满意率为 88.3%。“老住宅加装电梯”提案获 2015 年湖北高校优秀教代会提案。

大力促进校务公开。学校重大决策部署，特别是事关职工切实利益的重大事

项均要经过教代会执委会（工会委员会）审议通过，保障职工的决策权、参与权。教代会每年定期召开校情发布会，学校主要领导向教代会常委通报年度工作和重大事项，主动征求意见和建议，构建了校务公开的长效机制。在学校领导及有关职能部门的重视和支持下，及时将干部竞聘、评先评优、职称评定、困难救济等涉及教职工切身利益的工作进行公开；工程建设、大宗设备采购公开招标，并在网上公布招标结果，接受教职工的监督；学校各类招生情况及时在网上公开，接受社会监督。

（四）以维护权益为关键，不断改善工会组织服务水平

学校工会从解决具体问题入手，坚持为教职工办好事、办实事，积极维护教职工的合法权益。如教职工老住宅加装电梯、教工楼房屋租赁、黄家湖青年教职工生活条件改善、校园门禁系统建设、校园信息化建设、公租房分配方案制定等涉及教职工切身利益的工作方面，工会教代会认真做好通告、解释、协调和推进工作，及时、全面、准确地反映教职工的意见和诉求，积极为学校工作建言献策，使教职工的合法利益在学校各项重大决策中得以充分体现。坚持多做理顺情绪、化解矛盾、稳定局面的工作，多做动员群众、宣传群众、团结鼓劲的工作，切实起到了双向沟通的桥梁和纽带作用，工会组织成为广大教职工信赖的“职工之家”和“学习之家”。

注重人文关怀，真心诚意为教职工排忧解难。关心教职工的身体健康，举办健康知识讲座，开展送知识、送健康活动。每年组织一次高层次人才体检、在职教职工体检和女教职工专项体检，普查教职工的身体状况。帮扶困难职工，走访慰问困难职工，建立困难职工档案，开展“送温暖、献爱心”活动，十年来共发放慰问金和困难补助24.53万元，及时地将学校各级领导和组织的关心和温暖送到困难教职工手中。做好省劳模和先进工作者的节日慰问、疗休养工作。争取政策积极推进落实全总、省总有关文件规定的教职工生日蛋糕和观影券、逢年过节慰问物资等福利待遇。重视青年教职工的成长，组织青年教师参加湖北省劳模先进事迹报告会，发动青年教师向“湖北青年教师发展论坛”提交征文，参加“湖北青年教师发展论坛”，组织单身青年教职工参加省教育工会组织的相亲联谊活动。

积极服务女教职工，引导她们提高素质，树立巾帼形象，为学校的建设和发展建功立业。校工会妇委会举办舞蹈和手工艺制作培训、健康知识讲座与咨询，开展“巾帼文明岗”创建活动，组织寻找“最美母亲”活动，评选表彰“巾帼十佳”和“优秀女教职工”等活动；举行“庆三八”系列活动，开展趣味运动会、书画、摄影、手工艺作品展等活动。坚持每年做好女教职工重大疾病安康保险的续保工作，开展对做大型妇科手术女职工的“送温暖、献爱心”慰问活动。关爱儿童，“六一”开展给幼儿园送关怀活动。注重对女教职工的培养，适时向

上级主管部门推荐合适人选到各种协会或组织担任重要工作，开阔视野，展示武科大女教职工的能力和风采。校工会女工委获湖北省先进女职工委员会，图书馆女工委、机械自动化学院女工委获湖北省教育系统先进女职工委员会，机械自动化学院工业工程系获湖北省女职工建功立业标兵岗。张华分别被中华全国妇联和湖北省妇联授予三八红旗手称号，郑丹凤被省妇联授予全省妇女创先争优先进个人；温海莉家庭荣获湖北省总工会授予的“湖北省职工和谐家庭”称号；刘斌、曲玉琴、万青和孙淑生、张美杰、尹玲、周红、刘勇获湖北省教育系统先进女工工作者和湖北省教育系统先进女职工称号；李锐锋、王忠杰获湖北省“百年·知识女性与社会发展”论文优秀奖，柴艳获“智慧女性·书香家庭”征文三等奖，陈叶玲获“智慧女性·书香家庭”家书二等奖，黄云霞、钟捷获三等奖。

（五）以模范引领为抓手，不断增强教师队伍综合素质

坚持精神引领、典型引路，用榜样的力量激励全校教职工爱岗敬业、奋发进取，成为工会教代会的常态化工作。通过开展典型培育工作，涌现出一批先进集体和先进个人。学校获得湖北省五一劳动奖状，校工会先后获得湖北省教育系统和全省模范职工之家、全省工会系统创先争优单位，外国语学院获湖北省创争活动学习型先进单位。孔建益获全国高校教学名师荣誉称号，李友荣获全国模范教师荣誉称号，邓泽宏获全国优秀教师荣誉称号，王光华获全国钢铁工业先进工作者称号。张一敏荣获湖北省劳动模范称号，顾华志、陈新元获湖北省“十佳师德标兵”，柴利获“湖北省先进工作者”，张继才、戴中祥获湖北省“十佳思政教师”称号，潘丽莎、刘晓云获湖北省“十佳辅导员”称号，邓旭东、磨季云、侯宇获“湖北省师德先进个人”称号，赵雷、潘丽莎、戴中祥、张一敏、刘晓云、张继才、顾华志、柴利、李亚伟、陈新元等10人获“湖北省五一劳动奖章”，赵雷获湖北省首届青年教师教学竞赛一等奖，贾世会、侯芳、侯宇获湖北省“教学能手”称号，刘娟、李涛获湖北省青年教师教学竞赛二等奖，丁颖、康丹、咸艳霞、廖宇峰获优秀奖；69个集体和262名个人受到学校表彰。校工会广泛宣传先进典型的优秀事迹，激发了全校教职工学习典型、争当典型、赶超典型的巨大热情，有力地推进了师德师风建设。

（六）以文化建设为载体，不断激发教职工队伍活力

学校工会坚持以社会主义核心价值观为引领，依托各种协会，广泛开展群众性体育活动，努力营造奋发有为、昂扬向上的校园文化氛围。十年来，举办八届“人和杯”教职工篮球赛、八届“兴校杯”教职工乒乓球赛、八届“荣校杯”教职工羽毛球赛、两届教职工网球和一届毽球比赛。组建教职工合唱团、舞蹈队，开展太极拳、广播操培训。组织教职工参加了学校运动会和湖北省高校“教工杯”羽毛球比赛等。在重大纪念日和重要时间节点，开展群众性文娱活动，先后举办“纪念辛亥革命100周年”“喜迎十八大、争创新业绩”“凝聚正能量，共筑

中国梦”“践行社会主义核心价值观”“纪念红军长征胜利八十周年”“唱校园和谐、展巾帼英姿”女职工歌唱比赛等活动，参与举办庆祝中国共产党建党90周年教职工文艺晚会，组织教职工参加湖北省高校庆祝中国共产党建党90周年教职工合唱比赛和省教育工会举办的“教工杯”文艺汇演。

积极引导和支持“乒协”“篮协”“羽协”“钓协”等协会组织开展活动并提供好相关服务。鼓励和支持各二级分会开展各项特色文体活动，形成了相互支撑、相辅相成的教职工文化工作格局。

（撰稿：王玲）

## 第六节　共青团引领青年学生成长

### 一、深入实施青马工程

2008年，在团中央提出实施“青年马克思主义者培养工程”后，我校启动了学校“青马工程”（科大英才学校）和院级“青马工程”（基层团校）。校级每年培训学员300名左右，培养对象为校级及院级主要学生组织干部。院级每年培训1400人左右，培养对象为学院团学组织学生干部，各班级团支部、班委会成员，优秀学生党员、入党积极分子等。

2014年，湖北省第一期“青年马克思主义者培养工程”在省委党校开班。省委书记李鸿忠，省委常委张岱梨、傅德辉和省直有关部门负责同志参加开班式。首期53名学员中，我校尹春丽、郑华生、邹海松、曹瑞等4名同学入选。

2015年，我校被确定为全省青马工程深化创新试点单位。4月17日，团省委书记张桂华一行来校调研“青年马克思主义者培养工程”大学生骨干培养工作。6月，学校出台了《武汉科技大学“青年马克思主义者培养工程”深化创新试点方案》，积极构建青马工程的成效机制。7月16日，我省第二期“青年马克思主义者培养工程”培训班在省委党校开班，省委书记李鸿忠，省委常委傅德辉、贺家铁、梁惠玲出席开班式，第二期50名学员中，我校杜逸涵、王姣姣、余艾伦等3名同学入选。12月，我校依托“青马工程”在“科大英才学校”设立“英才领航班”，第一批学员50人。按照分层实施、逐级递进的原则，进一步完善了校园两级培养模式，形成了科学的课程体系。12月13日，我校申报的《深入实施“青年马克思主义者培养工程”着力打造校园红色文化》获得湖北省高校校园文化建设一等奖。

2016年7月18日，我省青年马克思主义者培养工程首期结业暨第三期开班式在省委党校举行，省委书记李鸿忠、省委常委梁惠玲出席。第三期50名学员中，我校龚雪梵、罗敏、张馨悦等3名同学入选。

2017 年 7 月 25 日，我省举行“青年马克思主义者培养工程”学员座谈会暨第二期学员结业仪式，省委常委、统战部部长尔肯江·吐拉洪出席会议并讲话。第四期 50 名学员中，我校何纤、李博远、喻亚林、朱李娟 4 名同学入选。学校在马克思主义学院、洪山区青菱街分别设立理论教育基地、实践教育基地，以“双基地”“双导师”“双课堂”的教育培养模式，不断推进“青马工程”深化创新试点工作。

近年来，学校按照“政治坚定、德才兼备、素质全面、堪当重任”的培养目标，通过深化校院两级“青马工程”培训班、加强各级各类学生组织建设、实施大学生骨干实践成才工程等方式，以思想育人为先导，深化校院两级“青马工程”培训班；以文化育人为基础，加强各类学生组织建设；以实践育人为重点实施大学生骨干实践成才工程。积极探索大学生骨干培养的新模式、新途径，有效提升了学生骨干培养质量。

## 二、大力推进学生课外科技创新

开展大学生科技创新活动旨在进一步推进素质教育工程，提高大学生的创新精神和实践能力，引导和激励我校学生实事求是、勇于创新、多出成果、提高素质，发现和培养一批在学术科技上有作为、有潜力的优秀人才和团队，全面提升人才培养质量。近年来，学校基本形成了以大学生科技创新基地为平台，以大学生科技创新基金为主线，以科技创新管理办法等制度建设为保障，以挑战杯、创青春及系列科技创新赛事为依托，以先进典型培育和标志性成果转化为重点，以创新学分和第二课堂学分实施为基础的大学生科技创新工作体系，营造了良好的科技创新氛围和持续深入的科技创新活动开展局面。

2007 年 6 月，学校下发了《武汉科技大学大学生科技创新基金暂行条例》。

2009 年，成立大学生医学综合技能基地、大学生汽车节能基地。

2010 年，成立大学生 LAU 创新基地。

2012 年，学校制定《武汉科技大学“第二课堂”学分评定和管理办法（试行）》，旨在强化学生的专业知识和与之匹配的综合素质与能力。

2015 年，全校组织学生近 6000 人次参加校级、省级、国家级综合性学术科技竞赛，共获得省部级及以上奖励 384 项，其中国际级奖励 13 项，国家级奖励 132 项，省级奖励 239 项，获奖学生达 1021 人次。

2016 年，学校出台《武汉科技大学“创新创业学分”认定办法》。同年，为全面贯彻中共中央、国务院《关于进一步加强和改进大学生思想政治教育的意见》精神，大力加强大学生科技文化素质教育，积极开展丰富多彩、积极向上的学术科技活动，成立武汉科技大学大学生科学技术协会。

2017 年 3 月，我校大学生科协主办的第一期“科创咖啡”——大学生科技创新沙龙在黄家湖校区举行，沙龙以“大学生科研与论文写作”为主题，共吸引了50余名大学生科技创新爱好者参加活动。大学生科协品牌工作之一“科创咖啡”——大学生科技创新沙龙将每周举办一期，每次围绕相关主题邀请若干主讲嘉宾与大学生科技爱好者互动交流，营造良好的学术氛围。

2018年1月，我校入围“挑战杯”全国大学生课外学术科技作品竞赛发起高校行列，这标志着我校大学生科创水平进入全国高校第一阵营。

## 三、广泛开展志愿服务

2007年5月，学校出台《武汉科技大学注册志愿者管理办法》。

2008年，在学校党委的领导下和团委的指导下，成立了校级志愿者组织武汉科技大学青年志愿者服务总队（以下简称总队），负责全校范围的志愿者的招募与认证、志愿服务活动的组织开展。

2010年12月，武汉科技大学青年志愿者服务总队被评为第五届湖北省青年志愿者工作优秀组织单位，“向日葵计划——关注留守儿童”志愿者服务项目被评为第五届湖北省青年志愿者服务优秀项目。

2011年，武汉科技大学“向日葵计划”志愿服务队被评为省级“青年志愿服务示范岗”。

2012年，我校入选中国青年志愿者研究生支教团项目单位。并且涌现出一大批优秀志愿者，其中，李婷被授予第九届中国青年志愿者优秀个人奖，刘磊磊同学被团省委授予“湖北省杰出青年志愿者”荣誉称号，李婷、纪雯川、任志龙被评为“第六届湖北省青年志愿者优秀个人奖”。

2013年，学校荣获湖北省优秀项目办，同时还被团中央授予大学生志愿服务西部计划全国优秀等次项目办荣誉称号。总队以实施西部计划为契机，在全校学生中唱响“到西部去、到基层去、到祖国和人民最需要的地方去”的主旋律，升华志愿者人生追求。

2014年3月，总队队长何金拟定《关于共建“青年志愿服务基地”协议》。半年内在校外中小学校、社区、福利院、医院和企业等建立了25个志愿服务基地。武科大志愿者行动实现阵地化，志愿者服务实现常态化，2.5万志愿者活跃在校内外。12月，我校医学院“关爱农民工、健康进工地”志愿服务项目获全国银奖。这是我校在志愿服务项目上获得的首个全国奖项。

2015年，武科大研究生支教团“悄悄话——教留守女童防性侵”项目在第二届中国青年志愿服务项目大赛中荣获全国银奖。总队荣获湖北省首届省级本禹志愿服务队示范团队，洪山区明星志愿团队。

2016年3月，我校团委与青山区团委签署双方共建志愿服务基地协议，我校青山校区各学院志愿服务分队将与青山区各街道以“结对子”的形式开展长期化、阵地化的志愿服务。同年，我校志愿者服务队在第十届中国（武汉）国际园林博览会志愿服务工作总结会上获得多项表彰。我校青年志愿服务总队获“园博会杰出志愿服务集体”称号，志愿者宋健、周应斌被评为“园博会突出贡献志愿者”，志愿者李彬、杨杰等7人被评为“园博会优秀志愿者”，校团委张曦、张迪被评为“园博会优秀指导老师”。

2017年，在共青团中央、中国青年志愿者协会举办的第十一届中国青年志愿者优秀评选表彰活动中，我校学生何金获评“中国青年志愿者优秀个人奖”，该奖项是我国青年志愿服务领域的最高荣誉。

近年来在校团委以及各级团组织的支持和指导下，我校志愿服务事业蓬勃发展，我校形成了“校、院、班”三级志愿服务网络，院级青年志愿者服务队31支。其中包括15支学院青年志愿者服务队、9支专业志愿者服务队、7个公益社团，各青年志愿者组织成为全校志愿服务行动的有力组织者和倡导者，涌现出“向日葵计划”服务队、白联队、绿联社等多个省级优秀志愿服务集体。

## 四、深入开展社会实践

学校团委高度重视社会实践活动，推动这一工作向常态化、规范化、基地化方向发展。

自2009年起，学校每年专门召开会议，对社会实践工作进行专题部署。并举行社会实践活动出征仪式，对活动进行周密的安排。同年6月，武汉科技大学“中国武钢博物馆大学生社会实践基地”揭牌仪式在武钢博物馆隆重举行。

2010年9月，时任湖北省委常委、省委秘书长李春明同志对我校“三下乡”活动做出批示：“勇于实践，深入调研，成果丰硕，可喜可贺！”

2014年，我校团委与新洲团区委签订了“校地合作共建”协议，建立了“武汉科技大学大学生社会实践基地”。每年暑期派出80余名大学生骨干依托农村街镇规模较大的中心村，开展亲情关怀、课业辅导、文体艺术、科普教育等多项关爱活动，每年受益的小学生1200余人。8月，时任湖北省委书记李鸿忠在资源与环境工程学院赴湖北荆门开展“关爱留守儿童　共建‘阳光家园’”的暑期社会实践服务团的来信上做出批示：“同学们：非常钦佩同学们对社会责任的这种担当精神。我相信，这一课也将对同学们今后的人生道路和事业发展产生奠基式的深远影响！”12月，我校荣获全国大学生暑期社会实践活动“先进单位”称号。我校管理学院萤火虫社会实践团队、化工学院“种太阳之家”暑期社会实践队均获评“湖北省‘希望家园’先进集体”。

2017年，我校大学生“三下乡”社会实践活动以“喜迎十九大，青春建新功”为主题，包括115支重点团队在内的一万三千余名大学生志愿者深入农村、企业、社区。团中央、全国学联对在2017年全国大中专学生志愿者暑期“三下乡”社会实践活动中表现突出集体和个人进行表彰，我校团委获评全国大学生暑期社会实践“优秀单位”称号、我校“青马工程”英才领航班赴武汉新洲区教育关爱服务团获评全国大学生暑期社会实践“优秀团队”称号。

2018年3月，由共青团中央、国土资源部联合组织开展的2017年村土地利用规划志愿服务全国大学生暑期社会实践专项行动获奖名单公布，我校城市建设学院基于“产村融合”目标的村级土地利用规划编制暑期社会实践团队调研成果荣获优秀实践成果奖三等奖。

## 五、青年学生校园文化活动丰富多彩

多年来，我校高度重视校园文化建设，将之作为提升学校软实力的重要内容与抓手。

2007年，为进一步繁荣校园文化，打造校园文化品牌，校团委举办第一届“五月的花海”合唱比赛，作为青年学生弘扬五四精神，接受理想信念教育的重要阵地。同年，为进一步营造崇尚人才、学习先进的良好校园文化氛围，校团委每年举办一届“榜样力量·十大魅力学子”群英榜评选活动。

2009年起，由校团委主办的艺术特长生展演每年举办一次。作为我校目前质量最高、影响最广的大学生艺术盛会，艺术展演活动是全面贯彻党的十八大精神的重要途径，是开展艺术教育的有效形式，是活跃校园文化生活的重要平台。

2011年9月，为活跃校园文化，首届“沁湖诗会”在黄家湖校区沁湖湖畔隆重举行，诗会以“纪念辛亥革命100周年”为主题，追溯革命历史，缅怀革命先烈，传承校友辛亥革命精神，激发师生爱国爱校热情。人民日报、新华社、光明日报、中国新闻社、中国青年报、湖北日报、荆楚网、大楚网、湖北卫视、武汉电视台等10家国家及省市级媒体的记者应邀出席诗会。

2012年，毕业生晚会正式定名为“青春续航”。蕴意这段最美好的青春——大学时光与武科大同在，青春不散场，青春在这里续航。

2013年，开通运营武汉科技大学团委微信公众平台，是校园网络文化建设的主要阵地之一。

2015年，武汉科技大学团委“先锋在线”网站荣获全省高校“我的中国梦”特别奖，校团委微信公众平台荣获全省高校“十佳移动公众平台”。

2016年12月，我校《深入实施“青年马克思主义者培养工程”着力打造校园红色文化》荣获全省高校校园文化建设优秀成果一等奖。“先锋在线”网站在全省高校网络文化建设优秀成果中获评“十佳专题网站”。

2017年3月，以“绚烂樱花·魅力科大”为主题的首届樱花节在黄家湖校区樱园小广场开幕。学校高度重视校园环境建设，不断加强绿化美化投入，取得了显著成效。本届“樱花节”以花会友、以花会文、以花会艺，让广大师生从学校的美丽风景中深入了解、生动感受学校深厚的历史文化底蕴，共同营造美丽和谐的校园环境。5月，我校在沁湖举办首届“沁湖连心·同舟共济”端午龙舟友谊赛暨端午文化展演活动，发扬“团结协作、力争上游”的龙舟精神和“坚韧不拔、勇承重载、崇实求精、表里如一”的钢铁品质，以龙舟为载体，进一步扩大学校的社会影响。6月，以“青春续航”为主题的2017届毕业生文艺晚会在黄家湖校区南苑操场举行，并通过网络进行直播，同一时段在线观看人数超过5000人，20000余人关注本台晚会。

2018年3月，以“樱韵芳华　魅力科大”为主题的我校第二届“樱花节”盛大开幕，樱花书画大赛、樱花摄影大赛、樱花诗词创作大赛等比赛、邀请农民工子女来我校观赏樱花等十余项系列活动精彩纷呈。

## 六、着力加强团的组织建设

近年来，我校各级团组织在学校党委的领导下不断加强自身建设，积极培育和践行社会主义核心价值观，不断提升团组织的凝聚力和战斗力，注重激发基层团组织的活力，积极推进共青团工作创新发展。全校各基层团支部围绕学风建设，开展了丰富多彩的活动。学校在规范化建设的基础上，连续举办十二届特色团组织生活竞赛、八届“我身边的好团支书”评选、八届团支书演讲比赛，每年表彰一批红旗团支部、先进团支部，形成了一系列基层团建工作品牌，培育了一批可亲可敬可学的团支部和团支书典型。

2008年11月，校团委以“建设社会主义核心价值体系，打造当代大学生核心竞争力”为主题举办了第三届特色团组织生活竞赛。2008年是团的“基层组织建设年”，各级团组织坚持眼睛向下、重心下移，大力加强团的自身建设，成效显著。本次团组织生活竞赛覆盖率达到83.2%，特别是在2008级学生中，覆盖面基本达到100%。

2009年，校团委开展第一届“我身边的好团支书”评选活动，旨在推动基层工作，激励广大团支书提高工作积极性、主动性和创造性。11月，以“如何建设好基层团组织”为演讲主题的第一届团支书演讲比赛在青春驿站综艺厅隆重举行。该演讲比赛展示了我校基层团支书队伍的整体素质，并及时总结、交流共青团组织在加强基层组织建设和增强基层工作活力方面的好经验、好做法。

2016年，我校医学院临床医学专业2013级1306班团支部、文法学院行政管理专业2012级1202团支部获全国高校践行社会主义核心价值观“示范团支部”称号。

## 七、全面加强学生组织建设

近年来，在校党委的领导和团委的指导下，我校构建了学生会、学生社团联合会、青年志愿者服务总队、大学生艺术团聚焦全校同学精神成长、学习生活、成才发展、权益维护，在学风建设、文体艺术、社会实践、创新创业等方面开展了一系列工作。我校一贯重视学生干部队伍建设，围绕人才培养方案，着力打造素质高、业务精、能力强的学生干部队伍。

2008 年 4 月，我校绿联社成功入围 2008 年湿地使者行动，湿地使者行动是中国湿地保护和宣传的重要平台，此次全国共有 43 支高校环保队伍入围。

从 2009 年起，湖北省学联干部选拔开始实施公开招考制度，我校学生蔡路、魏雪妍在笔试、无领导小组讨论、结构化面试、实践考察等多个环节中脱颖而出，连任第 19、20 届湖北省学联驻会主席。

2013 年 9 月，我校李宇奇同学当选湖北省学生联合会驻会执行主席。

2014 年 12 月，我校健美操协会荣获首届全国百佳体育公益类社团。

2015 年 9 月，我校王明旭同学当选湖北省学生联合会驻会执行主席。

2017 年，湖北省学生联合会第十一次代表大会在武汉隆重召开，我校学生会以全票当选为省学联第十一届委员会单位，并高票当选为省学联主席团团体。同月，校党委下发《武汉科技大学学生会研究生会改革方案》，明确了我校学生会、研究生会组织改革的指导思想、基本原则、主要目标和改革举措。

（撰稿：刘晓云）

## 第七节　认真做好新时代离退休服务工作

十年来，我校离退休工作在学校党委和行政的坚强领导下，在上级部门的指导下，以中国特色社会主义理论体系为指导，认真学习贯彻党的十九大精神和习近平新时代中国特色社会主义思想，积极落实全国离退休干部“双先”表彰大会暨全国老干部局长会议和全省老干部工作会议部署要求，坚持用心用情奉献，尽心竭力服务，以政治使命感开展离退休干部服务工作，赢得了学校党政及上级主管部门的认可，得到了广大老同志的好评。我校退休教授秦裕瑗荣获首届“荆楚十大杰出老人”；退休干部丁永昌同志被省委组织部、省委老干部局联合授予全省离退休干部先进个人。离退休工作处多次荣获省委老干部局年度报表“全优单位”、省级“敬老文明号”荣誉称号、省高校老协年度文体活动“先进单位”；学校关工委被评为省教育厅“五好关工委”称号。具体工作情况汇报如下。

### 一、基本情况

我校现有离退休人员 1899 人，主要居住在青山、洪山、黄家湖校区。其中，离休干部 34 人，百岁老人 3 人，离休厅级干部 5 人、退休厅级干部 14 人；离退休党员921名。离退休队伍呈现出人数多、层次高、高龄多、居住分布面广等特点。

离退休工作处现有工作人员13人，在学校青山校区、洪山校区、红钢城家属区设有工作办公室。学校还设有老年人协会、老教授协会、关心下一代工作委员会等组织。离退休党工委下设23个党支部。其中离休党支部3个，退休党支部19个，在职党支部1个。

## 二、领导高度重视，离退休工作不断加强和改进

学校党委和行政高度重视离退休服务工作，并从多方面给予大力支持。学校成立了老龄工作委员会、关心下一代工作委员会、老协、老教授协会等组织。率先在省属高校中建立了离退休党工委，以进一步加强党对离退休工作的领导。在政治上尊重离退休教职工。离退休老同志的相关经费给予了充分保障，按政策规定足额划拨离退休活动费、管理费以及福利费。各项福利向老同志倾斜。凡在职教职工享受的福利待遇，离退休老同志同样享受。在学校办公用房比较紧张的情况下，在青山校区的科大雅苑架空层给老同志增加近500平方米面积的活动场地。洪山校区的多功能厅、红钢城、徐家棚的离退休活动室已都陆续投入使用，得到了广大离退休老同志的好评。

## 三、注重思想政治教育，离退休党建工作不断加强

学校把离退休党建工作纳入全校党建总体布局，统筹谋划，精心部署，扎实推进。按照有利于教育管理、有利于发挥作用、有利于参加活动的原则，灵活设置离退休党组织。开展离退休“示范党支部”创建活动，加强离退休党支部建设。选配党性强、威信高、身体好、经验丰富、乐于奉献的离退休党员担任离退休党支部书记和委员。经常组织活动，对离退休党支部书记及骨干进行学习教育和培训。

健全了离退休党组织工作经费保障机制，相关经费列入学校年度预算。加大党费对离退休党组织活动支持力度，离退休党组织收缴党费的下拨比例提高到70%。根据上级文件要求，结合我校实际情况，制定了相应的标准，给予离退休党支部书记、支部成员，老年协会等涉老组织负责人适当工作补贴。

离退休党工委履行离退休党建主体责任，强化对党员的教育、管理、监督与服务。党工委认真组织学习贯彻十九大精神，按照“两学一做”常态化制度化学习教育活动有关精神，坚持“三会一课”、定期开展“支部主题党日”活动，身体条件允许的离退休党员自觉参加集体学习、组织生活。离退休党员按规定及时交纳党费。提倡和鼓励离退休党员在党组织内部开展互助关爱、传递温暖活动。教育离退休教职工党员不能信仰宗教、不能参加宗教活动，要坚决与邪教组

织做斗争。

## 四、落实“两个待遇”，离退休服务工作不断完善

按照中央、湖北省有关离退休工作的政策规定，积极落实离退休教职工的政治待遇、生活待遇。从讲政治、讲稳定、讲大局的高度认识、落实离退休老同志的政治生活待遇，做到了“五个必须”：重大决策必须听取老同志的意见；重大事情必须让离退休老同志知晓；关系到全校教职工切身利益的会议必须让离退休老同志参加；需要让离退休老同志了解和学习的有关文件，必须让离退休老同志阅读；学校的重要活动必须邀请离退休老同志参与。不断完善座谈会、校情通报、参加重大活动的制度，及时传达通报情况。校领导和相关职能部门经常到各校区召开工作通报会、政策宣讲会等，向离退休人员通报校情，认真听取老领导、老同志的意见和建议。及时了解广大离退休教职工的各类诉求，并积极给予解决。征订各种涉老报刊杂志，通过网站、橱窗、网络新媒体等形式和载体，让离退休教职工及时了解上级有关文件精神和学校工作动态，为离退休人员学习知识、了解信息提供渠道和阵地。

贯彻落实老同志的生活待遇，及时将上级有关调整退休工资、调整补贴等文件会同有关部门予以落实。做好日常服务工作，接待老同志来电来访，对老同志们要办的事、需要解决的问题，尽最大能力给予办理。对涉及老同志切身利益的事情，第一时间做好相关服务管理工作。

每年都组织离退休人员进行健康体检工作。协助高龄老同志报销医药费、就医等事宜。联合校医院、社区、医学院为老同志开展健康筛查、健康讲座，为老同志的健康保驾护航。重阳节为年满70、80、90整岁以上的老寿星举行集体祝寿活动。分批次组织离退休老同志参观工农业生产成果活动，让老同志在身临其境中感受社会发展的巨大变化。

关心困难老同志的生活，深入开展送温暖活动。完善了困难离退休教职工帮扶机制，联合校医院、校团委、后勤集团以及社区，通过党内关怀、学生志愿服务、就近送餐等多种形式做好助老爱老帮扶工作。经常深入到孤寡、空巢、特困等老同志家中、医院进行慰问。针对生活困难家庭和高龄老人，发放困难补助和高龄补贴，将组织的温暖送到老同志手中。

## 五、积极开展文体活动，离退休教职工生活不断丰富

学校加强对老同志学习活动阵地的建设，完善现有活动中心的管理与使用，有计划地更新添置活动场所所需设备。专门拨款五十多万元建设离退休活动中心，中心内有阅览会议室、健身室、棋牌室、乒乓球活动室、书画摄影活动室、电子阅览室等，现在已初具规模，平均每天吸引老同志近百人到中心活动。

充分发挥老年文化艺术社团的作用，坚持老有所教、老有所学、老有所乐、老有所为相统一的原则，把政治性、科学性、趣味性有机结合起来，每年组织开展丰富健康的老年文体活动。举办乒乓球赛、门球赛、摄影比赛、书画展等，为老同志健身益智、相互交流、增进友谊、消除孤独起到了积极的促进作用。

同时在统筹组织好日常文化体育活动，扩大参与面，丰富业余生活的同时，以精心组织、确保安全为基本立足点，积极组织老同志参加各类比赛活动，取得了优异的成绩。近年来，在各级文艺、体育、书画、摄影等比赛中多次获奖，涌现出了多个品牌社团。其中，老年乒乓球队在近几年的高校老协比赛中荣获多个冠亚军；校老年体育舞蹈队在省高校老协体育舞蹈比赛多次获奖；老年合唱团在武汉市老协音乐会比赛中获菊花、梅花奖。老年京剧社多次参加全国、省市比赛演出，获得好评。

文化体育活动的开展丰富了离退休老同志的业余文化生活，促进了身心健康。

## 六、做好关心下一代工作，“老有所为”内涵不断拓展

积极发挥广大老同志政治智慧、工作经验和人生阅历的优势，做好关心下一代工作。“五老”在传承党的优良作风、开展党史国史校史教育、弘扬优秀传统文化、关心教育青少年成长、教学督导、青年教师培养、科学研究、技术推广和志愿服务等方面不断做出新贡献，增添正能量。老教授为青年教师和青年学子开展了“讲好中国故事”讲座；“老教授协会”的 25 名成员参与学校的教学督导工作，为学校提高人才培养质量发挥余热。老年京剧社协同校团委、校社联创建学生京韵社，开设《京剧艺术欣赏》公共选修课，致力于京剧艺术的传承与发展。何友华老师获“全省教育系统关心下一代工作先进工作者”荣誉称号。段奇洲、龚太平、顾志明等一大批老同志获校“雷锋标兵”称号。

（撰稿：曲玉琴）